セックスフォーセール

売春・ポルノ・法規制・支援団体のフィールドワーク

ロナルド・ワイツァー●編
岸田美貴●訳
松沢呉一●監修

SEX for SALE

ポット出版

Sex for sale:prostitution,pornography,and,the sex industry
edited by Ronald Weitzer

セックス・フォー・セール◉目次

第3部
政治、取締とセックス産業

謝辞

ルートレッジ社のすばらしい編集者イレーヌ・カリシュの熱心な助力なしには、本書は日の目を見ることはなかっただろう。まだ着想を得たばかりの段階から、テーマや各章のトピックについて彼女のアイディアに助けられた。執筆期間を通じてその助言と励ましの言葉は欠かせぬものであり、深く感謝している。本書に寄稿してくださった方々にも、厳しい締め切りを聞き入れ、すばらしいひらめきのある学術論文を仕上げてくださったことに感謝の言葉を贈りたい。とりわけ、本書の作成に力を尽くしてくれた、シャノン・ワイスには深い感謝の言葉を贈りたい。

第1章

セックス・ワーク調査の必要性

ロナルド・ワイツァー

セックス産業は、ここ数年間で著しい成長を遂げた。一九九六年の一年間だけをとってみても、アメリカ人は成人指定ビデオの購入やレンタル、セックスのライブショー、成人向けケーブルテレビ、コンピュータ・ポルノ、成人向け雑誌などに約八十億ドルを使い、さらに十億ドルを商業テレホン・セックスに費やした【注1】。ハードコア・ビデオのレンタル料も一九八五年当時は七千五百万ドル程度だったが、一九九八年には六億八千六百万ドルに達した。現在では、二万五千軒もの店がハードコア・ビデオのレンタルを行っている【注2】。米国は世界中のポルノの大半を制作しているが、その消費は国内だけにとどまらない。ポルノ産業が莫大な利益をあげている英国などもその一例である【注3】。

セックス産業では、サービスと製品販売のどちらの分野においても着実に個別化が進んでいる。ポルノは映画館から視聴者の自宅へとその場を移したのである。成人向け劇場はほぼ姿を消し、替わって登場したのがビデオ、コンピュータ、ケーブルテレビであり、たちまちのうちに人気を博した。さらにその傾向に拍車をかけたのが、テレホン・セックス業とエスコート・サービスの出現である。

非常に多くの人々がセックス産業のサービスを利用し、製品を購入している。一九九六年には、26％の米国民（男性の35%、女性の19%）が過去一年間に成人指定ビデオを観たと回答している【注4】。当然のことながら、これまでに一度でも成人指定ビデオまたは映画を観た経験があるという人の数はさらに多い。一九九一年、11%の米国民が、過去一年間にクラブでストリップを観たと回答し、約0・5%の人が、過去一年間に商業テレホン・セックスを利用したと回答した【注5】。それ以前に行われた世論調査によれば、31%の人がトップレス・ナイトクラブに行った経験を持ち、さらに11%の人が過去一年以内に行っていた【注6】（米国の多くの都市ではストリップ・クラブを禁止しようとしてはいるものの、現在米国内には二千五百軒ほどのストリップ・クラブ【注7】がある）。インターネットの成人向けサイトを閲覧したことのある人は一九九九年初頭には17%に達した【注8】。また、米国人男性のかなりの割合の人々が、売春婦からセックスを買った経験を持つ。一九九四年の全国世論調査によると、男性の18%（女性の2%）は、「（十八歳を過ぎてから）お金を払ってもしくはお金を受け取ってセックスした」経験を持つ【注9】。別の大規模な調査では、十八歳から五十九歳の米国人男性の16%が買春をしたという結果が得られた【注10】。英国では、三十五歳未満の男性の十分の一は売春婦からセックスを買った経験があり【注11】、カナダ人男性の7%は、金を払ってセックスをした経験がある【注12】。

これだけの市場規模、成長率、多数の顧客を有しているにも関わらず、多くの人々はセックス産業を社会の逸脱者の集まりと考えている。つまり、セックス産業とは、怪しげな人々が経営し、不道徳な変態行為を奨励かつ実行している産業であると考えているのである。世論調査によれば、米国人の72%は、ポルノは女性を「性的対象物」として描くことによって「女性を貶めている」と考え【注13】、62%の人がポルノは「モラルの崩壊」を招くと信じ【注14】、（キリスト教原理主義者ら）悪魔の存在を信じる人の半分以上がポルノは「悪魔の仕業」であると答えている【注15】。またほとんどの米国人が、性を売りものにするあらゆる種類の業種の規制を強化すること、または全面的に禁止することに賛成している。四分の三（77％）を超える人々が書籍や映画のポルノ規制には「より厳しい法律」が必要であると考え【注16】、半数の人々がポルノは「野放し状態にあり、規制を強化すべきである」と考えている【注17】。「男性が売春婦と一夜を過ごす」ことについて感想を求められると、米国人の61％は道徳的に間違っていると答え【注18】、70％は売春を合法化すべきではないと答えている【注19】。ストリップやテレホン・セックスについても非常に多くの人々が恥ずべき行為と考えている。一九九一年、バーやクラブにおける女性のストリップを禁止すべきであると考えている人は46％、男性ストリップの場合では45％だったが、テレホン・セックスに関してはさらにそれよりも多く（76％）の人々が合法であってはならないと考えていた【注20】。別の調査では、「行きずりのセックスの機会を提供する恐れのある」マッサージ・パーラーやポルノ・ショップをすべて閉鎖する法律の可決を70％の人々が支持していたことが明らかになっている【注21】。

しかし、我々はここで、二つの相反する現実に直面していることになる。つまり、一方では多数の労働者を抱え、多くの顧客を惹き付ける魅惑的な産業が、他方では社会から逸脱した集団とみなされ、全面的な禁止ではないにしろ規制を強化すべき対象と考えられているのである。この二十五年間、禁止論者達は、売春やポルノをはじめとするセックス・ワークの本質とその功罪、さらにそれらをめぐる政府の政策について反対派と激しい論争を繰り広げ、対立してきた。右派、なかでもキリスト教原理主義者たちは、セックス・ワークが家族や社会の道徳概念に危害をもたらすのではないかと不安を抱いている。禁止論者のなかでもフェミニスト達は、すべてのセックス・ワークは究極のジェンダーの抑圧であり、「性的奴隷制」であると非難している。一方、リベラル派は、セックス・ワークは合法的であり、有益な職業であると主張している【注22】。両者の見方には根本的な違いがある。一方が「性的対象物」と捉えているものを、他方は「セックス・ワーカー」と捉え、また一方が男性支配の典型的な犠牲者としている人々を、他方は積極的に自らのキャリアを築いている労働者達と捉えるのである。

今なお続くこの論争「セックス戦争」は、外側から見る以上に熱を帯びたもので、見解の相違はあまりに大きく、これ以上踏み込んだ論争を続けてもそこから得るものは何もないと私は考える。しかし、問題は、対立の激しさにだけあるのではない。論争の主題の取り上げ方そのものにも大きな歪みがあるのである。セックス・ワークが抑圧によるものなのか、または自由意志によるものなのかの区別もなく本質論者達によって繰り広げられるセックス・ワークの本質論は、実に多様なセックス・ワークの現状と真っ向から対立するものである。すべてのセックス・ワークの本質は同じであると想定するのはあまりにも単純だ。セックス・ワーカーが仕事で遭遇する体験は様々であり、また犠牲、搾取、仲介料、選択肢の程度も様々だ。後述の通り、街娼、売春婦、テレホン・セックス・ワーカー、ストリッパー、ポルノ俳優など、いずれもなんらかの形で性を売り物にしているものの、その違いは大きい。

本書の目的は、セックス・ワークとセックス産業への理解を深めることにある。セックス・ワーカーが日々どのような状況で仕事をし、また彼等が自らの仕事について何を語るか（否定的に、肯定的にまたは無関心に）、またセックス産業の様々な業態がどのような仕組みで成り立っているか、またセックス・ワークがどのような政策のもとにどのような規制を受けているか、それらをより詳細に検証せねばならない。これらの情報を踏まえることによってはじめて、法的規制や政策に関して私達は客観的な判断を下すことが可能になるのである。本書では、セックス・ワークに関する研究論文のほとんどにありがちな落とし穴に陥ることを避けるため、各章ごとにこれらのテーマを取り上げ独立して論じた。以下に、その落とし穴とはどのようなものなのか、さらにその落とし穴に陥らないためにはどうすればいいのかについて述べた。

一般論の罠

「セックス・ワーク」とは、物質的代償を目的とするセックス関連サービス、セックス行為、商品の総称である。具体的には、売春、ポルノ、ストリップ、ラップ・ダンス、テレホン・セックスなどを指す。「セックス産業」とは、セックスによる営利を目的とした企業の組織、オーナー、経営者、労働者を指す。しかしながら、「セックス・ワーク」、「セックス産業」、「売春」、「ポルノ」という言葉はいずれも、カテゴリーの違いという根本的な違いを無視して十把一絡げに扱われることが非常に多い。この傾向がひときわ顕著なのが分析レポートだが、実際の調査などもこの違いを無視して行われることが多い。研究者たちは、調査対象の下位集団を明確に区別することを怠り、例えばある都市の街娼だけを調査対象にしている場合でも、「売春婦」「セックス・ワーカー」などと称することがよくあるのである。売春を取り上げる際に起きる最も初歩的な間違いは、すべての売春行為を街娼行為と同一視し、室内で行われる売春行為と混同して扱ってしまうことだ。米国や英国では、街頭で売春を行う売春婦の数はわずかであるにもかかわらず、分析者たちの関心のほとんどは街娼に向けられている【注23】。街娼と屋内で売春を行う売春婦との間には、以下のような大きな違いがある。

1．社会的地位：売春婦の世界にも階級がある。売春婦のなかでも街娼は最低の階級に位置し、最も恥ずべき存在とされている。高級売春婦はさほど恥ずべき存在とはされていない。また同じ階級のなかでもさらに序列がある。街娼は人種、年齢、容姿、場所によって序列がつけられている【注24】。

いずれも、売春婦の所得に大きく影響する（人種、場所については、第7章でジュディス・ポーター、ルイス・ボニーラが取り上げている）。屋内で仕事をする売春婦では、マッサージ・パーラー、売春宿、エスコート、コールガールの順に序列が高くなる【注25】。売春婦自身が、売春と売春以外の風俗業を区別している場合が多い。これは、売春婦がその他の風俗労働者を見下していることを示している。

2．労働環境の管理：客を選び、拒否する権利、安全・予防のための対策、経営者や売春仲介業者に対する自立度・依存度、セックス産業から離れられる能力は売春婦の種類によって異なる（第11章でウェンディ・チャプキスがこの問題について取り上げている）【注26】。

3．売春の現場：売春の現場で搾取や虐待を体験するか否か、もしくはそれらに遭遇する頻度は、売春婦の種類によって違いがある。街娼たちにとって暴行や強姦の危険性は常に存在する【注27】。しかし、屋内を仕事場とする売春婦にはその危険性は低い【注28】。性感染症のリスクについても同様である【注29】。売春に金銭以外の利益を少しでも見いだせるか否かという点についても違いがある。さらに、性行為そのものも売春婦の種類によって違いがあるのである。例えば、屋外での短時間の性交渉に終わるものもあれば、あたかも実際の恋愛のように会話を交わしたり、じゃれあったり、プレゼントをもらったりするようなものもある。またさらに、ジャネット・レバーとディーン・ドルニックがユニークなコールガールに関する研究（第6章）で述べているように、客の側から性的「サービス」を受けるような売春婦もなかにはいるのである。

4．仕事への適応度：売春行為が、売春婦の心理やセルフ・イメージに与える影響は一様ではない。ある研究によれば、街娼は深刻な精神面の問題を抱えているが、コールガールや売春宿の売春婦、マッサージ・パーラーの従業員は、「自己管理に長け、きちんと感情を制御し、良識をわきまえ、自ら選択した職業において成功している」ことが明らかになった【注30】。マッサージ師やエスコートを対象として行われたその他の調査でも、彼等が仕事に誇りを持ち、仕事は自分たちの生活にプラスの影響を与え、自分たちは有益なサービスを提供しているのだと考えていることが判明した【注31】。一方、街娼は、必要とされているサービスを提供していると主張できる程度で、このような主張をすることはめったにない。

5．社会に与える影響：屋内を仕事場とする売春婦と街娼とでは、地域社会に与える影響に大きな隔たりがある。街娼は目に付きやすく、治安の妨げになることが多いが、室内売春は、地域社会にマイナスの影響を及ぼすことはほとんどない。目立たないように振舞っていれば、社会にその存在を気付かれることもほとんどなく、社会から抵抗を受けることもない（この問題については、第10章において詳述）。

その他の種類のセックス・ワークに関する情報は少ないが、私達が知り得た情報からは、仕事の仕組みや仕事の現場での体験は似通ったものであることを伺い知ることができる。グラント・リッチやキャスリーン・グイドロズ（第3章）によれば、テレホン・セックスで働く人々には、自らの仕事を否定的に捉える人々がいる一方、肯定的に捉える人々もいる。なかには、電話をかけてくる男性、特に暴力的で屈折した趣向の男性の再教育に一役買っているという信念を持ち、これを「社会への貢献である」と考えている人々もいるのである。ヌード・ダンサーも、ストリップは観衆に対して「癒し効果があり」、「教育的である」と似たような主張をしている【注32】。シャロン・アボットによるポルノ俳優の研究（第2章）、ジャクリーン・ルイスのストリップ・クラブのラップ・ダンサー研究（第12章）も、セックス・ワークの長所、短所を検証している。

セックス・ワークを様々な種類に分類するといっても、それは各職種共通の類似点を無視しようとするものではない。例えば、すべてのセックス・ワーカーは、直接的あるいは間接的という違いはあるにしろ、性を売り物にしているという点においては皆同じであるが、分類することによってこそ、類似点と相違点の両方を検証する必要性、さらにあらゆる種類のセックス・ワークを調査する必要性がはっきりと明確になるのである。室内で行われるさまざまなセックス・ワークついてはほとんどわかっていない。これは、ほとんどの調査が街娼を対象としているためである【注33】。同様に、ポルノに関する研究も内容や視聴者に与える影響ばかりに目が向けられ【注34】、俳優やプロデューサー、さらに業界全体に向けられることがない。このため、シャロン・アボットがポルノ俳優を取り上げた章は、極めて独自性の高い貴重な内容となっている。ジョー・トーマスはゲイ・ポルノ・ビデオを分析し（第4章）、これまで誰も目を向けることのなかった同性愛のポルノに焦点をあてている。

セックス・ワークを分類せず一般化するという間違いを避けることによって、本質論者達の推測による評価を回避することができる。また、セックス・ワークのように激しい論争を招くような話題になると、とかく傍観者的立場にある第三者達も評価を下したがるものである。しかし、いたずらに論争を煽るのではなく、真の姿を見極めるには、できる限り客観的なアプローチが重要であると私は思う。しかもセックス・ワークに対して強い偏見を持っているのは活動家や評論家ばかりではない。学術研究のなかにも著者の偏見が露骨に現れているものが見受けられる。そういう偏見のひとつの形として、一方的な非難がある。その一例が、セシル・ホイガードとリヴ・フィンスタッドのノルウェーの街娼に関する著作である。この大作のなかで二人は、売春は「忌わしい行為」であり、「野蛮な抑圧【注35】」そのものであると主張した。これは研究によって導きだされた結論というよりは、著者達の個人的な意見に基づく根拠のない道徳論でしかない。全体としては意義ある研究でも、その一点だけの為に全体の価値までもが損なわれることになってしまっている。同様に、ゲイル・ダインズ、ロバート・ジャンセン、アン・ルッソーによるポルノについての最近の著作も、ポルノの弊害に対する断定的な非難にあふれている。ポルノは女性を隷属的に扱い、ポルノを見る男性から人間性を奪うものであると確かな根拠も無いままに非難している。著者達（全員が教授）が、彼等の著作は学術論文であるといくら主張しようとしても、実証的研究をないがしろにしているのは明らかで（社会科学の制約によって無効とされる代わりに）、彼等はただ単に自分の信念や、ポルノから被害【注36】を被ったという個々の訴えだけをその根拠としているのである。

偏見のもう一つの現れとして、セックス・ワークの美化、賛美があるが、これは調査研究においては稀だ。なぜなら、セックス・ワークは研究者にとって美化しにくく、批判するほうがはるかに容易だからだ。シャノン・ベルは自らの著作「Whore Carnival」（邦訳『セックスワーカーのカーニバル』吉池祥子訳、二〇〇〇年、第三書館刊）を「売春婦の性的能力と政治力を認め賞賛し、売春婦に関する知識を述べたもの」であると表現しているが、これから判断する限りでは売春婦を讃美した内容になっているようだ【注37】。美化しているという程ではないにしても、熱心に賛辞を述べているものもある。ウェンディ・マックエルロイは「ポルノは個人的にも政治的にも女性のためになる」と語ってはいるが、彼女の著作すべてがこのような主張で終始している訳ではない【注38】。ナディーン・ストロッセンも、「ポルノは、女性の肉体やテクニックに関する情報を提供し、女性が性的快楽を得る手助けをしている。これは我々の社会では悲しいほど不足している情報だ【注39】」と似通った主張をしている。これは確かに事実かもしれないが、ほとんどのポルノは男性の性的快楽を満たすものであり、女性の性に関する啓蒙があったとしても、せいぜい二次的なものであることを留意しておく必要がある。この他にも、ローラ・キプニス、アラン・ソーブル、リンダ・ウィリアムズなどの一流の文化評論家がポルノに好意的な見方を示している【注40】。

第三の見方に、セックス・ワークをごく普通の仕事として捉える見方がある。つまり、セックス・ワークをその他の仕事と全く同等に扱い、セックス・ワークに従事する人々を特別視せず、人間として見るのである。これはある意味、賞賛に値することである。ウェンディ・マックエルロイが指摘するとおり【注41】、ほとんどのポルノ俳優は「我々となんら変わりのない」日常生活を送り、ロバータ・パーキンスの言うとおりに【注42】、多くのまたはほとんどの売春婦は「普通の女性」であり、アーリーン・カルメンやハワード・ムーディが主張するとおり「ありふれた、好ましい人々」ですらある【注43】にちがいない。しかし、社会はそうは受け止めていない。社会ではセックス・ワークはいまだに非常に不名誉な仕事とされ、セックスを売買したら隠しておこうと思う人がほとんどだ。確かに職業のひとつではあるが、他の職業との違いが存在するのも確かなのである。

本書に掲載されている論文は、セックス・ワークを悪魔の仕事と罵ることもなければ美化することもない。その評価は具体的な事実に基づくものであり、筆者達の偏見に基づくものではない。セックス・ワークは「搾取的」でもあるが、またそこから得るものも多い【注44】。つらく感じる人もいれば、そこに働き甲斐を見出す人もいる。ロバータ・パーキンスは、「売春婦にとって、セックス・ワークとは愉快な体験と不快な体験が混じり合ったものである【注45】」と書いている。セックス・ワーカーが被る虐待も無視することはできない。虐待は現実のものであり、とりわけ街娼には警察の保護や福祉・救済団体の支援がより必要とされている。この問題については、ナネット・デーヴィス、マギー・オニール、ローズマリー・バルブレ、キャサリン・ベンソンソン、ロジャー・マシューズの各氏がそれぞれの章で充分な立証を行っている。しかし、その他のセックス・ワーカーは、それ程には搾取や暴力の被害を被っているわけではなく、自分の意志で仕事を管理し、物心両面で仕事から得ているものも大きい。それらについては、ジャネット・レバー、ディーン・ドルニック、ウェンディ・チャプキス、シャロン・アボット、グラント・リッチ、キャスリーン・グイドロズ、ジョー・トーマスらが各章で述べている。

買う側としての男性

女性に比べ男性の性行動は社会の拘束を受けることが少ない。社会は、女性を「いい娘」と「悪い娘」に分類するのに対して、男性をこの二種類に分類して評価することはほとんどない。女性は複数の相手と交際したりすれば「ふしだら」と言われるのに対し、男性は名誉のしるしとみなされる。このようなダブル・スタンダードは、セックスを売りものにする俳優のイメージなどにも浸透している。社会の見方やセックス・ワーカーという言葉そのものの定義などにもはっきりと性的偏見は根付いている。ポルノや売春、そしてその他のセックス・ワークと言えば、大多数の人の頭にまず浮かぶのは女優だろう。しかしそもそも、セックス・ワークは最低二人いなければ成り立たず(通常、少なくとも一方は男性)、さらにサービスを提供するセックス・ワーカーよりも顧客のほうがはるかに数が多いことを考えれば、これは妙な話なのである。

一般的には、女性のセックス・ワーカーは「堕落した女」とレッテルを貼られてしまうのに対して、客である男性は特別なレッテルを貼られたりはすることはない。しかし「お金で買わなければセックスもできない」男性となれば、どこかに欠陥があるに違いないと思われても当然で、客であることもあまり聞こえがいいとは言えない。しかしだからと言って、売春婦ほどの汚名を着せられることはないのだ。また、娼婦、売春婦、遊女、売女などの呼称そのものが蔑称であり軽蔑の意味が込められているが、客である男性はただのお客であり、軽蔑の気持ちを込めた呼び方などは存在しない。誰しも男性の友人が売春婦のもとを訪れたと知ってもほんの少し驚く程度だろうが、女の友人が売春婦だと知ればショックを受けるにちがいない。

研究論文の分野でも男女の差は歴然としている。女性のセックス・ワーカーを扱ったものが圧倒的に多いのに対し、男性のセックス・ワーカーや顧客を研究対象にしたものは数少ない。顧客に関する調査は極めて困難な為、ほとんど行われていない。その点から考えるとマーティン・モントの研究（第5章）は貴重だ。多数の逮捕された街娼の客を対象に調査を行ったのである。調査の対象となったのは、罰を受け前科者となる代わりに「更生プログラム」に一日参加し、性的な好みと行動に関する長い質問票に回答することを選んだ人々だ。

男性が研究対象となるのは、ポルノの視聴者を対象とする場合にかぎられている。これらの調査は、暴力的ポルノと非暴力的ポルノが、それぞれ男性の女性への接し方や暴力的傾向にどのような影響を与えるかを検証するものである。これらの調査では、暴力的な内容のもの（ポルノであるなしにかかわらず）は、男性の行動に悪影響を及ぼすという結果が得られている。しかしここで大切なのは、影響は暴力的側面だけによるものであって性的側面【注46】によるものではないという点である。さらに、これらの調査結果が現実世界にもあてはまるか否かといえば、いささかそれは疑わしい。この種の調査を行う研究者達自らが、調査結果をそのまま社会にあてはめて考えることのないよう警鐘を鳴らしているのである。

男性セックス・ワーカー（娼夫やストリッパーなど）について書かれた文献の数は非常に限られている【注47】。それらの研究は、セックス・ワークに従事する男性と女性とが遭遇する体験の大きな違いに言及している。しかし、その違いをきちんと検証する為には、さらに詳しい調査を行う必要がある。また、ポルノについては膨大な研究がなされているが、同性愛ポルノに関しては皆無と言っていい【注48】。ジョー・トーマスは第4

章で、男性同性愛者向けのポルノと非同性愛者向けのポルノとの対照的な違いを述べており、とりわけ両者に対してポルノが果たす役割の根本的な違いについて述べている。一般社会では非常に不名誉とされているポルノも、同性愛社会においては高い評価を得ていることが、前述の世論調査【注49】からも明らかになっている。

売春仲介業者の実態は、ほとんど明らかにされておらず、彼らが直接研究調査の対象になることはほとんどない。彼らに関するわずかながらの知識も、彼らから得たものではなく【注50】、売春婦から得たものである。これは、街娼だけに限らず、全ての売春婦の仲介業者に言えることである。最近は、街娼を食い物にする仲介業者は減ったと主張する研究者もいるが、しかしいまだにその数が少なくなったとは言い難い。警察の摘発が思い通りに進まないのも、売春婦が表に出て仲介業者に不利な証言をすることが滅多にないことが原因となっている。

男性の側に好都合な偏見は、法律にも反映されている。昔から、米国やほとんどの国では、売春婦に金を払うことは犯罪とはされていなかった。これは主に、顧客である男性と「身を持ち崩した」女性との間の非常に大きな身分の違いが原因だ。売春婦は社会の落伍者だったが、男は、いくら時おり売春婦の客となって倒錯した性的関係を持ったとしても、社会の立派な一員であることに変わりはなかった。法律が売春婦ばかりを目の敵にしていた理由として一般的に言われていることは、売春婦は常習的に法を犯していること、売春で利益を得ていること、社会に不快感を与えていることなどがある。しかしこれらの主張は、次のような事実を無視した上に成り立っている。売春婦に金を払う客もまた社会に不快感を与えていること、性的なサービスを買うことは客にとっても利益になっていること、売春婦に比べればはるかに頻度は少ないにしろ繰り返し法を犯していることに違いはないことなどである。しかし今、世の中では、このダブル・スタンダードが崩れ始めている。アメリカ人の多くは、10章で述べているとおり、男性の側も社会的屈辱を与えられて当然であると考えるようになっている。

かの有名な模範刑法典（一九六二年）は、法律におけるダブル・スタンダードを反映している。この法典では、売春は軽犯罪として取り扱うべきだが、買春は単なる違反行為として罰するべきであると明記している。すなわち投獄ではなく、罰金で済む違反行為に過ぎないというのだ。この格差は、一九八〇年の時点でも同法典の公式解釈において支持されていた。

このような違法行為（買春行為）に対して厳格な処罰（服役）を課することは極めて非現実的である。検事、裁判官、陪審員は、婚姻外の性交渉は広く行われているという一般的な認識に照らして、厳罰を却下する傾向がある……より厳格な制裁よりも、この程度の罰則（違反行為と罰金）のほうが、社会のより広い理解を得ることができるだろう。さらに、買春に対する寛大な処遇は、性を売りものにする人々の違法性を反映するものである【注51】。

婚姻外性交渉の広がり、買う側へ好意的な「社会の理解」、法は買う側ではなく売る側に厳しくあるべきであるという考え方、それらすべてが買う側に対する寛大な処遇を正当化している。しかし、現在では、ほとんどの州の刑法では買春行為を、模範刑法典で推奨しているような単なる違反行為としてではなく、軽犯罪として扱っている。

警察などの法執行機関のなかにも偏見は確かに存在しており、犯罪を取り締るべき警察官が犯罪を黙認するようなことが公然と行われている。一九八四年、ニューヨークにおいて、警察の公衆道徳部門の責任者ジェローム・ピアッツア警部は「『買春』をいちいち検挙したりすれば、多くの結婚が崩壊する可能性がある【注52】」という理由で、客を逮捕しない方針を打ち出した。フェニックスの風俗取締係のある刑事も、逮捕された客について似たような同情を示し、次のように述べている。「非常に残念だ。男性はいずれも三十歳から六十歳の白人で、いい仕事もあり、家族もいる。裁判になれば、きっと離婚だろう。そんな結果になってもらいたくない【注53】」。しかし、売春婦に対しては同じような同情心は湧かなかったようだ。

一九六〇年代以降、買春行為は米国五十州すべてにおいて犯罪とみなされるようになったが、多くの州の法律では売春行為よりも買春行為に対する罰が軽いことに変わりはない【注54】。また、警察もいまだに売春婦には非常に厳しい。米国の大都市ではほとんどの場合、買春をした男性が逮捕されることは珍しく、州によってはまったく逮捕されることがない。つまり、需要する側よりも供給する側の取締りに力が注がれているのである。売春婦と客の逮捕者数が同じ比率になっているような地域はほとんどないのである。この差は、売る側と買う側の人数の違いを考慮に入れると一段と顕著と言えよう。売春婦よりも顧客である男性の方が圧倒的多数であるにもかかわらず、米国の売春関連の逮捕者のうち男性の逮捕者数は、全体のわずか10％程度に過ぎない。つまり、この逮捕者数の比率の差からも、性的偏見の根強さを知ることができるのである。

逮捕後の状況にも偏見の存在がはっきりと顕れている【注55】。ほとんどの都市では、買春をした客は、逮捕されても初犯であれば通例起訴されることはなく、不起訴となることが多い。例えば、一九九三年、シアトルでは客引きの罪で起訴された売春婦の69％が有罪となったのに対し、有罪になった客は9％のみだった。これは主に、ほとんどの客に対して刑事裁判を行わず、刑罰を課さないディバージョンという措置が適用された結果によるものだった【注56】。起訴され有罪となった場合でも、一般的には罰金の額も少なく、服役する確率も低い【注57】。残念ながら、刑事司法制度で売春がどのように扱われているかについてはほとんど研究がなされていない。キャサリン・ベンソンとロジャー・マシューズ（第14章）は英国の売春取締係官の意識や業務について珍しい研究を行っている。この研究によれば、男性はとりわけ法の処罰から受けるダメージは大きく、また現在の英国の法律ではそれは非常に困難なことではあるが、客である男性を取締ることが重要であると英国の売春取締官の多くは考えている。本書には比較の対象となる米国についての記述はないが、ある研究によれば、米国の売春取締係官は「回転ドアシンドローム」（売春婦を逮捕してもすぐに仕事に復帰すること）に頭を悩ませてはいるものの、英国の場合とは違い、買う側の男性の取締強化には賛成していないということだ【注58】。

産業としてのセックス・ワークとその規制

ほとんどの研究の主眼は、個々の街娼やポルノの視聴者に置かれている。個々の俳優のみに焦点をあてることによって、組織的なセックス・ワーク、さらにセックス産業界全体に目が向けられずにいるのである。組織としてのセックス・ワーク、例えばエスコート・サービス、マッサージ・パーラー、テレホン・セックス業、ポルノ業界など、組織的なセックス・ワークにもっと目を向ける必要があるのである。本書のいくつかの章ではこれらの問題を取り上げた。例えば、売春宿が合法とされているネバダ州の貴重な分析（第13章）、テレホン・セックス会社の研究（第3章）、ラップ・ダンスを提供しているストリップ・クラブの検証などであるが（第12章）、これらは研究のテーマとしては新しい分野であり、セックス・ワーク業界を理解するためには、さらにこのような調査を行っていく必要がある。

また、セックス・ワーク規制に対する政府の出先機関などを通じた組織的な介入については、ほとんど研究が行われていない。ポーターやボニーラは、出先機関を通じて、街娼社会の仕組みについて研究を行った（第7章）。オニールとバルブレは、英国とスペインの出先機関の検証を行い（第8章）、ベンソンとマシューズは英国の街娼に対する警察の対応について調査を行った（第14章）。

同じように、売春をめぐる地方または全国レベルでのロビー活動についてもほとんど研究が行われていない。ジェンズやワイツァーらが【注59】米国におけるロビー活動について、またその他の国についても権利擁護団体などが研究を行ってはいるが【注60】、これらはほんの一部にすぎない。例えば、「The Exotic Dancers Alliance」「Feminists for Free Expression」「The Free Speech Coalition」（およびその支部である「Protecting Adult Welfare」）、また成人向け指定映画やビデオの製作会社や配給業者二百社で構成されている「The Adult Film Association」などの諸団体に関する研究はまだ行われていない。売春反対運動の組織についても、ナネット・デーヴィスが行ったオレゴン州ポートランドの「The Council for Prostitution Alternatives」【注61】についての研究（第9章）が、はじめて詳細に研究を行ったものである。

反ポルノ運動については研究が行われており、米国、カナダ、英国など各国の様々な特別委員会【注63】についても研究が行われている【注62】。最も論議を呼んだ委員会は、当時の司法長官エドウィン・ミースによって任命された一九八六年のミース委員会だ。この委員会は、政府のポルノ政策の転換点となった委員会である。セックス・ワークに対する政府の方針や施策の転換の速さを示す事例として、ここで委員会の果たした役割をある程度詳しく述べておく価値があるだろう。ミース委員会は、一九七〇年委員会（1970 Commission on Obscenity and Pornograhy）に対抗する委員会として設立された。この二つの委員会は、ポルノが消費者や社会に与える影響について、まるで正反対の結論に到達した【注64】。例えば、一九七〇年委員会が、ポルノと性犯罪との関連性を示す証拠はないという結論に達したのに対し、ミース委員会の結論は反対だった。ただし、ミース委員会の結論の主な根拠は、委員会に出頭した自称被害者の証言【注65】に基づくいくつかの事例にすぎなかった。さらにミース委員会は、委員構成メンバーの政治的な偏り、公平性を欠いた活動、反ポルノという主張に対立する証拠の一方的な無視【注66】などの偏った手法が指摘され、各方面から批判を受けることになった。

米国司法省はミース委員会の勧告を正式に受け入れ、改善策をまとめた報告書を作成した【注67】。新たな機関「Obscenity Enforcement Unit」を設置し、「Project Postporn」計画を推進するなどして、司法省が主体となってセックス・ワーク業界の規制運動を始めた。新設された同機関は「風俗業者を社会から一掃しなければ、既存産業にたいする取締は進展しない【注68】」と主張し、抜本的な改革案を提起した。同機関は組織犯罪取締りを目的に制定されたRICO法に基づいて成人向け書店やビデオ店を閉鎖し、同時に複数の地区で起訴することによりセックス・ワーク業者を破産・廃業へ追い込むという新たな戦術を用いた。この画期的な戦略により、ある会社は複数の州で同時に連邦刑法違反の罪で告発されるにいたった。複数の地域での裁判に対応する為の移動費用および訴訟費用の重圧で会社を廃業に追い込むことが、この戦略の目的であることは明らかだ。同機関は、複数の地域での訴訟という作戦が違憲にあたるであろうとは認識していた上、内部やFBIから反対の声があがっていたにもかかわらず、児童ポルノや極端なハードコア・ポルノのみならず、ソフト・ポルノの販売業者までをもこの戦術の対象とした【注69】。この戦術の違憲性は、一九七三年に「ミラー対カリフォルニア事件」で下された最高裁判決の猥褻の定義からこの戦術が大きく逸脱している点から見れば明らかだ。この判決では、何が猥褻にあてはまるかは、その地域の規準に照らして決められるべきもの、つまりその地域社会の「平均的人間」にとって「ワイセツな興味」をそそるものは何か、「明らかに不快」と感じるものは何かという観点から定義されるべきであるとされた。複数の起訴を行う場合には、必ずユタ州を組み入れた。これは、超保守的なユタ州を組み入れることにより、有罪がほぼ確定的になるからである。このため、ユタ州の規準が事実上の全国的な規準となり、「ミラー対カリフォルニア事件」で定められた定義の侵害であるのは明らかである。

ミース委員会報告書の発表後、ポルノ産業にたいする取締は一段と厳しくなった。一九七八年から一九八六年の間に猥褻罪で起訴されたのはわずか百人だったのに対し、一九八七年から一九九一年では、起訴件数は四倍に膨れ上がった。一九八八年には、司法省は企業や個人にたいする二百五十件の訴訟で勝訴し【注70】、一九九〇年までには、係争中の全国規模のポルノ販売業者七社が廃業を余儀なくされた【注71】。一方、複数の地域で同時に起訴を行う戦略は、一種の嫌がらせであると非難する連邦裁判所もあった。

クリントン政権になっていくつかの変化が起こった。レーガン、ブッシュ政権下では、「Obscenity Enforcement Unit」の代表は、政治的指名により選出されていたが、クリントン政権下では官僚に交代した。同機関は、成人向け猥褻物よりもはるかに有害である児童ポルノへと取締の主眼を移すようになったことを反映し、現在では「Child Exploitation and Obscenity Unit」とその呼称を変えている。また、複数の地域で起訴するという戦術も廃止された。現在では、この作戦は嫌われ、近年まったく行われていない【注72】。ここでも、営利目的のセックスに対する国策の変わり身の早さが浮き彫りにされている。インターネットの出現によりポルノの入手が容易になるとともに児童ポルノなども登場し、米国の取締は新たな取り組みを迫られるようになった。

これまでに述べた以外にもセックス・ワークには様々な形態があるが、政治や法による規制については、さらに研究が必要である。これらの研究については、第三部でいくつかを取り上げている。

おわりに

本書は、セックス・ワークやセックス産業の研究でまだ手付かずの分野の知識を補うものである。この十年間のこの産業の成長から何かがわかるとすれば、それは、セックス産業は成長産業であり、これからも成長し続けるであろうということだ。本書はその端緒にすぎないが、テレホン・セックス業、屋内で行われる売春、ポルノ産業全般やゲイ・レズビアンなどの特殊なポルノ（出演者、組織、同性愛社会での反応）、合法的な売春制度、法の仕組み、法律や政策の変化、これらの変化を作り出す社会の動静について、より一層の研究が必要とされている。現代の売春宿、ゲイやレズビアンの売春婦（夫）【注73】、コールガールやエスコート・サービス【注74】、についてわかっていることは極めて少ない。客、労働者、マネージャー、プロデューサー、オーナーなどあらゆる面でセックス産業にかかわりを持つ男性を対象とした研究もさらに必要だ。すでに十分な研究が行われて来た分野でも新たに調査を行う必要がある。例えば、一九七〇年代に調査が行われたマッサージ・パーラーは、現在でもまだ多くの都市に存在している。では、一九七〇年代と現在とではどんな変化があったのだろうか。また、街娼についても多くの研究が行われてきたが、売春の現場における力関係（民族による違いを注意深く観察する必要がある）や街娼の上下関係、つまり格式、人種、仕事の場所、仕事から得る報酬などをさらに詳しく調べる必要がある。セックス業界は本質的に他者を容易には寄せ付けない為、重要な調査が十分に行われないことになるが、しかしこれも、困難ではあっても越えられない壁ではないのである。

1

第1部◉セックス・ワーカーと客のパースペクティブ

第2章

ポルノ俳優をめざした動機

シャロン・A・アボット

お金は好き、仕事も順調よ。まだまだ若いつもり。そうね、若さが味方してくれるうちは、この仕事を続けると思うわ。

……エイミー

多くの人は、報酬を規準に仕事を選ぶ。この報酬には、お金、地位、知名度、転職のチャンス、職場環境などがあげられるだろう。なかには、自由や自立心を感じさせてくれる仕事、自分自身の道を築き、自分で時間を決め、上司の過酷な要求から逃れることのできる仕事にひきつけられる人もいる。ポルノ業界の仕事も、その他の多くの職種と同様、労働者にこのような見返りを提供する。しかしながら、この類似点にもかかわらず、ポルノ業界における仕事は職業とみなされることはほとんどない。その代わりに、ポルノに関するほとんどの研究は、制作、配給後のポルノ作品の持つ影響力や反響にばかり目が向けられている。男女の性的興奮の違い【注1】、ポルノと攻撃性の関連性、性的暴力行為、性的暴力に対する感覚の麻痺【注2】、ポルノが男女の平等に与える影響【注3】などをテーマにした研究が多い。このような研究では、ポルノを単なる性的興奮の刺激剤とみなし、その内容や制作過程を考慮することはほとんどない。

フェミニスト【注4】や法学者【注5】たちも、好色文学やポルノの作品に関する議論に参加はするものの、その制作過程に目を向けることがほとんどない点においては同類だ。彼等は、セックス・ワーカー（とりわけ女性）が被る「搾取」ばかりに焦点を当て、産業や職業選択肢のひとつとしてのポルノを検証することをしない為、このポルノという媒体のより広範な社会学的理解を深めるには限界がある。

ポルノは、そこで働く人々に恥辱に満ちた世界に入ることを強いる職業だ。いったんこの世界に足を踏み入れると、そこに身を置き続けることを強いられる。これは、ポルノ業界の仕組みに負うところが大きい。ポルノ（同性愛ポルノを除く）制作は大きく「プロ」「セミプロ」「アマチュア」の三つに分類される。プロの制作会社が最も規模が大きく、組織化され、販売、マーケティング、流通、販売促進、制作計画などの各分野を合わせると雇用しているスタッフの数は五十人から百人というのが一般的だ。各社とも、ポルノ業界で最も魅惑的で人気のあるタレントを主役に据え、月に二十本以上の新作ビデオを発売している。プロ会社の制作予算は五万ドルから十五万ドルであるが、平均は五万ドルに近い。それと対照的なのがアマチュアの会社で、数人で演技、演出、販売、マーケティングなどさまざまな仕事をこなしている。予算は数百ドルから数千ドルというところだ。一般的には、アマチュア会社では制作は行わず、興味を持った参加者が送ってくる「自主製作」テープを編集、販売する。「ゴンゾ（訳注：アホの意味）」と呼ばれるセミプロ会社には、多額の予算を持つ小規模な会社、わずかな予算の中規模の会社、プロの子会社などがある。予算の平均は一万五千ドルから二万五千ドル。個々の社員がそれぞれの役割分担を持つプロの会社とは異なり、セミプロ会社では、一人のスタッフが、社内でいくつもの役割をこなす。セミプロ会社はちょうどプロとアマチュアの中間に位置する会社で、比較的低予算で、名の売れた出演者を使い、高品質の作品を提供している。

本章では、ポルノ制作における男優や女優の仕事について探る【注6】。ポルノを職業として選択し、業界に留まる動機に焦点を当て、性別や所属する制作会社の種類という二つの要素がこの動機に与える影響について述べる。

†調査の方法

データは、ロサンジェルスとサンフランシスコという二大ポルノ制作地で収集した。プロデューサー、監督、経営者、雑誌編集者、エージェント、メイクアップ・アーティスト、カメラマン、女優、俳優など、制作のあらゆる側面に携わる人々と踏み込んだインタビューを行った。インタビューには概ね一時間から三時間を費やした。さらに、制作現場、業界パーティー、業界見本市などに足を運び、チャンスを捉えては雑談をし、見学をして情報収集を行った。

データ収集の為の実地調査では、現役の男優十九人、女優三十一人と面接を行った。調査対象は、十年以上この業界に身を置く監督の紹介によって男優や女優を選出（雪だるま式サンプリング）【注7】した。これらの回答者からまた多くの人々を紹介してもらった。また、監督はこの業界のあらゆる分野を代表すると思われる人物を私に紹介し、私が業界の「全体像」を知る手助けをしてくれた。さらに、可能な限り、さまざまな機会を通じてこの監督とは関係のない人々ともインタビューを行った。この二つの方法によりサンプルの多様性を増すことができた。

また、出来る限りインタビューはテープに録音し、後日テープ起こしを行った。参加者にはいずれも社会科学者としての私の立場を伝え、秘密保持の確約をした。回答者のポルノ業界経験年数は二年から十五年で、平均すると四年から五年というところだった。後述の通り、この平均値は女優よりも男優のほうが長い。ほとんどの俳優が少なくとも五十作のビデオに出演し、少ない俳優で四十作、多い俳優では六百作と幅は広い

（一般的に、業界にいる年数に比例する）。

ポルノ業界に入った動機

面接ではまず、ポルノ業界に入る前にはどのような仕事をしていたか、アダルト産業から足を洗った場合にはどんな仕事につきたいかを質問した。この質問をすると、「まっとうな」（アダルト関連以外の）業界にはない、ポルノ業界だけのメリットに話が及ぶことが多かった。さらに、様々な会社との関わり、業界における自らの位置付け、同僚との関係など、一連の質問を行った。この質問は業界内での定着度や文化的背景の解明に役立った。ポルノ業界に入るには、いくつかの理由がある。以下に五つの理由をまとめた。

†お金

「手軽な金儲け」が魅力で、人々、特に若者はポルノ業界に入ると一般的には信じられている。そういう風に信じられているのも、ポルノ業界に身を置く人々の豪奢な暮らしぶりに目を向けさせてポルノ業界を美化しようとする業界紙やファン雑誌の記事によるところが大きい。ポルノ業界は、ポルノは儲かるという考えを広めようとしているようだが、実際には収入は個人によって千差万別である。さらに、「手軽な金儲け」どころではなく、仕事はきつく、退屈で、体力を消耗するとほとんどの回答者が述べた【注8】。売春婦と同じく、莫大な金を稼ぐのはほんの一握りの人間で、ほとんどの人々の稼ぎはそこそこ程度、またはほんのわずかだ。

ポルノ・ビデオの出演によって得られる金額は、その他多くの職種と比べれば多く思えるかもしれないが、ポルノ出演だけによる年収は中流階級の年収とほぼ同じである。例えば、プロの女優の報酬は、一シーン当たり三百ドルから千ドルである【注9】。この報酬は、女優の知名度、経験、視聴者への人気に加え、シーンの内容によっても異なる。自慰、「女性対女性」（レズビアン）シーンは最も報酬が低いが、アナルセックス、「二本挿し【注10】」は最も実入りがいい。最も一般的なシーンはオーラル・セックスとペニスと膣をつかった性行為で、平均五百ドル。時間給としては高額かもしれないが、収入には仕事量によって限界がある。さらに、仕事と仕事の合間の仕事のない期間も多く、その間はこの収入で賄わなければならないのである。

さらに、とりわけプロの女優は、容姿に多くの投資をしなければならない。脂肪吸引、豊胸手術などの美容整形手術は業界では当たり前であり、これらの費用は自分の稼ぎのなかから支払わなければならない【注11】。業界パーティーや地元の「ストリップ・クラブ」（エロティック・ダンス）への出演などには衣装が必要であり、これもまた自費である。男優にはこのような支出はないものの、好印象を維持する為の費用は必要だ。男性といえども容姿とスタイルを維持しなければならず、さらにポルノ・スターのステータス・シンボル（オートバイ、車など）を持つことも当然とされている。仕事をするために三十日ごとの実施が義務付けられているHIV検査ですら、費用は自前だ。

平均して、男優よりも女優のほうが稼ぎはいい【注12】。この調査によれば、男優の稼ぎは女優の約半分だ。このため、ポルノは男性が賃金格差の憂き目を味わう数少ない職業のひとつである。男優は、スター俳優を除けば、ビデオ一作あたりの登場回数が女優より多いにもかかわらず、自分の写真が表紙を飾ることはめったにない（表紙は高額報酬である）。このため、一作あたりの収入は男優のほうが低くなることが多いのである。ポルノ業界では男性の収入が女性よりもはるかに低いので、男優にとってはお金だけがこの業界に入る動機とは考えにくい。

収入はポルノの種類によっても左右される。プロやセミプロであれば、お金が目的で業界入りすることもあるが、アマチュア・ビデオの出演者が受け取る報酬は、皆無とは言わないまでも、ゼロに等しい。アマチュアがテープを配給業者に売っても、平均百五十ドル程度のものだ。この金額は、出演者ではなく、テープの売主に支払われる為、出演者へ出演料として支払われる金額は不明である。アマチュア会社がビデオを制作する場合には、出演者へはシーンごとに五十ドルから百五十ドルが支払われる。賃金の低さに加え、アマチュア会社は、プロやセミプロ会社では通例となっているストリップクラブ出演やモデル活動など別の収入源となる仕事を紹介できるようなコネがない。この為、お金を目的にポルノ業界に入るアマチュア俳優は、セミプロやプロに比べてはるかに少ない。

セミプロやプロが、業界を辞める決心をしようにも、なかなか業界から抜け出せない大きな理由はお金である【注13】。時に不自由はしても、お金を潤沢に使う生活に慣れると、俳優たちはポルノ業界のように（一見）自由で縛られることのない仕事を見つけるのは困難だ。俳優夫婦の次のような会話を見ればよくわかる。

ティム……ポルノ業界につてを持つ友人がいたんだ。実際に僕をこの業界に押し込んだのは別の友人だけど、一歩足を踏み入れたら、もう抜けられなくなっていた。ライフスタイルが気に入ったんだ。やがて、そんな生活にも嫌気がさしてきたが、嫌だ嫌だと考えていた時期を過ぎたときには、もう遅すぎた。僕はすでにどっぷりとポルノ業界につかって、金銭感覚が変わってしまっていた。ポルノ俳優たちがよく犯す間違いさ。

ケリー……最初から月に五千ドルは稼げるんですものね。

ティム……でも稼げば稼ぐほどそれなりの生活になっていくのさ。そうなってしまったら、もう辞められない。僕達の年収は八万ドルから十万ドルはあるんだ。転職しようにも、会社の経営者になんかなれるわけじゃないしね。大きな家や高級車からは離れられないよ。

同程度の報酬が得られる仕事を他に見つけることができない為、いったん業界に入った人間は抜け出せなくなるのだろう。さらに、「身分不相応な暮らし」をはじめる俳優もあり、俳優達はその暮らしを維持するために仕事を辞められなくなる。

†名声と華やかな生活

回答者の多くは、ポルノ業界に入った動機は、お金よりも「有名になる」ためであったと答えた。製作される作品の数も多く、それだけ認められるチャンスも多い【注14】セミプロ、プロの世界で最もよく見られる動機がこれである。わたしがインタビューしたポルノ・スターたちは、写真を撮られ、喝采を受け、サインを求められると言う。またファンクラブでは、一段ともてはやされるのである。

ファン雑誌では、ポルノ・スターの世界を美化して描くことが多く、業界でもこのイメージを前面に押し出そうとしている。セミプロ、プロの世界では、高額予算の映画や華やかなビデオ作品の発表には目立った場所（ホテルやコンベンションセンターなど）で格式ばったパーティーを行うことが多い。これらのパーティーには、業界のいわばパパラッチとも言えるファン雑誌、業界紙、映画雑誌のカメラマンの群れが欠かせない。ポルノ業界を美化し喧伝しようとするいい例が、ロサンジェルスの目抜き通りに最近立てられた大手の「専属女優【注15】」の派手な広告板だ。その他の例には、国内で行われる業界主催の二つの賞の授賞式がある（もう一つ外国で開催されるものもある）。入場券の相場が一枚百ドルのこれらの授賞式は、出席者は全員正装して参加する格式ばったものだ。高額予算の大作がとりあげられることが多いが、アマチュア作品が受賞の栄誉に預かることもある。つまり、「名声」をつかむチャンスはプロ・アマの区別なくあるのだ。

女優、俳優、プロデューサー、監督のなかには、人気や知名度が高まれば仕事にたいする熱意が高まるので、名声欲はタレントにとってはいいことであると言う人々もいる。ある俳優も「金が目的ならば、長続きしないだろう」と語っているように、目的が金だけならば欲求不満を感じたり退屈になってしまうことも多いだろう。また、制作会社も、金への執着は視聴者に露骨に伝わり、出演者が心のそこから仕事を楽しんでいるという夢を壊すことになると考えている。

「堅気の」（成人指定ではない）娯楽産業と比較すると、ポルノ業界は比較的容易に有名になれる世界だ。堅気の業界で俳優を目指しても、チャンスに巡り合うことなどほとんどなく、競争は厳しく、「運」や「好機」【注16】を待ち続けることになる。堅気の役者たちは何百回オーディションを受けても、めったに役を手に入れることはできない。しかし、ポルノ・スターを夢見る場合には、そこそこ魅力があれば、エージェントと契約し、数日後にはビデオに出演できる。ポルノ業界は、名声もすぐに手に入る世界だ。

有名になり注目を浴びたいと望むのは、男優も女優も同じだ。業界でもてはやされるのは女優の方であるが、男優も業界内の数が少ないので、やはり顔が売れ、有名になるのも簡単だ。しかし、名声を得たいという気持ちに男女の差はないものの、「有名」という概念は男女で異なる。女性の場合、有名になるということには、知名度が高まり、ファンが増えるというだけでなく、視聴者の欲望の対象となることも含まれるが、それにひきかえ男優の場合は、視聴者のほとんどは異性愛者の男性なので、欲望の対象になることはない。

†自由と自立

その他のセックス産業関連の職種に就いている人々の調査からは、セックス産業に足を踏み入れる動機には、経済的な理由と就労の機会に恵まれていなかったというものが多いことがわかる。例えば、客のすぐそばまで来て踊るテーブル・ダンサーの調査では、ストリップ・バーで働く女性は一般女性よりも財産や仕事の機会が少ないとロナイやエリス【注17】が主張している。セックス・ワーカーになるその他の理由として、教育レベルの低さや職業訓練の不足、家庭の崩壊、貧困、性的虐待、合法的な収入がほとんど得られないことなどが挙げられる【注18】。

それとは対照的な回答も調査では多く見られた。時間の融通がきく、収入が多い、面白いなど、自分が仕事に求めるものを与えてくれるので、セックス産業に従事したと答えた人も多かったのである。しかし、機会が与えられなかったのではなく、セックス産業以外の仕事の時間の制約や大変さの受け止め方の違いが、ポルノ業界で働き始める動機となったのだろう。自由で誰からも束縛を受けることのないポルノ業界に魅力を感じたのだ。フランス出身で女優経験の長いジョアンナは以下のように述べている。

ただ普通の職場で仕事するのが耐えられないだけよ。気が狂いそうになるわ……二週間で、もううんざりだったわ。この業界では、旅行もできるし、自由があるわ。アメリカにも来られた。いつでも好きなときに休暇をとるだけのお金もある。貯金もしようと思ってるし。そんななかでも二週間休みが取れたわ。

その他の回答者は、仕事が楽なところが魅力だったと答えている。カートは次のように話している。「朝の八時から夜中まで現場に詰めてることもあるけど、なにひとつするわけじゃない。現場へ行って、脚本を読んで、女の子たちといちゃついて、セックスをして、それで金がもらえる。それだけのことだもの簡単なものさ」。

自由で自立していると感じるのも、業界の構造によるところが大きい。プロの会社と専属契約を結んでいる女優が数十人、男優が二人いるものの【注19】、ほとんどの出演者は「フリーランス」、または会社に毎月一定の出演日数を約束する非専属契約で働いている。俳優達は、契約に縛られずに、自分のスケジュールや興味や優先順位をもとに仕事や作品を選ぶことができる。デーンの説明によれば、専属契約を結ばなければ、セットで過ごす時間を減らしてより多くの作品に出演することも自由にできるので、全体的な収入増になるということだ。

契約する気になったのは、専属契約ではなかったからだ。普通の契約とたいして変わらないギャラをもらいながら、ほかでも仕事ができるし、拘束時間も少ない。セリフだの何だのとくだらないことで待たされることもない。現場へ行き、てきぱき仕事をこなせば、三時間だ。大作の撮影契約では、十時間から十二時間待たされた。五百ドルを十二時間で割るより、三時間で割ったほうがいいだろう。理屈から言っても、非専属契約のほうが割がいいというわけだ。

プロデューサーにしてみても作品ごとに出演者を選ぶことができるのでフリーランス制度は有難い。会社の発展のために会社が必要としているのは、一握りの有名スターの専属契約だけだ。

ポルノは、同程度の賃金のその他の仕事に比べれば自由や自主性が認められているが、有能なプロとみなされるにはいくつかの条件を満たさなければならない。次も仕事をもらいたければ、いかなる男優、女優といえども、決められた時間に到着し、必要な書類（身分証明書やHIV検査の結果【注20】）をすべて準備し、真面目で協力的、残業もいとわない姿勢を保たなければならない。「奔放な人間」とみなされることは自分のキャリアにとってマイナスだ。約束を忘れたり、非協力的であったり、要求される仕事（男性の場合）ができなかったりしてもマイナスになる。つまり、仕事自体は毛色の変わったものではあるが、ある面では多くの業界と共通する所がある。

まがりなりにもプロと呼べるのは、プロとセミプロまでだろう。この理由は三つある。ひとつには、アマチュア作品は「目新しい」「一味違う」「見たことのない」俳優を売りものにしているので、同じ俳優を使って繰り返し同じような作品を作る可能性はほとんどない。第二に、アマチュア作品は「現実の」「正真正銘」のセックスを撮影しようとしているので、普通は、名の売れた俳優や出演経験のある俳優を起用することはない。最後に、アマチュア作品の出演料は非常に安く（比較の問題ではあるが）、さらに映画出演以外のお金になるチャンス（ストリップなど）を紹介してもらえることもほとんどないので、経済的に生き延びていくことは難しい。ということはつまり、アマチュア作品の俳優達は、自由だからとこの仕事を望んでいるのではなく、個人的な興味やチャンスが動機となっている。しかしながら、この興味も、業界が自由であればこそだ。多くの回答者は、業界に入ろうと決心したら、道は自ずと開けたと述べた。

†チャンスと社交性

アマチュアやセミプロでは、友人、恋人、同僚などを通して業界に入り込む人が多い。例えば、アマチュアの制作会社は女優や男優に友人達を呼び出してもらい、制作に参加させる。手数料が少なすぎるので、アマチュア制作にエージェントが絡むことはめったにないが、「スカウトマン」が信頼できる俳優を探し出してくることもある（スカウトマンに対して支払われる金額は二十五ドルから五十ドルが相場だ）。ポルノ業界に入るチャンスは、業界関係者経由で手に入ることが多い。これは女性にも男性にもあてはまる。

いったん業界に入ってしまえば、コネ作りは容易であり、これによって業界との息の長い関係を育てていく。例えば、低予算の作品では、女優や男優は友人であることが多く、出演を依頼するのもこの関係がきっかけとなる。現場では新しい関係が築かれ、これが今度は別の作品へとつながる。プロの現場では、共演者を選ぶチャンスはスターに与えられる。このため、彼らと親交を持つことが成功への鍵となる。さらに、このような関係があれば、金銭的魅力などその他の動機が減退したときにも、興味や意欲が消失してしまうことはない。

その他多くの社会の落伍者と言われる職業と同じく、いったんこの社会の人間になると、友人やその他社会的つながりも通常、その社会のなかだけに限定されてしまう。お互い同じ不名誉な集団の一員であるということから人間関係が築き上げられていくのである。ポルノ業界では、業界パーティーや気軽な集まりが、交友関係を広め、人脈を作る為の機会となっている。ネットワーク作りが重要なのは、ポルノ業界においても「堅気」の業界と同じなのである。すなわち、これらのパーティーは、人間関係や協力関係を築き、「目に留まる」チャンスを得る場としての役目を果たしているのである。

友人や恋人、知人がポルノ業界に入るきっかけとなる以外にも、他のセックス産業をきっかけにこの業界に足を踏み入れることもある。女性の場合は、ヌード・ダンスからポルノ業界に入るというケースがある。ダンサー達はポルノ・ビデオに出演すれば、ストリップの稼ぎもよくなると誘われ、名前が売れればポルノ業界に転身もできると誘われる。肉体的な魅力や人気によっては、ダンサーには専属契約を結んで監督や共演者を選べるようになる道も開けている。

ストリップからポルノへの転身が可能ならば、その逆もある。名の売れた女優はほとんどの場合、定期的にストリップ・ショーに出演する。それによって、一段と知名度は高まり、ファンも増え、「稼ぎのいい」女優へと成長できるのである。女優がストリップ・ショーで「主役を張る」(主演する) ときには、オーナーはポルノ・スターが出演すると宣伝し、多くの観衆を集める。観衆が多ければ多いほど、関心が高まれば高まるほど、ダンサーが受け取るチップも増え、店も繁盛する。つまり、女優、店のオーナー、ポルノ制作会社は持ちつ持たれつの関係にあり、それぞれが恩恵を得ることができるのである。

専属契約や準専属契約をしているポルノ制作会社は、宣伝のためにストリップ・ショーへの出演を奨励している。大手制作会社では、出演や賃金交渉を「社内処理」できるように、出演契約担当者を抱えているところもある。さらに、ダンサーが出演したビデオを販売することも多い。州法によってこのような販売が禁止されている場合には、セットで撮影された写真をつけたビデオ宣伝「チラシ」を客に配布したりしている。

しかしながら、知名度が上がったことが、逆に女優のキャリアにマイナス効果となることもある。ポルノ制作会社は新旧両方の視聴者にアピールするために、常に新人を探している。ビデオや雑誌、ストリップ・ショー出演などで顔が売れ過ぎた女優は、目新しさに欠け、視聴者への魅力が減ってしまうのだ。このため、金を稼げる女優になるには知名度を上げることが欠かせないにもかかわらず、会社としてはある程度知名度があがれば十分で、それ以上に関心を示すことはない。ポルノ俳優として成功する鍵そのものに、俳優生命を断たれることにもなるのである。

雑誌のグラビアを飾ったり、ストリップ・ショーに出演するチャンスは女優よりも男優のほうがはるかに少ないので、男優は顔が売れ過ぎる可能性は低く、その為ポルノ業界におけるキャリアは女性の二倍だ。ある女優は以下のように話している。

女の子は、人と違ったところがなければ、寿命は九ヶ月から二年。わたしみたいに、アジア系だったりすると、少し長持ちするわ。男性はいつまでもこの世界に留まっていられる。男性の場合は事情が違うのよ。演技ができれば、生き延びられる。十年から十五年もこの世界にいる男性もいる。

さらに、レヴィ【注21】が「堅気の」映画界で気が付いたように、成功した人気女優の平均年齢は、成功した男優の平均年齢よりも若い。これは、プロデューサーや観衆の双方がもつ美の規範を示している。「堅気」の業界でもアダルト業界でも、男優は歳をとっても問題ないが、女優は若い新人に取って代わられていくのである。

†奔放なセックス

多くの回答者が、ポルノのおかげでどんなセックスにも驚かないようになったと答えた。世の中の人が人目を避けて行うべき行為と考えていることをスクリーンで実演する仕事ほど恥ずかしいものはない。確かにポルノは自己顕示欲の強い人をひきつける。しかし、社会の良識を打ち壊し、歯向かい、抵抗したいと考える人の絶好の手段にもなり得る。とりわけ女性にはこの傾向が強い。なぜなら、同じことをしても男女間では評価が違うダブル・スタンダードのおかげで、女性は性表現が限られ、さらにその制約を犯せば厳しい制裁を受けることになるからである。男性スターはいろいろな意味で、男性のセックスを武勇伝、火遊び、気晴らしととらえる社会の価値感そのものだ。デーンのユーモアあふれるコメントは、男性の性とポルノの関係をはっきりと示している。「(ある女優に)アダルト産業で働くようになるなんて、想像したことがあったかいと聞かれたことがある。僕は、アメリカの男で、当然ポルノだって見てるさ。当然(業界にいるところを想像したことは)あるさ」

調査を行ったある会社は、「社会に逆らいたい」という人々の要求を満たし、そこから利益を得ていた。社長兼監督は「ワル」を演じることに興味を示す女優や男優を探した。彼によれば、金に興味を示すタレントはほとんどがセックスには関心がないし、名声を求めている人は名声を手にする前に「使い捨て」になる。「ワル」は映画の画面で見ても一目瞭然で、「本物のセックス」(演技ではなく)を見たがっている視聴者の目には魅力的に写るだろう。面白いことに、このプロデューサーの下で働いていると、女優や男優には「ワル」になる機会がさらに与えられる。これは、この会社が業界においても非常に特異な存在だからだ(スタッフ、内容、立地条件など)。

ポルノは社会の良識に逆らう一方で、セックスをする機会を与えてくれる。一般的には、女優は「演じている」と思われているものの(少なくともある程度は)多くの回答者は、仕事からある程度の性的快楽を得ていると答えた。「すてき」で「やさしい」男性と演ずれば性的に興奮するという。女性同士が絡むシーンでは、女性同士の力関係から興奮が増し、エロチックな気分になるという回答者もいた【注22】。女性の性的興奮は誇張ややらせだったりするが、男性がカメラの前で勃起し、射精していること(一般的にセックスを「楽しんでいる」と解釈される)は否定しようもない。ソフトコア・ポルノの撮影でも【注23】、性行為が単なる真似事であることはめったにない。さらに、セックスが本当に行われた証としてほとんどのシーンは膣外射精で終わる。ほとんどの男優が、ポルノ俳優になった主な動機として「セックスできること」を挙げているが、それも想像に難くない。いったん業界に入れば、ポルノ俳優として成功するには、セックスに対する興味を維持させることが重要である。性的に問題があれば（勃起を維持できない、射精をコントロールできない）、俳優人生はあっという間に終わってしまう。ポルノ俳優の一人として、チャックは以下のように説明してくれた。

新人男優の場合、最初のシーンはたいてい問題はない。二度目で問題があれば、三度目、四度目はないと予想しておこう。最初のうちは、ものめずらしいから楽しい。ある日、それが仕事だってことに気が付くんだ。そうなると、続けられなくなるやつもいる。

このため、プロ、アマを問わず、「セックス」への興味を常に変わらず持ち続けることが、ポルノ業界でやる気を維持していく鍵となる。

ポルノ業界に身を置いていれば、セックス好きの出演者には撮影現場以外にもセックスのチャンスはやってくる。多くの回答者は、仕事以外では夫や妻以外に浮気はしないと回答したにもかかわらず、業界にいるからこそセックスの機会がたくさんあるのだと独身者やパートナーを次々に変える人々は述べている。これらのチャンスに加えて、社会の良識を打ち壊そうとするようなポルノ業界に働く人々はセックスや性別に対する見方が伝統に囚われない場合が多く、これらの興味を実行に移せる場にひきつけられる。例えば、女性同士のセックスは主流作品の定番であり、女優は仕事柄このような関係を実践する機会は十分過ぎるほどあるが、私生活でもそういう関係を持つようにもなるのである【注24】。

ポルノ業界に留まる理由

女優も男優もアダルト業界に腰を据えてキャリアを築こうとしている人と、気まぐれに業界に入り、あっという間に辞めていく人の二つに別れる。しかし、「一回だけ」と思って仕事をした人がその後業界でキャリアをめざそうと決心することもあるだろうし、ずっとこの業界で働こうと考えていた人がいくらもしないうちに辞めていくこともあるだろう。この業界へ身を投じようという決断、仕事を続けて行こうという選択、業界内で転職を考えるとき、それらはすべてこの業界とどんなかかわりかたをしようとしているのか、つまり長期的なのか一時的なのかによって大きく影響を受ける。業界に「気まぐれ」で足を踏み入れた人は、お金、セックス、独立願望、成功へのチャンスを動機とする可能性が高い。長期的なキャリアを築こうとしている人は、成功や名声が動機となっている可能性が高い。この業界で成功を手に入れ、長く仕事を続けるには、次のような要素が必要となる。利益が得られるような選択をする、人脈を作る、プロらしく振舞う、高い地位を手に入れる、注目を得るなど一つ一つの要素が大切だ。

†名声を得る

名声や知名度を求めて俳優達がポルノ業界に入るように、ポルノ業界に留まる主な理由は、さらに有名になり、その地位を維持することである。まず名前が売れ、やがて尊敬され名声を手にするようになると、その思いはさらに強くなる。しかし新人タレントを常に探し続けている業界では、名声の維持は至難の業だ。スターであり続けるためには、賢い戦略とファンの支持が欠かせない。しかしながら、スターであるということへの報いはこのような労苦を補って余りある。スターともなれば一作あたり、または一シーンあたりの出演料は格段に高い。共演者を選ぶこともできるようになり、撮影現場での待ち時間は少なく、努力が認められることも多く、業界内で尊敬を集めるようになる。

スターになればファンからもかなりの注目を浴びることになる。マネージャーが個人的なファンクラブを運営することも多い。そのようなファンクラブは、地元での公演予定の通知や新作情報を提供したりしている。また、スターからのメッセージやスナップ写真や、スターの身の周りのあれこれなどをファンクラブ会員に提供している。また、業界で有名なプロデューサーがファンクラブを結成することもあり、独自の授賞式を主催するなどして、会員が業界の集まりに参加できるよう便宜を図っている。ファンクラブのおかげで、ポルノ・スターは視聴者にとって身近になり、「距離をおいた親密さ【注25】」を感じられるようになるのである。さらに重要なことは、ファンクラブが行う宣伝活動や支援活動はファンの興味を持続させ、俳優を成功に導くためには欠かせない要素である点である。

業界全体としても、ファン層の拡大には熱心だ。「新人」を売り出すことで繁栄している業界では、女優のビデオ出演本数はデビューの年が最も多い。出演本数の多さもファンへの売込みには欠かせないのである。出演本数の多さだけで、女優がデビューの年に業界の賞を受けることも珍しくない【注26】。男優の場合には、事情は異なる。男優の人数は少ないので、撮影の現場で問題（セックスに関することが多い）が生じないかぎり、業界で生き残っていくことができる。一般的には男優にファンクラブはないが、業界内で俳優として長く活躍し知名度が上がれば、スターとしての地位が手に入るのである。

ポルノ業界においては、ファンは隅に追いやられた存在だ。ポルノのファンの多くは匿名なので、プロデューサーや、監督、女優、男優がファンのことを知る機会はほとんどない。業界はファンがいなければ成り立たないにもかかわらず、回答者の多くは視聴者に対してかなり否定的なイメージを抱いている。視聴者に関するイメージは「孤独」、「貧乏」、「愚か」、「ぞっとする」など様々である。女優や男優は、その正体すらわからない上に、軽蔑すらしている集団に認められようと努力しているとは、なんとも皮肉なことである。さらに、彼らは自分たちが制作している作品にはほとんど誇りを感じていないと回答した【注27】。「低俗産業」のご多分に漏れず、ポルノは、大量生産され、使い捨てられ、替わりはいくらでもあり、忘れられるのも早い。「古典的作品」（「Deep Throat」「Devil in Miss Jones」「Behind the Green Door」など）と言われるような作品は非常に稀なケースであるが、評価は高く、そのような作品に出演すれば「名前が売れる」ことは確実だ。高い利益を上げるヒット作に出演しても高い報酬が得られるというのではなく、得られるものは名声だ。「堅気の」業界と異なり、男優や女優には演技に対して一律の出演料が支払われるのであり、作品が成功してもそれに応じた印税が支払われる訳ではない。

女優も男優も世の中に認められることを待ちわびながら、仲間内からも成功者と思われることを願っている。ポルノ業界で「成功」するには、ただ世に認められるだけではなく、同業者からも認められ賞賛されるようになることが大切だ。人と人との和が大切であり、また同僚同士で軋轢が生じることも当然であるという点においては、アダルト業界もその他の業界も変わりがないのである。業界内で自分の地位を築くことは、成功（とりわけ仕事の確保について）には当然欠かせないものであるが、同時に長く仕事を続ける最大の原動力にもなるのである。仲間内で評判を高めファンの間で人気を博することがポルノ業界で仕事を続ける要素であることは、衆目の一致するところだ。

業界内で高い地位を確保することは、俳優にとっても組織にとってもさまざまな意味を持つ。ポルノ業界は、そこに生きる人々が社会生活においても、また仕事面においても互いに依存しあって生きている閉鎖社会である。社会から落伍者と烙印を押された他の職業につく人々と同じく、ポルノ業界の人々は「落伍者」ではない社会との交際や接触の機会が非常に限られているので、業界内での人間関係が二つの役割を果たすようになる。つまり競争が激しく中傷が横行する社会ではあるものの、業界の人間は家族のようなものだと述べた回答者も多かったのである。この業界で地位を築くには、好かれる、尊敬される、有能と認められる、業界で長いキャリアがあるなどの多くの要素が大切だ。人脈や友情は仕事にとっても重要だが、助け合いや友達を作る機会、自分を認めてもらえる場などを提供してもくれるのである。

†キャリア戦略

他の業界で働く人々と比べ、ポルノ業界で働く人々は、自由で自主性も尊重され、お金にもセックスにも不自由することはない。多くの回答者が、業界に入った途端に成功しようという意欲に駆られたと答えている。つまり、ポルノ業界に足を踏み入れたことにより、一般社会での仕事の機会が失なわれ、その結果ポルノ業界でもっと稼がなければという意欲が湧いたというのである。この業界で働ける時間は短いとほとんどの回答者は認めてはいるが、業界にできるだけ長く留まり、よりたくさんのお金を稼げるようになろうとそれぞれが戦略を画策しているのである。

女優がポルノで成功しようと思ったら、大衆にとって常に魅力的（少なくとも視覚的に）であることを心がけ、できるだけ多く大衆の目に触れるように努力するという方法がある。その為には、ストリップ・ダンス、モデル、写真撮影、インタビュー、ファンへの対応、授賞式への出席、見本市（「Video Software Dealer's Association」「Consumer Electronics Show」等）でのサイン会などがある。さらに、コンピュータ技術の発展により、ポルノ業界は、インタラクティブ（双方向）ソフトやCD-ROM、またオンライン・チャットなどを提供できるようになった。ポルノ業界は、ビデオ以外の領域にまで広がったのである。

男優にとって、俳優としての成功はセックスの能力にかかっているといっても過言ではない。その他に男優が自分の能力を誇示できるものは、信頼感、仕事の質の維持、いつでも使えるという程度ぐらいのものだ。ポルノ以外の場で俳優として働くことはほぼあり得ないので、ポルノ業界で他の職種に進出をはかる男優もいる。例えば、私がインタビューしたある男優は、セミプロ会社の編集者も勤めていた。彼の目標はこれらの技能を活用してポルノ業界から足を洗うことだが、ポルノという汚名が付きまとう為このような転職は難しいと答えた回答者も多かった。また、業界で地歩を固め、ビデオの監督や、制作のその他の分野に活路を求める男優達もいる。俳優業よりも賃金は少ないものの、ある程度専門知識を身につけた男優達は、その他の職種を開拓し、ポルノ業界で長く仕事をすることができる。

この業界で仕事をし成功する為には、人気や知名度を高めること以外にも、賢明な選択を時に応じて行うことが肝要だ。正しい会社、すなわち成功する会社を選択することができれば、いい仕事をして、名声を手に入れる可能性も広がるのである。ポルノ俳優としてのスタートがセミプロであるかアマであるかにかかわらず、ポルノ業界で成功しようと思うのであれば、できるだけ早くプロの会社に移籍するべきである。それに失敗すると俳優としての成功は難しいだろう。先にも述べたように、アマチュア製作会社に在籍していてもある程度は名前も売れるだろうが、名声を手に入れるほど世に出ることは不可能であろう。さらに、有名な会社の高額予算作品（制作費、広告費とも）に出演することができれば、業界内で授賞する可能性も増し、さらにそれにより名声と高い評価を手に入れることができる。

仕事の成功は、業界内で人脈を持つことができるか否かという点とも密接に関係している。例えば、この業界ではエージェントはたいして役には立たないと答えた回答者もいたが、しかし評判のいいエージェント

【注28】とつながりを持つことでスター俳優となる可能性が高まるのは事実だ。例えば、二人のプロデューサーはインタビューに答えて、ほとんどすべての女優や男優と知り合いでもエージェントにはずっと手数料を払い続けていると話した。その見返りとしてエージェントは、「期待の新人」が業界に入ると真っ先に報せてくる。この関係は女優や男優にとっても、最高の条件でポルノ業界にデビューできるので有難い。さらに、エージェントは、アダルト雑誌の会社ともつながりがあるので、モデル活動のチャンスも提供してくれるのである。

エージェント以外にも、監督、プロデューサー、女優、そして時には男優【注29】が出演俳優を決めることがある。撮影現場で、次の作品の出演交渉が行われることも珍しくない。また、監督は、信頼できる出演者がいるとその俳優を他の監督に紹介し、また出演者は互いにつぎの仕事を紹介しあったりする。したがって、業界内では地位と評判を維持することが大事なポイントになるのである。しかしながら、地位が高いことと、好かれることとは、同じではない。業界内の人間関係は、期待度の高い作品への出演をめぐる争いや知名度をめぐる競争によって影響を受ける。つまり、業界内の権力争いとも複雑に絡み合っているのである。これぞという人物と近づき懇意になり、仲間同士密に連携を取り、ライバルとの競争に打ち勝つことが大事な仕事だと、ほとんどの回答者は答えている。仕事のチャンスは口コミで伝えられることが多いので、ポルノ業界の様々な分野に関わりを持っていることが、この業界で生き延びていく上では重要である。業界内の付き合いが少ない俳優や仲間はずれになっている俳優は、仕事のチャンスに限りがあるポルノ業界では生き残ることはできず、姿を消す運命にある。したがって、ポルノ業界で仕事を続けていく為には、業界の様々な分野に通じていることが大事なポイントとなる【注30】。

†流動性と熱意

ポルノ業界内の流動性は従来の規準では測ることはできない。これはこの業界の構造上の特殊性などが一因となっている。例えば、ポルノ業界に入った俳優は、アマチュアからプロへの階段を上ることが多い。特にこれは男優には典型的な例で、男優はセミプロやプロの世界の門戸を叩く前に、まずアマチュア作品に出演して自分のセックスの能力を証明しなければならない。プロの作品は、高額予算であり、その為出演者の数が多く、撮影日程も詰まっている為、監督は、セックス上の問題で現場の撮影が遅れることはないという確証を男優に求めるのである。

しかし女優の場合は、アマチュアよりももっと上の段階からデビューすることもある。モデルやストリップ・ダンスを経てデビューする場合には、通常セミプロとしてデビューし、女優としての商品価値が証明されれば、プロ作品へと昇格する。非常に魅力があったり、既に知名度がある場合は、プロ作品からデビューすることも多い。しかしながら、いったんプロとして活躍するようになってから後も、セミプロ作品に出演することもよくあることだが、これはプロとしての仕事になんら影響はない。セミプロの制作会社はプロの会社が所有していることが多いので、業界はかえってこのような動きを推奨している。

プロへの興味をほとんど示さない女優は、同僚やその他周囲の人々から「色気違い」「売女」「淫売」などと非難され、野心、技能、知識に欠ける【注31】とみなされる。女性は顔さえよければ、誰でもポルノ業界で成功できるという前提がこのような見方をさらに煽っている。仕事を続ける為には「セックスができる」ことを要求される男優と比べて、女優は、たとえ業界内では未熟な労働者であっても、その仕事はかなり楽だと思われている。さらに、高い出演料、十分な宣伝、知名度の高さなど、ポルノ業界で得るものは女性の方がはるかに大きい。その為、このような好条件に恵まれながら成功できない女優は、ポルノ業界の仕組みもわからない意欲に欠けた人間であるとみなされるのである。

業界で経験を積み、意欲を持ち続けることで流動性は高まる。頻繁に顔を出し、常に真剣な態度を示せば、「成功に必要な素質がある」と考えられることが多い。セミプロとプロの作品へ交互に出演したり、ポルノ業界以外で仕事をすることはフリーで仕事をする人々にとっては欠かせないことであり、縦方向よりも水平方向への流動性の重要性を示唆している。雇用者と会社が専属的な契約を結ばず、雇用者に自由があるような他の業界では、雇用者が様々な場所で仕事をすることは決して珍しいことではない。要するに、ポルノ業界で長く仕事をしたいと思うのであれば、人脈作り、適切な作品選び、容姿の維持、自分を売り込むこと、付き合いを大切にすることなどを心がけなければならない。

おわりに

一度だけと心に決めてポルノに出演し、そして去っていく人々、手っ取り早い金儲けと性的冒険を楽しみたいという目的を達成すれば早々に業界を去っていく男優や女優達などさまざまだ。しかし入れ替わりの激しいこの業界で長く仕事をしていこうと思うのであれば、自分なりのキャリアを築いていかなければならない。経験を積むに従い、仕事を続ける動機もまた目的も変化して当然だ。ポルノ業界に入る動機として多くの人が抱く有名になり名声を得たいという気持ちは、時間がたっても最も色褪せることがないもののようだ。さらに、女優と男優とでは有名になる手段は違うが、賞賛や名声を得たいという気持ちに男女の差はない。

いったん業界で地位を築けば、最初の動機は、より実質的な目標に取って代わられることもある。例えば、多くの回答者がポルノ業界に入る目的としてあげた「奔放になること」は、比較的短期間のうちに達成することができる。既製の価値観を捨て去るのに何度もビデオに出演する必要もない。社会の価値観に挑戦することを目指していた人々も、時が過ぎ、業界で自分の地位を確立するようになると、社会から認められ、賞賛されるようになる。「奔放になる」という目標は、できるだけ長く仕事をするという目標に取って代わられるのである。セックスが目的だった人は、業界に留まるには、意のままにセックスができるようにならなければならないことをすぐさま思い知らされる。仕事としてセックスをするようになると、「仕事を立派にこなせる」人間の一人としての自覚が湧き、それが業界に留まる動機となるのである。セックスへの欲望が、仕事を失いたくないという欲望に取って代わられるのである。

ポルノ俳優の仕事は、社会の落伍者のものとされる他の仕事、例えばドラッグの売人などのような仕事と似たところがある【注32】。ポルノ出演によって得られる稼ぎに慣れてしまうと、「堅気になる」(業界を抜ける)ことはむずかしいことが多い。さらに、不名誉とされる世界にいるということだけで「合法的な」世界で成功する望みは絶たれたに等しい。

ポルノ俳優が動機として挙げたものは、その他のセックス・ワーカーにも共通して多くみられるものである。調査によれば、ストリッパーや売春婦は、お金に困って仕事を始めることが多いが、セックス・ワークで得られる報酬(収入面および独立性)の為にその業界から抜け出せなくなることも多い【注33】。セックス産業で成功を手に入れる為に必要とされる資質は、ポルノ業界もその他のセックス産業も同じである。例えば、「プロとして認められる」ことが必要なのは、ポルノ俳優、コールガール、売春婦、売春宿の経営者、どれをとっても同じなのである【注34】。

セックス業界内の流動性に関するその他の研究では、流動性に必要な二つの条件【注35】が明らかになった。

第一に、情報の普及である。俳優は、業界内で移動することが可能であることを知り、アマからプロへという階層社会の歩き方を知らなければならない。第二に、客観的な業績によって格付けが決まる、開かれた制度が必要である。また、上の階層への移動が可能である為には、業界内の流動性が高いか、または一つ一つの階層が多くの人材を擁しているかのどちらかが必要となる。ポルノ業界の流動性は、人脈、コネ、人材の確保、需要によるところが大きい。

最後に、男女の違いは、ポルノ以外のセックス産業においても明らかに存在することを述べておこう。例えば、男性ストリッパーに関する研究によれば、男性ストリッパーは女性ストリッパーよりも不名誉と感じることは少ない【注36】。ポルノ業界では、男性は女性に比べ、不名誉と感じることは少ないのに地位は高く、業界内の他の職種に転職（編集者や監督）するチャンスもより多くあると男性回答者は答えている。ほとんどの女性ストリッパーが肉体を露出する仕事（モデル、ゴーゴー・ダンサー、トップレス・ウェイトレス【注37】）を過去に経験しているように、ポルノ女優が過去にその他のセックス産業で働いた経験を持つ確率は、ポルノ男優よりも高い。また、売春をしている男性、女性、トランスジェンダーの研究から次のような比較が明らかになった【注38】。売春をする男性やトランスジェンダーは、セックスで喜びを感じたと回答する確率が売春婦よりも高い。同じように、ポルノ男優は業界に入った動機はセックスであると回答する確率が女優よりも高く、またセックスをする喜びがあるから仕事を続けていると回答する確率も高かった。

第3章

テレホン・セックス・オペレーター

「Smart Girls Who Like Sex」

グラント・ジュエル・リッチ
キャスリーン・グイドロズ

ジョーダン氏がテレホン・セックスはどんなものだったかと訊ねた。ルインスキー嬢は以下のような説明をしたように記憶していると供述した。「彼は電話のむこうで、私はこちら側でそれぞれ処理していました」

……「スター独立検察官報告書」より抜粋

テレホン・セックスはいたる所で目にすることができる。ほとんど全ての男性誌、さらには数多くの新聞にまで魅力たっぷりな宣伝が掲載されている【注1】。しかしそれにもかかわらず、これまでこのテーマに関する研究がほとんどなされていなかったというのが事実だ【注2】。本章では、テレホン・セックス業を取り上げ、社会的には不名誉とされる職業につきながら、テレホン・セックス・オペレーターが肯定的な自我を確立し、それを維持しようと試みているさまに焦点をあてている。

テレホン・セックスやテレホン・セックス・オペレーターに関する世間の固定観念は、スパイク・リーの一九九六年の映画「Girl 6」(邦題「ガール6」)やニコルソン・ベーカーの一九九二年の小説「Vox」【注3】などにはっきりと表れている。リーの映画によって、テレホン・セックス・オペレーターは非常に美しく、贅沢な事務所ビルの一画にある高価な最新モデルのコンピュータが据えられた華やかなオフィスで働いているという誤った概念が広まった。現実世界のテレホン・セックス業ははるかに平凡である【注4】。ベーカーの小説も、テレホン・セックス業のイメージを歪めて描いている。彼の小説の中では、テレホン・セックスをする二人は、お互いに深く心を通じ合あわせ、満足のいくセックスをし、その後も連絡を取り合い、そして恋愛関係へと発展して行くように描かれている。

本章では、オペレーターの実体験を検証しながら、それらの誤った固定観念を打ち破り、オペレーターの実像に迫る。オペレーターにアイデンティティが芽生え、そのアイデンティティがテレホン・セックスという仕事によって確立されていく過程を検証する。社会の人々から落伍者と言われる職業につきながら、テレホン・セックス・オペレーター達は、どのように自分と自分の生活を捉えているのかを探る【注5】。恥ずべき仕事についている「悪い娘」と見なしているのだろうか、それとも自分達の仕事を肯定的に捉えているのだろうか【注6】?

裏の社会を様々な角度から研究したベッカーは【注7】、裏社会に生きる人々は、自らを肯定的に捉え、法律や社会の制裁から身を守る為に、意図的に秘密主義、孤立、自己隔離という姿勢を貫いているのだと述べている。「Stigma」【注8】でゴッフマンは、社会からの逸脱者が「不名誉」な「恥ずべき」アイデンティティを隠し、取り繕ろおうとする様子を描いている。我々の調査でも、テレホン・セックス・オペレーターは、自分達の自尊心を保つ為に、自分自身や家族を社会の冷たい視線から守る為に、将来の職業上の選択肢を失わない為に、いくつかの戦略を用いていることが明らかになった。最後に、オペレーターは「家庭」と「職場」の区別をはっきりと意識し、区別をすることによってアイデンティティを維持している。社会の変化や技術の進歩によって家庭と職場の区別が曖昧になってしまった人々が多いにもかかわらず【注9】、テレホン・セックス・オペレーターのほとんどは家庭と職場ではまったく別のアイデンティティを保っている。例えば、オペレーターは、家庭とは別のオペレーターとしての人格や名前を持っている。さらに、調査対象となったほとんどのオペレーターは、自宅ではテレホン・セックスの仕事をしない。このようにして、オペレーターは、職場での自分と家庭での自分を区別し、「演じている」自分と「本当の」自分とを区別している。

†調査の方法

この調査は、元テレホン・セックス・オペレーターが経営する米国都市部にある或る会社のテレホン・セックス・オペレーター【注10】十二人への取材が元になっている。さらに、仕事場の様子を観察したり、他の都市のオペレーターに取材するなどして調査の対象の幅を広げている。スマート・ガールズ・フー・ライク・セックス（Smart Girls Who Like Sex）【注11】というこのテレホン・セックス業者は、主に全米の男性客を対象としている。男性向けセックス誌を通じて宣伝を行い、フリーダイヤル、有料情報サービスダイヤル（一分当り三・九九ドル）、クレジットカード電話、直通電話、プリペイド電話（一分当り一・九九ドル）などを通じてサービスを提供している。一九九六年から一九九八年まで、個人的な知り合いを通じて接触したのを手始めに、さらにそこから紹介を受けるという雪だるま式サンプリング法で取材を行った。サンプルは無作為抽出ではないので、典型的なテレホン・セックス・オペレーター像が得られたとはいえないかもしれない。さらに、その会社の広告はオペレーターの教育程度や知性の高さを強調しているので、電話をかけてくる男性客も標準的とはいえないかもしれない。多くのポルノ雑誌に掲載されたこの会社の広告は、一方の手に電話を、もう一方の手には本を持った若い白人女性の写真だ。胸も露わに、チェックのスカートをたくし上げ、白いレースのパンティが見えている。レースのソックスとハイヒールをはき、眼鏡をかけた女性の写真は、オペレーターの若さ、セクシーさ、知性を強調している。

この調査では、いくつかの理由で質的方法を用いている。第一に、セックス・ワーカーとの接触は限られているので（外聞をはばかる職業の性質上）、大勢のセックス・ワーカーを調査対象とすることができない。量的方法でデータ解析を行う為には非常に多数のサンプルが必要となる。第二に、テレホン・セックス業についてはほとんど研究なされていない為、質的方法で予備的な調査を行う必要がある。踏み込んだインタビューを通じてオペレーターの声を聞くことをこの調査の目標とした。一見華やかなテレホン・セックス会社での限られたインタビュー調査ではあったが、我々が得た調査結果はこれまでに行われたごくわずかな調査の結果とも【注12】互いに矛盾しないものとなった。

インタビューは、回答者の自宅や職場など様々な場所で行った。インタビューは以下の項目に的を絞って行った。テレホン・セックス・オペレーターになった理由とその経緯、職場での体験、仕事の好きな点と嫌いな点、電話をかけてくる男性の印象、仕事の私生活への影響の有無。インタビューのほとんどはテープに録音した。数回にわたるインタビューや電話によるインタビューなどもあったが、少なくとも一度は全回答者と直接対面している。

会社の概観

スマート・ガールズ・フー・ライク・セックスには、二十一歳から四十五歳までの約四十人が雇用されている。オペレーターのほとんどはパートタイマーだが、なかには一週間に四十時間働くものもいる。会社は、住宅と倉庫が入り混じって建ち並ぶ地域に程近い、殺風景なオフィスビルの地下に借りた小さな一室である。テレホン・セックスはほとんどの需要が夜間なので、勤務時間は通常、午後十一時から午前五時である。オフィスには七人のオペレーターが常駐し、一人もしくは二人は自宅であらかじめ設定された時間内もしくは依頼に応じて働くことになっている。会社のありふれたオフィススペースには、顧客リスト（推定約一万三千人の氏名が記載されたバインダー）、ファイルの棚、冷水機、電子レンジ、会社の規定、客のクレジットカード番号の受付けと認証処理のマニュアルなどが備えられていた。オフィスには、フラワーズ【注13】のテレホン・セックス調査で見かけたようなポルノチラシやポスターは全く見当たらなかった。オペレーターが入る小部屋は、扉はついているが音は外へ筒抜けだ。例えば、デビがいかにも少女めいた大声で話しているのを耳にした。「ああ、パパ、パパの大きなおちんちんをわたしのおまんこに入れて欲しいの！」オフィスの外の廊下からは、オーガズムに近づいたオペレーターが大声で叫んでいるのが聞こえた。フラワーズが調査を行ったテレホン・セックス会社【注14】と同じように、警備は厳しい。建物の入口とオフィス内への入口は二四時間常に施錠されている。オフィスには社員しか入れない。

会社はテレマーケティング会社を名乗っているものの、ビルのその他の入居者たちは、テレホン・セックス会社と知っているか、そうではないかと疑っている。他の居住者達がオフィスに出入りする女性に対する態度は無作法だ。クリシーは以下のように述べている。

どんなに気をつけていても、私達の行動はわかってしまうの。私達をばかにしているんだわ。きっとわたしたちは、睨まれ、嘲られ、陰口をたたかれているの。オフィスを出て上へ飲み物を取りに行くのもいや。

その他の社員からもオフィスについて様々な意見を聞くことができた。デビは、テレホン・セックスをする部屋のつくりも気に入っていたが、オフィスが目立たない場所にあることをとりわけ気に入っていた。

オフィスのつくりが好き。電話を受けるところを誰にも見られずに済むから。客は「電話を持った女の子達がひとつのテーブルを囲んでいるんだろう」と言うから、「そうだとしたら、彼女たちの声が聞こえるはずでしょう」と答えるの。警備がしっかりとしているところもいいわね。他の所で働いてる人と話をすることがあるけど、そっちは違うみたい。わたしだったら、すごく怖いわ。血だらけになるまで殴られ、二十人の男にレイプされたがっていると思い込んでいるような男が現れたら困るでしょ。そんな人に私の居場所を見つけられたりしたらと思うと恐ろしくてたまらないでしょうね。

通常の事務職と同じく、テレホン・セックス・オペレーターもオフィスに家庭的なぬくもりを持ち込んでいる。自分好みの装飾品、標語や詩のコピー、ベジタリアンのレシピー、嫌いな客を描いたユーモラスな芸術作品まである（例：巨大なペニスのついた、スーツを着た小さなまじない人形）。このように個人的な特色を出すことで、オペレーターは多少なりともオフィスを人間らしくしようと試みているようだ。

アイデンティティの確立と職場での付き合い

テレホン・セックス会社はどこでも、オペレーターの採用やその定着に苦労しているようだ。フラワーズがインタビューした女性達は、平均三社で働いた経験があった【注15】。今回の回答者達はそれよりも数は少ないものの、雇用期間は比較的短かった。インタビューの時点では、十八ヶ月以上働いているオペレーターはいなかった。

回答者の教育程度は高校卒業から大学卒業までだったが、この仕事についた理由として学歴を挙げた人はいなかった。新聞の広告または、既にオペレーターとして働いている友人や知人の紹介で仕事についた人が多い。テレホン・セックス・オペレーターになろうかと考えた時、果たして自分にこの仕事ができるかと全員が自問したという。オーガズムを得ることを目的として電話をかけてくる男性客とテレホン・セックスができるだろうか？　ハートというオペレーターは以下のような思い出話をしてくれた。

　気楽にセックスの話ができるようにならなければならないの。深刻なコンプレックスがある人は、面接にも来ないだろうけど、いたとしてもそんな人達は変な電話があったらすぐに辞めてしまうわね。よくあることよ。どうしてもダメな人っているのよ。

オペレーターになろうとした動機について尋ねると、必要な収入が得られるという他に、楽しいと思ったからと答えた人が数人いた。クリシーは以下のように答えた。

離婚の手続き中だったわ。学士号があるからちゃんとした仕事はあったけど、疲れ果てていたの。それで仕事を辞めてしまったの。そんな時、新聞でここの広告を見つけたのよ。「テレホン・セックスですって、ははは。なんて面白いんでしょう。求職中は、夜にこんなことをしていたら楽しいだろうな」ってね。

アネットは、仕事を始める時は、職種選びだけでなく会社選びも大事だと付け加えた。

大騒ぎをして楽しいんだろうと思っていたわ。電話で命令を与えるのだとばかり思っていた。そんな時新聞で広告を見つけたの。私が見に行った職場は男性が仕切っていた。壁一面に鹿の死骸やナイフを飾っている下品なデブ。絶対にあそこでは働けないと思った。おまけにそこの女の子たちは、いかにもテレホン・セックス嬢って雰囲気だったのよね。貧乏で教養のない白人タイプよ。下品なオフィスだと思ったわ。

彼女にとってはオフィスが健全で、きちんとしていることが重要だったとアネットは教えてくれた。

ここの女性は、皆、ごく普通で健全な人達に見えたわ。ここの社長はそういうことに細かいの。ふるいにかけて、頭が良くて、健全で、普通の女性を雇う会社は珍しいと思うわ。

テレホン・セックス・オペレーターの大半は、何年間もオペレーターの仕事を続けようと思っている訳でもなく、セックス産業に関わっている親戚がいるという訳でもない。テレホン・セックス業につこうとしている女性には次のような共通点がある。（一）お金を必要としている。（二）テレホン・セックスを最も実入りのいい仕事と考えている。（三）電話でセックスの話をしても苦痛を感じないとある程度の自信がある【注16】。

一般的な職業とテレホン・セックス業とのもうひとつ違いは、受ける研修の量である。テレホン・セックス・オペレーターは普通、ほとんど研修を受けない【注17】。我々が調査したテレホン・セックス・オペレーターは、一度雇用主の面接を受けると、すぐに仕事につく。仕事そのものが研修の場で、しかもほとんどの場合は監督者もいない。ハートは次のように述べた。

> ともかく電話の前に座らされちゃうのよ。それですぐに仕事をしなくちゃならないの。最初は簡単な電話を回してくれる。やっているうちにコツがわかってくるし、わからないことがあれば、皆に質問するの。

もう一人のオペレーター、スパイスも次のように述べている。「自分ひとりでなんとかしなくちゃならないの。最初の電話のときだけ、マネージャーがついていてくれるけど、それで終わり」。アネットは同僚たちの電話を盗み聞きして、電話中にはどのような言葉を使えばいいのかをオペレーター仲間から学んだ。オペレーターが、「ちんぽ（cock）」ではなく、「ペニス（penis）」と言うと、客の興奮度は下がるといったことだ。客に対するさまざまなシナリオを学習する為、アネットはポルノ雑誌を買い、「顔にかけて（come on my face）」などの言い回しを覚え、自分のテレホン・セックスのレパートリーに取り入れていった。

職場での付き合いのほとんどはざっくばらんなもので、二十四時間営業であることを考慮すると、めったに上司と顔を合わせることもない。この同僚との付き合いのなかで、労働条件について話したり、面倒な客のあしらい方や仕事が私生活に与える影響などについて情報交換をしたり、将来の夢などについて語り合ったりする。スパイスは興が乗れば客の好みや客の電話を長引かせるコツなどを教えたりしたそうだ。このような職業上の情報交換はテレホン・セックスの現場では頻繁に行われている【注18】。

我々がインタビューしたオペレーターのなかには、テレホン・セックスを長期的な職業として考えている人は一人もいなかった。ほとんどが学校へ戻って大学を卒業したり、さらに学位を取ったり、別の街へ引越し「世間体のいい」仕事についたりするつもりでいた。例えば、ハンナはテレホン・セックスの仕事は大学生の間だけと考えていたし、またデビは次のように語った。

一生テレホン・セックスを続けるつもりかって？　とんでもない。天職を求めて、この仕事をはじめたわけじゃないわ。他にいい仕事がみつからなければ、あと一、二年は続けるかもしれないけど。

テレホン・セックスは、ヌード・ダンスや売春への入口と考えたいところだが、我々の調査結果やその他の文献によれば、このようなことはめったにない【注19】。我々が調査したなかでは、その他のセックス・ワークの経験があると回答したのは一人だけだった。

世間体と烙印

どのオペレーターも、外聞をはばかる職についていることは認識し、時には仕事そのものに困惑することもあると回答した。彼女たちに、人々に思われている一番ありがちなテレホン・セックス・オペレーター像はと尋ねると、ほとんどの回答者は、誰とでもどんな性行為も喜んで実行する、本物の「売女」のような人間だろうと答えた。何人かのオペレーターは「無能な淫売」を演じてくれるものと期待して電話をかけてくる客には軽蔑を露わにしており、また、客が自分の知性や教育程度を認めてくれると気分がいいと答えた。
人に自分の仕事について教える場合には、さまざまな方策を講じていた。多くの女性は一部の人を選んで、明かしたが、仕事の詳細は教えていなかった。明かす内容も人によって様々だった。エルは、仕事について「家族よりもクレジットカード会社のほうが詳しい」と述べた。ペッパーは、男兄弟、いとこ、親友は知っているが、それ以外の家族や知人は知らないと語った。クリシーは、家族に話せば「大騒動になるだろう」と言った。

どうしても家族には話せなかったわ。たぶん育ちのせいだと思うけど、後ろめたさのあまり、秘密がばれた夢を何度も見たわ。両親に話している子はたくさんいる。気にならないのね。父親の目の前でも電話を受ける子だって知ってるわ。

仕事の内容について質問されると、ハートはたいていの場合「テレマーケティング」と答えると言う。実際、会社も、オペレーターのつくり話と話を合わせてくれる。例えば、テレホン・セックス会社を辞めた女性が、履歴書に「販売職」についていたと書いても、会社はこの話の裏付けをしてくれるのである。

しかし、仕事を隠すことはむずかしい。例えば、多くのオペレーターは友人や家族に職場まで車に乗せてもらうことを好まない。たとえ隠す必要がない場合でも、家庭と職場を完全に切り離す女性がいる。ハートは以下のように述べた。

車が故障したときは、仕事へ行かないか、同僚に迎えに来てもらうわ。自宅の電話でテレフォン・セックスの電話に出ることもできるけど、娘がうろうろしているところでは妙な気分になるでしょうね。まだおしゃべりもできない赤ちゃんだけどね。

デビは電話で話しているうちに、自分の正体がばれてしまうのではないかと恐れている。デビは次のように語った。

この仕事で一番嫌なのは、客が私の正体に気が付いてしまうかもしれないということだわ。あるとき、いとこの一人と付き合っていた男からの電話を受けたの。あれは恐ろしかったわ。

スターも「友人が訪ねてきて、私の職場を見たがると、かっとなってしまうの」と回答している。

このような「二重生活」を送ることは、余計な時間を取られる上に、ストレスも強く、精神的に疲れることだ。例えば、スパイスは、家族に対しては以前のままの職場で通販の仕事をしていることになっている。

うっかり口を滑らせて、本当のことを喋ってしまうのではないか、細かい点を忘れて、嘘をついていたことがばれるのではないかと不安を感じていると何度も言っていた。「家族はわたしが安定した、実入りのいい仕事についていることを誇りに思っているが、そのほとんどが嘘なので、なにもかも後ろめたくなる」とスパイスは語った。

恋人に仕事を打ち明けるかどうかについては、大きく分かれる。スターは次のように語った。

すぐには話さないわ――そんなことをすれば、別れるか、逆にすぐにセックスしたがるかのどちらかだから。付き合いだして一ヶ月ぐらいたったら、打ち明けてもいいかなと思うぐらいの信頼関係が築けるの。そんな時男はたいていの場合、あれこれ質問攻めにして来て、それで次には自分と一緒にテレホン・セックスをしてくれと言うのよね。でも、すぐに飽きるけど。

アネットは秘密を打ち明けることで、付き合う相手を試している。

テレホン・セックスの仕事をしていると教えて、どんな反応を示すかで、付き合える相手かどうかがよくわかるわ。「ちょっとやってみてくれない」と言うような奴は変態よ。絶対にやらないわ。

ペッパーは以下のように述べた。

打ち明けても最初は、別に問題ないの。かえって男はその方が私をベッドに連れ込みやすい女だと思うらしいのよね。でもしばらくすると、私のことを軽蔑するようになる人がいるわ。結婚を考えるような相手じゃないって。そんな相手とは早めに別れないと。

オペレーターの男女関係は、形式的な関係とは無縁だ。既婚者はゼロで、離婚経験者が数人。オペレーターの多くは、既婚者か複数のパートナーを持つ相手と恋愛関係にあり、インタビュー時に婚約していたのは一人だけだった。レズビアン、バイセクシャルもいた。仕事の性質そのものが原因で一人の相手と長期間交際したり、形式的な結婚をしたりすることができなかったのか、それとは逆に、仕事の性質上、標準的とはいえない恋愛関係を好む女性ばかりがオペレーターになったのか、調査の結果からは判断し難い。ミントはこの点について次のように述べている。

「ママ、パパ、ミントを紹介するよ。テレホン・セックス・オペレーターなんだ。僕たち結婚するんだ」なんて男が言うと思う？　わたしの恋人は弁護士。事務所の同僚になんて紹介するの？「ミントだ。仕事はテレホン・セックス。僕たちは職場でテレホン・セックスをするのが好きでね」って？　台無しよ。

テレホン・セックス・オペレーターになることは、社会的に烙印を押されることだ。どの回答者も、この烙印から逃れ世間体を取り繕う為に、さまざまな小細工に苦心している。アパートを借り、新しい恋人を作り、別の仕事や学校に願書を出し、仕事の内容をすっかり打ち明けるなどしているうちに、オペレーターは仕事が生活のあらゆる面に影響していることに気が付くのだ。

†自尊心を保つ

テレホン・セックス・オペレーターは、自分達の仕事を知った人に軽蔑されているかのように感じることが多い。彼らが自尊心を保つひとつの方法は、時にはテレホン・セックス・オペレーター仲間を含め、セックス産業のその他の分野で働いている女性と距離を置くことだ【注20】。ハートは以下のように述べている。

真冬の深夜、通りをのろのろと歩く街娼とは違う。私達にはちゃんとしたオフィスがある。ちんぽに触ったこともなければ、病気に感染することもない。襲われることもない。わたしは売春婦じゃない。ここに座って、雑誌を読み、ときどき悶えてみせるだけ。それでお金がもらえるの。髪を洗い、化粧する必要もない。ジーンズをはいていたってかまわない。稼ぎで生活できるし、その気になれば、家でも働ける。

ミントは以下のように付け加えた。

セックスはしてない。してる振りをするだけ。エスコート・ガールのように足を開いているわけでもない。もっと上品な仕事だわ。ほとんどの時間は座って、電話を待っているだけ。

もうひとつの方法は、プロに徹することだ。例えば、グレチェンによると、「専門職やエグゼクティブの客」にはそれなりの対応が必要で、匿名性を保証してあげることと上流の嗜好に合わせてあげることが大切だということだ。また回答者たちは「スマート・ガールズ（賢い女性達）」という会社名も上手に利用していた。オペレーターの仕事で要求される面についてもオペレーター達は力説した。スターによれば、

オペレーターは偏見を持たず、そつなく、知的でなければいけないの。なによりも大切なのは客の話をよく聴くこと。有能なテレホン・セックス・オペレーターは、どんな小さなことであろうと、客との共通点を見つけるわ。客に人間として接するのよ。オペレーターも一緒に体験するのよ。50％は演技で、50％は本物よ。

デビも、この仕事はばかでは務まらないと力説した。

考えているよりもずっとハードな仕事よ。電話を受けて、悶え、うなって、絶頂を迎える真似をしているだけとみんな思っているでしょうね。なかにはむずかしい電話もあるわ。本当に大変なのよ！　精神的に疲れるわ。ハードな仕事をしていたこともあるし、むずかしい仕事をこなした経験もあるけど、これほど精神的に疲れてぐったりして家に帰るようなことはなかったわ。世間で思われているよりも、はるかに頭をつかっているのよ。

オペレーターは、仕事の経済的利点を主張し、テレホン・セックス・ビジネスに関わっていない人は、金儲けのチャンスを逃したかのようなことを言うこともあった。時給十〜十五ドルという収入がいいだけではなく、オペレーターは客から贈り物も受け取る。

このようにして、オペレーターは、社会的に好ましくない「参加型」セックス・ワークとは距離をおき、そこそこの収入と特典がある上に、仕事は安定しているという、社会的に好ましい目標を掲げることによって、自尊心を保っている。

†男性客とオペレーターのアイデンティティ

この仕事で重要なことのひとつは、男性客がオペレーターの自己認識や行動に与える影響である。客がオペレーターに与える影響は、肯定的なこともあれば、否定的なこともある【注21】。肯定的な影響として、数人の回答者は、テレホン・セックス・オペレーターとして働くことによって新たな自我が目覚めたと答えた。例えば、ハンナは、自分自身や他の女性に対する尊敬の念が高まったと語った。さらに、この仕事をすることによって、空想上でも、実生活においても、セックスに対する知識が増し、素直になれたと回答したオペレーターもいた。ハートは以下のように語った。

お客さんから、これまでやってみたこともないようなことを聞かされることがあるわ。すごくよさそうに思えるの。お客さんに教えてもらって、実生活で恋人と試してみるの。「どこでそんなこと覚えてきたの?」と彼は言うけど、わたしは笑うだけ。

一方、スターはこのように語った。

以前はずいぶんと内気だった。恋愛では、常に男性に主導権を握られていたわ。今では、私のほうが主導権を握っているの。セックスに関して、わたしを怖いと思う男性もいるわ。テレホン・セックスのおかげで、わたしは解放されたの。最悪の事態といっても、せいぜい電話を切られるぐらいのことでしょう。たいしたことじゃないわ。空想の世界ではためらいなく新しいことを試してみたし、それが気に入れば実際にやってみたわ。

ミントは次のように付け加えた。

テレホン・セックスのおかげで自由になれたわ。この前の週末、ボーイフレンドに縛ってもらってみたのよ。すごく良かったわ。女性相手のセックスも試してみたい。この仕事をはじめる前はそんなこと考えてもみなかったのに。今では、演技でも何でもなく本当にやってみたいと思っているの。

客の行動によっては、オペレーターの自尊心や職業上の満足度が増すことがある。スパイスは、休暇から戻ってくると、スパイスとのテレホン・セックスを望む客から四十二通のメッセージが待っていたと誇らしげに教えてくれた。

もうひとつ自尊心を高めるのに役立っているのが贈り物だ。フラワーズによれば、テレホン・セックス会社では、オペレーターに贈り物や手紙、写真を送る方法を用意している【注22】。スマート・ガールズの客は、郵便局止めでオペレーターにプレゼントを贈ることができる。セキュリティの問題から、マネージャーは贈り物や手紙を記録し、コピーや写真を撮る。オペレーターは客にパンティも売る。こちらは通常、二十五ドルから五十ドル。ハートは「送る前にはくこともあるけど、たいていははかないわ。ヴィクトリアズ・シークレットで手に入れたって客には言うけど、本当はシアーズで買ってくるの」。オペレーターは花、キャンディ、現金（相場は百ドル程度）を受け取ることがある。スパイスは、客から贈られた鑑定書付きの婚約指輪（客の実生活の婚約は破綻した）を見せてくれた。指輪の評価額は四千ドルだった。また別のオペレーターは新品のステレオを贈られている。

しかしながら、このような客との肯定的な経験よりも、多いのは否定的な経験の方である。フラワーズの調査【注23】にあるとおり、強姦願望やその他の暴力的なセックス、獣姦、近親相姦に関心を持つ客は多い。回答者のほとんどはこれらの通話には否定的で、通話を受けるまたは拒否する自由裁量権はかなり与えられていた。この会社のオペレーターには、拒否することのできる通話の種類を掲載したリストがある。例えば、「子供とのセックス、肛門性交、SM、強姦など」がある。オペレーターはテレホン・セックス中は客を批判してはいけないことになっているものの、回答者の多くは、不快な客に対しては、暗に「抵抗」をしている。オルガは、客が不快な想像を要求すれば話を遮るし、ハンナは拷問や四肢の切断、子供を話題とする通話は一切拒んでいる。幾人かのオペレーターに切断幻想を要求していたある客について、スパイスは以下のように述べた。

「切断男」は大嫌い。私の頭を切り落としたがるの。誘拐や地下牢も好きみたい。本気じゃないし、関心があるだけというけど、わかったもんじゃないわ。私はとっても嫌だけど、でも私と話している間は、外へ出かけて実行に移したりはしないと思うのよね。

性的対象として子供に触れることの邪悪さを相手に知ってもらう為に、クリシーは「少女」を演じる時には、「良い触り方と悪い触り方」という言い回しを用いる。客が「お前に触るよ」というと、彼女は甲高い声で答える。「ママが良い触り方と悪い触り方があるって教えてくれたわ。これは悪い触り方だわ。ママに言うからね」。

テレホン・セックスのこのような面を、「社会への奉仕」と考えるオペレーターもいる。つまり、子供や動物とのセックスや、女性にたいする肉体的、性的暴力は認められないまたは不道徳であることをテレフォン・セックスを通して客に伝えようと考えているのである。

「社会への奉仕」といえるものには、もう一つの側面がある。テレホン・セックス・オペレーターは、通話中に自慰するような、愚かなセックス狂いの女性という誤った固定観念を持つ客に、真のテレフォン・セックス・オペレーターの姿を教えることである。回答者のなかには、女性や女性の性について男性を啓蒙しているのだと信じている人もいる。アネットは、女性の肉体や快楽に男性には配慮してもらいたいと願っている。

男性が女性のオーガズムに何の配慮もしてくれなかったり、男性が女性器をなめるのは好きじゃないと言ったりしたら、わたしはひどく不快になるでしょうね。こんな男に対して、私は「クリトリスは女にとって、男のナニのようなものだって知ってるかしら？」などと延々と説教するでしょうね。女性のオーガズムなど一顧だにしない客は多いものなのよ。

オペレーターの多くは、このような仕事をした結果、男性に対する尊敬の念を失ってしまったと回答した。

オペレーター達は、医者や弁護士が電話をかけてくると誇らしげに言いながらも、客の多くは「みじめ」で「負け犬」であると述べている。ペッパーは、刑務所のなかからコレクト・コールで電話をかけようとする受刑者は後を絶たないと話してくれた。受動的で、文句ばかり言っている「女々しい男」や「愚痴男」もいるとスパイスは教えてくれた。同時に、彼女は多くの客は「孤独で、絶望に打ちひしがれた、もしくは内気で、親切で優しく繊細な男性」だったとも述べている。

テレホン・セックス・オペレーター達は、確かにこの仕事から収入を得ているが、それだけでなく仕事から生活のなかの人間関係や、男性に対する見方なども大きく影響を受けていると感じているのは明らかだった。オペレーターは、人目をはばかるような仕事をしているせいで、ちゃんとした恋愛関係を築くことができないと話しながらも、より良い性生活が営めるようになると、それを話題にしたがる。しかし、一方では、強姦、近親相姦、小児性愛行為、獣姦などに興味を示す男性に対しては不快感を顕わにする。また、子供や配偶者や会社の雇主が近くにいるのに電話をかけてくる客や、過剰に電話をかけてくる客、例えばテレホン・セックスに一万ドル以上を費やして妻に離婚されたバスケットボール・コーチなどは、「愚か」な客だとみなしている。オペレーターは、男性は「(自分たちの)言いなりになる」と考える傾向にあり、またこう考えることによって自尊心を高められ、力を得る女性もいる。ペッパーは「男にはずいぶん踏みつけにされたけど、男はバカだってことが今になってやっとよくわかったわ」と語った。

まとめと結論

テレホン・セックスの世界を分析して、重要なことをいくつか発見した。第一に、テレホン・セックス・オペレーターは巧みに外見を操るテクニックを身につけている。人目をはばかる職業についているオペレーター達は、家族や友人、新しい仕事の雇用主などに対して、仕事の内容を隠し、ありのままの仕事は目に触れさせないという術を身に付けた。この為には、嘘をつく、他の人目を憚るような仕事をしている仲間との友情を大切にする（架空の履歴を裏付けるのを助けてくれるかもしれない）、家庭と職場との境界線をしっかりと引いて維持するなどの方法がある。

第二に、この調査によって、オペレーターが社会の規範から逸脱した職場で働きながら、いかに自尊心を保っているかを明らかにした。テレホン・セックス・オペレーター達は、自分達のアイデンティティと仕事を両立させる一つの手段として、仕事の経済的側面以外には目を向けないようにしている。このため、オペレーター達は、仕事は嫌なこともあるが、給与は多く、時間の融通が利き、さらにその他に贈り物などの余禄まであると主張するのである。また、オペレーターは、AIDSや暴力、逮捕などの危険を犯しながら顧客と肉体的に接触するその他のセックス・ワーカーと一線を画すことによっても、自尊心を保っている。テレホン・セックス・オペレーターは「本当に」セックスをすることはないと繰り返し主張する。

第三に、この研究によって、オペレーターの客に対する意識と客のオペレーターに対する態度に私達は焦点をあてた。想像上のこととはいえ、強姦、バラバラ死体や四肢切断、獣姦、児童の性的虐待などを客から聞かされ、暴力や侮辱に悩まされるオペレーターは多い。その他のセックス・ワークと同様、いくら長い経験を積んでいても、客の言動に耐え切れない思いをすることもあるのである。オペレーター達は、男性が抱く幻想や不安を通じて男性のセックスの本質について多くを学んだと回答した。これら男性の幻想や不安で満ちた通話は、テレホン・セックスの否定的要素としてしばしば指摘され、オペレーターの意欲を低下させることになっている。これらの客をオペレーター達は、「間抜け」、「愚か者」、「男性そのもの」とみなし、性的欲望にとりつかれている人間達であると考えている。オペレーター達は、客のほとんどを否定的に捉えているが、肯定的な印象を抱く客にあたることもある。医者、弁護士、会社役員、大学教授などを客にすることによって、有能かつ才能ある労働者というオペレーターのアイデンティティを裏付けることができるだけでなく、権力のある、教育程度の高い、金持ちに高く評価されることで自らの自信を深めることもできる。

最後に、この会社の全従業員と社長が女性であるという事実が、従業員に強い影響を及ぼしていた。男性から侮蔑的な言葉を投げかけられることが多い職業では、女性ばかりの環境で働けることは肯定的に受け入れられる。オペレーター達は、職場の同僚との絆や相互の助け合いから大きな恩恵を受ける。また、社長は、男性が支配的な世界でビジネスを成功させている強く知的な女性として、オペレーター達の手本となっているのである。ビジネスの仕組みを学び、いつか自分でも会社を経営したいと回答したオペレーターも数人いた。また、社長から丁寧な対応を受けたので、二度と男性の下では働く気にならないと回答した人もいた。セックス・ワークは過酷であり、そこで働く人々は辱めを受けていると主張する人々もいるが、この会社の職場環境や高額の報酬などを勘案すると、それらの主張の正当性には疑問が生じるのである。

第4章

ゲイ・ポルノの過去、現在、未来

ジョー・A・トーマス

ゲイ・ポルノがポルノ市場に占める割合は不釣合いなほど大きい（ある試算によれば、二十五億ドルのアダルト業界の三分の一から二分の一はゲイ向けポルノの販売・レンタル料が占めている【注1】）にもかかわらず、二十年間にわたる激しいポルノ論争のなかで、ゲイ・ポルノはほとんど話題に上ることすらなかった。これは、ポルノは女性に対する搾取であるというフェミニストの主張が、ポルノ論争の原動力であったことに起因すると考えられる。しかしながら、ポルノは、ヘテロセクシャルという一つの側面だけでは理解することはできない。ゲイ・ポルノの分析をすることによって、ポルノ全般に対する理解も一段と深まるであろう。

ポルノがその他の表現方法と違う点は、ポルノは性的興奮を第一目的としていることだ。リチャード・ダイヤーは、ポルノの最終目的は、性的クライマックスであると述べている【注2】。画面に描かれる行為と、その画面から刺激を受けた人がとる行為とが類似する。また制作者と消費者の双方が、ポルノは性的興奮をかきたてる道具であると認識している点においても、ポルノはその他の表現方法とは異なる。露骨なセックス描写の歴史は長く、有史以前の様式化された男神、女神像にまで遡ることができ、さらに古代から連綿と続く長い歴史がある。ポルノという言葉の語源はギリシャ時代にまで遡るが、現在のようなポルノが一つの分野として確立されたのは十九世紀になってからのことだった。ポルノは、概してヘテロセクシャルが支配的な文化を反映しているが、それでも性的表現の歴史を通して、同性愛の映像や物語が姿を消したことはなかった。この二十年間で、ゲイ・ポルノはポルノ業界やゲイ文化において大きな部分を占めるにいたった。

現在のゲイ・ポルノの流行を理解する為には、映画界やビデオ界におけるゲイ・ポルノの歴史を知っておく必要がある。ゲイ・ポルノ独自の特色の多く（ヘテロセクシャルのポルノとの共通点も含めて）は、その様式と画像の発展をたどることによって理解することができる。ゲイ・ポルノの発展と成長は、ゲイやレズビアンの政治的地位の向上を反映していると思われる点が多い。七〇年代にゲイ解放運動が拡大し、衆目を浴びるようになるにつれ、ポルノ業界におけるゲイ市場も広がり、注目を集めるようになった。同様に、遅ればせながらゲイ映画においてもコンドームが使用されるようになったのは、一九八〇年代に出現したAIDSがきっかけであった。ゲイ・ポルノには、ゲイ文化における男らしさと美の理想像の変遷も反映されている。最後に、ゲイ・ポルノに描かれている性行為は同性愛者固有のものであることを考えれば、ゲイ・ポルノの人気はゲイの生活や文化が肯定されたことの表れと考えていいだろう。

本章は、ゲイ・ポルノ・ビデオの歴史、制作、内容に焦点を当てている。ビデオを取り上げたのは、ゲイ文化では最も人気が高く重要なポルノ媒体だからである。この二十年の間に、ほとんどのポルノ雑誌は、ビデオに主役の座を譲り、ビデオ出演者の写真やビデオのワンシーンなどが主な内容となっている【注3】。「Skinflicks」や「Unzipped」などの多くの雑誌は、写真と本文のほとんどが、ビデオの評論記事やビデオ業界の著名人のインタビューなどで構成され、ビデオ中心の内容となっている。このように現在のゲイ・ポルノ業界では、映像がその中心的な座を占めているのである。

本章は主に、ゲイ・ポルノに関する広範な文献と、一九七〇年代、八〇年代、九〇年代に制作された多数のビデオに関する私の分析を土台に書かれている。また、ビデオの発展史や様式の変遷、ゲイ・ビデオと共に発達した文化、ゲイ・ビデオの際立った特色、ゲイ文化におけるゲイ・ビデオの役割などについても検証を行った。

歴史

十九世紀後半に映画が発明されると、ポルノ制作者達は、すぐにこれに目を付け、この新しい媒体を利用するようになった。ヘテロセクシャルの性を露骨に描いた映画は一八九〇年代にすでに制作されているが、ゲイのセックスを描いた映画で残存する最も古いものは、一九二〇年代のものである。アル・ディ・ラウロとジェラルド・ラブキンは、ヘテロセクシャルの二本のフランス映画「The Chiropodist」と「Verbalise」【注4】に、付随的に同性愛が描かれていると述べている。トーマス・ウォーの研究によれば、残存しているヘテロセクシャルのポルノ映画の約8%に、何らかのゲイ的要素が含まれているということだ【注5】。初めて製作されたゲイ・ポルノ映画は、一九五〇年代の「Three Comrades」である。この短編映画は、「アア、クソ、気味が悪いぜ。もうやめよう。」という字幕のセリフで男性三人の性行為を終わらせている。ゲイ視聴者を対象に製作されたのではなく、一般的なヘテロセクシャルの男性視聴者が対象の風変わりなポルノ映画のような内容になっている【注6】

一九六〇年代、ゲイ・ポルノ映画は、かつてのポルノ映画と同じように、様々なポーズをとりながら絡み合うだけのソフトコア映画に限定され、主に家庭内でのみ映写されることを前提に製作されていた。しかしながら、この十年の間に露骨な性描写が含まれる映画の数は急増した。トーマス・ウォーは、わずかな数しか製作されていなかった出演者が男性だけというポルノ映画が、一九六〇年代になると約百本製作されていることを確認しているが【注7】、ほとんどは素人映画にすぎなかった。

しかしながら、ゲイ・ポルノ映画は、一九六〇年代のB級ポルノ映画急増の波に乗ることはなかった。ヘテロセクシャルのポルノ界では、女性の豊満な肉体を売り物にした「お色気ヌード映画」がデビッド・フリードマンらによって大量生産されたのに対し、ゲイ・ポルノの世界では、格調高いアンダーグラウンドの芸術作品が作られていた。一九六〇年代初頭のニューヨークの著名なアンダーグラウンド映画製作者の多く（ケネス・アンガーやアンディー・ウォーホールなど）はゲイだった。彼らの非叙述的な前衛作品は、時には暗に、また時には露骨に同性愛的な内容を含んでいた。アンガーの「Scorpion Rising」（邦題「スコピオ・ライジング」一九六三年）は、暴走族が登場する印象主義的かつ幻想的な同性愛映画だ。ウォーホールの「My Hustler」（一九六五年）は、若くハンサムな男娼をめぐって争う二人の意地の悪いオカマの話である。このむしろ難解とも言える映画がゲイの心を捉えた理由は、ゲイであるという秘密を抱えた人々にとっては比較的安全とも思える前衛芸術の分野で、男性の肉体が刺激的に描かれていたからに他ならない。これらの前衛的アンダーグラウンド映画は、表現形式およびストーリー展開の両面において、黎明期にある一九七〇年代ゲイ・ポルノの規範となっているとリチャード・ダイヤーは述べている【注8】。

法律の変遷も、ゲイ・ポルノの成長に貢献した。ジョン・デミリオやエステル・フリードマンは、一九五七年から一九六七年にかけて下された米国最高裁判決が、いかに過激なポルノ映画氾濫のきっかけとなったかを述べている。一九五七年の有名なロス判決（Ross v. United States）は、書籍販売業者がポルノを販売したことに対しては有罪と判断したが、「セックスと猥褻は同義ではない」と主張することによって逆説的に、より露骨なポルノへの門戸を開くきっかけとなった。一九六七年には、悪名高い「Fanny Hill」（邦訳「ファニー・ヒル」）を、「社会的価値が全くない【注9】」というわけでもないという根拠に基づいて、猥褻とするには値しないとする判決が下った。これら二つの判決が初期の大まかな法の枠組みを定めることにはなったのは事実だが、一九七〇年代のポルノ映画急増の背景には、一九六九年のスウェーデン映画「I am curious (Yellow)」（邦題「私は好奇心の強い女」）の最高裁判所での勝訴がある。その後に開催されたフィルム・フェスティバルの数は、驚くほど増加した【注10】。同じころ、主流派メディアにおいて性欲を扱った作品が増え、男娼の話を題材にした「Midnight Cowboy」（邦題「真夜中のカウボーイ」）などのハリウッド映画も登場した。ハリウッドが新たにセックス分野に進出するにつれ、ポルノ映画業界は、安っぽいポルノ映画から、露骨な性描写を多用した作品に移行していった。ウォーにによれば、一九六九年から七〇年にかけての判決によって法の取締りが緩和された為に、ポルノ映画が増加し、品質が向上した。また、このため、映画専門家がポルノ業界に参入し、作品の品質が向上しただけでなく、流通範囲も拡大した【注11】。

ジョン・バーガーは、すでに一九六八年にはハード・コア・ゲイ・ポルノ映画の商業公開が行われていたことを確認している。一九六八年、ロサンゼルスのパーク劇場は、先駆的映画製作者パット・ロッコ（「Sex and The Single Gay」）やボブ・マイザー（有名なポルノ制作会社アスレチック・モデル・ギルドの創立者）の作品、さらにケネス・アンガーやジャン・コクトーなどの前衛的アンダーグラウンド映画【注12】の公開を開始した。しかしながら、ポルノ映画の台頭が最もめざましかったのは一九七〇年代初めで、映画「Deep Throat」（邦題「ディープ・スロート」）の予期せぬ大ヒットがその代表例であろう。わずか二万四千ドルの予算、六日間で制作されたというこの映画は、一九七二年にニューヨークで公開され、公開後一週間で三万三千三十三ドルを稼ぎ出した。それまでのポルノ映画とは大きく異なり、ジュディス・クライスト、ヴィンセント・キャンビー、アンドリュー・サリスなどの著名映画評論家達も「ディープ・スロート」のレビューを書いた。

一九七三年末にはその年の興行収入トップテンに入った【注13】。

皮肉なことに、ポルノの露骨度が増し、「ディープ・スロート」が「あかぬけたポルノ」の到来を告げていたにもかかわらず、この一九七〇年代に下された猥褻性の判断に「地域の基準」を使用することを認めた判決が原因で、ポルノ人気は衰退し、人々の手から遠ざかり、主流文化から撤退することとなった。一九六〇年代のハリウッド作品の「成人指定（X）」という格付けは、主流映画にとっては非常に望ましくないこととみなされるようになったが、新たに台頭したポルノ映画にとっては名誉のしるしだった。成人向け映画産業は、ハードコア作品には「X」ひとつでは不十分であるかとでもいうように、「XXX」と表示してその内容を誇示したりするようになったのである。

「ディープ・スロート」はハードコア作品として非常に高い人気を博したが、実はそれ以前にも、初のゲイのハードコア作品「The Boys In the Sand」が社会に広く出回っていた。当然のことながらその潜在的視聴者は少なかったものの、一九七一年十二月にニューヨークの五十五番街プレイハウスで公開されてからまもなく、興行収入は八十万ドルに達した。わずか八千ドルの費用で制作された【注14】映画だったが、この映画はゲイ・ポルノの人気がしゃれた男女間のヘテロセクシャル・ポルノに飛び火する先触れだった。監督はウェイクフィールド・プール、主演はその後ゲイのスーパースターとなるケイシー・ドノヴァンで、彼はプロの俳優兼モデルのキャル・カルヴァーとしても知られている。漠然としたエピソードで構成されたこの映画は、幻想的な作品で、一九六〇年代のアンダーグラウンド映画の影響はすっかり影を潜めていた。

「The Boys in the Sand」は、ゲイ・ポルノに巨大な潜在的市場があることを教えてくれた。ウェイクフィールド・プールは、ヒットした一作目の次にヘテロセクシャルの男性がゲイ・セックスに目覚める過程を難解で叙情的に描いた「Bijou」（一九七二年）を発表した。この映画は、芸術映画の特撮技術を多く取り入れており、アンダーグラウンド映画と初期のゲイ・ポルノの密接な関係を裏付けている。

ゲイ・ポルノ映画の制作は一九七〇年代も成長を続けた。ジャガー、P.M.プロダクションなどの会社は、いくつかのゲイ・ポルノ劇場で公開する為にハードコア映画の制作をはじめた。業界が多様化するにつれて、以前よりも商業化が進んだ。ゲイ・ポルノは、芸術映画の後継者として「単なるポルノ」以上のものになるというかつての野望を失った。様々な面において、ゲイ・ポルノは、ヘテロセクシャルの一般的なポルノと融合していった。どちらのポルノも物語性や芸術性は低くなり、露骨な性表現ばかりの内容になっていった。

一九八一年には、米国にはアダルト系の書店が二万店、アダルト映画の上映館は八百館あった【注15】。しかしながら、その後の十年間で家庭用ビデオ機が普及したことで、ポルノ・ビデオが家庭で容易に観られるようになり、やがてポルノの主たる媒体はビデオとなった。一九八〇年代、家庭用ビデオ機の価格が下落するにつれ、市場はさらに成長し、プロデューサー達はビデオ市場に狙いを絞ってポルノ製作を行うようになった。ビデオ機の保有者が増えると、ビデオの制作量および視聴者はともに増加した。

ゲイ・ポルノも、一九八〇年代のビデオ時代の幕開けを向かえた。当初、ゲイ・ポルノ・ビデオと言えば、かつての短編映画やハードコア作品のビデオ版のようなものだった。ファルコン・ビデオパックスなどは、一九七〇年代や一九八〇年代初頭の人気短編映画を寄せ集めただけの名画集に過ぎず、そのほとんどは無声映画だった。一九七〇年代初頭に製作された作品の多くはセミ・プロがわずかな予算で制作したものだったのに対し、一九八〇年代になると、予算は潤沢になり、男女ポルノのプロデューサーや配給業者が、ゲイ・ポルノ界でも活躍するようになった。ビビッド、HISのようなゲイ・ポルノ会社は、大規模な男女ポルノ製作会社の子会社や一部門だった。一九八〇年代半ばには、ビデオによる撮影が主流となっていた。同時に、古くからあるゲイ・ポルノ劇場や一般的なポルノ劇場はほとんどが姿を消していた。

一九七〇年代初頭のゲイ・ポルノ映画の先駆的作品は、どんなモデルでも手当たり次第に出演させることが多かった。例えば、数人のハンサムなスター（エリック・ライアンやジャック・ワーグナーなどの）に主役を演じさせ、脇役は、特に目を惹くところもない、時には不細工な素人で間に合わせるというのが、P.M.プロダクションなどの典型的なやり方だった。一九七〇年代後半になると、コルト社などは、ハンサムでがっちりとした男性（これが彼らの売り物となった）を出演させた無声短編映画を数本撮影したが、この当時ほとんどの作品には、街の男娼が使われていた。肉体美には特に敏感で鋭い目を持つゲイ男性を対象にしたセックス作品を作るには、これは明らかに問題だった。

一九七〇年代のゲイ・ポルノ映画の出演者が、コルト社のようなボディビルダータイプ以外はごく普通のタイプの俳優で占められていたのとは対照的に、一九八〇年代のゲイ・ポルノは、肌がすべすべした非常に若い出演者がほとんどだった。出演者の体毛は最小限で、「水泳選手のような体型」が圧倒的に多く、年齢も二十二、三を超えることはめったになかった。若いというだけで価値が上がった。ウィリアム・ヒギンズ監督やマット・スターリング監督は、一九八〇年代のゲイ・ポルノ・モデルの規格を新たに切り開いたのである。一九八三年の「Sailor in the Wind」から、一九八七年の「Bug Guns」に至るまでのヒギンズの作品は、一九七〇年代のゲイ・ポルノからの一九八〇年代のゲイ・ポルノへの変遷の縮図である。ヒギンズの映画の主役は、そのほとんどがすらりとした体型ですすべの肌の若い男性で、がっちりした体型の年配の俳優は時折出演する程度だった。一九八四年の「The Bigger The Better」などのマット・スターリングの作品にも、少年っぽい俳優が主演していたが、ヒギンズの映画よりはがっちりとしていた。若いモデルへの移り変わりは、印刷媒体にも見られた。デヴィッド・ダンカンの分析によれば、一九七〇年代のモデルは、半分近くが三十代以上のようだったが【注16】、一九八〇年代には、90%以上のモデルが十代と二十代で占められていた。

一九八〇年代のビデオ作品では、出演者の性的役割も「攻め手」と「受け手」とに明確に定義されていた。「攻め手」とは、アナル・セックスにおいて挿入する側であり、「受け手」とは、受け入れる側である。攻め手は、パートナーと少しばかりオーラル・セックスに興じることもあったが、それは珍しいことだった。ジョン・サマーズの「Two Handfuls」がいい例で、ブライン・マクソンが三人の男性に奉仕されながら、自分自身は最後のシーンまでほとんど指一本も動かさない。最初のシーンが始まって数秒もすれば、出演者の役割は容易に予想がついた。一般的に、攻め側はより筋肉質で日に焼けて逞しい。またペニスもこちらのほうが大きい。攻めのみを演じる俳優は、ビデオの筋書きの上でも、またさらに現実の業界においても優位な立場にたっていた【注17】。一九八〇年代の大物ポルノ・スターのほとんどは攻め手だった。

性に関する社会的タブーに相反するポルノのような媒体は、何者にも拘束されないと思われがちだ。ところが、ゲイ・ポルノもヘテロセクシャルのポルノも、不文律の表現上の決まり事に縛られている。性的役割(例えば、身体的特徴をもとに決められる受け手と攻め手)をはっきりさせるという決まり事は、過去の伝統への妙なこだわりだ。しかし妙なこだわりはこれだけではない。もうひとつの決まり事が「射精シーン」である。「男性の絶頂シーンは必ず撮影しなければならない。射精ははっきりと見えるように、できればパートナーの身体の上に放出しなければならない」という決まり事である。さらに「カップルがセックスをしているところを発見した第三者は、すぐにそこに参加しなければならない」という決まり事もある。

現代のゲイ・ポルノ・ビデオ

様式的な決まり事を残しながらも、一九九〇年代初頭になって、業界にはいくつかの変化が訪れた。カルヴァン・クラインの下着の広告モデルのようなタイプだけがゲイ・ポルノにおける美の主流ではなくなり、出演者に同じタイプの俳優ばかりが並ぶようなこともなくなった。さらに、とりわけ編集などの制作の過程での付加価値も向上したように思われる。例えば、一流スタジオの作品では、六分間にわたって延々とアナル・セックスのクローズアップ映像を見せられるようなことはなくなった。照明技術も向上した。ヘテロセクシャルのポルノを手本にして、「The Man With The Golden Rod」（一九九一年）のハワイのように、エキゾチックで高級な撮影地が登場するようになった。

プロのビデオが洗練されるようになったのは、主に一九八〇年代後半に元出演者だったクリステン・ビヨルンがポルノ制作に関わるようになってからのことだった。ビヨルンの作品には、はっきりとした独特のスタイルがあった。彼はスタッフを使わずに自分で何もかも撮影し、ひとつの作品の撮影に何日間でも、何週間でも（ポルノ業界は二日間の撮影期間でも贅沢である）かけた【注18】と言われている。撮影期間が長い為に、ひとつのシーンで何度も、時には五回も絶頂を迎えているかのように撮影することができた。また、彼は「手をつかわない射精シーン」の達人でもあった。俳優は自慰をしたり他の人に触られたりすることもなく、性的興奮のあまりに大量に射精しているかのような映像を撮影することができた。どの映画も異国情緒豊かな場所で撮影を行い、魅惑的な男性を主役に据えていた。「Carnival in Rio」（一九八九年）や「Island Fever」（一九八九年）のような初期の作品は、ブラジルで撮影された。後には、オーストラリアの海岸、カナダの森、入国が可能になった東欧などへと撮影場所を移していった。黒人だけが出演する映画、白人だけが出演する映画（数の上ではこちらの方が多い）などのように、人種を分離する傾向は男女ポルノよりもゲイ・ポルノのほうが厳しかった。ビヨルンはこの決まり事も打破し、ハンサムな男性であれば人種、民族を問わず出演させ、特に混血男性を出演させることも多かった。ビヨルンの成功は、人種を区別しない市場があることを裏付けている。

ビヨルンの作品の技術的な付加価値の高さは、業界全体にも波及し業界全体の技術水準はめざましく進歩した。写真家として活躍した経歴を持つ【注19】ビヨルンは、助手を駆使して、すべてのシーンの画面の構成を慎重に決めている。緻密な仕上がりの彼の作品は、入念なセットとロケーション選びも効を奏して、目を見張るほど美しい作品であり、ビデオ店によれば最も人気のあるレンタル作品のひとつだという。ビヨルンの努力の結果、撮影と編集の価値を業界全般も認めるようになり、多くのプロデューサー達が彼を手本にし、彼に追いつき追い越そうと躍起になった。もちろん、粗悪なビデオもたくさん制作されてはいたが、一流スタジオは以前よりも照明、配役、撮影技術に注意をはらうようになった。

一九九〇年代には、キャスティングにおいても予期せぬ変化が起こった。（カタリナやファルコンなどの）一流制作会社では、プロの俳優が増え、俳優達は演技を楽しみながら仕事をしているように思われた。一九八〇年代に比べ、俳優の年齢層や体型の幅が広がった。若い俳優が依然として多かったものの、三十代や四十代前半の出演者も珍しいものではなかった。不動産屋のコール・タッカーは一九九六年に四十三歳でビデオ界にデビューした【注20】。ザック・スピアーズやスティーブ・レジス等のモデルとしての成功により、体毛も復活した。

九〇年代の俳優の多くは、セックスの演技の幅も広がり、一九八〇年代のポルノ界の常識を覆した。

一九八〇年代のスーパースターはほぼ必ず攻め手だった。当時の最も有名な俳優、ジェフ・ストライカーは絶対に受け手になることはなく、オーラル・セックスを行うこともなかった。出演者が作品ごとに立場を交換することもめったになく、特にひとつのシーンのなかでは決して交代することはなかった【注21】。しかし、九〇年代後半になるとファルコン社（ゲイ・ポルノ制作の最大手）やその他ほとんどの制作会社のビデオの大半に、少なくとも一回は相互にアナルに挿入するシーンがある（ファルコン社が一九九八年に発表した「Current Affair」など）。

同様に、九〇年代になると、はっきりと固定した「セクシーなタイプ」がなくなった。驚くことに、スティーブ・レジスのような大柄なたくましい男が受け手を演じることもあった。ボディビルダーだった故スティーブ・フォックスは、一九八〇年代の「大柄な男が攻め手」という固定観念に逆らい、受け手を演じることが多かった。近年では男女ポルノの攻め手（タイ・フォックスやケン・ライカーなど）もゲイ・ポルノに積極的に参加し、パートナーにオーラル・セックスを施してから、通常のアナル・セックスの挿入に進む。「Playing with Fire」（一九九六年）において、フォックスは、アナル挿入の受け手以外の、キスを含むすべての行為を演じた。「Matinee Idol」（一九九六年）のライカーも同様だった。一九九〇年代の攻め手には、「金のためにゲイを演じる」男性ではなく、ブラッド・ハントやエイダン・ショーのように本物のゲイ男性が増えた。この二人はカメラの前で肛門性交に及ぶことはなかったが、キス、フェラチオなど、肛門性交以外の何でも楽しげにこなしていた。ショーはその後作家として成功し、インタビューでも作品においてもゲイであることを公表していた。

一九九〇年代のもうひとつの変化は、キス、愛撫、フロッタージュ（訳注：服を着たまま身体をこすり合わせて性的快感を得ること）などの前戯が大幅に増えたことだった。一九八〇年代には、出演者は下着を脱ぎ捨て、まっしぐらにペニスを目指した。ほんのわずかな例外を除いて、一九八〇年代のビデオには、キスや愛情表現はほとんど見られなかった。一九九〇年代の出演者たちは、服を脱ぐ前からキスするのは当たり前、シーンのはじめから終わりまでキスを続けることも多かった。クリステン・ビヨルンやファルコン社はこの点でも際立っていた。実際、このようなキス・シーンの豊富さは、恋愛感情にはほとんど目を向けない男女ポルノとゲイ・ポルノとの違いそのものである。一九九〇年代のゲイ・ポルノでは、出演者はかつてない程相手の肉体に関心を示す。スティーブ・レジスとエース・ハーデンが出演した「Club Sexaholics」（一九九六年）のワンシーンがいい例だ。二人の男性は口づけし、互いの肉体を愛撫してから、セックスへと進んでいった。

一九八〇年代以降、ゲイ・ポルノ業界においてはセックスに関する安全基準も定められた。一九八八年には、ゲイ・ビデオにコンドームを使用するシーンが登場するようになったが、常に使用されていたわけではなかった【注22】。しかしながら、一九八〇年代後半にAIDS予防運動が活発化し、一九九〇年代初期にはほとんどの出演者は、アナル・セックスのシーンでは常にコンドームを装着するようになっていた（ただし、オーラル・セックスでは使用していない）。この点に関しては、ゲイ・ポルノ業界は、男女ポルノのはるか先を行っていた。男女ポルノ業界で、HIV検査を定期的に行うだけではなく、コンドームの使用を検討し始めるようになったのは、一九九八年にHIV抗体検査で数人の陽性者が出現してからのことである。

ポルノ・ビデオでは、話の筋や演技が重要な意味を持つことはほとんどない。しかしながら、作品の質が向上し（ビデオ人気のお陰で高収益が見込めるようになったことと、消費者がより品質の高いビデオを求めるようになった為）、表現にもセンスが要求されるようになってきた。例えば、「The Other Side of Aspen 3」（一九九五年）には、ゲイ・ビデオの新たな流行の先駆けとなる、それまでの作品には見られなかったような珍しいシーンがある。二人の男性が、明るい照明や露骨なクローズアップもなしに、真っ暗な車の中でセックスしているシーンだ。

暗く狭苦しい車内での短く半ば狂気じみたセックス・シーンは、覗き見をしているかのような斬新な感覚だった。

一九九〇年代になるとプロデューサー達は新しい試みを取り入れるようになった。「Bad Boy's Ball」(一九九五年)は、出演者のインタビューとロンドンのストリップショーでの舞台シーンとを織り交ぜるという、巧みな演出を取り入れたドキュメンタリー作品だ。また、「Master Strokes」(一九九六年)は、短編集の形を取り、数人の監督(ビョルンを含む)が一九五〇年代、六〇年代のゲイ・ポルノから着想を得たソフトコア短編ビデオを撮影し、セリフや傑作シーンなどで構成されている。

このようにポルノ・ビデオの形式や内容がこの時代になって変わったのはなぜだろうか? 私は、実社会が芸術に投影されたのではないかと考えている。つまり、ポルノ・ビデオの変化は、ゲイのアイデンティティの変化を反映しているのである。AIDS危機によって多様だったゲイ文化が統合され、同性愛改革主義によって多様性にたいして寛容になり、さまざまな価値観を認められるようになった。一九八〇年代初頭の改革主義の一派であるクイアー・ネーションは、ゲイ社会における多様性を認める動きそのもののあらわれであると考えられる。多様性に対する意識の高まりは、一九九〇年代のポルノ作品における年齢、民族性、肉体的特徴の多様性に反映されているようだった。

一種の小規模な性革命も起こった。一九八〇年代後半から一九九〇年代にかけて、ジュディス・バトラーやカミール・パーリアなど様々な考えを持つ学者達が、新たな観点から、セックスや性的志向について詳しい考察を行った。西洋文明は性的特色を帯びているというパーリアの考え【注23】は、マスコミの注目を浴びて広まった。人気コラムニスト、スージー・ブライトは、性的抑圧に対して活発にマスコミを通じキャンペーンを行った。彼女は、記事や著作【注24】を通じて、ポルノ、大人用おもちゃ、倒錯的な性行為をもっと公然と楽しむように奨励し、性に関するすべての固定観念を排除し嘲笑の標的とした。パット・カリフィアは自らのコラムを問答集にまとめ【注25】、その中でレズビアンの男役である彼女は、アメリカのゲイ男性達からのセックスに関する技術的、精神的な質問に率直に答えている。これら人気作家の登場は、新たなる性の解放を意味し、性の多様化、開放性、性的快楽を賞讃する流れを生んだ。この新たに生まれた意識により、ポルノ・ビデオの決まり事は一層緩やかなものとなっていった。

現代のゲイ・ビデオ業界

一九九〇年代のポルノ・ビデオの爆発的人気（月に五十から七十本のビデオが制作されていた【注26】）のおかげで、業界とファンの間には複雑かつ双方向的なサブカルチャーが誕生した。ドラッグクイーン監督のチ・チ・ラルーやファルコン社のジョン・ルーサーフォード監督（映画製作の学位を保有している）などの人気監督と言われる人々が登場した。評論家も次々に登場し、例えばミッキー・スキーはビデオのレビューを数多く発表しただけでなく、数々の書籍の執筆も行った。様々な業界誌が創刊されると共に、インターネットのウェブサイトも開設された。多くの人気俳優達は、ゲイ・クラブのストリップ・ショーに出演して高収入を得たり、プロのエスコート（男娼の婉曲表現）として働いたりするようになった。

一九九〇年代の多くの監督の中でも、チ・チ・ラルー（比類なきドラッグ・クイーン、ディヴァインの後継者であることは間違いない）は多作で、多くの一流製作会社で仕事をした。ミネソタ出身のドラッグ・クイーン、ラルーは一九八〇年代末にポルノ界に登場し、傑作を次々と発表しながら、たちまちのうちにオトゥール（訳注：独創性と個性的演出をはっきりと打ち出す映画監督）と言われる存在にまでのし上がった。チ・チ・ラルーは、ドラッグ・クイーンであることを社会に公然とアピールし、筋骨たくましい俳優達を引き連れてクラブに出入りした。ラルーは、一流のゲイ・ポルノ制作会社以外では仕事をしない数少ない監督の一人として幅広い影響力を持つようになった。作品の質にばらつきはあったものの、ラルーはハードコア・ゲイ・ポルノ監督の第一人者の一人に数えられるようになった。ドラッグ・クイーンであるチ・チ・ラルーは、女装に関する才に長け、そのためゲイ俳優の間では人気があった。彼は次のように言っている。「たまたま私は、ドラッグ・クイーンだっただけ。それも一つの才能だし、こそこそしたりしないで堂々とおおっぴらにしただけなのよ。そんな自分を映画監督に上手く仕立てあげたってわけよね【注27】」。現場の俳優に対する尊敬や配慮が生まれたのも彼に負うところが大きい【注28】と語った出演者もいた。一九八〇年代末にチ・チ・ラルーが登場したのも、業界で大きな変化が起こっていたことから考えれば偶然ではあるまい【注29】。例えば、凝ったストーリー、製作技術上の付加価値、演技に重点を置いていることなどで有名なジノ・コルバートが、すでにその当時ゲイ・ポルノ監督の主流になっていた。

ゲイ・ポルノ雑誌はビデオ俳優に注目していたが、その他のゲイ・メディアもそれに追従していた。「Genre」などの人気の高いゲイ向け雑誌は、ケン・ライカーなどのゲイ俳優のインタビューを特集した【注30】。最も人気の高いゲイ雑誌「Out」は、ライバル誌「The Advocate」同様に、ポルノ業界についていくつか記事を特集した【注31】。「Advocate」のケースは興味深い。ゲイ解放運動黎明期にあたる一九七〇年代初頭当時、すでにこの雑誌は、さまざまな記事や宣伝と共に、ポルノ映画やビデオ発売の派手な広告を長年にわたって掲載していた。一九九三年、新しく登場したライバルの高級雑誌「Out」に対抗しようと、「Advocate」は、「Advocate Classified」を創刊し、物議を醸しそうな内容をそちらに移動した。「Advocate Classified」には、セックス広告、セックス・コラムやヌード、セックス小説などを掲載した。ビデオ制作会社で働くデーヴ・

キニックは隔週毎のコラムの他にも、ポルノ俳優達とのインタビューを数多く掲載した【注32】。キニックのコラムが連載されているということは、ポルノ・ビデオがゲイの性に欠かせないものとして受け入れられたことを示していた。彼は後に、その他のコラムニストたちにとって代わられたが、彼らはこのポルノのコラムを続けていった。「Advocate Classified」はその後「Unzipped」と名前を変え、ゴシップ欄、インタビュー、写真、ビデオのレビュー、その他の特集記事などを満載した、ゲイ・ポルノ業界に焦点を当てた最も発行部数の多い雑誌となった。多くのローカルのゲイ向け雑誌でもビデオのレビューの連載を掲載するようになったが、ユーモアと皮肉のまじった内容のものが多かった。その中で最も有名だったのは、ロサンゼルスの無料のゲイ雑誌「Frontiers」に隔週掲載されていた「Rick and Dave's Excellent Video Review」だった。ゲイ・ポルノ業界は自らビデオ授賞式を開催し、「Starz」や「Skinflicks」などの多くの業界誌で報道した。これらの賞のなかで最も有名だったのは、アダルト映画の一流専門誌「the Gay Video Guides」が主催する「Gay Erotic Video Award」（GEVA）と「Adult Video News」が主催する「the Gay Adult Video News Awards」（GAVN）だった。GEVA賞はビデオ批評家と有名人で構成される委員会が選出するのに対し、GAVN賞は、国際的な委員会が選出した【注33】。

ゲイ・ポルノ業界では、ゲイ・バーのダンス・ショーに出演する俳優達が欠かせない存在となり、これにより俳優達の年収は飛躍的に向上した。ゴー・ゴー・ボーイズはそれ以前からも珍しいものではなかったが、一九八〇年代後半、Chippendaleの女性向けダンサーが人気を博すと、ゲイ・バーにもがっしりとした男性ダンサーの巡業が登場するようになった。一九九〇年代の初め頃までには、ほとんどのバーでダンスの公演が少なくとも週に一回は予定されるようになった【注34】。出演する男性達は、この時代のビデオに見られるような完璧な肉体の持ち主だった。一九九〇年代、俳優達は、収入のいいゲイ・バーでのダンス巡業で有名になる為の足がかりとしてビデオへ出演するようになっていた【注35】。

ゲイ・ポルノの出演料だけでは、生計を建てられない為、俳優達には副業が必要だった。出演料は、俳優の人気や経験、会社、仕事の内容によって大きく異なった。一般的に俳優達は、出演するシーンごとに支払いを受ける。シーンごとの支払額は五百ドルから二千ドル【注36】と開きは大きい。男女ポルノと同じく、確実に勃起させられる人材が不足していたので、受け手よりも攻め手のほうが出演料は高い。しかし、医療保険などのような福利厚生はなかった。

俳優達は、俳優としての仕事を極めようとするものとポルノ以外に副業を求めるものとに分かれた。「Unzipped」誌が出演者の「昼間の仕事」を特集したところ、不動産業や、ホテル従業員、パーソナル・トレーナー、ファイナンシャル・コンサルタント、看護士など様々であった【注37】。また、副収入として、売春を行うものも珍しくはなかった。実際、「エスコート」を主な収入源とする俳優達も多かった【注38】。ポルノ俳優ブルー・ブレークによれば、エスコートで働けば「凄い稼ぎ」だった【注39】。「Unzipped」(全国誌)や「Frontiers」(南カリフォルニア)などの雑誌には、エスコート広告が何百となく掲載され、その多くは「売り物」の写真入りで、「ポルノ・スター」や「元ポルノ・スター」、「コルト・モデル」などと説明がつけられているものも多かった。このようにポルノ・ビデオは、エスコート・サービス市場を作り出すための重要な手段となった。平均時給二百五十ドルのこの仕事は、ビデオよりははるかに実入りがいい仕事に違いなかった。実際のところ、エスコートとポルノ業界との結びつきは非常に密接で、インターネット上のゲイ・ポルノ掲示板の最も大きなサイトには、「ポルノ・スター、エスコートとのセックス【注40】」という専用の掲示板がある。この掲示板で、男娼(必ずエスコートと呼ばれる)についての情報が交換されるが、男娼にはポルノ俳優もいれば、ポルノ業界とは関係のないものもいる。

ゲイ・ポルノ業界と男女ポルノ業界とは、大きな類似点もあれば相違点もある。二つの業界は、一九八〇年代のビデオ市場の拡大と共に成長していった点に関しては共通である。また、どちらの業界にも「スター制度」なるものがしっかりと根付いており、特定の人気俳優が高い出演料と有利な労働条件を保証されていた。どちらの業界も、ロサンゼルスが中心で、同じ映画スタジオを使う場合もあった。両方のポルノに出演する俳優もおり、男女ポルノの男優がゲイ・ビデオで自慰シーンを演じたり、シャロン・ケインなどの女優が、ゲスト出演やセックスには関係のない役で出演したりすることが頻繁に行われていた。ゲイ・ポルノは、ポルノ市場のニッチ市場（隙間市場）に参入することで、ポルノブームに便乗した。ニッチ市場に参入したビデオは、ゲイ・ポルノだけではなく、その他にもアマチュア作品、絡みだけのビデオ、トランスセクシャル、ボンテージなどの特殊なジャンルのものがある。長年男女ポルノに出演していたニナ・ハートレーは、特殊なジャンルが参入したビデオのニッチ市場の成長は、一九九〇年代のアダルト映画界における、最も目覚しい進歩であると述べている【注41】。

しかしながら、男女ポルノでは、主役は常に女性である。男性は脇役だった。ビデオのケースを飾るのは常に女性であり、男性が登場するにしても、ペニスと肉体の一部が写るだけである。当然、男優の出演料は低く、それらの結果、ゲイ・ポルノに転向する男優も多かった。二つの業界のもうひとつの大きな違いは、ゲイ・ポルノには「ソフトコア」が存在していないことだ。男女ポルノの場合は、一つの作品につき二種類の「版」が作成される。家庭用ビデオ市場向けのハードコア版とケーブルテレビ放送用のソフトコア版の二種類である。ゲイ・ポルノは、採算性の高いケーブル市場に参入することはこれまでにもほとんどなく、数社がヒット作のソフトコア版を製作することが時折あるだけであった。現在では廃業中のグリーンウッド・クーパーなど一部の会社だけが、ヌードや肉体的接触だけで挿入は行わないソフトコアを専門に製作していた。

ゲイ・ポルノ・ビデオを鑑賞するのはどのような人々だろうか？　統計的な調査はほとんど行われてないが、ゲイ・メディアや娯楽産業への浸透度から判断すると、ゲイ社会における視聴者数は非常に多いと思われる。ポルノの表現媒体として印刷物が主体だった一九七九年ですら、ある非公式の調査によれば、千三十八人のゲイ男性回答者のうち、50％以上が、性的興奮を得るためにポルノを利用することがあると述べた【注42】。「Frontiers」誌が一九九七年に読者を対象に行った調査では、約四分の一ヶ月に一回ポルノ・ビデオを観ると答え、約15％は週に一回観ると回答した。約半分が他の人と一緒に、残り半分は一人で観賞していた。セックスの導入としてポルノを利用していると回答したのは約半分だった。ポルノ観賞中に何を考えているかについて聞かれると、約30％が出演者とセックスしているところを想像すると答えた。自分を出演者に置き換えて想像していると回答したのはそれよりも少なく、両方を想像すると答えたのは25％だった【注43】。

重要性

多くの点において、ゲイ・ポルノは現代のゲイ社会の縮図である。ゲイ・ポルノの質が向上し、多様性が拡大したことは、ゲイ社会の意識やライフスタイルの変化を反映している。ポルノが、アメリカのゲイ社会、ゲイ文化で果たす役割は大きい。

ゲイ・ポルノと男女ポルノとの大きな違いは、ゲイ・ポルノはゲイ社会の一部になりきっているのに対し、男女ポルノは社会の規範から外れているとみなされ、社会から逸脱者の烙印を押されていることである。ポルノは、一般の社会よりもゲイ社会においてより高い地位を保ち、社会に受け入れられてもいる。これは、すでにセックス面で異端視されているゲイは、変態であることがマイナス要素にならないからに他ならない。マイケル・ボンスキーが指摘しているように、一般社会は、ポルノを危険視しているが、ゲイ・ポルノであればなおさらのことである【注44】。たとえ性革命が変化を作り上げたとはいえ、一般のアメリカ人は、露骨な性描写に対しては、それがゲイの性であれ男女の性であれ、著しい困惑を感じる。ゲイのアイデンティティを主張する為には、ゲイ嫌いが恐れる性行為を正々堂々と白日のもとに晒す以上に効果的な方法があるだろうか。ゲイのメディアにおいては、ポルノ以外にもセックスに関する描写はいたるところで目に入る。これは、ゲイが自分たち自身を「肯定的に定義する」手段であると考えることができる【注45】。一九八〇年代後半に、ACT-UP等の団体を通して表現手段を得たゲイの政治家とともに、ポルノも「カムアウト」したとチャールズ・イシャーウッドは書いている。この為、ポルノはゲイの自己表現の手段となったのである【注46】。性表現全般に対する不快感、とりわけゲイ・ポルノに対する不快感が根強く残る社会においては、ゲイ男性はためらいもなくポルノを容認することによって、社会の主流をなす規範に対抗する手段を手に入れることができるのである。ポルノ礼賛は、ポルノを激しく抑圧するヘテロセクシャル文化と正面から衝突することを意味する。

ゲイ社会では、ポルノ・ビデオは非常にありふれた日常的なものになっている。ブラッドレー・モースレー・ウィリアムズによれば、「ポルノはゲイ社会に広く受け入れられ、見飽きてしまうほどだという表現すら言い古されてしまった【注47】」。ゲイ人口が多いロサンゼルス、ウェスト・ハリウッドのサンタ・モニカ・ブルバード沿いの大きな広告看板がポルノ映画の宣伝に二回使用されたことがある。スーパースター、ライアン・アイドルの公開作品「Idol in the Sky」と、九〇年代初頭の人気スター、ケン・ライカーの復帰作

「Ryker's Revenge」だ。一九九八年には、ヒューストンのゲイ地区にある成人向けビデオショップの二つの広告板をポルノ・スター、トム・チェイスの姿が飾った。ポルノショップのすぐそばに、このような広告があることなどは、男女ポルノの世界では想像しがたいものである。

男女ポルノは、「ディープ・スロート」(一九七二年)や「Behind the Green Door」(一九七三年)などの初期の頃のヒット作のような魅力を失ってから久しく、社会からは著しく軽んじられるようになったが、ゲイ・ビデオはゲイ社会で尊敬されるまでに地位が向上した。ゲイ・ポルノ・ビデオの貸し借りはごく普通に行われ、レンタル・ショップは、ポルノ・ビデオがかつて置かれていたようないかがわしい成人向け書店やゲームセンターではなくなった。テキサスの書店チェーン・ロボやニューヨークのゲイ・プレジャーズなど、合法のゲイ書店がゲイ・プライド・フラッグ(同性愛コミュニティのシンボル旗)やニューヨークタイムズ紙のベストセラー書籍と並べて、ポルノ・ビデオのレンタルや販売を開始した。ロバート・ホフラーによると、ポルノ・スターはディスコのオープニングや公私様々なパーティに頻繁に招待されるのである。つまり、たとえ立派な経歴がなくとも、引き締まった肉体さえあれば、ポルノ界で実績を積んでウェスト・ハリウッド社交界への入場券を手にすることもできるのである【注48】。プロデューサー兼監督のロニー・ラーセンは、ゲイ・ポルノ業界に関するドラマやドキュメンタリーを制作する小さな会社を設立した。彼の戯曲「Making Porn」は一九九四年のロサンゼルスでの初演を皮切りに、全米を巡業し、ゲイの男性達で客席が満員になることも珍しくなかった。彼はその後、一九九七年にその続編とも言うべき「Shooting Porn」という映画を制作している。ドイツ人監督ヨッヘン・ヒックの一九九八年の映画「Sex / Life in LA」は、ロサンゼルスにおける、社会の様々な経済レベルでのゲイのセックス・ワークについて描いている。この作品はほとんどすべての主なゲイの映画祭で上映されている。ポルノ・ビデオそのものを映画の題材にしたものも無数にあり、

「Giants」（一九八三年）や「The Making of a Gay Video」（一九九五年）【注49】などは、ポルノ業界そのものを描いている。「Bad Boy's Ball」は、ゲイ・ポルノ・モデルの旅巡業の内幕を描いたもので、出演者のインタビューのシーンは様々な話題を取り上げ興味深い内容になっている。男女ポルノの内幕ものも多数製作されてはいるが、ゲイ・ポルノやそのスターのように、常にマスコミの関心を集めるというような訳にはいかなかった。ゲイ向けの読み物では、付き合いの方法、旅行、政治などの記事の横にポルノ出演者のインタビューが掲載されることなどもよくあったが、一般社会のメディアは、ポルノを批判するか、風変わりで謎めいたものとして扱うかのどちらかであった。

ゲイ・ビデオそのものが時にポルノとゲイ社会のつながりを実証することもある。「Show Your Pride」（一九九七年）では、実際のゲイ・プライド・パレードのシーンがあり、チ・チ・ラルー監督が率いるフロートの回りを裸同然のがっしりとしたポルノ・モデルの一群が取り囲み、ディスコ音楽に合わせてクラブのショーと同じような踊りを踊っていた。ディスコ音楽が繰り返すメロディーに合わせて「Show your pride」と物悲しく繰り返される叫び声が響き、スクリーンにはこの画像が映し出されていた。ビデオの他のシーンにはさまれるように挿入されているこのシーンは、間髪をおかず出し抜けに乱交シーンへと移行する。このビデオは、実際のプライド・パレードで人目につくフロートに乗っているゲイ・ポルノ俳優の映像を通して、ゲイ・ポルノ俳優の高い地位を描いている。また、実在の催事からハードコア・セックスへとすばやく画面を切り替えることによって、多くのゲイ男性がポルノに気軽に接する様子を比喩的に表現している。

ゲイ・ポルノはゲイ社会に深く浸透したとはいえ、ゲイ・ポルノを批判する人がいないわけではない。ミケランジェロ・シグノリルやダニエル・ハリスなどの作家達は、ゲイ・ポルノとそこに登場する逞しい肉体は、有害で許容し難い美と性の表現であると激しく非難している【注50】。またゲイ・ポルノには、男女ポルノに向けられる非難と同じ非難をも向けられている。すなわち、性差別的であり、下品であり、暴力的であり、とりわけ女性に対して暴力的であるという批判だ。これらの主張は、ポルノそのものが下劣で攻撃的であり、ゲイ・ポルノでは、一方（受け手）は服従を強いられ、辱めを受け、女性の代用品に過ぎないという固定観念に基づいている。ゲイ・ポルノは、男女の暴力と性差別という関係を再現しているに過ぎない【注51】ことは明白だと主張しているのである。この主張に対して、トーマス・ウォー【注52】やスコット・タッカー【注53】をはじめとする人々が、次のような説得力のある反論を展開している。ゲイ男性は、セックス場面に登場する両方の出演者を自分と同一視することがある。出演者自身は、必ずしもこのような厳格な役の割り当てに固執しているわけではない。出演者が、攻め手と受け手の役割を交換すれば、たとえそれがほんのワンシーンだけのものではあっても、受け手は従属的で抑圧されているという認識は単なる形式上のものに過ぎず、現実社会との関連性を欠いているということになる。男女ポルノ業界は、女性を搾取していると批判されているが、女性の出演者がいないゲイ・ポルノは、男女ポルノをゲイ・ポルノに置き換えた憶測に過ぎないと反論している。実際のところ、禁断のゲイの性をポルノで描くことによって、男女の性を模倣するというよりは、むしろ、男女の拘束を解き放とうとする結果になっている。カール・スタイチンはゲイ・ポルノの自由解放性を強く主張し、フェミニスト批評家のポルノにたいする一方的な主張に次のように反論している。フェミニスト批評家達のゲイ・ポルノに対する批判は、文化的、社会的に軽視されているセクシャリティの基本的な違いや必要性を全く考慮せず、実際にはセックスやエロティシズムに関する、昔からの家父長的見方を真似たものである【注54】。

ゲイ社会のポルノにたいする高い寛容性は、政治上の難問を引き起こすことにもなっている。宗教極右派が、ゲイをその進歩的な性行為（ドキュメンタリー「The Gay Agenda」に描かれているようなもの）という観点から定義することを止めないかぎり、ゲイの間でのポルノの高い人気や寛容度は、宗教極右派に利する結果となってしまうのではないだろうか？ ある程度はそのような結果になるだろう。しかし、現状からは否定され辱めを受けている自らの性的アイデンティティを白日の元に晒すことで正当化し、マイナス面もそのプラスの要素で打ち消されるべきものである。同性同士で男女と同じように愛情を公の場で表現することは、ゲイにとっては危険な行為であり、一般的には禁止されている。マスコミはたえず公然と男女の愛のアイデンティティを肯定しているのに対し、ゲイ・ポルノは、ゲイが肯定的に表現される数少ない場面のひとつである。

ゲイ・ポルノ・ビデオの将来

一九九〇年代には、ゲイ・ビデオの制作技術や製造技術が進歩しただけでなく、市場は拡大を続けた。様々なタイプのモデルが登場したり、新しい手法を実験的に取り入れたりすることによって、市場の拡大にはさらに拍車がかかった。これからの十年間、市場が飽和状態に陥り横ばい状態になったとしても、新しい製品が次々に登場するだろう。俳優の外見上の特徴の多様化はこれからも続くであろう。三十歳以上のモデルは大きな流行となりつつあるが、若い出演者を中心としたビデオの人気も衰えていない【注55】。民族性も多様化の一途をたどっている。

男女ポルノ界では欠かせない存在となった「ゴンゾ」映画ブームは、ゲイ・ポルノ界にも到来の兆しが見えている。ゴンゾ・ビデオは、製作者と被写体との間の「第四の壁」を取り払い、さらに視聴者と出演者の間の壁を取り壊してくれる。ゴンゾ・ビデオの技術的価値は極めて低い。カメラは通常可搬式で、カメラマンが監督を兼ねる。カメラは出演者の間を自在に動き回り、必要に応じて指示をし、演出し、また出演することすらもある。この種のビデオは市場としての重要性を失うことはなく、ゴンゾ・ビデオよりも長い歴史を持つアマチュア・ビデオと密接な関係がある。アマチュア・ゲイ・ビデオが増加するのに伴い、ゴンゾも増加していくことだろう。

ニッチ市場（隙間市場）にとって、ゴンゾやアマチュア・ビデオが果たす役割は大きい。ニッチ市場は、特定の嗜好やフェティッシュ向けのビデオで構成されている。ゲイ・ビデオにはすでに、絡みだけのビデオ、SM、ボンテージ、調教、スカトロ、民族などの為の十分な市場がある。アルトマー・プロダクションズは、主に四十代半ばから七十代の男性のビデオを制作している。この会社は、また、割礼をしていない、包茎の男性に焦点を当てたフェティッシュズム・ビデオも制作している【注56】。特定の嗜好に応えるビデオが入手可能であることが男性の間に浸透するにつれ、ニッチ市場がゲイ・ポルノに占める割合は増えていくだろう。

この種の情報を入手する主な手段のひとつはインターネット上のウェブサイトである。成人向け製品はすでにネット上で行われるビジネスの多くを占めている。インターネット・ポルノを抑制しようとする政府の取り組みにもかかわらず、オンライン・ポルノが、ゲイ・ポルノ産業成長の原動力であることは変わらないだろう。ほとんどのスタジオはすでにウェブサイトを運営し、俳優、特にエスコート・サービスを行っている俳優の多くは、自分のホームページを持っている。新しい技術（インタラクティブなオンライン・オーディオ及びオンライン・ビデオ、DVD、コンピュータ用インタラクティブCD-ROMなど）は、必要な装置が平均的消費者の手が届く価格に近づくにつれ、重要性を増していくだろう。

露骨なセックスがゲイ・ビデオの最も大切な要素であることに変わりはないが、最近の傾向では、スタイルや独創的なセリフ回しのある映画の人気が上昇する傾向にある。一九九七年度のGEVAやGAVNの最優秀ビデオ賞は、ジャック・ケルアック、「Thelma and Louise」（邦題「テルマ&ルイーズ」）、「Easy Rider」（邦題「イージー・ライダー」）など幅広い作品から着想を得たロード・ムービー「Naked Highway」が受賞した。回想シーン、洗練されたカメラ・アングル、編集方法の様式化などによって、物語性と様式美に満ちたビデオになっている。市場の大半は、セックスを主眼にしたビデオがほとんどであることに変わりはないが、「Naked Highway」のような、緻密で洗練された作品が増えていくものと思われる。いずれにおいても、ゲイ・ポルノはゲイ文化の中で、重要な役割を持ち続けるであろう。

第5章

なぜ男は売春婦を求めるのか

マーティン・A・モント

テンダーロイン地区への滞在について。ミッション地区には売春婦がいるが、ほとんど全員が静脈注射のドラッグ中毒であり、AIDS感染者である可能性が高い。また、このあたりは治安の悪い犯罪多発地域で、警察の手入れも頻繁に行われている。街娼の値段は交渉次第だが、四十ドルあたりから交渉が始まるのが相場だろう。（カリフォルニア州サンフランシスコ）

その娘は服を着ていなくても可愛らしかった。しかし、どこかの変態男が彼女をかなり手荒く扱ったらしい。彼女の腿と肘には車を降りる時に負った打ち身と擦り傷があった。男が車をきちんと停めてやらなかったからだ。僕達は、他の普通の人に接する時のように、また彼女達が僕達に接するように、尊敬と尊厳をこめて彼女達に接するべきだと思う。（オレゴン州ポートランド）

…売春婦の情報提供サイト「The World Sex Guide」利用者の声

売春問題を論じようとする時、これまで一般人、政治家、研究者は皆、客ではなく売春婦だけに目を向けてきた。売春防止の為に、売春婦だけを逮捕するというやり方は、不公平であり、差別的であるとこれまでにも非難されてきた【注1】。米国各州の法律は、男女平等の立場に立って定められているが【注2】、実際には逮捕者の大半は女性売春婦である【注3】。事実上、客はほとんどすべてが男性であるが【注5】、その客が逮捕者に占める割合はわずか十分の一止まりである【注4】。売春婦に金を出す客の動機に関する調査の必要性が数十年にもわたって叫ばれてきたが、実際には、客を対象とした調査はほとんど行われてきていない。これは、性に関するダブル・スタンダードの存在を示すものであり、女性の存在こそが男性を堕落させるのだとする考え方を反映している【注6】。しかし、客は自らの行動を隠そうとする為、客に接触することそのものが困難なことも事実だ。さらに、研究者も一般人も、男性が売春婦を求める理由など明白であり、聞くまでもないことだと思い込んでいることも、さらに追い討ちをかける結果になっている。

売春婦についてわかっていることも限られているが、客に関する知識はさらに少なく、ほんのわずかである。現在我々が客に対して抱いているイメージのほとんどは、固定概念【注8】や経験談【注9】に基づくものであったり、受け売りや【注10】小規模な調査【注11】に基づくものであったりするのである。

以前にも買春をしたことがある男性はどの程度いるかという調査が行われたことがあるが、調査結果は誇張されており、間違いの多いものであった【注12】。一九四八年、アルフレッド・キンゼーが他に先駆けて調査を行ったが、彼の推定によると男性の69%が売春婦のもとを訪れたことがあるということになっている【注13】。しかしながら、彼の調査は、確率標本というよりも、便宜的標本に基づいたものだったため、この調査結果を米国人男性の一般論にあてはめることはできないものであったが、それにもかかわらず、彼の数字は広く報道された。ベンジャミンやマスターズやその他の研究者は、キンゼーの数値を基に自分達の印象も加味して、約80％の男性が売春婦のもとを訪れたことがあるという結論を導き出した【注14】。しかしこれらの高い数値は、売春に反対を唱える人々と売春の合法化を訴える人々の両方から利用される結果となった。高い数値を根拠に、反対派は売春問題の大きさを強調し、合法化運動を進めている人々は売春は避けられないと主張した。

一九九二年に行われた調査「the National Health and Social Life Survey」（「健康および社会生活にかかわる全米調査」）からは、まったく異なる結果が得られた。それによると、売春婦のもとを訪れたことのある米国男性はわずか16％、毎年売春婦のもとを訪れる男性はわずか0・6％というものだった。さらにこの調査によれば、初めての性体験の相手が売春婦だったという男性は、一九五〇年代に成人した男性に占める割合（7％）に比べて、一九九〇年代に成人した男性に占める割合（1・5％）は減少していた【注15】。

売春婦のもとを訪れる男性の比率は予想よりも少なく、減少傾向にあるかもしれないが、毎年売春に関連する逮捕件数が九万件に上る米国では、売春が重大な問題であることに変わりはない。これまでの五年間にわたり、数都市では、逮捕者の再犯を防ぐことを目的とした教育プログラムが実施された。このプログラムのお陰で、長らく研究の対象とならなかった集団への接触がはじめて可能となった。カリフォルニア州サンフランシスコ（五八八人）、オレゴン州ポートランド（八二人）、ネバダ州ラスベガス（三十人）のワークショップに出席した七百人の男性を対象としてアンケートを行い、私は売春の客の意識や動機について分析を行った。調査の対象者は、典型的な売春客であるとは言い難い。逮捕者のほとんどは、エスコート・サービスや室内で買春を行おうとしたのではなく、街娼に金を出そうとしていた。さらに、逮捕場所が西海岸の三都市のみに限られているため、全米の典型例とも言い難い。しかし、この調査を行った結果、単なる体験談ではない、以前は収集不可能だった情報を得ることができ、それに基づいて、買春をする人々の一般的な考え方を分析することが可能になったのである。

更生プログラム——売春への新しい対応策

一九九五年、サンフランシスコとポートランドで、街娼に金を出そうとして逮捕された男性を対象に教室が開催されるようになった。ポートランドの「Sexual Exploitation Education Project」(「性的搾取に関する教育プロジェクト」)は現在行われていないが、サンフランシスコの「First Offenders Prostitution Program」(「買春初犯者更生プログラム」)は、現在でもまだ毎月開催されており、毎月五十人以上の男性が参加している。

これらのプログラムからは、非常に興味深い社会的現象を知ることができる。これらのプログラムの土台にある考え方は、客の側ではなく売春婦を逮捕するという現在のやり方は何の効果もないのみならず、男性ではなく女性の側に罪があるとするダブル・スタンダードを反映しているという考え方だ。需要の側に焦点を当て、売春の責任を男性に負わせることによって、男性には買春をするかしないかの選択肢があるが売春婦には選択肢が与えられていないと売春を再定義した。さらに、売春は、成人同士の自発的な合意のもとに行われているのではなく、売春婦の多くは未成年で、暴力の脅威、薬物中毒、経済的困窮【注16】などの止むに止まれぬ状況に追い込まれてなかば強制的に売春をしているのだと彼らは主張する。さらに、被害者のいない犯罪と言われていた売春が、売春婦、地域住民、地域ビジネス、知らぬ間に性感染症のリスクに曝される客、それらすべての人々が被害者となる犯罪であると定義しなおされたことをこれらのプログラムが物語っている。

これらのプログラムの根底となる考えの多くは、売春から足を洗おうとする女性と直接接触した人々の経験から生まれたものである。サンフランシスコのプログラムは、元売春婦で元ヘロイン中毒者のノーマ・ホタリングとサンフランシスコ警察ジョゼフ・ダットー警部補が立案し、地方検事局が運営している【注17】。このプログラムに参加した男性は逮捕記録を抹消することができる。費用は、男性に請求される手数料で賄われている。ホタリングが運営し、元売春婦が職員を務める非営利団体「Standing Against Global Exploitation」(SAGE)もその手数料で運営され、売春から足を洗う女性を支援する為のプログラムと援助を提供している。

一日間のプログラムでは、将来の買春行為を繰り返さないよう様々な講義が行われる。地方検事局の代表が再犯者を待ち受ける法律上の罰則について説明し、健康問題教育者が自分だけでなく愛する人々にも感染する可能性のある性感染症に関するスライド・ショーを上演する。また地域住民の委員会が売春が地域に与えた悪影響について講演を行う。プログラムで最も強烈な印象を与えるのが、「サバイバー」と呼ばれる元売春婦による講演である。彼女たちは、売春婦になった理由、受けてきた暴力、客に対する気持ちなどを語る。講演者は売春行為をする時のように性的興奮を装う必要がないので、男性は金を払う客として出会った時とは、全く異なる印象を受ける。

これらの講義に続き、米国や全世界におけるポン引きや女性や子供の売買の現状に関する講演が行われる。最後にカウンセラーが「セックス中毒」について講演を行い、自分で抑制できない欲求に対処する方法を教える。

ポートランドの「Sexual Exploitation Education Project」(SEEP)(「性的搾取に関する教育プロジェクト」)は、ピーター・クアリオティンや「Stopping Violence Against Women」(「女性に対する暴力を防止する会」)と呼ばれるフェミニスト団体に所属する男女の経験から生まれたものである。売春を止めようとしている女を支援する団体

「Portland's Council for Prostitution Alternatives」（「売春以外の職業を提案する協議会」）と暴力の被害者の為のホットライン「the Portland Women's Crisis Line」の二つの団体から、SEEPプログラムの作成にあたってのアイディアと資源が提供された。SEEPは、地域の組織であり、警察からは独立した活動を行った。男性は、保護観察の条件の一つとしてプログラムへの参加が義務付けられるが、逮捕や有罪判決の記録は残る。

ポートランドのプログラム創設時の構想は、サンフランシスコのプログラム創設の着想と似ているが、プログラムの構成は異なっていた。SEEPは、双方向的なワークショップの形態をとり、金曜日の夕方から日曜日の午後まで十七時間かけて行われる。一回の参加者は十三人を越えることはなかった。男性二人、女性二人で構成されるワークショップ・コーディネーターが違反者を導き、一連の課題や教育的講議を行う。サンフランシスコのプログラムと同様、元売春婦の「ナマの声」は、このプログラムでもハイライトの一つである。プログラムが長時間である分、プログラムの内容も次に述べるような広範囲なものとなっている。

- 売春は、被害者のない犯罪ではなく、女性への暴力行為であることを改めて認識する
- 男性の性行為が、女性に対する暴力へと変わっていく過程を明らかにする
- 男性には、力づくではなく平等な関係を作り出す選択肢と責任があることを強調する

ポートランドのプログラムは、裁判所からの参加者の紹介が中止された為に活動は停止したが、これは地方検事局の支援が途絶えたことによる。サンフランシスコのプログラムは活動を続け、ネバダ州ラスベガスなどのその他の米国の諸都市におけるプログラムの模範となり、また、国外でもこれを模した同様のプログラムが行われるようになった。一九九九年一月、国立司法研究所はサンフランシスコで模擬プログラムを実

施し、関係諸団体に「First Offenders Prostitution Program」（「買春初犯者更生プログラム」）見学の機会を提供すると共に、プログラム設立の為の資源や情報の提供を行っている。

†方法

更生プログラムへの初回参加直前の男性を対象に匿名のアンケートを実施した。80％以上が協力に同意した。残り20％の大半は、回答拒否であるが、遅刻、言語や読解力の問題が原因で回答できない例も含まれていた。

†調査結果

●男性のタイプ

表5・1は、売春婦に金を出そうとして逮捕された男性の経歴の特徴を示している。白人が過半数、ヒスパニック系が18％、アジア系が13％、アフリカ系アメリカ人が4％だった。概して、男性の教育程度は高かった。42％が学士号以上の学位を持ち、35％が何らかのかたちで大学で勉強した経験があると回答した。41％は既婚者で、36％は未婚者、16％は離婚者、5％が別居中で、2％が死別していた。年齢は十八歳から八十四歳と幅広く、平均年齢は三十八歳だった。ほとんどがフルタイムで働いていた。四分の一は従軍経験があったが、これは米国成人男性全体の比率とほぼ同じである。約三分の一は、子供の頃に両親の離婚を経験している。14％は、子供の頃に理由もなく傷つけられた経験があり、14％が、子供の頃に大人に性的な目的で触れられたことがあると答えた。

アンケート回答者と平均的米国人男性との比較が可能なように、多くの質問は代表的な社会調査である

表5-1●買春の客について

(N=分母数)

民族	**(N=676)**
白人	61%
ヒスパニック、メキシコ、ラテン系	18%
アジア系	13%
黒人	4%
その他または混血	4%
教育程度	**(N=692)**
高校中退	8%
高校卒業	15%
大学中退	35%
大学卒業	28%
大学院卒業	14%
結婚歴	**(N=689)**
既婚	41%
未婚	36%
離婚	16%
別居中	5%
死別	2%
雇用状況	**(N=666)**
正社員	81%
パートタイム	7%
学生	2%
その他	10%
年齢	**(N=648)**
18〜21	3%
22〜25	10%
26〜35	32%
36〜45	34%
46〜55	16%
56〜65	4%
66 以上	1%
子供の頃に両親が離婚している	**(N=659)**
はい	34%
子供の頃に大人から性的な接触を受けたことがある	**(N=660)**
はい	14%
子供の頃に理由もなく危害を加えられたことがある	**(N=657)**
はい	14%
従軍経験がある	**(N=659)**
はい	26%

「General Social Survey」（「総合社会調査」）と全く同じ項目を用いた【注18】。平均的男性に比べアンケート回答者は、既婚率が有意に（$p<0.05$）低く、結婚経験のない比率は高かった。既婚者のうち、結婚生活は幸せであると答えた確率は低かった。これらの差は、パートナーを持たない、または、パートナーとうまくいかない男性にとって買春が性のはけ口となっていることを示唆している。さらに、この一年間に二人以上の性的パートナーを有していた回答者は56％で、平均的男性の19％よりも多かった（表5・2）。

●性行動

表5・2は、性的指向やセックス産業に関する質問に対する回答である。回答者のほとんどがセックス・パートナーはこれまで女性に限られていたと回答した。過去一年間のパートナーの人数について、十分の一はゼロ、約三分の一は一人、また約三分の一は二人から四人、23％は五人以上と回答した。買春で逮捕されるような男性は、ポルノを日常から利用していると思われがちだが、約70％の回答者は、ポルノ雑誌やビデオを「一度も見たことがない」または「月に一回未満」と回答した。

17％が、逮捕前には売春婦と性的関係を持ったことがないと回答し、警察のおとり捜査員に誘いをかけたのが初めての経験だったことを示している。21％が、過去一年間に売春婦と一回性関係を持ったと回答し、31％は一回以上だが、月に一回未満、9％が月に一～三回、3％が週に一回以上と回答した（訳注・原文にこのデータに該当する表はありませんでした）。売春婦との初体験は、平均年齢は二十三歳だったが、中には九歳と早いものもいれば、六十歳のものもいた。売春婦と行う行為ではフェラチオが最も多く（47％）、次に膣を使ったセックス（14％）、「ハーフ・アンド・ハーフ」（フェラチオと膣を使ったセックス）が12％だった。ニュージャージー州カムデンで行った調査は、それとは対照的で、膣を使ったセックスがオーラルセックスを僅か

表5-2●買春の客の性行動について

(N=分母数)

性的志向	(N=659)
異性間（男女間）の性行為だけを好む	94%
同性間、異性間両方の性行為の経験がある	5%
同性間の性行為だけを好む	1%
過去一年間の性行為の相手の数	**(N=683)**
0人	10%
1人	34%
2人	15%
3ないし4人	18%
5ないし10人	15%
11人以上	8%
過去一年間の性行為の回数	**(N=680)**
0回	9%
1または2回	9%
月に約1回	15%
月に2～3回	21%
週に約1回	18%
週に2～3回	17%
週に3回以上	7%
わからない	4%
ポルノ雑誌を見る回数	**(N=668)**
見たことがない	31%
月に1回未満	40%
月に1～数回	20%
週に1～数回	7%
毎日	2%
日に数回	0%
ポルノビデオを見る回数	**(N=668)**
見たことがない	35%
月に1回未満	35%
月に1～数回	21%
週に1～数回	6%
毎日	3%
日に数回	0%

表5-2●買春の客の性行動について(つづき)

(N=分母数)

売春婦とはじめて性行為をした年齢	(N=668)
9〜17歳	18%
18〜21歳	33%
22〜25歳	20%
26〜35歳	21%
36〜45歳	7%
46歳以上	1%
売春婦とはじめて性行為をしたときの状況	**(N=547)**
友人が手配してくれた	22%
売春婦から声をかけられた	13%
人に知られないように売春婦に近づいた	31%
家族が手配してくれた	5%
売春宿へ行った	3%
その他	8%
売春婦ともっとも頻繁に行う行為	**(N=518)**
フェラチオ(オーラル・セックス)	47%
膣をつかったセックス	14%
ハーフ・アンド・ハーフ(オーラルセックスと膣をつかったセックス)	12%
手による射精	6%
その他	5%
2つ以上の行為を同じ程度に行う	16%
売春婦と性行為をする際のコンドームの使用について	**(N=530)**
使ったことがない	3%
ほとんど使わない	3%
たまに使う	9%
しばしば使う	10%
必ず使う	75%
売春は法制化すべきである	**(N=551)**
そう思う、またはある程度そう思う	74%
売春は非犯罪化すべきである	**(N=545)**
そう思う、またはある程度そう思う	72%

ながら上回った【注19】。コンドームの使用について、四分の三は、売春婦と性的関係を持つときには必ず使用すると回答した。これはニュージャージーでの調査とほぼ同じである【注20】。

アメリカの売春政策に関しては、約四分の三は売春を法による制度化が必要であると考え、72％は、犯罪とみなすべきではないと考えていた（本調査では、「合法化する」、「犯罪とみなさい」という言葉の定義は行っていない）。この支持率は、平均的男性よりもはるかに高い（ロナルド・ワイツァーが第10章で詳述）。

●強姦神話

調査は、多くの街娼が、殴打、強姦【注21】などの暴力犯罪の被害者になっていることを一貫して示しており、そのほとんどは警察に通報されることはない【注22】。では、買春をする男性は他の男性よりも、強姦神話を支持する傾向が高いのだろうか？　その神話とは、「強姦や強姦の被害者、強姦犯についての偏った固定概念または誤った思い込み【注23】」に他ならず、これは、女性に対する性的暴力を正当化または支持し、ひいては強姦被害者への支援が阻害される結果を招く。

回答者は、この神話をどのように考えているかについて質問を受けた。回答者は全般的に、平均的男性よりもこの神話を支持する傾向が高いようだった【注24】。22％が、「ペッティングや愛撫中に抑制が利かなくなり、男性が性行為を強いたとしても、責任は女性にある」と考えていた。15％は、「強姦被害者の大半は尻軽で、評判が悪い」に賛成した。7％は、「ヒッチハイク中に強姦されても、それは当然だ」に同感した。

これらの調査結果は、売春婦に対して暴力を振るってもいいと大半の回答者が考えていると示すものではないが、売春婦は暴力に遭遇する可能性が高いという事実を否定するものでもない。この調査結果は、売春婦に暴力を振るう男性は比較的少数であり、売春婦に対する暴力の過半数は、その少数の男性によって行われている可能性を示唆している。

●なぜ男は売春婦のもとへ行くのか？

前述のとおり、買春をする男性の動機は明らかであり、改めて解明する必要はないと思われがちである。キンゼーの調査は【注25】、ほとんどの男性が、機会さえあれば買春をするだろうという推測を裏付けるものであった。しかしながら、最近の調査は、買春は男の習性のようなものだとする考えを否定する結果となっている【注26】。それでは、なぜ男は売春婦を求めるのだろうか？

売春婦の客になった人に踏み込んだインタビューを行った研究者も数人いる【注27】。マックケガニーとバーナードは、タブロイド紙の広告に応えた男性六十六人と電話で、街で会った男性九人と対面式で、インタビューを行った。また、性感染症を専門とする健康診断に出席した六十八人の男性にもインタビューを行った。彼らが得た結果によれば、男性が買春に惹かれる理由は以下のとおりである。妻や恋人には求めることができないような性行為を求めることができる。数多くの相手とセックスができる。特定の肉体的特徴に魅力を感じる。感情的な関わりを持ちたくない。非合法な行為をすることに興奮する。また彼らは、暴力をふるう為に売春婦を求める男性もいると指摘している。

ホルツマンとパインズは、知人を紹介してもらうという雪だるま式サンプリング方法で三十人の男性を対象にインタビューを行い、それぞれの買春経験について話を聞いた。この調査の対象となったのは、平均して五十回以上の買春経験を持つ常連客である。これらの常連客がセックスに金を出した主な動機は、性行為そのものに対する欲望を満たす為、または交遊を楽しむ為のいずれかである。またその他にも、危険を犯す冒険心や興奮、売春婦は「驚異的なセックス・パワーの持ち主だ」という思い込み、肉体関係以外の関係や拒絶される危険を回避したいという気持ちなども動機となっている。

ジョーダンは、ニュージーランドで買春を行った十三人の男性を対象に詳細なインタビューを行った。ジョーダンは、売春婦を求めようとする男性の動機は、彼らが置かれている環境や日常生活での付き合いから得られる満足度などに応じて様々に変化すると述べている。年配の既婚男性の場合は、妻がセックスの要求に応えたがらない、または応えることができないことが動機となっている。また、付き合いに縛られたくない、または社会的な付き合いが自分にはできないと感じることが、売春婦を求めた動機になっている人もいる。たくさんの女性とセックスしたいという激しい性的欲求が動機となる人もいれば、売春婦に話し相手、親密さ、愛情を求める人もいた。

今回の調査では、回答者には売春婦を求める動機に関する十三の質問に答えてもらった。すべての質問は、「私は、ヌード・ダンサーや売春婦以外の女性と会うのは苦手だ」、「私は、セックスでは主導権を握りたい」などというように、「私」という一人称を用いている。

表5・3は、各質問にイエスと回答した人の比率を示している。さらに、リピーター（過去一年間に少なくとも二回以上買春している）と初めて買春をした人との比較、既婚者と未婚者との比較、大学卒の学歴がある人とない人との比較も行っている。

イエスの回答が多かった質問は、約半数の男性がイエスと答えた「淫らな行為が好きな女性とセックスがしたい」、「買春をするというだけで興奮する」、「いろいろな人とセックスをしてみたい」、「いつもの相手とするセックスとは違うセックスをしたい」、「消極的で恥ずかしがり屋なので女性との付き合いが苦手だ」、「セックスでは主導権を握りたい」などだった。その他の項目も、もっとも少ないものでも約19％の回答者がイエスと答えている。

表5-3●買春の動機

内容	ヌードダンサー、売春婦以外の女性と会うのは苦手だ	ほとんどの女性は自分に肉体的魅力を感じないと思う	いつもの相手とするセックスまたはいつもの相手が望むセックスとは違うセックスがしたい
合計	23.40%	23.30%	42.60%
再犯者	29.20%	24.70%	49.60%
初犯者	14.00%	21.00%	31.30%
大卒	17.1%*	16.0%*	49.1%*
非大卒	28.50%	29.10%	37.40%
既婚	19.90%	21.00%	50.2%*
未婚	26.10%	25.10%	36.70%

内容	消極的で恥ずかしがり屋なので女性との付き合いが苦手だ	普通の女性と関係を持つよりは、売春婦とセックスをしたい	売春をするというだけで興奮する
合計	41.90%	19.03%	46.60%
再犯者	47.40%	24.30%	55.90%
初犯者	32.90%	11.20%	31.40%
大卒	35.7%*	19.60%	56.1%*
非大卒	46.80%	19.10%	39.30%
既婚	32.60%	20.50%	48.70%
未婚	46.10%	18.30%	45.10%

内容	普通の相手と人間関係を築く時間がない	人間関係に伴う責任を負いたくない	いろいろな人とセックスをしてみたい
合計	33.30%	29.50%	44.10%
再犯者	38.40%	34.80%	53.9%*
初犯者	25.00%	20.60%	27.90%
大卒	31.10%	26.40%	54.1%*
非大卒	35.20%	32.00%	36.30%
既婚	25.70%	23.9%*	41.90%
未婚	39.00%	33.70%	45.90%

内容	セックスでは主導権を握りたい	淫らな行為が好きな女性と共に過ごしたい	興奮した時にはすぐにセックスをしたい	乱暴なセックスが好きだ
合計	41.80%	53.90%	36.10%	20.20%
再犯者	45.5%*	60.4%*	40.7%*	21.90%
初犯者	35.60%	43.20%	28.60%	17.40%
大卒	37.2%*	52.70%	33.50%	17.6%*
非大卒	45.30%	54.80%	38.40%	22.30%
既婚	41.60%	53.10%	37.80%	15.70%
未婚	41.90%	54.30%	35.10%	23.50%

*ピアソンは、独立性に関するカイ自乗検査の有意性をp<0.5に定めた。

最もイエスの回答が多かった質問（表5・3）が、売春婦とセックスをする動機を一番適格に表わしているかのように思われるが、「淫らな行為が好きな女性」がはっきりと売春婦を指しているとは限らない。しかも、「買春をするというだけで興奮する」という項目が二番目に支持が多かったことを考え合わせれば、男性を売春婦との性行為へ駆り立てる魅力のひとつは、買春が非合法で、危険があるからだという見方をすることができる。ホルツマンとパインズが行ったインタビューでも、買春の魅力のひとつに「危険を冒す…スリル」という回答があった【注28】。

その他に、セックスを人間関係として捉えるのではなく、消費者向け製品のように捉え、セックスが商品化していることを示唆する質問がいくつかある。「いろいろな人とセックスをしてみたい」、「セックスでは主導権を握りたい」、「興奮したときにはすぐにセックスをしたい」、これらの欲望が求めるものはいずれも、自己中心的なセックスだ。ブランチャードが「若き買春客」【注29】について書いた有名な暴露本で「マックセックス」と呼んだような自己中心的なセックスだ。ジョーダンがインタビューしたある男性は、「まるでマクドナルドへ行くようなものだ。皆、うまくて、安い、手軽な食事を求めている。おいしくて、満足できる上に、短時間で済む」と語った。マックケガニーも述べているように【注30】、ある特定の髪の色や体型、民族などの身体的特徴をもつ相手をセックスの相手としてお金で買うという考え方は、人間としての関係ではなく、商品としてのセックスを求めているということを表わしている。

いつもの相手とするセックスとは違うセックスをしたい（約43%）という項目は、他の女性が不快感を感じ、許容しがたいと感じることでも、売春婦が相手ならできると思って買春する男性がいることを示している。対照的に、「乱暴なセックス」が好き（約20%）は、性的嗜好だけでなく、性行為をしている間も女性を支配したいという欲望を示している。ある回答者は、「金さえ持っていれば、売春婦を支配できる【注31】」と語った。

またこの調査結果は、社会的な人間関係を持つことが困難な為、金を払ってセックスを買う男性がいることも指摘している。約42％は、「消極的で恥かしがり屋」なので女性と付き合うのは苦手と答えた。約23％は肉体的に自信がなく、23％は、「ヌード・ダンサーや売春婦以外の女性と会うのは苦手だ」と回答した。このような男性が売春婦に金を出す目的は、セックスだけではなく、女性と親密な人間関係を築くことだともいえる。ジョーダンは、ある非常に恥かしがり屋の男性について書いている。猛烈な孤独を感じていたその男性は、ついには売春婦と恋に落ちたというのである。その売春婦が仕事をやめると、男は落胆した。売春婦のもとへ通うことを辞めることはなかったが、彼は「僕はセックスで安らぎを得ようとしていたのではなく、孤独感を癒すためだった【注32】」と述べた。これらの回答は、女性と人間的な関係を築く為に売春婦のもとへ頻繁に足を運ぶ客もわずかながら存在していることを示している。

セックスをする相手と普通の人間関係を持つだけの時間、エネルギー、関心がないと感じている回答者もいた。普通の人間関係よりも売春婦とのセックスを好むと回答したのはわずか19％程度だったが、約30％は、「人間関係に伴う責任を回避したい」と答え、三分の一は、「普通の人間関係を築く時間がない」と答えた。

各項目に対してイエスと答える割合が、初犯者よりも再犯者の方が高いという事実からは、これらが買春を行う動機として信頼性の高いものであることがわかる（二つを除いたすべての項目について、カイ自乗による独立性の検定は、$p<.05$の有意性を示した）。再犯者は、初犯者よりも売春婦やヌード・ダンサー以外の女性と付き合うのがむずかしいと回答し、女性と会うのは恥かしがりで消極的なので苦手だと回答する確率が高い。多様性、主導権、手っ取り早い満足感などセックスを商品化する傾向は、再犯者に顕著である。

買春の動機の社会階級による違いは、回答者の教育レベルによって分類されている。大学卒の学歴を持つものは、持たないものよりも多様な性や刺激に関心を持ち、妻や恋人との性行為とは違うセックスを望み、いろいろなタイプのセックスの相手を希望し、売春婦を求めるいう考えだけで興奮する傾向がある。大卒の学歴を持たない者は、女性との付き合いを困難に感じ、不器用さ、肉体的な魅力のなさを動機に挙げる傾向が高い。これらの男性のなかには、女性と普通の人間関係を築くことができない為に、売春婦からセックスを買う男性もいるだろう。さらに、大卒の学歴を持たない者は、大卒者よりも、セックスをしている時も主導権を握りたいと回答する確率が高かった。彼らにとっては女性との接触において主導権を握れるひとつの方法が売春なのかもしれない。

既婚者は、未婚者よりも、妻や恋人とは違うセックスを求めていたと回答する確率が高かった。未婚者には、定期的にセックスをする相手がいないという理由も反映されているのかもしれない。セックスを当然の権利と考える既婚者は、夫が感じる性的欲求を妻が満たさない場合には、売春婦に金を出すことは正当なことであると考える。未婚者の場合は、消極的である、乱暴なセックスが好きである、人間関係に煩わされたくないなど、いずれも社会の中で人間関係をうまく築いていくためには障害となる可能性のある内容の回答が多い。

結論

様々な要因があり、その結果男性は売春婦の元へ行く。これらの要因には、売春婦が手近にいる、売春婦のいる場所がわかっている、買春の為の金が十分にある、逮捕または病気感染のリスクを判断できる、簡単にサービスが受けられるなどがある。これらは、男性が売春婦を求めるか否かを決断する際には大きな意味を持つかもしれないが、男性が売春に求めるものとは何か、その動機は何かという疑問点に対しては何も教えてくれない。本章では、これらの動機に焦点をあててみた。

男性が、たった一つの単純な理由だけで買春をするということはありえない。精神的に親密になりたいという理由で買春をする男性がいる一方、セックスを求めていても買春をしない男性が多くいることを考えれば、「セックスが目的」という当然のような理由ですら、十分な理由とは言い難い。むしろ、売春婦のサービスを求める背景には、買春が非合法であるからこその魅力、妻や恋人には期待できない多様なセックス、商品としてのセックス、正常な人間関係への無関心、または正常な人間関係の欠落など、多くの様々な要因が動機としてあるようである。いずれの動機も、初犯者よりも、再犯者に顕著である。動機は、男性の経歴によっても違いがある。大学卒業の学歴を持つ男性は非合法なセックスの興奮を求める傾向が強く、大卒の学歴を持たない男性は、社会の中で人間関係を築くことが困難であると回答する傾向が強い。さらに、既婚者は、妻とは味わうことのできない性行為を求め、未婚者は、人間関係を避けるか、または人間関係に困難を感じていた。

乱暴なセックスが好きであったり、強姦願望があるなどして、危害を加えることを目的に売春婦に金をだした男性はほとんどいなかった。

この調査は、売春婦の客に関する米国で初めての大規模な調査である。多くの回答者は、対面式のインタビューに自発的に参加したわけでもなく、通常であれば研究者たちが接触することは不可能な人々だ。回答者のほとんどは、街娼に金を出そうとして逮捕された人々だ。将来、これらの男性達と、エスコート・サービス、室内の売春施設、男娼の客と比較して研究を行えば、極めて有益な研究となるであろう。性的欲望のはけ口として売春婦を選ぶ男性もいる一方、はけ口として売春婦を選ばない男性もいるのは何故なのか、これは今後も研究を必要とする大切な問題である。結局のところ、「消極的で恥ずかしがり屋なので女性と付き合うのは苦手」、「妻や恋人とするセックスとは違うセックスがしたい」、「売春婦というだけで興奮する」と感じる男性は多い。性欲と男らしさを表現する場所として、一部の男性が売春婦を選択する背景を探るには、売春婦の客になったことがある人とない人との双方にインタビューを行い、比較する必要がある。

第6章

セックスと親密さを求めて

客、コール・ガール

ジャネット・レバー
ディーン・ドルニック

「責任を伴わないセックス【注1】」を提供する存在としての売春婦の魅力に惑わされると、売春婦は、親密な「責任を伴わない人間関係」をも提供しているかもしれないという事実を見落とすことになる。売春婦と客の関係をより詳細に検証することで、売春婦という職業に要求されるものに対する理解が深まるだけでなく、ほとんど目を向けられることのない売春の客となる側の動機も明らかにすることができる。

アーリー・ホックシールドは、著書「The Managed Heart」（邦訳『管理される心――感情が商品になるとき』世界思想社、二〇〇〇年）において、「感情労働」とは「公的に観察可能な表情と身体的表現を作るための感情の管理を意味する。感情労働は、賃金と引き換えに売られ、したがって交換価値を有する」と定義した。彼女は、それとは対照的に、「感情作業」を「私的文脈における同種の行為で、使用価値を有する【注2】」と定義した。しかし、通常の職業だけを研究対象としていたホックシールドは、セックス・ワーカーという職業の特殊性から生じる矛盾を考慮する必要はなかった。セックス・ワーカーは、性行為や性的興奮、そして貰った料金に見合うだけの親密さを演出する為に見せかけの感情を作り上げる。それは、肉体的な密着から生ずる感情作業に見せかけた感情である。通常は、賃金の対価とはならない感情であり、女性の私的空間で営まれる営業目的ではない関係に芽生える感情なのである。

売春とは、性的サービスを売ることであると定義される。売春婦は、必ずしも親密さを提供するものではない。つまり密接で、愛情深く、互いに愛し合う関係を売春婦は客と築くわけではないのである。本章で我々が検証をする仮説とは、街娼の客よりもコール・ガール（コール・ガールとエスコートを指す用語【注3】）の客のほうが、より多くの感情的サービスを親密さという形で受けられるものと期待し、また現に受けているというものである。この仮説の根拠は、コール・ガールの値段の高さである。またその値段の高さゆえにコール・ガールの客は比較的裕福な男性に限られている。コール・ガールに会う男性は、より多くのお金を払うので、より長い時間を提供され、また性器をつかわない愛撫やキス、肉体以外の交遊などのより親密度の高いサービスを得ることができる環境を手に入れる。

しかし当然のことながら、暗にではあるが、料金の一部に個人的な付き合いや性的な含みを持つ親密な肉体的接触などが含まれている職業はその他にも存在する。研究者達は、それを親密さの商品化と呼び、それが明白な例として精神分析医と女性マッサージ師を挙げている【注4】。さらに、もっと広義に捉えれば、客の「話を聴く職業」によく見られる相手への興味や共感も、それが本心か見せかけかにかかわりなく「感情労働」の一種であると言うことができる。そのような仕事として挙げられるのは、理髪師、ヘアスタイリスト、ネイリスト、また酒を注ぎながら客の話に耳を傾けるひと昔前のバーテンなどだ。

これら様々な「話を聴く職業」のそれぞれの違いは、サービス提供者が客そのものや客が一方的に提供する情報に対して持つ関心の大きさである。前述の職業のうち、明らかに「治療をする仕事」である精神分析医は最も関心度が高く、理髪師、バーテン、性的意味合いを持たないマッサージ師は、最も関心度が低い。

コール・ガールの関心度は、その中間に位置すると思われる。

恐らくコール・ガールが売っているのは、親密さという幻想だろう。ホックシールドは、「幻想は一度明確に幻想として定義されると、嘘になる【注5】」と述べている。しかし、幻想を演じ続けることも、コール・ガールが行う感情労働の一部である。コール・ガールは、幻想を嘘であると気付かれないように行動するのではなく、遊び心に満ちた「空想の世界」と定義している。その空想の世界にお金を払う客には、コール・ガールが示す親密さに見合うだけの親密さをコール・ガールに示して返す責任はない。コール・ガールが示す親密さは仕事であり、自分だけが客ではないということを客は理解している。コール・ガールが客に対して見せる親密さや性的魅力が本物である振りであることは、両者合意の上のことなのである。

セックス・ワークの分離可能なこの要素をよりよく理解する為には、セックスは売っても感情は売らない売春婦という職業が存在するのと同様に、セックスは売らなくても感情を売るセックス・ワーカーがいるということをはっきりと理解しておかなければならない。そのようなセックス・ワーカーの仕事は、クライマックスを起こさせることと狭義に定義することができるであろう。このような職業のひとつが、昔ながらの「タクシー・ダンサー【注6】」(正式な職名は「ダンス・ホステス」)で、現代のロサンゼルスでは、一分につき三十五セントでダンスの相手をしながら話し相手になり、身体を触れ合わせる。また、南カリフォルニアのそこかしこに出現したツー・ハンドレッド・ホステスクラブでは、アジア人ホステスが分単位の料金で【注7】客の側に座る。研究者達によれば、アジア人ホステスの職務は、熱心に客の話を聴くことと性行為をほのめかす色気たっぷりのおしゃべりをすることであるが、必ずしも実際の性行為は伴わない【注8】。ここでも、性行為を売る売春婦、感情を売る売春婦、両方を売る売春婦という「売春婦の住み分け」が存在しているのだろうかという問題が提起されるのである。

方法

本章では、一九九〇年〜九一年にRANDが行った「the Los Angeles Women's Health Risk Study」（「ロサンゼルス女性健康リスク調査」）のデータと個人的な交友から得た情報を基に分析を行っている。著者の一人は、この調査の中心スタッフの一人であり、もう一人は、若手スタッフの一員だった。そもそもこの調査の目的は、女性セックス・ワーカーの感情労働を解明することではない。この調査の本来の目的は、ロサンゼルス郡に代表される広大な大都市の売春婦人口と総人口に占めるその割合を推定すること、AIDSやその他性感染症（STD）の媒介となる性行為や薬物摂取行為に関する聞き取り調査をすること、売春婦の血液を採取してHIV、梅毒、B型肝炎の抗体の有無を検査すること、以上の三点であった。

研究者達は、売春婦の二つの部分母集団に関心を持った。最も強い関心を寄せたのが、目に触れる機会も多く、数も非常に多い街娼である。もうひとつは、簡単には接触することができない、屋内の売春婦の部分母集団である。

売春婦人口に関するその他の研究のように便宜的標本に基づくのではなく、RANDの調査は「地域／曜日／勤務時間」に基づいて九九八名の街娼の確率標本を抽出して行った。ロサンゼルスの売春が行われていそうな地域を七十九に分割し、これらの地域から無作為に標本を抽出した。また曜日と時間帯も無作為に選び、インタビューを行った【注9】。過去一年間に金銭、ドラッグまたは何らかの価値のあるものと引き換えにセックスをしたことのある女性を標本として抽出した。街娼の回答率は、61％（選別を拒否したり、資格がないと答えたすべての女性は参加を単純に拒否しているものと考える）または89％（前述の女性を本当に資格がないものと考える）だった。

街娼の場合とは異なり、屋内の売春婦の場合は、人目につかないことや、また複雑な状況があることから、無作為にサンプルを抽出することは不可能だと判明したが【注10】、八十三人のコール・ガールにインタビューすることができた。これらの女性は三通りの方法で集められた。セックス・タブロイド紙や電話帳の広告に掲載されている彼女達の番号に直接電話をかけた（N=30）。我々の広告、チラシ、マスコミキャンペーンを見て応募してきた（N=26）。情報提供者または以前にインタビューした女性から名前や電話番号を入手した（N=27）。

回答率は応募の方法によって異なった。広告を通じて接触した女性の回答率は、資格がないと回答した女性で参加を拒否していると推測した場合には12%、これらの女性が本当に適格でない場合には17%だった。資格を有する女性がどれだけ我々の広告やチラシを見、ラジオや新聞の報道を通じて我々の調査を知ったかはわからないが、資格があると主張して我々に電話をかけてきた五十三人中二十六人（49%）のインタビューを行った。個人的な紹介を受けた女性は協力的で、この雪だるま式サンプリング方法で紹介された女性三十人のうち二十七人（90%）のインタビューを行った。コール・ガールの半数近く（ディーンが三十四人、ジャネットが七人）のインタビューは本論文の執筆者が、残りは他の二人のインタビュアーが行った。九人のインタビューは電話で行い、三十八人はRAND事務所で面接し、三十六人は回答者が選んだ場所——通常は回答者の自宅——で行った。

コール・ガールと街娼の回答者は、地理的な差異が顕著だった。街娼の回答者の70%近くはアフリカ系アメリカ人だったのに対し、街娼ではない売春婦の80%近くが白人だった。教育を受けた年数は街娼で平均十一・六年と、高校卒業にはわずかに満たず、街娼でない売春婦の場合には十三・五年と大学課程も一部経験していることがわかった。一方、平均年齢はいずれのサンプルでも二十九歳から三十歳と同じであった。

回答者は全員、四十五分間のインタビューに参加する代償として二十五ドルの現金を受け取った。アンケートには、過去一週間のすべての客との性行為に関する質問からなる部分と、最も最近の客との性行為についての詳しい質問からなる部分とがある。後者の部分では、客の社会経済的詳細、売春の時間や場所に関する詳細、さらには行為の内容、過去にも何らかの関係があったか、一緒にいる間にアルコールを飲んだか、薬物を摂取したか、コンドームを使用したか、女性が提供した時間とサービスの対価として何を受け取ったかなどの詳細な質問を行った。

長い時間を要する聞き取り調査の質問項目には、感情労働の概念に人為的操作が加わる可能性があるような項目が含まれないように配慮した。実際には、これらの調査データを元に二次分析を行った。ちょうどマークスが、米国民は職場の同僚との間に何らかの親密さ——友情、精神的サポートまたは仲間意識などと定義される——を見い出しているという自らの考えを検証するために「General Social Survey」(「総合社会動向調査」)の調査項目を利用したのと同様である【注11】。この「the Los Angeles Women's Health Risk Study」(「ロサンゼルス女性健康リスク調査」)での最近の客との性行為についての詳細な質問に対する回答は、街娼のサービスとコール・ガールのサービスとを作られた親密さという面から捉えた場合の単変量の比較に役立てることができる。

客と売春婦が会う頻度や期間は、親密さとそこで得られる慰めの度合いを示している。売春の場所の状況も、得られる慰めの大きさとと親密さの度合いを示している。一緒に過ごす時間の長さとアルコールやドラッグを一緒に消費するかは、共に親密さや心地好さの程度を示している。会話があれば、個人的なことを相手に教え、相手の詳しい情報を手に入れる機会が少なくともあったことを示唆している。性的ではないマッサージや、愛撫、キス、抱擁などがあれば、愛情のこもった、性器には関係のない触れ合いがあったことを示す。男性が女性の性器を愛撫したりオーラル・セックスを施した場合は、営利を目的としない性関係の特色である相互的な性関係が存在したことを示している。

前述のような量的データに重点を置いてはいるものの、質的データの分析もおこなっている。第一に、コール・ガールの仕事のやり方についてはほとんど知らないので、インタビュアーには、調査質問事項に対し詳細な説明をしてくれた回答者の回答について最小限のメモをとるように指示した。八十三人中、七十五人の回答者から有用なメモを得ることができた。第二に、調査結果集計の最終段階にさしかかって、さらに詳細な内容が必要であることが判明した。四人のコール・ガールを選び、一週間日記をつけ、一人一人の客とどの程度の時間を過ごしたか、性行為の前後にはどんな話をしたか、感情労働をしたか、つまり「演技」で親密さを装ったか、または本物の親密さがあったかなどを記録してもらった。また、数年前からの知り合いである二人のコール・ガールと五人の男性客から、このテーマについて雑談形式で話を聞いた。

調査結果

まず、客の特徴とその行動の詳細な様子は、売春婦の目から見たものであり、一方的な見方に基づくものであることを心に留めて置いていただきたい。さらに、「最も最近の客」から得られたデータに基づいている為、これを客全体の一般論と捉えることには限界があるかもしれないが、果たして限界が本当に存在するのか、存在するとすればどの程度データに偏りがあったのかはわからない。

表6・1は、街娼やコール・ガールの最も最近の客を人口統計的にまとめたものである。人種の差異は驚

くほど顕著である。コール・ガールの客の大半（十人中八人以上）は白人で、次がアジア人だったが、街娼の客は、様々な人種、民族の客で構成されていた。コール・ガールの過半数は、客は高所得者層に属していると考えていたが、街娼の大半は、客は中流階級であると考えていた。これらの階級や人種の違いは、コール・ガールの料金の高さから予測どおりの結果であったといえる。コール・ガールの料金が、平均二百ドルだったのに対し、街娼は平均三十ドルだった。

親密さと性的サービスへの欲求に最も関係のある人口統計的な偏りは、結婚歴だった。アフルレッド・キンゼー博士と助手たちは、一九四八年に、男性の性行動に関する先駆的な研究を実施し、独身男性（とりわけ、三十代の離婚者）は、既婚男性よりも売春婦に金を出した経験が多いということを発見した。ほとんどの場合、セックスパートナーは妻であり、親密さを与えるのも妻であると想定される。

当然のことながら、独身男性はデートする相手や同棲相手がいるだろうし、既婚男性といえども独身男性と同じように、時にはそれ以上に親しさや親密さを必要とするだろうが、概して、独身男性の欲求のほうが既婚男性よりも大きいと推測できる。セックス・ワーカーの大半が客の結婚歴を知っていると思っているとはいうものの、最も最近の客の結婚歴について自分は知っていると信じている確率が、街娼（76％）よりもコール・ガール（95％）の方が高いという事実は、コール・ガールの親密度の高さを示している。多くの既婚男性は、コール・ガールや街娼のサービスを求める。コール・ガールの最近の客のうち、少なくとも36％は既婚者で、街娼の客は44％が既婚者だった。しかし、コール・ガールの客は59％と、街娼の客（32％）よりも独身の比率がはるかに高い。

なかには、コール・ガールと過ごす時間はデートよりも良いと述べる人もいる。コール・ガールとのデートではセックスは保証されているが、普通のデートで二人でちゃんとしたディナーを食べれば同じぐらいの金

表6-1●客の特性

(N=分母数)

		街娼の客 (N=998)	コール・ガールの客 (N=83)
人種／民族	白人	34%	82%
	アフリカ系アメリカ人	40%	12%
	ヒスパニックまたはラテン系	23%	5%
	アジア人	2%	7%
	その他	1%	5%
推定年齢	20歳以下	1%	1%
	21~35歳	35%	32%
	36~40歳	26%	26%
	41~50歳	27%	21%
	51~65歳	10%	16%
	66歳以上	1%	4%
	その他	0%	0%
推定収入	上流	26%	65%
	中流	50%	27%
	下級	12%	4%
	不明	12%	5%
配偶者の有無	既婚	44%	36%
	独身	32%	59%
	不明	25%	5%

※切り上げ、切捨てを行っているため、合計は必ずしも100%ではない。

表6-2●最も最近の客との交際期間及び関係

(N=分母数)

	街娼 (N=998)	コール・ガール (N=83)
新規の客	59%	40%
2回目以降の客	13%	11%
常連客	28%	49%
●2回目以降の客または常連客にはじめて会ったのは		
過去1週間以内	4%	2%
過去1ヶ月以内	15%	4%
過去1年以内	38%	45%
1年以上前	43%	45%
●2回目以降の客または常連客と前回会ったのは		
過去1週間以内	63%	26%
過去1ヶ月以内	25%	36%
過去1年以内	9%	34%
1年以上前	3%	4%

額はかかるし、食事代を払ってもデートの後にセックスができるという確約はないと彼らはその理由を説明する。化学の博士号を持つ若く魅力的なある独身男性は、化学業界で働きながら全くデートをしないのはなぜかと訊かれ、「会社と結婚しているから」と答えた。あるコール・ガールは、独身の客たちは大いに楽しみ陽気に楽しい時間を過ごすのに対し、既婚の客は厄介で罪悪感に縛られていることが多いと話した。

表6・2は、セックス・ワーカーとその最も最近の客との関係を示している。街娼にも常連客がいることに驚く人もいるかもしれないが（最近の客の四分の一以上）、コール・ガールの方がはるかに男性と継続的な関係を築く可能性が高い（「常連」と言える程度に「会ったことのある」男性はほぼ半数に近い）。しかしながら、最も最近の客とは初めてセックスをしたというコール・ガールが、40％もいるという事実は注目に値する。実際に、コール・ガールに感情労働が求められているとすれば、見ず知らずの他人と落ち着ける雰囲気を作り出す為に、コール・ガールは仕事をしている間中ほとんどずっと、街娼よりも大きなプレッシャーを受けているのかもしれない。

「常連客」との関係の長さには、予想していたほどの違いは見られなかった。以前にも訪れたことのある客または常連客のうち、一年以上の付き合いがある客は、コール・ガールの客の49％、街娼の客の43％だった。実際のところ、回答のなかで最も長い関係は、ある「常連客」と三十年前に出会ったと主張する街娼だったが、コール・ガールの最長記録は十年だった。一年以上続いた関係を平均すると、街娼の場合は三・八年、コール・ガールは四・五年だった。付き合いに要する費用がそれほど高額でない為であろうと推測できるが、常連客の大半は街娼と一週間前に会ったばかりの客であった。コール・ガールの場合には、一週間前に会ったばかりの客は四分の一に過ぎなかった。

表6・3は、最も最近の客と会った場所に、街娼とコール・ガールとでは大きな違いがあることを示して

いる。「車」と答えたコール・ガールはほとんどいなかったのに対し、街娼では約三分の一を占めた。コール・ガールはよその町からやってきた客のホテルの部屋を訪ねていくものだという固定観念とは裏腹に、ホテルと答えたコール・ガールは六人に一人の割合だった。対照的に街娼の三分の一以上が、ホテルの部屋で客と会っている。コール・ガールの三分の二以上が、コール・ガールまたは客の自宅というプライベートな場所で会っている。個人的な所有物に囲まれた環境は、快適かつ清潔であり、贅沢でもあるといえる。場所に個性を求めるのと同じく、通常のデートは一般的に誰かの家で行われるという事実は重要である。そのため、コール・ガールとの親密な付き合いの舞台は、商業的な付き合いの場というよりも、商売上の付き合いではない交際の場に似たものであることが多い。

また表6・3は、客とともに過ごす時間が街娼とコール・ガールとでは大きく違うことも示している。前回の客と過ごした時間が一時間に満たない割合は、コール・ガールは四分の一にも満たないが、街娼では半分以上が占め、さらに十五分以下は、コール・ガールは十七人中一人の割合だったが、街娼では三人中一人だった。五人中一人のコール・ガールは、通常のデートと同じように、客と五時間以上を過ごしていたが、街娼では十人中一人であった。

コール・ガールのなかには、長時間の「デート」で通常のデートと同じように、ランチやディナーを一緒にすることもあると話すものもいた。我々が聞いた所によると、性行為がなくても時間計算で料金を請求する女性もいれば、食事に費やした時間は料金を請求しないで、男性と一緒に過ごす時間を楽しみたいという女性もいるということだ。常連客の中には、「泊り」という特権的待遇を得るものもあるが、一部のコール・ガールはこれを長時間の「デート」のひとつと考えているものもいる。

前述のとおり、コール・ガールの平均料金は二百ドルで、街娼の平均三十ドルの七倍近い。「払った金額に見合うものが手に入る」ことを前提とする社会においては、大金をかければかけるほど、より多くの時間とサービスを得られるということになる。最も最近の客から現金または薬物以外のものを贈り物として、または支払いの一部として受け取ったか否かという質問に対しては、コール・ガールの21％が金目のものを受け取ったと答えていたが、街娼では14％だった。コール・ガールが受け取った品物で多かった回答は、宝石（一人は、客にアンティーク・ジュエリーが好きと教えていた）、香水、花、シャンパンなど、男性がガールフレンドや妻に贈りそうな品物だった。街娼の場合には、食品、煙草またはアルコールが多かったが、宝石や花を受け取ったと回答した街娼も数人いた。

表6・4は、客との売春行為の前、または行為の間に薬物やアルコールをしばしば摂取することを示している。一緒にいるときに、一つのものを分け合うという行為は本当のデートでよく見られる。少なくとも、アルコールを一緒に飲むなどの「共に楽しむ」行為は、街娼よりもコール・ガールに多く見られるが、全体のなかに占める割合はわずかである。また、客に会う前のアルコールやドラッグの摂取は、コール・

表6-3●最も最近の売春行為の特徴

(N=分母数)

	街娼 (N=998)	コール・ガール (N=83)
●最も最近の客と売春行為を行った場所		
自宅	2%	30%
客の家	10%	33%
客の宿泊するホテル／モーテル	38%	16%
自分の宿泊するホテル／モーテル	9%	0%
車またはリムジン	32%	2%
その他	89%	19%
●最も最近の客と一緒に過ごした時間		
1時間未満	56%	23%
（うち15分未満）	(32%)	(6%)
1時間	19%	38%
2〜4時間	16%	19%
5時間以上	10%	20%

四捨五入により、合計は必ずしも100％ではない。

表6-4●最も最近の客との性行為前、行為中の薬物およびアルコールの使用

(N=分母数)

	街娼 (N=998)	コール・ガール (N=83)
●性行為前の薬物およびアルコールの使用		
アルコール	39%	21%
薬物	51%	6%
●最も最近の客とのアルコール/ドラッグの共用		
アルコール	7%	18%
薬物	8%	4%
両方	5%	4%

表6-5●最も最近の客と行った性行為または性的な行為

(N=分母数)

	街娼 (N=998)	コール・ガール (N=83)
客への「手淫」	7%	26%
オーラルセックス	57%	45%
膣をつかった性行為	51%	66%
肛門性交	0%	1%
支配/ B&D	0%	8%
二人以上の売春婦による性行為	1%	7%
女性の性器への接触	4%	26%
女性へのオーラルセックス	4%	17%
性的ではないマッサージ	2%	30%
会話	5%	51%
愛撫、キス、抱擁	3%	42%

ガールよりも街娼の方が多かった。

表6・5は、客と売春婦が一緒にとる可能性のある行動二十項目から主要項目を抜粋したものである。回答者は、売春に関連した行為を列挙したカードを見せられ、最も最近の客と行ったすべての行為を示すように求められた。表6・5からは、最も一般的な性行為、異常性行為の要求が聞き入れられているか、売春婦の性器に対する性行為がどの程度行われているか、親密感を維持する性行為を伴わない行為などについて知ることができる。

最も多い性行為は、最も親密な性行為と見なされる行為の数々で、膣をつかった性行為やフェラチオ（男性に対して行われるオーラル・セックス）などである。これらの行為は、コール・ガール、街娼のどちらにおいても最も頻繁に行われる行為だった。膣をつかった性行為は、コール・ガールに多かったが、コール・ガールは客の性器を手で刺激することも多かった。おそらくオーラル・セックスや膣をつかった性交渉の代わりと思われるが、その他の行為と組み合わせることも多いようである。コール・ガール（64％）も街娼（68％）も約三分の二が、最も最近の客との性行為にコンドームを使用したと回答した【注12】。

肛門性交、支配［domination Fantasies］（B&Dとは、「bondage（拘束）とdiscipline（折檻）」の略称である）、集団セックスは、どちらでも非常に少数ではあったが、街娼よりはコール・ガールの方が多かった。これらの行為が少ない（表6・5参照）という結果は、男性が売春婦を利用する理由とされている俗説を払拭することになった。キンゼーは、男性は他では手に入らない種類の性行為を手に入れるために売春婦のところに行くとし、その性行為とは彼によれば、オーラル・セックス、SM、フェティシズム、集団セックスなどであった【注13】。七百三十二人の男性売春客に売春婦のところに行く動機を説明させ、男性が売春婦は「違ったものを与えてくれる」、「望んでいるものを与えてくれる」と回答した場合には、性行為の違いではなく、通常のセックスパートナーとの肉体的特徴の違いを意味していることをウィニックは発見した【注14】。もっと最近の調査では、ニュージャージー州カムデンで百六十四人の客を対象に行ったインタビューがあるが、これでもほとんどの客は、異常性行為ではなく、膣による性交渉とオーラル・セックスを求めていたことがわかっている【注15】。男性が求める内容について（必ずしも男性がそれを得るとは限らないが）、「普通」もしくは「きちんとした」セックスと回答する女性もいた。

売春の客は、売春婦を性的に興奮させるような行為を行う場合と行わない場合がある。女性の性器を口または手で刺激することによって自らが性的興奮を得られるというような男性もいるが、女性を性的に興奮させるような行為をするもう一つの動機としては、快楽を受け取るばかりではなく、相手にも快楽を与えようとするということがあげられる。客の女性に対する性行為を比較すると、街娼の客とコール・ガールの客とでは、その違いは歴然としている。客が性器に触れている確率は、コール・ガールでは四分の一以上（26％）であるのに対し、街娼ではわずか4％だった。オーラル・セックスを受けたのはコール・ガールでは17％であるのに対し、街娼ではわずか4％だった。

金銭のやり取りのない交際におけるクンニリングスの頻度を比べると興味深いことがわかる。近頃、シカゴ大学の研究者が全米で行った確率調査によれば、調査対象となった既婚女性のうち17％は、前回夫と性的行為を行ったときに、オーラル・セックスを受けたと回答した【注16】。言い換えれば、コール・ガールと妻がオーラル・セックスを受ける確率はほとんど変わらないということだ。

セックスに無関係なマッサージ、会話、愛撫、キス、抱擁などの親密度の高い行為に焦点をあてると、街娼とコール・ガールの違いはさらに大きくなる。客へのセックスとは無関係なマッサージは、客をリラックスさせ、興奮させる為に行われ、この性欲をそそる触れ合いが、交際の親密感を高めている。コール・ガールの客のうち、このような個人的なサービスを受けたのは30％だったのに対し、街娼の客はわずか2％にすぎなかった（車内にいた三分の一の客には明らかに制約があったが、三分の二は、普通のコール・ガールとスペース的にも同じ程度の機会があった）。マッサージをすると、客は高い料金に見合うだけのことをしてもらったと思い、コール・ガールとしては時間稼ぎができるので、マッサージは男性と自分の両方の為になると話すコール・ガールもいた。あるコール・ガールは、「すぐにセックスをして、五分で客がいってしまったら、客は二百ドルのもとをとろうとして、もう一回戦やりたがるでしょう」と話していた。

ほとんどの女性にとって親密な行為には、世間話だろうと真剣な話であろうと、おしゃべりが含まれる。性別や結婚歴別の調査によれば、男性の多くはおしゃべりに抵抗感を示す【注17】。しかしながら、おしゃべりを好む男性もいる。ワシントン・ポスト紙／カイザー・ファミリー・財団／ハーバード大学が行った世論調査では、既婚男性の16％は、「パートナーがおしゃべりに費やす時間に不満を感じている」ことがわかった【注18】。

客達が、売春婦ではない自分のパートナーと、自分について語ったり、相手の話に耳を傾けたりして、言葉の上で親密さをやり取りしているかどうかは不明だが、ほとんどの男性がコール・ガールとの限られた交流のなかで、言葉のやり取りをしている。コール・ガールの客の約半分が、売春のサービスのなかで会話をしているのに対し、街娼の客では二十人中一人だった。仕事の後に日記をつけて記録をしている四人の女性によれば、最もよく話題にのぼるのは男性の仕事であるといい、かなり詳しい話までするということだった。対照的に、リースマンによれば、元夫が職場の様子を話さないということが、離婚女性の最大の不満だった【注19】。彼女達の日記の記録によれば、子供や政治が話題になることも多かった。ある客は、妻と妻との不幸な結婚について語ったということだ。一人の売春婦は、客に「安心できる場所」を与えていると考えていた。

自分のペニスの大きさはちょうどいいかと質問したり、女性とのセックスについて経験豊富なプロとしてのアドバイスを求めたりするなど、安心感を得ようとしている客も多くいるとのことだった。

「the Los Angeles Women's Health Risk Study」（「ロサンゼルス女性健康リスク調査」）でインタビューを行ったコール・ガールのなかには、おしゃべりをする、または抱きしめられることだけを望む客が少なくとも一人いると語った回答者が数人いた。ある女性は、一緒にいる間中泣き続ける客を抱いていた話をした。また別の女性は、顔合わせの時に一年前に妻に出て行かれた打明け話をしながら泣き出した新しい客の話をした。自分たちの仕事と精神分析医の仕事は類似点があると考えているコール・ガールもいた。実際のところ、自分を精神分析医とみなすことは、一部のコール・ガールにとってはプライドの拠り所となっている。

ほとんどのコール・ガールは、客とのキスを好まず、他の方法で客の気をそらし、軽い愛撫は最小限にとどめていると述べていたが、42％は、最も最近の客と「キスをし、愛撫をし、抱き合った」と述べた。街娼ではわずか3％だった。街娼に関する文献は一様に、売春婦はキスという行為を「親密すぎる」行為、または恋愛関係に付随するものとみなしている為、キスを避けると述べている。コール・ガールはキスを避けることは難しい。あるコール・ガールはこのように説明した。「街娼はセックスを売っているだけ。私たちのように演じる必要はない。私たちは、男性と一緒にいたがっていると思わせなければならない。一緒にいたいなら、キスしたいでしょう？　男も大金を払うには、それに合った見返りを期待しているのよ」。

結論

コール・ガールは街娼よりも、客に与える感情的サービスが大きいと我々は仮説を立てていた。特に、コール・ガールの客は、たとえ幻想であるとしても親密さを代償として提供されることを期待する。「the Los Angeles Women's Health Risk Study」（「ロサンゼルス女性健康リスク調査」）から抜粋したデータは、コール・ガールの方が常連客と継続的な関係を築く可能性が高く（結婚歴に関わらず）、なかには何年も続く関係があることを示している。コール・ガールと客は、個人的な場所で会うことがより多く、その環境は性行為だけでなく、会話や愛情のこもった触れ合いへと発展しやすい状況を作り出すようだ。コール・ガールは、通常の恋愛関係と同じく、自分たちの性器に触れられ、オーラル・セックスを受ける確率が高いが、客のほとんどは、性的快楽をコール・ガールに与えるよりも自分が受けることの方に熱心だ。

コール・ガールは、前述のホステスのように、一般的には分単位ではなく時間単位で料金を計算しているので、時間を売っているようなものであるが、街娼は、約束の内容の性行為が終了するまで時間を提供する。コール・ガールの料金が高いのは、清潔さ、快適さ、安全性、人目につかない環境だけでなく、コール・ガールの魅力などを考えれば妥当であろう。しかし、男性客は、これらに加えて、セックスだけでなくより多くの時間と愛情を期待するようになった。時間が長いので、親密さが深まり、一緒に食事をする、酒を飲むなどの「普通の」行為を共にする機会が増える。

コール・ガールは、街娼よりも親密さを客に示すようだが、データによれば、街娼でも常連客や、車ではなくモーテルで会うような一部の客に対しては驚くほどの時間と個人的なサービスを提供しているようだ。我々が収集した質的データは限られている。また、コール・ガールは街頭以外の場所でインタビューを行った為に、詳しい答えを聞く時間と快適さがあった。そのため、街娼よりもコール・ガールのほうが詳しい情報を入手できた。街頭インタビューで質的データを収集するように指示していれば、一部の質問については二つの集団の違いがより少なくなっていたかもしれない。

日記を使用したのは実験的な試みであった為、詳細な分析は数人のコール・ガールだけに留まった。しかし、非常に興味深いデータが得られたので、今後の研究者達の研究に役立ってくれるだろう。とりわけ、我々の重大な疑問、「親密さは幻想か、それとも時間をかければ真の親密さを育むことはできるのか？」という問いに、我々が収集したデータ以上に、これらの日記と回答者達との雑談が、適切な答えを与えてくれた。

限られたものではあるが、我々が得た質的データからは、すべてのコール・ガールが、常に「虚像」を作りあげたり演技したりしているわけではないことがわかる。調査をした女性達の多くは、客のなかには本当に好きな男性も何人かいるし、付き合いが何年間も続けばなおさらだと答えた。ある女性は次のように答えた。「うわべだけの関係だったら、そんなに長く付き合ってなどいられないわ」。「常連客」のことなら何でも知っていたいというコール・ガールもいた。その他の商売絡みの人間関係と同じく、時間の経過と共に互いの親密度は増し、またその親密さが客の忠誠心への見返りにもなっている。

「人の話に耳を傾ける職業」のリストにコール・ガールを付け加えるべきだろう。自分とは無縁の世界に住む相手に話すからこそ、包み隠さず打ち明け話ができるという「行きずりの他人」であることがもたらす効果について語った女性も数人いた。何のしがらみもない関係であることや限られた状況での付き合いである為に、友人や家族以上にコール・ガールに話しやすさを感じる客もなかにはいるだろう。セックス・ワーカーは、バーでの出会いのように、「手軽に親密さ」を与えてくれる存在なのかもしれない。

また、性的刺激に対する女性の反応も、演技でない時がある。このような男女の間の詳しい様子について教えてくれたのは、日記をつけていた女性のうちの一人だけではあったが、彼女は客の何人かとはオーガズムを感じることがあると記していた。しかし、忙しい時には（商売が順調なときには、短時間のうちに三人の男性の相手をするのも珍しいことではない）、オーガズムに達した振りをすることがあるとも教えてくれた。これは、明らかに感情労働の一例であると言えよう。別の女性の日記にも、感情労働に関連した記述があり、セックス中の「興奮」は体裁を保つためや自尊心をくすぐるためであると述べていた。彼女の日記には、「いつものように悶えてみせた」とか、「例によって『夢中になっている』ような音をたて、『気持ちいい』というようなセリフを口にした」というような記述があった。

ある質的データには、意識的に感情労働の準備をしているコール・ガールの例がある。ジーンズを脱ぎ、シャワーを浴び、化粧をする。それから、仮の姿に身を変える為の衣装を身につける。客の家に行く時にはセクシーなミニスカートと胸も露わなシャツ、客が自分の家に来る時には、ランジェリー。そうやって準備を始めた途端、「気持ちを切り替える」のだとあるコール・ガールは述べている。セックス・ワーカーは、その気になれない時でも、「上品」で、「セクシー」な「女っぽい」仕草を作りあげなければならないのだ。

女性のサービスに対してはお金を払っているのだから、男性はサービスを返す必要はないと当然のことのように思われていることについて疑問を感じていると話すコール・ガールもいた。高学歴で中流から上流家庭出身の二十九歳のこの女性は、個人的な問題が生じる度に、弁護士、医者、会計士の客に頻繁に助けを求めていた。商売として割りきった関係で責任のなさを謳歌する男性が多い一方、他で親密な付き合いをすることができずにコール・ガールと恋に落ちる男性や、「プリティ・ウーマン」を地で行くような幻想に耽り、女性を「こんな生活」から救い出そうとする男性もいる。

では、売春をするのが男性であったら、感情労働は伴うのだろうか？　ニーヴァやグテックの「性的役割の波及効果【注20】」概念からすると、同じようなサービス業であるとはいえ、仕事で必要とされる感情労働の負担は、男性よりも女性の方が大きいと予想できる。なぜなら、「自尊心を満足させること」――社会情緒的サポートを与えること――は、性別に基づく役割だからである。ウェストは、毅然としているロンドンの男娼やその客達の感情労働への期待感は非常に小さく、また客達は男娼に性的欲求の捌け口以上の何ものも求めていないと述べている【注21】。しかしながら、若い男娼、特に広告を出して高給を稼ぐ男娼達のなかには、客を友人とみなし、会話も客との関係の一部とみなしている者もいる。我々の調査で一部のコール・ガールが話しているのと同じように、ある男娼は、「治療をしているような時がある」と述べた【注22】。しかし、一般的には、男性に対する感情労働への要求は非常に小さかった。コーキンスやクームズは、男娼の客は、男性らしい男性とのセックスという望みに相応しい男っぽいタイプを求めることが多いと指摘している【注23】。

売春という仕事の感情的要素が、個々の売春婦に与える影響を理解することは本調査の範囲の及ぶところではない。ウォートンやエリクソンは、精神的負担の大きい仕事に従事する女性が、その影響から「燃え尽き症候群」や無関心な状態に陥り、精神的に私生活の人間関係に対処できなくなっていく様子を描いている【注24】。セックス・ワーカーの「燃え尽き症候群」を考えるに当たって、研究者たちは肉体的疲労、自尊心への影響、魅力の減退などに着目することが多い。しかしながら、コール・ガールの燃え尽き症候群や疎外感も、客の精神的要求に対応することの代償として生じている可能性がある。セックス・ワークの精神的側面に関する調査をさらに行うことによって、セックス・ワークという職業で必要とされる様々な対人関係の技術がさらに高く評価されることになるであろう。

2

第2部◎虐待、リスク行動と支援サービス

第7章

街娼の薬物使用、HIV、社会構造

ジュディス・ポーター
ルイス・ボニーラ

セックス・ワークに従事する女性のライフスタイルは極めて多様であり、その労働環境には著しい違いがある。この点をきちんと把握しておくことは、エイズ予防の上からもとても重要である。米国では薬物使用との関連性により、街頭で行われる売春が、エイズと最も密接な関係がある。売春の形態は、地域、都市によって違いがあるが、街頭の売春は、ほとんどの調査によれば、その形態は類似しているものと推定される【注1】。本章では、街頭の売春は人種の違い、薬物使用の有無、同じ市内でも売春が実際に行われる場所などによって違いがあることを示し、この違いを前提として、エイズ拡大を予防する為、的を絞った戦略を立て教育や施策を提供することを提案している。

背景

エイズ感染リスクの高い行動モデルとして売春を見る場合、売春を個人の性行動とみなす傾向が強く、その社会的背景を無視しがちであり、それではエイズ感染予防策に資することはできない【注2】。「売春婦」という名称が冠される女性は、さまざまな種類に分類することができる。米国の売春婦の約20％は街娼であり、残りはマッサージ・パーラー、酒場での売春、出張サービス、売春宿【注3】などに分散しているとする研究者達もいるが、正確なデータを提供することは難しく、具体的な数値の入手方法も定かではない。注射によるドラッグの使用は街娼に最も多く、米国の街娼の三分の一から二分の一が使用している。注射で薬物を常用している街娼は、その多くは、セックス・ワークを始める前からの常用者である【注4】。さらに街娼の大半は貧しく、また少数民族や薬物中毒者が全体に占める比率が極端に高く、逮捕率も最も高い【注5】。フルタイムではなく、時折一定の状況において金やドラッグと引き換えにセックスをする程度の売春婦も多く、クラック・コカインと引き換えにセックスを行うものも増加している。「売春婦」と一言で言ってしまうと、これらの事情が曖昧になってしまうのである【注6】。

一般的に、売春婦はHIV感染を媒介していると考えられている。売春婦を通じたHIV感染の深刻さはアフリカで実証済みだが、米国ではHIVの主な感染経路は売春ではない。これは、ひとつには、街娼は客に対してオーラル・セックス（膣をつかったセックスよりもHIVに感染するリスクが低い）を行うことが多いこと、さらに街娼はコンドームを頻繁に使用することなどが理由としてあげられる【注7】。他国の売春婦同様【注8】、米国の売春婦の間においても、HIV感染は、注射による薬物使用、特に長期常用や商売上の相手ではないパートナーとのセックスによるものが多い。調査によれば、自らドラッグを注射するセックス・ワーカー、またはドラッグを注射する相手とセックスを行うセックス・ワーカーと、その他のセックス・ワーカーとでは、HIV抗体陽性率に大きな違いがあることがわかった【注9】。注射でドラッグを使用する売春婦は一般的にリスクが高いだけでなく、商売上の相手ではない自分のパートナーもリスクにさらしていることを認識せず、注射器や針を共有し、コンドームを使用しないことが多い【注10】。ニューヨークの街娼を対象とした最近の調査によれば、約半分が注射によるドラッグ使用の経験があり、そのうちの三分の一以上はHIV陽性者だった【注11】。

都市部では、クラック・コカインによって街娼の社会構造に動揺が起きた【注12】。多数のクラック中毒女性が街娼として都市部に流れ込んだのである。特にクラックが普及しているアフリカ系アメリカ人地域ではセックスの価格が暴落し【注13】、競争が激化し、売春婦が売春の値段やコンドームの使用について交渉する力が弱まった【注14】。また、クラック登場以前、ポン引きは自分の「囲い」のなかにいる女性には、宿を与え、服を着せ、食べ物を与え、必要経費は負担してやることが多く、売春婦とポン引きの間では、これが暗黙の了解ながらもきちんと定められた約束事となっていた【注15】。少なくとも街娼社会では、現在ではこのような形態をあまり見ることができなくなった。クラック中毒の女性は、お金がないので、自分を守ってくれるポン引きや見張りを持たないことが多い。稼ぎはすべて、クラック中毒のクラックの為に使わなければならないのだ【注16】。また、ドラッグと引き換えにセックスをする売春婦も増えている【注17】。女性クラック常用者は無防備なセックスを行うことが多いので、女性セックス・ワーカーのクラック使用は、エイズの危険因子であると考えられている【注18】。クラック喫煙で唇に傷ができることを考えると、コンドームを使用せずに行うオーラル・セックスとクラック中毒のセックス・ワーカーのHIV抗体陽性率増加との間に関連性があるのは当然のことだろう【注19】。

ラテン系アメリカ人のセックス・ワーカーは、いくつかのサブグループに分類できる。このグループごとに薬物およびセックスによるエイズ感染リスクには違いがあるが、この違いには生態的要因や文化的要因が関連している【注20】。ということはつまり、HIV感染リスクを減少させる為に効果的な対応策は、このサブグループごとに異なる。使われているドラッグの種類による効果の違いに言及している文献はあるものの、そのほとんどは、一都市内の街娼の人種や縄張りによる違いにまでは言及していない。さらに、セックス・ワーカーのサブグループごとに異なる様々なエイズ予防策についての広範な研究も行われていないのである。我々がここに取り上げようとしているのが、まさにこの問題なのである。

方法

調査は、ノース・フィラデルフィアで売春婦を対象に定型的な質問項目を使わずに自由応答形式でのインタビューを十二ヶ月間にわたって行った。我々は地域で活動するアウトリーチ・ワーカーとしての訓練を受けると共に、ラテン系アメリカ人コミュニティに本拠を置きノース・フィラデルフィア地域で活動する組織からエイズ指導者としての訓練を受け、認可を受けた。私達は週に一回夕方、アウトリーチ・チームにボランティアとして参加し、女性セックス・ワーカーを対象にアウトリーチ活動を行った。アウトリーチ・ワーカーとして、我々はコンドーム、消毒セット、HIV・エイズについての読み物、HIV検査に関する情報、無料食堂、住宅、薬物中毒治療やその他の必要な援助に関するリストを配った。我々の仕事で最も重要なのは、女性が必要としている援助について話し合い、これらの援助を利用するための情報を提供することだった。売春婦は客引きをしていることが多いので、インタビューは数分程度だが、回数を重ねるうちに、彼女達が必要としているものや仕事の状況を話し合う機会を掴むことができた。アウトリーチ活動を行う度に、フィールド・ノートとして逐一テープに録音し、その後テープ起こしを行った。ここに使った引用文は、テープから書き起こしを行ったフィールド・ノートからの抜粋である（匿名性を守る為に仮名）。テープに録音した情報は、信頼性の高いものである。何故なら、フィールド・ノートの録音は、インタビューの聞き手と話し手の両者でお互いの認識を確認し合いながら行っており、相違点がある場合は相違点をはっきりと明示してある。我々は、彼らが受け取る支給品の種類や、彼女達の体についた注射針の跡やクラック喫煙で疱疹のできた唇などを実際に目の前で見て観察しており、その様子からも彼女達から聞く話の内容を確認することができた。マックケガニーとバーナードもスコットランド、グラスゴー市【注21】で行った売春婦調査の体験談の確認に、アウトリーチ・ワーカーの観察記録を利用している。我々は、アウトリーチ・ワークで得られた観察結果を他の場所で確認を行った。地元の主な二つの福祉事務所と、我々が活動していた地域の病院の薬物中毒の治療を行う診療科で週に一回、エイズのグループ指導を行った。さらに、同じ地域にある、週に一度の注射針交換プログラムにも参加した。これらの会場において我々は、休憩中の売春婦達、ポン引きや彼女達のパートナー、プログラムのスタッフらとゆっくりと個人的なおしゃべりをすることによって、観察の裏づけを得ることができた。

我々がインタビューを行ったノース・フィラデルフィアは、市内でも最も貧しい地域だ。他の地域に比べ、ドラッグ使用率が高く、健康状態が極端に悪く、貧困率、失業率が共に高く、市の平均よりも性感染症罹患率、罹病率、死亡率がはるかに高い【注22】。この地域には、圧倒的に多数のアフリカ系アメリカ人が居住しているが、低所得層のラテン系住民と白人住民も多く居住していた。

本調査の対象は、ノース・フィラデルフィアの三つの主な街娼地区で金曜日の夕方に働く街娼から無作為ではない方法によって抽出した便宜的標本である。三ヵ所いずれの場所でも、女性は街頭に立ち、手を振って車を停めながら積極的に客を勧誘していた。三つの場所は互いにそれぞれ数マイル離れている。一つ目の地区では、主に白人売春婦が客待ちをしている。高架線路下にある商業地区のはずれに位置する超低所得者層地区で、白人の居住区からはかなり離れているが、それでも主に白人が多い。この地域には、空き家となったビルや工場が多数存在する。もう一つの地区は、アフリカ系アメリカ人とラテン系アメリカ人の低所得者層が住む地区にある公園で、高速道路幹線に隣接している。この公園に最も頻繁に出入りするのはアフリカ系アメリカ人の売春婦である。どちらの地域にも、売春婦が客を連れて行けるホテルや部屋がないので、性行為のほとんどは車内で行われる。三つ目の地区は、黒人居住区内の繁華街の大通りに隣接している。この地域は主に、低所得者層の住宅地域だが、売春婦が客と共に利用できる安ホテルや商業施設に囲まれている。人目を避ける為には、車に拾われた売春婦は客と共にその場所を離れることになるが、性行為はホテル、長屋または車内で行われる。この地域で商売をしているのは、アフリカ系アメリカ人の売春婦のみである。

公園では平均して毎週六、七人のアフリカ系アメリカ人の売春婦と接触した（十二ヶ月間では週に二〜十三人）。ホテル地区では週に平均十人のアフリカ系アメリカ人（同じく二〜十三人）、高架下では平均六人（同じく一〜八人）の白人女性に接触した。白人売春婦が頻繁に訪れる注射針交換プログラムがこの地域で行われていた為、実際に我々が接触した白人売春婦の数はもう少し多い。公園と高架線路下で毎週会う女性の三分の一から半分は、それ以前に少なくとも一度は会ったことがある女性であった。ホテル地区の女性は比較的入れ替わりの少ない集団だったが、一時的に姿を見せなくなる者もいれば、二度と戻らず、新顔のセックス・ワーカーが新たに加わることもあった。天候、警察の手入れ、客の数、売春婦の絶対数の増減などにより、これらの地域の売春婦の数は変動した。一年間で、我々は少なくとも百五十人の女性と話をした。

この種の調査には限界がある点に留意することが大切である。この調査は、アウトリーチ活動中に行われたもので、きちんと体系化された正式なインタビューではない。データのほとんどは売春婦の労働時間内に収集されたので、女性が我々と話せる時間は限られていた。この為しばしばインタビューが途中で中断されることがあった。例えば、脈のありそうな客が通りがかったり、ポン引きや男性パートナーが見張っていたりすると、女性はその場から立ち去った。また、調査対象そのものにも限界があることを留意しておく必要がある。女性の大半は、金曜日の夕方、人が行き交う公の場に立つフルタイムの街娼である。そのため、我々の調査対象には、バー、クラック密売所、射撃場などを仕事場にする女性、コール・ガール、パート・タイムの売春婦、深夜または週の前半に働く女性（最も客が多いのは週末）は含まれていない。我々の調査対象は、我々がボランティアとして活動した団体の活動区域であるノース・フィラデルフィアの三地域の白人、アフリカ系アメリカ人の売春婦に限られており、その為これらの女性は市内の他の地区で売春を行っている女性を代弁しているとも言えない。

この調査の方法には、利点もある。我々は仕事の場でインタビューを行った為、女性達が仕事をする状況や女性達が作っているネットワークなどを観察することができた。また、援助の提供者としてリラックスした状況で女性に近づくことができた。人種や性別は、我々が得た情報の質に大きな影響を与えてはいないものと思える。評価が高く、有名な組織の代表として我々は定期的に毎週調査場所に姿を見せ、親身に話を聴き、女性達が必要としている生活必需品や情報を提供した。このアウトリーチ活動は、仕事の場所による街娼の違いを比較する格好のチャンスを我々に与えてくれた。

街娼の種類

†白人売春婦

白人の街娼は、商業地区との境にある高架鉄道の下で、普通は一人、時によっては二人で組みになって働いていた。ほとんど全員が注射によるヘロイン中毒だった。彼女達は繰り返し我々にその話をし、我々が配布する注射針殺菌用の消毒セットを受け取っていたことからも、それは明らかだった。彼女達の体には注射針の跡がはっきりとついており、また我々は、彼女達の多くがこの地域の注射針交換プログラムで使用済みの注射針を返却しているところも目撃している。我々のフィールド・ノートの抜粋からこの様子を知ることができる。

我々はある白人のセックス・ワーカーに近づき、コンドームが欲しいかと尋ねた。彼女はコンドームを受け取った。次に、消毒セットが必要かと尋ねるとこう答えた。「あたしは薬中よ」。彼女は、HIV陽性者と注射針を共用しことがあり、検査を受けるべきだということはわかっていた。しかし、結果を知るのを怖がっていた。

白人売春婦の売春行為はほとんどが車内で行われるが、廃ビルで行われることもある。廃ビルは人目がないので、客に暴力をふるわれる可能性が高い。もちろん例外はあるものの、白人売春婦は自分とボーイフレンド（たいていの場合、彼らもヘロイン中毒だった）を養う為に働く傾向が高かった。売春で稼いだ金で、自分とパートナーの為のヘロインを買い続けていた。白人売春婦（ほとんどが二十代後半）は、全般的に我々が会ったアフリカ系アメリカ人売春婦よりも年齢が高く、他の女性と共に小さな集団を構成して働くよりも、個人単位で働いていた。一人の男性が数人の女性を仕切るという形で男性が支配するのではなく、安定した関係にある男女のカップルが、女性が仕事をしている間、男性が見張りをするという形をとるものが多かった。売春婦が自分とパートナーのヘロイン代を稼ぎ、男性パートナーが見張りを勤めるという似たようなパターンは、スコットランドのグラスゴー市でも見られた【注23】。次のフィールド・ノートは、ある売春婦の白人男性パートナーに関する記述であるが、これから白人売春婦と男性パートナーとの関係、売春婦の労働状態を知ることができる。

トニーによれば、ここ周辺で売春をしている女性は通常、夫やボーイフレンドの為に働き、儲けを分け合う。女性は、男性に見張り役を務めさせ、男性は車中で待つ。トニーの妻は、客をどこへ連れて行くか、それぞれの客とどのぐらいの時間を過ごすかをトニーに伝える。彼は必ず車のナンバープレートを書き留め、妻が戻らなければ、懇意の警官に連絡する。稼ぎはいい上に、楽な商売だと彼は言う。ここにいる女性の仕事の90％は、フェラチオ（オーラル・セックス）で、料金は二十ドル。膣をつかったセックスは五十ドルだが、めったに行われない。客の大半は五十歳代の白人ビジネスマンで、手短に済むフェラチオを求めてやってくる。調子のいい日には、一人の女性が一日二百ドル稼ぐ。女達はこの仕事を嫌がっているとトニーは言う。しなければならないから、この仕事をしているのだ。つまり、ドラッグの金が必要なのだ。働く場所は決まっている。高架線路下は極めて危険だ。今年は五人の女性が死ぬのを見た。三人は客に殺され、二人はドラッグの過剰摂取で死亡した。警察もおとり捜査を仕掛け、定期的に女性を検挙する。

この地域でクラック取引が増えると、女性の多くはヘロイン中毒だけでなくクラック中毒にもなった。自分だけでなくボーイフレンドの常用癖も満たすために女性が働くというパターンは、この調査が終わる頃には変化しつつあったようだった。自分の常用癖を満たすだけの為に金が使えるように、女性は男性パートナーと別れると、男性の見張りをつけずに単独で働くようになる。

メアリーの話によると、多くの女の子にはまだボーイフレンドがいるが、彼女自身は見張りを務めていた長年のボーイフレンドと最近別れたという。彼女は大量のヘロインとクラックを使用していたが、今はヘロインが主体だ。ドラッグ代、部屋代、食事代を払うだけの金は充分に稼いでいる。男性の見張りがいない分、危険がないように気をつけなければならないので、客に取るのは年配の白人男性だけにしている。彼女は常連客の多くに、仕事を頼みたい時は家に連絡してもらうようにしているが、金が必要になれば、街でも客を拾う。

白人売春婦は一般的に、頼りになるような大勢の家族や励ましてくれる友人がいない。子供について我々に話すこともめったにない。子供がいるのか、単に子供と連絡を絶ってしまったのかもわからない。男性パートナーがいない場合やパートナーがいてもその場にいない場合など、売春婦同士で互いに見張りの役目を果たしあったり、コンドームを分けあったりすることがあると話してくれた売春婦達も何人かいた。しかしながら、インタビューによれば、これらの関係は概してきちんとしたものではなく、組織化されたネットワークと言えるほどのものではない。ある女性は、フィラデルフィア出身ではない為、ここには家族や親戚がいないと話した。家族に拒絶され、連絡が取れない女性もいた。「こんな状態のわたしたちを家族は受け入れたがらない」とある女性が語った。

これらの女性を観察すると歯や皮膚の状態に問題があり、健康状態の悪さが一目でわかる。また栄養状態も不良であった。不潔でだらしない服装をしていることが多く、肉体的暴力を受けている徴候も見られた。

客だけでなく、男性パートナーからも殴られることが多いと話してくれた女性達もなかにはいた。また、ドラッグ常用から健康を害しているものもおり、危険な状態にあった。さらに彼女達の大半が社会福祉や福祉援助を受けておらず、例えば、医療カード、年金保険、健康保険に加入している白人売春婦はほとんどいなかった。エイズ講演会を行った地域の薬物中毒更正プログラムのスタッフは、これらの女性はパートナーがHIV陽性であることを知った、またはどん底の状態になったなどの大きな危機を迎えてはじめて、薬物中毒更正プログラムに参加することが多いと語った。これは、我々のインタビューでも裏づけられた。薬物中毒の女性が医療とは無縁の状態に置かれている様子が、我々のフィールド・ノートの以下の抜粋から読み取れる。

ある白人女性は叩かれ、殴られ、顔にできたばかりのアザがあった。彼女は、妊娠三ヶ月だと言って、腹を見せた。フィラデルフィアに家族はいないと言う。二年前に南部の州からやってきたらしい。医療カードもなければ、ホームレスで、どんな援助を受けたいかと尋ねると、妊婦検診(彼女は腹を指して「赤ん坊のために」と言った)を受けたいと言った。医療カードもなければ、サポートの仕組みについて教えてくれる近親者もなかったので、どこで妊婦検診を受けたらいいのかも知らなかった。

これらの売春婦は、HIVに感染する確率も極めて高い。他の研究では、注射による薬物使用は、少数民族の売春婦に頻繁に見られるとされていたが、ノース・フィラデルフィアでは、アフリカ系アメリカ人の街娼よりも、白人街娼が注射による薬物中毒になる傾向が高かった。ある調査によると、フィラデルフィアの注射によるドラッグ常用者で治療を受けていないもののうちの少なくとも20％がHIV陽性であることが確認された【注24】。このことから、これらの女性達がすでにHIVに感染している可能性は高いと推定される。この推定は、地域の薬物中毒更正プログラムのスタッフによっても支持されている。彼らは、清潔な注射針を使いたい気持ちはあっても、「体調が悪い」（家を出られない）ので清潔な注射針が手に入らない、または、生活環境からついうっかり同じ針を使ってしまったなどの理由で、注射針を共有していることがある。例えば、一箇所に数人の注射によるドラッグ常用者が住んでいると次のようなことが起きる。

白人売春婦が話してくれたところによると、彼女の同居人は全員ドラッグを注射するので、彼女が留守にしていると彼女の注射針を持っていってしまう。彼女が部屋に戻ってくると、留守の間に明らかに針が使用された形跡があり、レンジ（ドラッグを溶かす場所）は血だらけになっていたりする。

これらの女性は、客とはコンドームを使用することが多いが、決まったセックス・パートナーとは針を共有するし、コンドームも使用しないと話してくれた。しかしながら、客に対するコンドームの使用も、いつも必ずというわけではないようだ。

ある白人売春婦の話によると、常にコンドームを装着するとは限らない女性はたくさんいるという。必ず使っているのは自分だけだと彼女は言った。彼女は、コンドームを使ってくれなければ、客の相手はしない。金が入らなくても気にしなかった。しかし、彼女はすでに心内膜炎に罹っており（心臓弁の炎症。注射による薬物常用者に多い）、健康に不安を感じていた。HIV検査で陽性判定がでていたり、性感染症に罹っていたりしているのに、それでもコンドームを必ず使用している訳ではない売春婦も多くいると彼女は語った。

コンドームが常に使用にされている訳ではないという点に関しては、我々のインタビューに答えたその他の白人女性達も認めていた。

†アフリカ系アメリカ人の売春婦

アフリカ系アメリカ人街娼に関するデータは、アフリカ系アメリカ人が主に商売を行う二地区で採取した。一つ目は狭い地区で、ホテル数軒と長屋があり、売春はここで行われる。もう一つの地区は公園地区で、売春は主に駐車中の車内で行われる。二つの地区は、社会構造も違う為、人々の行動パターンもに違いがあるが、それでも地域や人種の違いを超えて類似性がいくつか認められた。どちらの黒人売春婦も客の人種は多岐にわたると回答したが、我々が見かけた客の多くは黒人男性だった。

我々がこの二地区で出会ったアフリカ系アメリカ人売春婦のほとんどは、クラック中毒であり、薬物の注射はしていなかった。彼女達は「クラックをやってる」と隠そうともせずに話してくれた。多くは我々が消毒セットを配っている理由がわからなかった。注射針の消毒につかうと説明すると、「あたしはそんなバカなまねはしないよ」と言われた。女性の唇は、水泡ができ、傷ついていることが多かったが、これは明らかにクラックの頻繁な使用によるものである。しかし、白人セックス・ワーカーにあったような注射針の跡は見当たらなかった。ワイナーも、ニューヨーク市では、アフリカ系アメリカ人のセックス・ワーカーは、白人よりもクラックを吸う確率が高く、白人女性はアフリカ系アメリカ人よりも注射によるヘロインを使用する確率が高いと報告している【注25】。

クラックは、セックスの値段を暴落させたようだ。これは、女性同士の競争が激化したことにもよるが、クラック密売所で女性が競ってドラッグと引き換えにセックスをすることも原因である。売春婦から何度となく、クラック中毒女性のせいでセックスの価格が暴落したと聞かされた。以下のフィールド・ノートは、公園にいたあるアフリカ系アメリカ人売春婦との会話の内容である。

彼女のフェラチオの値段は二十ドル、相場も二十ドルだ。でもなかには、一・五ドルで男性にフェラチオする売春婦もこのあたりにはいる。この連中こそ「本物の売春婦」だ。この連中のせいで他の売春婦の値段も下がっている。食べる為、子供のためにしているのなら理解もできる。しかし、ある売春婦は一・五ドルでフェラチオをし、その金でクラックを買い、吸ってしまう。彼女はこれには納得がいかなかった。むかつく、そんな女は追い出すべきだ。彼女は料金が低すぎるといって、この売春婦を罵った。一ドルでフェラチオをやるような売春婦がもしいたとしたら、彼女はその連中を「懲らしめてやる」と言っていた。

ドラッグを買う金の為に働く売春婦もいるが、食べる為や子供の養育費を稼ぐ為に働いていると回答する売春婦もいた。

公園のアフリカ系アメリカ人売春婦は、ペンシルヴェニアでは三ヶ月しか続かない(調査時点)「General Assistance」(「公的扶助」)を打ち切られたと話した。その為、彼女は家賃を払う金がなくなった。以前からドラッグをやっていて、ドラッグの為に売春をして働いていたけど、これからは食費や家賃の為にも売春をしなければならない。だから今日はこんなに早く出勤してきたのだと彼女は言った。

公園及びホテル地区で我々がインタビューしたアフリカ系アメリカ人売春婦の多くは、フィラデルフィア生まれで、市内に家族や近親者がいて連絡も取り合っていた。何人かの近親者や家族（とりわけ、母親、姉妹、祖母）と断続的に同居していた者もいた。廃ビルや安ホテルの部屋に住みついているものもいたが、長屋に住んでいるものもいて、そこから仕事場に通っていた。長屋に住んでいるような場合でも、しばしば近親者のもとへ戻り、しばらくの間一緒に住むことがあった。アフリカ系アメリカ人売春婦の多くは、規則的または規則的とまでは行かなくても時折、主に母親または女性の家族と連絡を取っていた。

例えば、リタは定期的に母親に会っていた。母親は、リタの売春に賛成はしていなかったが、知ってはいた。リタは、平日は母親と二人の子供たちとノース・フィラデルフィアの別の場所で暮らしていた。ダニエルは、調査をした時には十九歳だったが、ホテル地区で二年間働き、数週間毎に姉妹と母親との同居を繰り返していた。シャクワナは、ホテル近くにたむろしていた男性（彼女の言い分では）の子供を妊娠したが、母親のところへ戻って赤ん坊を産むことができるといった。

フィラデルフィアの別の地区で家族と共に暮らし、週末だけ家計の足しに、または薬代の為に、働く売春婦もわずかながら存在した。

デニースは二人の子供と母親と共にウェスト・フィラデルフィアに住んでいる。彼女は、ホテルに泊まったことはないと言った。仕事が終われば家に帰る。ウェスト・フィラデルフィアは全く雰囲気が違って、はるかにのんびりしていると言った。ノース・フィラデルフィアはめまぐるしいけど、金を稼ぐにはいい場所だった。毎日、高架電車に乗ってここに「出勤」し、仕事が終わればまた電車に乗って帰っていく。

これらの女性のほとんどは子持ちだった。子供の話が出ると彼らは決まって「悪い母親」であることに対する罪の意識について話したが、他の研究者の調査でも同じような結果が得られている【注26】。女性は、家族と連絡を取り合ってはいるものの、途切れがちだった。子供を女性近親者に預けているものもいたが、養護施設に入れている者も多かった。

ラヴァーンは法廷に出頭しなければならなかった。「the Department of Human Service」(「福祉局」)は娘の行動がおかしいので、精神病院に入れたがっていた。彼女は現在、養護施設にいる。ラヴァーンは、子供は精神病院に入る必要はないと考えていた。彼女は娘を自分の母親と一緒に暮らさせたいと思っていた。娘は、家族と一緒にいて祖母がきちんと注意してあげれば、良くなるだろうとラヴァーンは考えていた。彼女はソーシャル・ワーカーは「娘を私から永遠に奪い取るつもりなのよ」と言った。彼女は姉妹と同居し、時折、母親に会いに家に帰る。母親はいつでも彼女を受け入れてくれると彼女は言う。母親が二人の子供の面倒を見てくれているので、いつも母親には少額の金を持っていく。母親は生活保護を受ける権利があるとラヴァーンは言った。「私が子供達の面倒を見られる状態にはほど遠いから。家族が一番大事。子供たちのことを考えると本当に悲しい」。

アフリカ系アメリカ人売春婦はどちらの地区でも、子供がいる為に生活保護を受けているものが多く、医療カードを持っているもの多かった。アフリカ系アメリカ人女性の多くは、ドラッグ治療プログラムに参加したことがあるか、定期的に性感染症の診断を受けていると回答し、多くはHIV検査を受けていると回答している。これらの女性のほとんどは、医療カードを持っていなくても利用することのできる、地域のセンターで受けられる無料医療援助についても知っていた。アフリカ系アメリカ人売春婦の大半は、医療援助の利用方法を最低限知っていると回答した。

クラックの使い方、家族との関係、福祉援助についての知識など、二つの異なる社会的環境（公園とホテル地区）にいるアフリカ系アメリカ人売春婦の間には相似点もあったが、地域による違いもあった。主に公園で働いている売春婦と、ホテル地区で働いている売春婦とでは、行うセックスの種類、付き合う客、ポン引きや見張りとの関係、遭遇する暴力の種類、そして、社会援助を利用する能力にいくらかの相違があった。

●公園地区のアフリカ系アメリカ人売春婦

公園地区の売春婦は主に車内で売春行為を行っていた。彼女たちは短時間で終わるオーラル・セックスを行うことが多いが、公園という場所柄、人目につかずに車内で行えるという利点がある。公園の売春婦は、きちんとしたポン引きがついていることが多い。実際、私達が彼女達と話をしている間もポン引きに監視されていることが多かったので、他の女性達と話をする時のように、思うようなやり取りをして、できる限りの情報を得るのはむずかしかった。公園には単独で働いている女性もいるようだったが、一人の男性が、きちんとした仕事の取り決めをした上で、数人の女性を仕切っているというのが一般的だった。よくあることだったが、例えばある時、ある男が「うちの娘達」の為にとコンドームをいくつか貰いに来た。何人分かと尋ねると、男は「三人」と答えた。この男性は、しばしば数人の女性と車内に座り、女性が車の外に立ち、客を勧誘していた。公園地区の売春婦は、公園内には彼女たちの行為を蔽い隠してくれる建物や茂みがないので、車内で売春しなければならなかった。このため、女性は、ポン引きの車を当てにしていた。この地区は見通しがよく、さえぎるものがないので、客、強盗またはその他の売春婦などから時に身を守るためにポン引きが必要なのだと教えてくれた。女性は、客の車で売春行為をすることも多かったが、自分達が戻って来ることができない場合に備えて、車のナンバープレートの番号を控えておいてくれる人が必要だった。

公園の売春婦たちは、疲弊しているようだった。ポン引きの目が常にあるので、福祉援助について他の女性から口コミで情報を仕入れる機会が限られていた。我々のインタビューでは、福祉援助や医療援助について知識があり、利用しているようにも思われたが、ホテル地区のアフリカ系アメリカ人売春婦ほどさまざまな援助の種類を知っているわけではなかった。

●ホテル地区のアフリカ系アメリカ人

ホテル地区で働く売春婦は、車内で売春行為を働くこともあったが、大きな繁華街に隣接し、人通りの多い住宅地および商業地区なので、この地区にいる限りは、車内で人目を避けることは極めてむずかしかった。このため、ホテルの部屋を一時間または半時間単位で借りて、街頭で勧誘した客をそこへ連れて行く売春婦も多かった。また、長屋にずっと住みついていたり、出入りを繰り返しているような売春婦は長屋へ客を連れて行くこともあった。売春婦の話によれば、ホテル地区の売春婦のほとんどは常連客を持っていた。売春婦の流動性が高い公園地区ではあまり見られない現象だ。また、公園の売春婦よりも膣をつかったセックスをすることが多かったが、それもひとつにはホテルの部屋という人目につかない場所があるからであった。

以前の調査では、街娼とかかわりのある男性はポン引き、売春宿などの経営者がほとんどだったが、ホテル地区では男性の役割はより柔軟性があり、多くの女性は単独で働いている。クラックの使用が広まった為、単独で働く女性が増えた。売春婦は好きな時にクラックを吸引し、一日に何度も吸うこともあるようだった。

このようにクラックを大量に摂取する為、多くの女性は稼いだお金を男性の保護を受ける為に使うのではなく、ドラッグに使うことを選んだ。この点に関しては、売春婦達も、またホテルの用心棒として働く男性達も同じ考えであった。一人の用心棒は以下のように我々に語った。

ここら辺（ホテル地区）の売春婦は、俺達を頼りになんかしてない。ここにはポン引きはいないのさ。売春婦同士で見張り役をやってる。皆、独立してるんだよ。稼いだ金は自分のドラッグに使う。来る客は一人として拒まない。このあたりの売春料金は下落した。どんな金額でも拒みはしないからね。たまにしか吸わないのならば、もうちょっと高い料金を要求するだろう。しかし、（クラックを）大量に吸うようになった今となっては、稼げるだけ（金を）稼がなくちゃならなくなったのさ。

用心棒の言葉は、フィールド・ノートの次のような記述によっても確かめることができる。

タミカは疲れ果てているようだった。前の晩から休みなしで、まる一日働き通しだったと言った（我々が彼女に会ったのは金曜日の午後四時半だ）。しかし、彼女は夕食にサンドイッチを買う金もなかった。稼いだ金のほとんどはクラックに使ってしまったようだった。

ホテル地区のアフリカ系アメリカ人男性の役割も様々だ。ホテルの部屋を貸しながらついでに用心棒も務めるものもいれば、女性から少額の現金を貰って「養ってもらう」ボーイフレンド、小さな売春宿を経営するもの、コンドームを売るもの、ドラッグを売るものなど様々だ。とりわけ売春宿では、男性が一度に複数の役割を果たすことが多かった。例えば、ある男性は、ホテルに住み込んで、用心棒を務めるかたわら、別の場所では少なくとも二人の売春婦のボーイフレンドという顔も持っていた。また、別のある男性は、家を所有しており、売春婦達はそこを寝ぐらに仕事に出かけたり、そこを仕事場にしたりしていた。男は、女性達から家賃として、またドラッグなどのその他のサービスの代金として少額のキャッシュを散発的に受け取っていた。しかしながら、女性達はそれ以上の稼ぎを男性に渡すよう強いられることはなかった。例えば、このような長屋に住む女性のなかには以下のように話してものもいる。

キムはあたしたちに、マイクと兄弟のタイロンがこの家の持ち主だと言った。タイロンはなかでドラッグを売っている。家は汚くて水道もなければ、下水もない。水はマイクがバケツで持ってくる。売春婦たちは、客から直接金を受け取る。家賃は定期的にではなく、払える時に払える分を支払うだけだが、時おり男達にはドラッグをわけてやる。「タイロンには、ドラッグや金をあげるけど、それは親切心からよ」と言う。キムによると、客は一部屋につき半時間で七ドル、一時間で十ドルを男達に払う。タイロンとマイクは、ドラッグの売り上げ、客が払う金、売春婦や客に売るコンドームの売り上げが儲けだ。

ホテル地区の売春婦も暴力にさらされてはいたが、彼女達の話によれば、むしろ客による暴力ではなく、売春婦同士によるものが多かった。これは、ホテルでは用心棒にある程度守られる為、暴力を振るうようなポン引きに頼る必要がないためだった。

ホテル地区の売春婦は、自分の縄張りのなかで誰にも頼らずに仕事をし、売春仲間同士はお互いに皆顔見知りだった。彼女たちはポン引きに依存していないので、福祉援助についての情報を自由に交換し合い、また援助を自由に利用することができた。

ホテル地区のアフリカ系アメリカ人売春婦は、HIV感染の危険が高かった。オーラル・セックスよりも感染リスクの高い、膣をつかった性行為を行うことが多かった。客を勧誘中はたいていの場合、クラックで見た目にもわかる程の酩酊状態にあるので、コンドームを使用する意欲を失ってしまうのかもしれない。

†街娼の類似点

我々が調査の対象とした売春婦のほとんどは、人種、薬物使用の有無、地域に関わらず、暴力を受け、HIV感染のリスクが高く、必要な援助を受けていなかった。これらの女性達は、薬物からのリハビリテーションを必要としており、特に子供を持つ女性が受けられるようなプログラムを必要としていた。アフリカ系アメリカ人および白人のどちらも、住宅援助を必要としていた。アフリカ系アメリカ人売春婦は、近親者と同居する傾向が白人売春婦よりも高いとはいえ、住宅環境は良好という状況からはほど遠く、近親者の多くはわずかな収入で生活していた。白人売春婦は一般的に連絡を取り合う近親者がなく、彼女達や男性パートナーの住宅援助の必要性は、一段と逼迫しているようだった。売春婦のほとんどは、経済的援助を必要としていた。最近まで生活保護を受けていた数は、白人売春婦よりもアフリカ系アメリカ人売春婦のほうが多かったが、その多くは中断していた。調査時点では、単身の低所得者を対象としたペンシルヴァニアの

「General Assistance」(「公的扶助」)プログラムは、三ヶ月間の期限があり、三ヶ月間を経過すると、健常者は援助が打ち切りとなった。売春婦たちの生活が安定しない理由の一つは、決まった家を得て生活が安定しかけたところで、援助が打ち切られ、ホームレスになる点があげられる。大した技能や能力もない売春婦達は、仕事を探したり、仕事を続けたりすることができず、加えて薬物常用癖のお金を稼ぐ為に、再び売春の仕事を始めることになる。さらに、煩雑な申請手続きは、いったん援助を打ち切られた売春婦達を、再申請から遠ざける結果となった。薬物依存、暴力、援助の不足は、我々が調査対象とした売春婦達に特徴的であったが、これは他の都市の売春婦にも共通して見られる特徴だった【注27】。

†街娼の人種による違い

白人売春婦は主に車の中で売春行為を行っていた。白人売春婦は、概して、アフリカ系アメリカ人売春婦に比べて病的で不健康そうだったが、これは医療援助を受けるチャンスにアフリカ系アメリカ人売春婦よりも恵まれていなかったことも一因だが、長期にわたってヘロインを注射していたこともその原因といえるだろう。白人売春婦は、一般的アフリカ系アメリカ人売春婦や、同じように公園で車を使って売春をするアフリカ系アメリカ人売春婦よりも福祉、医療サービスの知識もなく、また利用することも少なかった。例えば、多くのアフリカ系アメリカ人セックス・ワーカーは、地域の医療センターを利用していたが、白人売春婦のほとんどは、センターの所在地すら知らなかった。地域で大掛かりな薬物中毒更正プログラムが実施された時も、アフリカ系アメリカ人売春婦と白人売春婦に関して同じような傾向がみられた。このプログラムは白人売春婦が客待ちをする地域の近くで開催されていたにもかかわらず、いずれのアフリカ系アメリカ人も、白人売春婦よりも多く参加していた。知識量の違い、白人売春婦は男性パートナーから離れたくない、または離れられない、白人売春婦は医療保険カードを持っている割合が少ない、などがその原因として考えられる。また、白人売春婦は、フィラデルフィア出身者が少なく、連絡を取るような子供がいる売春婦も少ない。たとえフィラデルフィア出身だとしても、住む家に困ったときに頼ったり、福祉援助についていろいろな情報を与えてくれたりする家族がいないことが多い。彼女らは、自分や男性パートナーの薬物中毒の為に働く傾向が高く、彼女らの多くにとって最も優先される人間関係はこれら男性との関係であり、他の女性との関係ではない。しかしながら、白人売春婦の間でクラックの使用が増えるにつれて男性との関係も変化しつつあるようだ。

アフリカ系アメリカ人売春婦は、主にクラックを使用する傾向が白人売春婦よりも高く、注射によるドラッグ常用者になる確率は低い。彼らはまた、様々な援助についての知識が豊富で、近親者とのつながりも白人売春婦と比べて強かった。我々が気付いた人種による違い（特に、外から見た健康状態）は、主に使用するドラッグの種類にも関係しているが、近親者とのつながりや受けている福祉援助が影響している可能性が高い。これは、福祉援助などに関しては、アフリカ系アメリカ人売春婦と白人売春婦が置かれている地理的条件から推測される結果とは逆の結果になっていることからも明らかだ。我々の調査の対象となった白人売春婦の多くは、カトリックというフィラデルフィアの大規模な白人社会の出身だった。このような白人社会は、社会の規範に外れた行動に嫌悪感を感じがちである為、白人売春婦は家族から追放され、孤立する可能性がアフリカ系アメリカ人売春婦よりも高いのであろう。我々は、白人が圧倒的に多い福祉事務所や職業安定所などでエイズ指導者に対する激しい反感とあからさまな悪意をしばしば目撃した。これは、労働者階級白人社会での薬物中毒とHIV感染への拒絶的態度を示しているのかもしれない。これらの要因により、薬物中毒者や売春婦は、家族と連絡をとらなくなるのである。一方、アフリカ系アメリカ人売春婦は、家族から拒絶される傾向が低い。この点については その他の研究者達も指摘しているとおりである【注28】。売春とドラッグはアフリカ系アメリカ人社会でも非難の対象とはなるものの、低所得者層であるアフリカ系アメリカ人社会は、社会の規範に外れることに対する寛容度が高い。アフリカ系アメリカ人が、その望みどおりに主流派文化の一員となるには、越えなければならない社会の構造的障壁が存在するという事実が、社会的規範からの逸脱者に対する許容度の高さを産み出しているのかもしれない。このため、社会から逸脱した行動をとるようなことがあっても、家族から完全に拒絶されてしまうような可能性は少なかった。また、アフリカ系アメリカ人社会は、近親者同士の固い絆はもちろんのこと、血縁関係以外にも親戚同然の付き合いが社会にしっかりと根付いている。そのような社会であるからこそ、貧困に直面しても屈することなく生き延びることができるのである【注29】。つまり、アフリカ系アメリカ人社会では、白人社会のように売春婦や薬物中毒者が孤立するのではなく、家族の一員として母親、娘、姉妹などいくつもの役割を果たしているのである。また、こういうつながりや子供とのつながりがあるからこそ、売春婦は地域の社会援助の情報をより多く得ることができ、上手に利用することもできるのである（表7・1参照）。

†街娼の地域による違い

街娼には、人種の違いだけではなく、地域による違いも存在する。ホテル地区で働くアフリカ系アメリカ人売春婦は、公園地区のアフリカ系アメリカ人や高架電車下の白人売春婦よりも公的援助を受けたり、いろいろな人から支援の手を差し伸べられたりすることが多かった。ホテル地区のアフリカ系アメリカ人はいずれも、福祉援助を受けているか、少なくとも全員がどこへ行けば援助を受けられるかを知っているようだった。ホテル地区の売春婦は、親密な付き合いをし、互いに助け合っているからで、男性用心棒の言を借りれば、彼女等は「家族同然」だった。互いに定期的に連絡を取り合う為（売春婦は、ホテルに住みついているわけではなくても互いに同じホテルを利用することが多い）、社会援助に関する情報はあっという間に街娼の間に広まった。公園地区のアフリカ系アメリカ人売春婦は、ホテル地区のアフリカ系アメリカ人売春婦よりは社会援助に関して情報に疎いが、同じ公園地区の白人売春婦よりは情報を得ていた。これはアフリカ系アメリカ人社会には、しっかりした家族や血縁同士のつながりがある為と言える。

街娼にとって、暴力は日常茶飯事だ。街に立つ売春婦達は、常に暴力の危険にさらされている。車で売春する街娼の仕事場が危険なのは、白人であろうとアフリカ系アメリカ人であろうと同じだ。彼女らは、客から暴力を受けるだけでなく、自分を雇っている男性からも暴力を受けることが多かった。

戦略

街娼社会の社会構造や現状をしっかりと理解することにより、街娼社会に足を踏み入れ、街娼達が何を必要としているかを探り、エイズ予防策およびエイズ教育を街娼社会に浸透させることができるのである。エイズ予防策および公的援助を街娼社会に広める為には、人種、使っている薬物の種類、仕事場の地域性の違いなどを総合的に考慮し、その違いに応じた戦略をたてなければならない。

社会援助は、地域に密着していることが大切だ。そういう点からも、街頭でのアウトリーチ活動は、重要な戦略といえる。アウトリーチ・ワーカーは、地域毎の街娼の特徴を把握しており、個人的な付き合いもし、援助についての情報を直接女性達に伝え、またさらに、HIV感染予防の為のコンドームや消毒セットを配布したりしている。これらの女性達が必要としているのはHIV感染予防だけでなく多岐にわたっており、医療、薬物中毒の治療、法的援助などを街娼に提供する際にアウトリーチ・ワーカーが果たす役割は大きい。貧困、職業上の能力の欠如、薬物中毒などにより、女性は売春へと追い込まれ、HIV感染のリスクにさらされるのである。

各地域のエイズ感染予防アウトリーチ戦略を構築する為には、それぞれの地域の売春の構造（表7・1参照）をしっかりと認識しておく必要がある。我々の調査対象となった白人売春婦は、注射による薬物常用者である為HIV感染リスクが最も高い。しかも、彼女達が緊急に必要としている援助や援助への橋渡しとなる人的つながりから最も孤絶しているのも彼女達なのである。また、多くは男性パートナーや見張りに監視され、アウトリーチ・ワーカーと話をすることさえも難しかった。白人低所得者層社会には、エイズ予防の為の対策や指導を行う組織はほとんど存在しない。このため、これらの女性は、自分達を守る方法に関する情報すら得ることができないのである。ライトバン一台に様々な社会援助を提供できるような用意を整えて巡回したり、注射針交換プログラムを行うなどすれば、街娼が客引きをするような場所でも売春婦達に援助の手を差し伸べることは可能である。注射針交換プログラムは、我々の調査中に、客引き地区内の街頭で始まった。開始されるとすぐに、売春婦たちは

表7-1●街頭における売春の地域的特性

	白人売春婦	公園地区の黒人売春婦	ホテル地区の黒人売春婦
主に使用する薬物	ヘロイン（静脈注射）	クラック・コカイン	クラック・コカイン
主に売春行為を行う場所	車内	車内	ホテル
主なセックスの種類	オーラル	オーラル	膣を使った性交渉
男性との標準的関係	男性パートナー（男性一人に対し女性一人）	ポン引き（男性一人に対し女性数人）	自立
家族とのネットワーク	なし	ある	ある
社会援助のつながり	なし	ある程度ある	強いつながりをもっている
エイズ予防アウトリーチ活動	注射針交換場	移動式バン	個々のアウトリーチ・チーム

このプログラムを利用し始めた。彼らは注射器を交換に来たときにその場でエイズや医療、福祉援助について説明を受け、やがてボランティア運動員たちを信用するようになった。彼女らはしばしば男性パートナーを同伴し、男性パートナーも進んで我々と話をしたので、女性と男性パートナーの双方から情報を入手することができた。

アフリカ系アメリカ人の売春婦は、様々な社会援助を受け、家族や友人とも密につながっている場合が多いので、福祉事務所におけるエイズ講演やコンドームの配布、市が資金を提供する健康クリニック、薬物中毒更正プログラムなどが、彼らの教育に効果を発揮する。家族に情報を提供すれば、家族を経由して間接的に情報が伝わる場合もある。公園地区で車を使って働くアフリカ系アメリカ人の売春婦は、ポン引きに監視されているので、彼女達に直接接触することは難しかったが、アウトリーチ・ワーカーは、ポン引きを通じて女性に情報を伝えることができた。白人女性の男性パートナーと異なり、アフリカ系アメリカ人のポン引きは女性が客を勧誘する公園のオープン・スペースに車を止め、そのなかに座っていることが多かったのである。コンドーム、エイズ情報、クラック使用者への援助などに関する情報を提供するライトバンもこれらの売春婦やポン引きに接近する一つの方法である。ワイナーは、ニューヨーク市で行われたセックス・ワーカーに接近する為の似たようなライトバンを利用した作戦についても言及していた【注30】。

ホテル地区では、街を徒歩で移動するアウトリーチ・ワーカーが著しい効果を挙げることができる。売春婦は独立して働き、交際の自由が広く、車で客引きをする地域よりも顔ぶれが変わりにくいので、アウトリーチ・ワーカーと知り合いになり、信頼するようになりやすい。これらのホテルの男性を彼女達への仲介者として利用することは、この集団に接近するには有効な手段である。情報の普及がすばやく効果的なアフリカ系アメリカ人地区ではとりわけ重要である。例えば、我々は、ホテルの男性に、女性が必要とする可能性のありそうな各種援助を記載したチラシの配布を手伝ってもらった。男性ドアマンは必ずしも協力的というわけではない。あるホテルでは、男性マネージャーは私達が与えたコンドームを売り、我々が無料でコンドームを配らないように女性に近づけないようにした。

アフリカ系アメリカ人売春婦は、頻繁に子供を話題にし、子供に関する不安を口にする為、子供が必要としている援助を教え、子供も共に受けられる薬物中毒更正プログラムを提供することも、彼女達を更正させる為には重要な作戦かもしれない。

この調査結果がフィラデルフィアのその他の地域、またはフィラデルフィア以外の都市にも当てはまるかどうかはわからない。しかしながら、具体的な状況が若干異なったとしても、フィラデルフィアの調査で得られた結果から明らかなように、街娼が置かれている状況は一様ではなく、援助もその違いに応じたものでなければならない。この為、これらの女性達に接近するには、地域によって違う制約に敏感に対応できる柔軟な戦略が必要とされるのである。街娼に関する疫学的調査の大半は、個々のセックス・ワーカーからアンケートやインタビューデータを収集する調査方法にのみ終始し、彼らが置かれている社会的状況や社会によって違う特徴を考慮していない。社会的状況に目を向けることで、街娼に対する理解が深まるだけでなく、エイズ関連教育や様々な援助をより効果的に提供することができるようになるのである。

第8章

英国、スペインにおける売春婦に対する虐待と福祉団体

マギー・オニール
ローズマリー・バルブレ

セックス・ワークについて、異文化間の比較研究はほとんど行われていない。このような研究は国際的観点からの情報を提供してくれるものであり、社会政策について論じる際に、極めて有益である【注1】。研究者たちは、セックス・ワーカー特有の問題は地域特有なものであると思い込みがちである。文化による違いを研究することによって、類似点を見出すとともに、国による相違点が何故生じるのか、その理由を浮き彫りにすることができるのである。

我々の研究は、売春に至るまでの経路、虐待や暴力の実態、売春婦の生き残り戦略などの研究を二つの異なる文化圏で行うことによって、これまで行われてきた研究に新たなる側面を開くものである。本調査では、英国とスペインの類似点と相違点の双方について述べているが、最も驚くべき発見は、女性が受けた虐待経験と男性による暴力を最小限に食い止める為に女性達が講じている対策が類似している点だった。

スペインでは、マドリード（都会）とアルベセテ（農村）で主に調査を行った。英国では、ノッティンガム（都会）とスタッフォードのストーク・オン・トレント（半農村）で調査を行った。各地で五人ずつ、合計二十人の売春婦に徹底的なインタビューを行うとともに経歴の聞き取り調査を行った。約半分が屋内を仕事場とする売春婦、残り半分は街娼である。はじめて売春婦達に接触したのは後述の福祉団体においてだった。インタビューは女性の自宅または福祉プロジェクト事務局で行い、テープレコーダーで録音した。女性達は、喜んで体験談を語ってくれた。また、我々はセックス・ワーカーを対象に仕事をしている福祉団体職員にも会った。マドリードでは、「the Association for Prevention,Reinsertion,and Attention to Women Prostitutes」（APRAMP、「売春婦予防・更生・介護協会」）および「the Institute for the Promotion of Specialized Social Services」（IPSSE、「特殊社会福祉サービス促進研究所」）の協力を得た。英国では、ノッティンガムの「Prostitute Outreach Workers」（POW、「売春婦援助活動」）とストーク・オン・トレントの「the Sex Worker Project」（「セックス・ワーカー・プロジェクト」）の協力を得ることができた【注2】。非営利団体であるAPRAMPは、街頭でのアウトリーチ活動やコンドーム配布を行う移動チーム、職業訓練、支援活動、カウンセリングを行うセンター、ドラッグ中毒の売春婦を収容するシェルター、元売春婦の為の更生プログラムなど様々な活動を提供している。APRAMPはまた、リサイクルや手工芸などの民間事業を設立し、元売春婦の雇用を行っている。

我々は、売春婦が必要としている援助と既に提供されている援助との関連を探り、諸機関（警察、福祉援助、草の根運動団体、青年団体、保護観察所）の連携の元に売春婦支援を行っていく戦略を提案したい【注3】。

英国とスペインの売春防止法

スペインでは、自分の意志で行う売春は犯罪ではない（刑法には売春の記載がない）が、合法化されているわけでもない（法律上認められているわけでも、規制されているわけでもない）。一九九五年まで、以下のような行為は、刑法第四五二条二（a）において「売春に関係する犯罪」にあたり、四～六年の禁固刑および七百～三千五百ドルの罰金刑であった。

1．「国内または海外において、一人以上の人の売春行為に協力する、保護を与える、売春婦を雇用すること」
2．「詐欺、暴力、脅迫、権利の乱用またはその他の強要により、他者の性的欲望を満たすように第三者に強いること」
3．「本人の同意に反して、売春またはその他の不道徳な職業に雇用すること」

刑法は一九九五年に改正され、売春に関連する一部の犯罪行為の量刑は軽減された。自ら行う売春そのものはいまだに刑罰の対象とはなっていない。売春斡旋に関する定義は次のように婉曲な表現に改められた。「虚偽に基づいて、または相手の困窮および自らの優位な立場等を利用して、十八歳以上の人間に強制的に売春をさせる、もしくは売春を継続させること」と定義されている。成人の場合、強要が伴う売春斡旋行為のみ犯罪となる。強要による未成年者への売春斡旋行為は、成人への売春斡旋行為よりも厳罰に処される。

未成年者に対する「強要を伴わない」売春斡旋行為（未成年者または肢体不自由者の売春を勧誘、奨励、助け、促すこと）も犯罪である。最近まで、売春斡旋行為には、売春宿の経営も含まれ、犯罪として刑罰の対象となっていた。この点に関しては、現在では法律は緩和されている。売春宿所有者が、強要を行っていることを立証しなければならないが、これは証明が難しい。店がドラッグや未成年の売春と無関係ならば、警察は放置することが多いが、未成年売春およびドラッグとの関連が疑われる場合には、捜査の対象となる。警察の統計によれば、一九九五年には売春斡旋行為による逮捕はわずか九十八件だった【注4】。

現在英国では、売春そのものは違法ではない。しかし、勧誘、売春宿の経営、「不道徳な稼ぎ」で生計をたてる、売春の斡旋、縁石沿いの徐行（車から歩道を歩く人を勧誘すること）は違法である。売春は次の三点を行わない限りは、合法である。（一）街頭をうろついて勧誘をする。（二）他の人と同居する。（三）別のセックス・ワーカーと同居する。二つ目の条件は、不道徳な稼ぎによる生活へと発展する可能性がある。三つ目の条件は、売春宿経営へと発展する可能性がある。しかしこれら二つの禁止事項は、セックス・ワーカーはパートナーまたは配偶者と同居する基本的な権利を実質的に侵害されていることを意味している。

売春行為に対する禁固刑は一九八三年に廃止されたが、女性はいまだに間接的に売春行為により拘置され、罰金の不払いに対して刑を受ける。我々がインタビューした女性のなかには、二千ポンドもの罰金が未払いのまま累積している女性もいた。一九八五年、「the Street Offence Act」により縁石沿いの徐行が犯罪とみなされるようになった。このため売春婦が怪しげな客を選別することが困難になり、「the English Collective of Prostitutes」はこれに反対した。「執拗に」縁石を徐行しないかぎり起訴されることはないが、セックス・ワーカーと客は逮捕されないように売春の為の交渉を急ぐようになった。その結果として、安全なセックスの為の交渉をし、危険な客を避ける為の貴重な時間を女性たちは失うこととなった。その為、売春婦たちは安全と健康に関してさらに大きなリスクにさらされることになった。

英国内務省の統計によれば、イングランド及びウェールズにおいて一九八九～一九九六年の間に、十八歳以上の女性四千四百九十五人が売春勧誘に関する法律に違反したとして有罪判決または警告を受けていた（公式な警告）。「Children's Society」（「子供協会」）【注5】、「the Association of Directors of Social Services」（「福祉サービス責任者協会」）、「the Association of Chief Police Officers」（「警察署長協会」）は、児童売春は犯罪行為ではなく、児童保護問題として取り扱うべきであるという声明を発表した。児童売春が犯罪行為であることに変わりはないが、少年少女は「罪人ではなく犠牲者」として扱うべきであり、福祉サービスに委ねるべきである、少年少女からセックスを買う客こそが取締りの対象となるべきであるという気運が高まっている。一九九七年の「The Sexual Offenders Act」は、小児性愛者および性犯罪者に対して、数年間にわたって住所と近況を報告することを義務付けている。この法律では、十六歳未満の少女に売春を「させる、または奨励する」こと、十六歳未満の少女と性交を行うことなどを犯罪としている。

売春組織

スペインでは街頭での売春は主に都市部で行われ、マドリードのカサ・デ・カンポ公園が主な売春地区となっている。また、ヨーロッパの農業国の一つであるスペインでは、農村部でもセックス・ワークは広く行われ、ハイウェイや町の郊外にこうこうと灯りのともった売春宿（puti-clubs）が点在している。これらのクラブは一見すると普通のバーやホテルだが、セックス・ワークの隠れ蓑となっている。セックス・ワーカーはクラブに住みこむこともできる。半永久的に居住している者もいれば、三週間程度の者まで様々だ。自分で交渉をし、この地にやって来た女性もいれば、クラブ経営者と売春斡旋業者の取引でクラブに来た女性もいる。売春斡旋業者のなかには、売春斡旋組織に関わっている者もいる。クラブ経営者がマドリードやその他の都市に行き、女性を採用してくる場合もある。クラブで働く女性が地元の出身であることはほとんどない。ほとんどの場合、スペインのその他の地域または世界の他の地域（南アメリカ、アフリカ）の出身である。きちんと仕事をこなせることを確かめるために、マネージャーや客が女性を「試す」ことも珍しくない。きちんと仕事ができなければ、解雇される。

このようなクラブでは、女性が男性に買春を促す。男性を「上階へ行かせる」ことができると、金の一部は部屋の「貸料」として経営者のものとなる。このようにして、経営者は、表向きは単にホテルやバーを経営しているだけなので、刑を回避することができる。このようなクラブでは、ほとんどの女性が、三度の食事と部屋を与えられ、健康診断も受けているので、表向きよりもさらに多くの金がやり取りされていることは間違いない。

英国の売春は、大半が都会や港町で行われている。農村部の売春は個々の女性が自宅で行うもので、人目に触れることはなく、女性が雑誌に掲載する広告だけが手がかりだ。英国では主に、街娼とサウナ及びマッサージ・パーラーを対象に調査を行った。このほとんどは都市部に存在しているが、スタッフォードの半農村地帯にもサウナが存在している形跡を見つけた。ノース・スタッフォードでは、ストーク・オン・トレントに街娼がいるが、売春の大半はサウナやマッサージ・パーラーで行われる。これらのパーラーのほとんどは女性が管理しているが、所有者はほとんどが女性ではない。都市部のノッティンガムでは、かなりの数の街娼が存在し、サウナやマッサージ・パーラーも無数にある。

スペインでは、アフリカやラテンアメリカからの移民セックス・ワーカーが目に付くのに対し、ノッティンガムやスタッフォードには、第三世界諸国からの売春婦がいる形跡は見られなかった。しかしながら、大都市のセックス産業で働く女性のなかには、移民がいるようだ。英国の最近のマスコミの報道によれば、タイや東欧出身の女性は、犯罪組織の人身売買によって連れて来られたということでる。

両国の大きな違いは、英国では、売春婦支援の為の売春婦および元売春婦による草の根運動（例えば、「the English Collective of Prostitutes」「POW」「EXIT」「ScotPep」「the Centenary Project」など）が盛んであるという点だ。一方スペインでは、昔から福祉とは援助を必要としている人に上から下へ施すものであると考えられている為、このような団体はほとんど存在しない。援助を受ける側（女性）が、意見を求められ、プログラムの企画に参加することもまずない。しかしながら、APRAMPは、売春婦と協力し、売春婦が主体となってプログラムを作成している。

†売春婦になる過程

売春婦になる過程はさまざまだ。経済的理由がほとんどであるが、特に街娼においてはその傾向が顕著だ。しかし、数カ国で調査（米国、カナダを含む）を行ったところ、これらの経済的理由は、家族による虐待やネグレクト（養育放棄）が原因となっていることが多い。家出、シングル・マザー、手に職がないことなどが原因となって経済的必要が生じる結果となる。その他には、しばしば「恋愛」関係を隠れ蓑にしたポン引きの強要や、薬物中毒者の薬物への欲求が売春婦への道を開くことになる。また、売春婦である友人との付き合いを通じて売春婦になることもある。マドリードで働いているテレサは、兄に性的いたずらを受け、家を出た。

兄に性的に虐待され、十三歳のとき、家出をはじめた。両親に何度も見つけられたけど、兄を見ることすら我慢できなかった。みんなで夕食をとりながら、兄が視界に入るだけでも耐えられなかったし、怖かった。立ち上がって洗面所へ行き、泣いた。ぞっとした。それで、家出をするようになった。母親にはついに話さなかった。怖かったんだと思う。それに、自分に娘がいて、そんなことを聞かされたら、ぞっとすると思う。そのことを考えつづけた。母親が苦しむだろうって。今の生活のすべての原因はここにあるんだと思う。

マドリードで働くカルメンもいい例だ。彼女は「彼とは何もなかった」といくら主張しても、「売女」は家に置いておけないと母に家から追い出された。カルメンはボーイフレンドの家族と住み始めたが、そこからも追い出されると、路上で生活するようになった。やがて、近くの売春が盛んな地域から来た少女に出会い、十五歳で売春を斡旋されるようになった。

最初にセックスした相手は若い男だった。知り合った頃は友達みたいだった。彼は、私達はデートしているんだと私が信じるように仕向けたのよ。でも私に何がわかっていたと思う？　子供だったのよ。彼はあらゆることをさせ、殴ったりもした。

アルベセテのベアトリスは、売春に至るまでのいくつかの出来事を次のように語った。

私は妊娠していたけど、ボーイフレンドはまるで知らん顔。そこで家族に敬虔な寄宿舎学校に入れられたの。学校のシスター達はいい人だったけども、助けてはくれなかった。学校はまるで牢獄のようだった。もっとみんなで話をしたり、お互いわかりあったり、優しくしたりした方がずっといいのに。あそこは好きになれなかった。それで、マドリードで売春をはじめたの。安ホテルで働き始めたら、客は一人残らずバーで働く女の子達だった。私の稼ぎでは娘を食べさせることができなかった。ある日、私が泣いていたら、一人の女の子に声をかけられたのよ。「私と一緒に今夜働きに出てみない？」そのとおりにしたら、かなりのお金が稼げたわ。それで、娘に洋服でもなんでも買ってあげることができるようになった。

若年者が売春へ足を踏み入れるきっかけは、住む家を失うことや貧困に加えて精神的に満たされないものがあったり、精神的な脆さがあったりすることもきっかけとなっている可能性が高い。英国では、地域の保護下（救済を必要とする少女の為の国営施設）にあった少女が、その保護の手を離れた直後が、最も売春婦になりやすい【注6】。これらの少女達の多くは、自立して生活していくには無力で、多くは養護施設を転々とたらいまわしにされ、一ヶ所に長く定着することはほとんどない。施設で保護を受けている少女達のなかには、不登校になって社会から落ちこぼれていくものもいる。彼女達は、自分に自信も自尊心も持てず、仲間意識と頼るものを求めて、似た者同士がたむろし、その集団に引き込まれていくことになるのである。このようにして、彼女達は路上生活へと陥っていく。

ジャニーの母親は売春婦だった。彼女の面倒を見ていたのは主に父親だったが、その父親も彼女に性的虐待を加えた。両親の間には暴力が絶えなかった。ジャニーは八、九歳のときに養護施設（ノッティンガム）に来た。彼女の話によると、彼女が売春婦になったのは、「金の為」ではなく、「仲間になりたかった」為で、養護施設にいる別の少女を通じて売春に関わるようになったということだった。
同じくノッティンガム出身のルイーズは、幼児のころに養女に出されたが、八歳のとき自傷行為（腕や足を切る）を始めた。十二歳で、地域の保護施設に入れられた。ルイーズは売春をするようになったきっかけを次のように語っている。

悪い仲間と付き合い始めたのはここよ。売春は流行りだって言われて、いろいろ教えられたわ。だけど自分が売春婦になるなんて想像もできなかったし、売春は汚らわしいことだと思ってたのよ。それが、友人と売春をしてみたら……稼ぐのはとっても簡単だった。一回で二百五十ポンド、それ以上稼げることもあった。それで売春をはじめたの。怖い目に遭ったこともなかったわ。それから、クラックをやるようになって、結局クラックの為に身体を売るようになった。

†競争

売春を巡って、女性同士対立が生じることもある。対立の原因の一つが、新参の若い移民の薬物中毒者、若しくは自暴自棄に陥った薬物中毒者が料金を暴落させることだ。これによってセックスの相場が引き下げられるので、他の売春婦の激しい怒りを買う。ノッティンガムのモイラは次のように述べている。

この間、仕方がないから小娘を二人追い払ったわ。これまで売春婦仲間に酷い仕打ちをしたことはなかったけど、彼女達がポン引きに袖の下を渡してる所を見ちゃったのよ。それであたしたちの場所に彼女達が来るのを見て、すごく腹が立ったの。「なんであんたたちはダブル（一人の客を二人の売春婦で相手すること）なんかをするのよ？　あたしたちはそんなことまっぴらゴメンだわ」って言ってやったわ。一人は十四歳、もう一人は十六歳だった。あたしは土日しか来ないから、縄張りは守らなくちゃならなかった。とっても落ち込んだわ。一時間ほどいるあいだに、あいつらが何度も車を出たり、入ったりしているところを見かけたわ。

若さを武器に客を大勢とっていた少女達は、反感を買っていた。

スタッフォードでは、リアノンはマッサージ・パーラーで繰り広げられる競争の様子を次のように語った。「どこのパーラーでも同じ問題が起こる。誰か一人が人気者になれば、他の売春婦たちが意地悪をするの……情け容赦ないわ。裏切りなんてしょっちゅう。私も玄関のかぎと財布を二回盗られた。このごろは、誰も信用できない」。テレサは、マドリードの街娼達から締め出されたときのことを話してくれた。

あたしが客を盗ったというの。きっと男はあいつらを二、三回通って、その後あたしを見かけて、それからはあたしのところにくるようになったのよ。あいつらに言ってやったわ。あたしが悪いんじゃないわ、あんたたちと同じようにここで働いてるだけよってね。客になんて答えればいいって言うの？「ダメよ、向こうへ行って！」とでも言えばいいのかしら？

†暴力の被害

売春婦は、職業の性質上、暴力の被害に遭いやすい。夜間に公共の場所で働く、現金を持ち歩く、社会的に孤立している、ポン引きに虐待されることが多いなど、被害を受ける条件が整っているのである。これは、売春婦が非力であることの反映でもある。安全な労働条件を求める力もなければ、警察の保護を要求する力もない【注7】。売春が犯罪ではないスペインでは、少しは安全なのではと思われるかもしれない。しかしながら、売春が恥ずべき、社会規範から逸脱した職業であることに変わりはなく、暴力から保護されることはない。

売春婦は、ポン引きや客から暴力の被害を受ける。一般的に、「常連客」よりは知らない客が暴力を振うことのほうが多く、監視の目がない地域（警察やアウト・リーチ・ワーカーがいない地域）では特に、売春婦が暴力の被害に遭うことが多い。マドリードのオルガは、客について次のようなことを話した。

> 注意して注意し過ぎることはないわ。最近では、売春婦を守るやつなんているわけがないと思ってるから、売春婦相手ならどんなことでもできると男性は考えている。たたいても、犯しても、乱暴してもいいって。

この調査の回答者達にとって、暴力は時に予測を超え、また時に、誘拐に近いようなことも起きた。強姦や暴行は、客だけでなく第三者（例えば、タクシー運転手）からも受けることがあり、時には売春婦になじみのない場所で、売春婦が薬でハイになっている時や酔っ払っている時に行われた。客にコンドーム無しのセックスを強いられることも一種の暴力だ。マドリードのヘロイン中毒者テレサは、繰り返し暴力を受けた経験を次のように語った。

> 何度もその男とホテルに行ったわ。男はお金をくれると、とても乱暴になるの。痛いじゃない

のって何度も抗議したけど、でもそいつに言わせれば、乱暴にしなくちゃだめらしいの。乱暴にしなくちゃ興奮しないし、その為に金を払ってるんだと言うのよ。金さえ払えば、どんなことをしてもいいんだって。……あるとき一人の男とホテルへ行ったら、男は私に金を払ったと思ったら、ナイフを取り出したのよ。とっても怖かったわ。私を殺す気なのかと思ったけど、ところがそうじゃなかったわ。それが興奮する為のその男のやり方だったのよ。私の首、胸の回り、いたるところにナイフを押し付けて、少し傷もつけたわ。それでその男は興奮するの……医者へ行って、傷口を消毒してもらわなくちゃならなかったわ。

マドリードのサンドラは次のように語った。

あるとき、酒を飲んでディスコから帰る途中、タクシーに乗ったの。運転手に行き先を言って、タクシーで半分眠ってしまったの。目が覚めたら公園にいたわ。「なんのまね？」といったら、運転手が「いいだろ、ちょっと触ってくれよ。たいしたことじゃないだろう」って言ったの。抵抗したけど、結局強姦されたわ。運転手は私を強姦し、公園におきざりにしていった。タクシーの金は返してくれなかった。そこで私は別のタクシーを捜して、やっと家に帰ったときにはコートはずたずたで泥だらけ、ブラジャーはちぎれていたわ。

キャシーはある客について話してくれた。「男が乱暴に挿入したから『乱暴にしないで』っていったの。そうしたらその男は『乱暴だろうとなんだろうと、俺が好きなようにするんだ』と答えた。それで、そこで終わりにして、男を追い出したわ。殺されるかと思った。怖かった。突き刺すような目をしていたの。頭を引きちぎってやるぞと言わんばかりの目をしていたわ」。

強盗や泥棒も日常茶飯事で、払ったお金を取り返しにくるような男もなかにはいた。何かと口実をつけてお金をまるで払おうとしなかったり、性交がうまくいかなかったからと言って値切ったり、約束していないようなサービスまで要求したり、そんなことは珍しいことではなかった。金を取り戻すために、武器をつかう男もいた。マドリードのアデラは次のように語った。

何度もナイフで脅されて、金を返さなくちゃならない目にあったわ。ナイフで脅されるなんて年中よ。殺されそうな目にもあわされて、結局お金を返すことになったのよ。

スタッフォードのキムも、強盗に遭遇した時の様子を次のように語った。

車を発進させると男は汗だくで震えていた。なにかおかしいと思って、「降ろしてくださる？降りたいの、気分が悪いわ」って言ったの。なんでそんなことを言ったのかわからない。殺されるんじゃないかって気がしたの。男は角を曲がると、ブレーキを強く踏んで要求した。「金をよこせ」「お金なんかないわ」って答えたら、男はナイフを出した。私の首のところにあてて「この嘘つき野郎、お前が他の奴の車に乗り込むところを見たんだ。さあ、金をよこせ。さもないと、喉を切り裂くぞ」と言った。それで男に金を渡して、車を降りた。バッグにはペンがあったから手に車のプレート番号を書き留め、警察に報せたわ。でも、出廷して、証言したりはしなかった。あの男がまた私を街で見かけたらどうしようと思って怖かった。

スペインでの調査でインタビューに登場したもう一つの被害は、女性と子供の人身売買だった。風俗業の女性や、スペイン国内での仕事という言葉につられてスペインへ連れてこられた外国人などの人身売買が行われている。売買された女性達は、社会から隔絶された場所で、人身売買の売人やポン引きに頼って生活しているので、女性が警察などに通報することは困難である。スペインの人身売買のほとんどは、地方のハイウェイクラブで行われる。アルバセテのバージニアは以下のように語った。

売春は犯罪組織よ。女性や子供を品物のように売る犯罪組織。私の同僚は七人の子供を一人ずつ売り渡していた。子供を売る母親は金、車、家など、なんでも与えられる。人身売買業者を警察に通報することはできない。特定の個人の話ではないから。関わっている人が多すぎる。

このような人身売買がどの位の規模で行われているかは不明だが、売春斡旋を取締る法律に基づいて、逮捕、起訴に至ることもある。

生き残り戦略

†売春婦としての自分への対応

売春婦たちは、私生活での自分と仕事中の自分、感情と肉体、それぞれを切り離して捉えようとしている。

スーザン・エドワーズはこれを、「身体は売っても、魂は売らない」と称し、「こうやってはっきり区別しなくちゃ、やってられないのよ【注8】」と主張している。しかしながら、一部の回答者は、このようにはっきり区別をつけることは難しいと言っている。ノッティンガムのモイラは、仕事と本当の自分の間に生じる軋轢について、売春婦であることの烙印と経済的利点の双方に言及して次のように説明してくれた。

友達を失ったわ。友達が自分を見る眼がすっかり変わってしまうの。それが辛かったわね。「うるさいわね、あたしは売春婦よ」と思った。でも、あたしは売春婦だけど、売春婦じゃない。仕事と自分の二つの生活があるの。ボーイフレンドの友達が座ってテレビを見ながら、「あの汚らわしい売春婦を見てごらん」と言った。あたしは、「あたしが売春婦だってことをお忘れなく。このソファは売春した金で買ったもの。テレビもカーペットもね」と言ったの。みんなぎょっとした顔であたしを見たわ。

アルベセテのイザベルは次のように述べた。

特に何もなければ、仕事と私生活をわけることはむずかしくない。大変かもしれないけど、自分の心のコントロールさえできれば簡単よ。私は客とは、私生活の話も息子の話も、なにも話したくないし、話さないことにしてるの。時には気の合う常連客に、家族について聞かれることもあるけど、そんな相手でも、元気よ、ぐらいしか答えないことにしてるの。

自己と肉体を分離するには、酒の助けを借りずにはいられなくなることもある。アルベセチのバージニアは、アルコールがなければ、仕事は我慢できないと話す。「売春に、大酒のみはつきものよ。酔ってでもいなけりゃ、やってられないのよ。売春でやることなんて、考えるだけでも我慢できないことばかりだし、それを自分がやるなんて、金をもらってもやりたくないことばかり」。

売春婦達は、女性としての肉体を道具として使い、気持ちや感情は私生活にとっておく。当初、英国のサラは、「ジジイがのしかかってくることにげっそり」したと言い、心身共に傷つくことが続いた。今では、彼女は「感情を切り離すこと」ができるようになった。このような女性の多くにとっては、男性は商品、目的のための手段である。過去の男性との否定的な経験に加え、男性に対するこのような観点は、仕事以外の男性に対する見方や男性との関係にも部分的に影響を及ぼしている。英国のジェーンは次のように語った。

> なかにはましな男もいたし、そんな男達は区別してはいたけど…。でも、遅かれ早かれ、影響がでてくるの。男達をすべて客になるかもしれない男として見てしまうのよ。なにもかも耐えられなくなったわ。

マドリードのテレサも、すべての性的関係に嫌悪感を持つようになった。

> 路上生活をしなくてはならないことも、男と寝なくてはならないことも、すごくいや！ ぞっとする！ 夫とのセックスですら、気分が悪くなる。

仕事中の自分と私生活での自分を切り離し、ある程度成功する場合もある。しかし一方では、売春婦としての自分や体験にプライベートな生活までをも蝕まれていく人々がいることも確かなのである。

†安全の為の戦略

客の暴力を予防するには、不安定で攻撃的な客に対しては、心を和ませ、落ち着かせる為に、何とか「なだめる」努力をする。ある女性は、「天気のことでも、宝くじのことでも、心が落ち着くようにどんなことでも延々話し続ける」のだそうだ。我々の調査では、回答者達は、常に男性に微笑みかけ、暖かく接すると答えた。男性をなだめる為に、今度は売春婦が、救いの手を差し伸べ、いわば「カウンセリング」めいたことをするのである。心への働きかけも、売春婦の仕事の一面なのである。心への働きかけは、客の心を「なだめる」という行為だけではない。売春婦は自らの感情を押さえ込み、自分の気持ちを偽らねばならない。さらに偽りの「自分」を作りあげ、客への配慮、関心、いたわりを演出し、客の話に耳を傾けるふりをするのである。リアノンは、売春婦として客への気配りを大切にしている。たくさんの男に、「あんたは、思っていたタイプとは違う。あんたは人間らしく、暖かく、親切だ。若い女の子のなかには、冷たいのが多い。あんたは僕たちを人間らしく扱ってくれる」と言われるとリアノンは話した。マドリードのローラは、これをトラブルを避ける為の「最良のやり方」と言い、次のように話した。

私は客と面倒を起こしたことはないわ。他の売春婦達にも、私が男性と言い争いをしているところを目撃したことがないと言われるし、「どうやったらそんなことができるの。あなただけには、何もかもうまくいくように思える」と言われるの。私は、客に対して酷い口の聞き方をしないだけと答える。客を理解しようと努力するのよ。自分は、客の話を聞いてあげるのが仕事だと考えるの。でも、なかには、そんなこと我慢できないという売春婦もいるけどね。

暴力を受けたことのない女性は、客に出会った直後から客の「扱い」が上手なのだと答えた。彼女達によると、彼女達は客に対して常に「感じよく」「礼儀正しく」振舞うようにしているが、暴力を受けるような売春婦達は、客に対して「下品」で「態度が悪い」のだと言う。屋内で働く売春婦達も、客との面倒を避ける為に、感じのいい態度で接するようにしている。我々が訪れたスペイン農村地帯にあるクラブでは、マネージャーのホセが、礼儀正しく、品良く振舞うことを教え、罵り言葉を使わないようにしつけ、自分の見せ方を工夫するように訓練した。その結果、彼の店が人気クラブとなっただけでなく、「トラブル」を最小限に抑えるという一石二鳥の効果をあげたのである。

我々がインタビューした売春婦達は、仕事場の環境を整えることで暴力に遭遇する危険性を減らそうとしていた。これには、「安全」で、人の近くの、充分な照明がある場所で売春をすること、また、ポン引きを回避すること、ドラッグやアルコール摂取量を管理すること、他の売春婦と協力関係を築いて車のナンバープレートを書き留めてもらうことなどがある。また、「安全な」服装——すなわち、客が凶器として使えそうなもの（スカーフやネックレス）や、必要な時に逃亡の妨げになる洋服（ピンハイヒールやタイトスカートなど）を避ける——を身につけること。室内では、大音量の音楽を禁止すること（部屋の悲鳴が聞こえるように）、部屋にガラス製品（武器として使用される可能性がある）を置かないことなどに配慮する。用心棒を雇っているクラブもある。料金の交渉を事前に済ませれば、「約束破り」を予防することができるが、すべての売春婦がそのとおりにできるわけではない。

仕事がない時は贅沢かもしれないが、客の選別は重要だ。一見の客よりも「常連」の客の方が好ましい。客を「なだめる」技術も大切だが、それと共に好ましくない客を「拒絶する」技術も大切だ。料金をつり上げたり、「友達を待っている」などの言い訳を使うなどして客を断っていた。とりわけ室内で働く売春婦は、売春の交渉をしながら優しく「身体を叩いて持ち物検査」をしたり、男性にセックスの前にシャワーを浴びるように要求したり、部屋の明かりを必ず点けておくなどして、様々なテクニックを使って未然に危険を防いでいた。

売春からの脱出

我々が話をした女性の多くは、売春稼業を辞めたがっているようだったが、短い時間でこれだけの金が得られる仕事は他にはみつからないようだった。また、売春婦という烙印の為に、他に勤め口を探そうとしても、ほとんどが門前払いに遭うということもある。例えば、ローザは街娼に嫌気がさし、マドリードの裕福な地区で召使の職を得た。

その女性は、推薦状もなしに、私を雇ってくれた。しかし、三ヵ月後、彼女は私のところへ来て「申し訳ないが、あなたが街娼だったことがわかった。辞めてもらいたい」と言った。私は「ここで三ヶ月働いたけど、なんの問題もなかった筈だ」と言ったが、彼女は、隣人達に知られたくない、彼らは私が街娼をしていたところを見かけたかもしれないなど、世間体を気にする言葉を並べ立てた。私は別の仕事につこうとした。どこへいっても推薦状を求められたが、私にはそれがなかった。

対照的に、ノッティンガムのサムは、その気になりさえすればいつでも売春婦を辞められると考えている。

私は自分で選んで売春婦になったけど、今はまだ辞める気にはならないわ。まだその準備ができていないのよ。いい客もついたし、愛や金のために捨てるつもりはないわ。私には他にも能力があるし、自尊心が高いのは自分でもよくわかってるわ。売春婦だからって全員が自尊心が低いわけじゃないのよ。自分の力を信じれば、決断できるはずよ。大学へ戻ったり、協同組合で働いたりね。経済的理由のために、望まない結婚を続けて、自分を売っている女がどれだけいるかしら？　金銭的な得にならなければ、どれだけ多くの女性がそんな関係から抜け出すかしら？

売春以外の仕事は考えられないという女性もいる。他に魅力的な仕事がないという理由で、売春を選ぶ者もいる。無理矢理、または他の売春婦に誘われて売春婦になった者でも、経済的必要性や売春婦の社会に溶け込んでしまったという理由で、売春を続けている者もいる。売春婦社会への帰属意識、理解しあえる友人、見下したりしない友人、求められ必要とされているという意識などが、売春を続ける強い動機になっているのかもしれない。

結論――今後の活動へ向けて

英国とスペイン両国の間には、主に売春婦が仕事で遭遇する体験や、受ける暴力のパターンなどに類似性が見られる。売春婦達は、暴力は売春という職業にはつきものの危険と考えているが、それを予防し、最小限に抑える為にさまざまな戦略を講じている。

売春婦になるまでの過程は、両国とも似ている。しかし例外は、英国では地域の公の保護の元に置かれていた女性が売春婦になる例がある点である。スペインではそもそも、女性が公の保護下に置かれることがほとんどない。英国及びスペインでは、家出、シングル・マザー、児童虐待、パートナーやポン引きの勧めなどが売春婦になるきっかけになることが多い。

我々はこの調査の結果から、売春婦達のニーズに焦点を置いた売春対応策を提案したい。これは、売春は本質的に有害かなどという論議とは無縁である一方、対応策を検討する際に考慮しなければならないそれぞれの社会的状況を充分に反映したものである。英国では、保護施設を出た直後の少女達が売春婦になりやすいという状況そのものが、施設を出た後の追跡指導の改善、自立を促進する為の援助、不本意なセックス・ワークへの参入の予防などの必要性を示唆するものである。その為には、複数の機関にまたがる協力体制が必要であることが、ミッドランドや英国のその他の地域で立証された【注9】。スペインではこのようなことはほとんど行われていない。複数機関の協力が万能策であるとは言えないものの、ひとつの機関が単独で行動するよりは、はるかに効果的で組織的な援助を提供することができるのである。また、政府とボランティア組織とが連携をとることによって、より効果的に女性や少女達を支援し、売春への道を未然に防ぎ、安全を提供できるようになるのである。

現役売春婦や元売春婦が運営する英国のアウト・リーチ活動をスペインは手本とすることもできるだろう。我々が関わった組織、英国のPOWとセックス・ワーカー・プロジェクト、スペインのAPRAMPとIPPSE、これらの間で情報が交換されるようになったことは、我々の活動の大きな成果である。セックス・ワーカー・プロジェクトとAPRAMPとが会合を持つことにより、英国側が健康や安全に関する助言をすると共に、

「Ugly Mug Sheets」や「Tips of the Trade」などのパンフレットで様々な例を紹介し、暴力的で攻撃的な客について有益な警告を与えることができた。

APRAMPの活動は、差し迫った要求に応えるだけでなく、シェルター、教育、カウンセリング、セラピーなど長期的な要求に応える活動も行っている。APRAMPプログラムに参加した女性達の多くは、彼女達自身がアウトリーチ・ワーカーとなり、自分達の経験や知識とAPRAMPでの訓練で得たものを活かして、売春婦として働いている女性達の救済活動を行っている。昨年、APRAMPは、マドリードの最も危険な地域で草の根アウトリーチ活動を行った。

ストーク・オン・トレントのセックス・ワーカー・プロジェクトでは、ボランティアや雇用スタッフ達が、街娼およびその他の売春婦達の健康問題に対して取組みを行い、このプロジェクトはこの分野でのモデルケースともいえるプロジェクトとなった。

ノッティンガムのPOWは、賃金労働者とボランティアのほとんどが現役または元売春婦であるという点で非常にユニークなプロジェクトである。POWは、売春婦のセックスに関連した健康上の問題に応える為に始まったものであるが、広範囲な社会、福祉の問題に取組むプロジェクトへと発展していった。現在では、街娼や街娼以外の売春婦両方を対象にアウトリーチ活動を実践し、避難所のネットワークや啓蒙活動や職業訓練に関する助言や情報の提供を行っている。複数の機関にまたがる運営委員会に支えられ、POWは警察や社会福祉関連の公的諸機関と協力しながら、青少年の売春に対する超機関的な対応を行っている。

スペインの「The Women's Institute」は、他の国の模範ともいうべき存在である。労働社会生活省の下部組織として一九八三年に設立されたこの研究所は、女性の権利の発展を促進することを目的とした研究、様々なプログラムの策定、法制度の整備を目標に支援活動を行っている。

両国の売春婦に対する国の政策や援助活動については、さらに広範な議論が必要である。しかし、その第一歩として、売春婦の目を通して売春をよりよく理解することにより、この問題に対する我々の理解も一段と深まり、必要な援助を提供することができるようになるだろう。

第9章

弱者から強者へ

街娼の更生を助ける

ナネット・J・デーヴィス

私は、売春から更生し、強者として生まれ変わった。本当の自分と将来の自分を見つめ、自分の生きる道を選び、生きる意味を学んだ。

……元売春婦

現代のフェミニストたちの間では、売春に対して二つの見方がある。一つは、市民権に重点を置き性的表現の自由を追求するものであり、もう一つは、売春は男性による性的抑圧であるという急進派フェミニストの見解である。前者は、売春も含む選択の自由を通してこそ、女性の平等は向上すると主張するものであり、後者は、売春は、性的、社会的、経済的不平等を助長するものであると主張する【注1】。

「選択の自由」を謳う人々の活動は、COYOTE（「Call Off Your Old Tired Ethics」）のような売春婦の権利擁護団体に代表されるが、一般的には、ハリウッド映画によく見られる「幸福な売春婦」神話のようなものを頭に思い浮かべれば最もわかりやすいだろう。「幸福な売春婦」神話は、様々な思い込みの寄せ集めの産物だ。自分の意志で売春稼業を始めた才気溢れるセクシーな「プリティー・ウーマン」が「運命の男性」が現れるまで売春を楽しみ、売春で性的満足を得ている。つまり、一握りの幸運な美しい女性は売春稼業で富を築くか、金持ちの男を誘惑して富を手に入れることができると暗に言っているようなものなのである。また、売春が、女性にとっての「武器」として描かれている。一般的な男女の役割を逆転することによって、売春婦は「客」よりも有利な立場に立ち、売春によって性の解放への道が開かれる。

女性は、売春という「武器」を使えば、週四十時間のつまらない労働をせずに済む。売春婦は、タイムカードや上司もなく、好きな時間に働くことができる自由な稼業だ。このような「幸福な売春婦」神話では、売春は、高収入で華やかでセクシーな仕事であると祭り上げられているのである。

急進派フェミニストの主張はそれとはまるで正反対だ。キャスリーン・バリーは、売春は隷属的性労働の究極であると主張している。自分の意志で肉体を売る女性などいるはずもなく、男性の強要以外にはあり得ないと主張する【注2】。この主張によれば、売春は、性的児童虐待、近親相姦、強姦、その他様々な性的虐待の延長線上にあるものである【注3】。街娼に対する暴力は広範囲に及んでいる【注4】という結果も複数の調査から得られている。売春婦は、客やポン引きに強姦、殴打され、連続殺人の格好の標的となり、暴力犯罪の被害者となっているというのである。

急進派フェミニストは、売春を性差別の究極の形であると捉え、女性の性を商品化することにより、女性の価値は貶められ、女性の物質化が助長されていると主張する【注5】。女性の性の所有とその取引きは、我々のジェンダー・システムの中核となる要素であるが、「共有財産」としての売春婦は、一人の男性が性的所有権を「独占する」女性と対極に位置している。ジェンダー・システムの最下層を占める売春婦は、性的に独占されていない、尊敬できない、違法な存在、保護に値しないなど、事実とは異なる定義をされている【注6】。

COYOTEのような売春婦の権利擁護団体に関する研究は行われているものの【注7】、売春に反対の立場をとる組織についてはほとんど研究がなされていない。本章では、オレゴン州ポートランドで急進派フェミニストの立場に立って売春婦更生の活動をしている「the Council for Prostitution Alternatives」(CPA)に焦点を当て、この落差を埋めている。このCPAは、市や郡からの資金提供だけでなく、民間からも寄付を受けている。ソーシャル・ワーカーなどの有給のスタッフだけでなく、元売春婦のボランティアも運営に参加している。理事会は、資金調達や広報活動を行っている。

本研究は、CPA創立者およびCPAスタッフを対象に行った詳細なインタビューに基づいたものである。特にカウンセリングやケースマネジメントを行うソーシャル・ワーカーに徹底的なインタビューを行った。また、売春の世界から抜け出そうとしている売春婦ともインタビューを行った。二年以上にわたってCPAの理事を務めてきた私は、CPAを訪れた売春婦や、スタッフとして働く売春婦に接触する機会を得ることができたのである。さらに、CPAの統計データや資料の分析なども行った【注8】。

展望と目標

CPAは売春を止めたいと望む女性に援助の手を差し延べる団体である。この団体は売春婦の「意欲」を最も重視する。売春婦達が定められた段階を踏んでいくことによって、売春婦達につきものの挫折を彼女達自身で乗り越えられる可能性が高くなる為である。

地域のアウトリーチ・ワーカーだったスーザン・ケイ・ハンターが一九八五年に設立したCPAは、成人売春婦達が暴力の悪循環から抜け出すことを目標に活動している。現職スタッフのジョー・パーカーは、これを「安全で健康的な生活を目指す女性を支援する【注9】」活動と称している。CPAによれば、売春の動機は、社会的要因と個人的要因とに分けられる。女性や子供への虐待は、強姦、近親相姦、暴行、児童虐待、法的および経済的搾取、人種差別、性差別、階級差別など様々な形をとり、女性を売春へと追いやる。いったん売春の世界へ足を踏み入れれば、心理的虐待によって傷つき、経済的依存度が高まり、売春からの脱出は困難となる【注10】。CPAの綱領は、その核となる理念を次のように述べている。

売春は、すべて非人間的で暴力的で生命を脅かす行為である。売春は、女性に対する暴力行為そのものである。売春婦となった女性は、「自由意志で」売春婦となったのではなく、虐待的関係を自ら選択したのでもない。性的解放と快楽を求めて売春を選んだのでもない。女性が、売春により精神的強者、経済的強者になることはない。救いの手が差し伸べられ、他に進むべき道が示されれば、女性は自らの意志で売春を止める道を選ぶだろう【注11】。

売春婦を被害者として扱うことも犯罪者として扱うことも、賢明なやり方ではなく、逆効果であると彼等は主張する。なによりも、「被害者」であれば、救済しなければならず、また被害者は自分自身に責任を感じることがない。被害者は、さらに別の被害を被ることが多い。被害者であることから抜け出すことは難しいのである。第二に、売春婦を「犯罪者」とみなせば、売春婦は犯罪者の一生を送ることになってしまう。つまり、常習犯となる可能性が高いのである。それらの見方とは対照的なCPAの概念である「強者」は、自らの過去と対峙し、それを乗り越え前進したことを意味し、女性を売春から解放する鍵となる。CPAは、「強者」、「闘争」、「果敢な戦い」などの言葉で売春から抜け出そうとする女性を表現し【注12】、売春婦は被害者でもなければ犯罪者でもないことを強調している。

売春婦となった女性を、救済すべき被害者として扱うことも、また罰すべき犯罪者として扱うこともしてはならない。むしろ自分で選んだ道に自ら満足し、誇りを持つことができるよう、自分達の人生を管理する力を与え、選択肢を示すべきである【注13】。

目標は二つある。まず、CPAは、女性の生活を完全に変えることを目的としている。いわば一八〇度の方向転換だ。「中途半端な」やり方で売春を辞めることはできない。全か無かである。二つ目の目標は、売春婦を生み出す、根本的社会問題に関心を向けることである。

1. 女性に対する男性の性的支配：女性に性的サービスを求めるのも男性であり、また女性を罰するのも男性である。
2. 男女不平等および女性に対する性差別：これは、警察の性的偏見に満ちたやり方に反映されている。売春で逮捕されるのは大半が女性であり、ポン引きや客が起訴されることはほとんどない。
3. 階級及び人種による差別：少数民族の貧困女性が街娼のかなりの部分を占める。またその多くが、社会的技能や職業技能を欠いている為、職業選択の自由がない。

CPAは、法による救済策には批判的だ。救済策には、法による売春の規制または規制の解除、売春の合法化、土地利用の規制など様々なものがあるが、これらは皆、売春の根本的原因を解決するものではなく、何の問題解決にもならないとしている。逆に、これらの「救済策」により、売春婦が出直しの為の力を得る際に必要な援助を受けにくくなり、虐待をいつまでも継続させる結果になることが多いとCPAは主張する【注14】。一般に救済策と称されているものは、売春婦だけに目が向けられており、ポン引き、業者、客、チンピラに搾取や虐待を続けさせる隙を与える結果となる。

これらの男性にはより厳しい制裁を課すことが望ましい。近年、各地域では、売春の客に対する規制を強化することによって売春対策を行うようになってきた。例えば、車の没収、罰金、写真や住所の公開、妻への通知、その他様々な対策を行っている【注15】。これは、街娼を取り仕切る男性を容認しないことのあらわれでもあり、CPAは、買春をする男性を犯罪者とするこの傾向を歓迎している。

客

CPAのサービスを受けている街娼達は、無作為に抽出された街娼ではないので、典型的なポートランドの街娼とは言えない。これらの売春婦たちはCPAに援助を求めて来た女性達である為、街娼の中でも最も絶望的な状況に置かれている人々であると推察できる。しかしながら、CPAに援助を求めてやって来た売春婦だけでなく、その他の街娼達も含めて売春婦は皆、社会的にも、また精神的にも欠落しているものを抱えており、それらは克服しがたいほど深刻である。彼女等の多くは、教育をほとんど受けず、職がなく、少数民族で、家もなく、家庭は崩壊し、子供時代から慢性的な性的虐待、肉体的虐待を受け、頻繁な逮捕歴があり、ドラッグやアルコール中毒に陥り、さまざまな肉体的、精神的問題を抱えている。表9・1は、一九九一年からのCPA参加者の家族歴、刑事裁判歴、売春年数、アルコールまたはドラッグ中毒の有無、受けてきた暴行についての状態を示したものである。売春婦の大部分は、ポン引きまたは客に強姦、暴行、誘拐されたと述べたが、これらの犯罪を警察に通報したものはいなかった。

一九九四年のCPA参加者は、自分達の置かれている不利な状況や個人的に抱えている問題の数々につい

表9-1●CPA参加者800人の特性（1991年）

家族状況	
子持ち	82%
子供と同居	41%
妊娠中	1%
刑事裁判の前歴	
有罪	84%
軽罪	55%
重罪	30%
服役	80%
アルコールやドラッグの使用	
ドラッグ／アルコール中毒	88%
アルコール	19%
コカイン	24%
ヘロイン	13%
ポリドラッグ／アルコール	43%
注射によるドラッグ使用	43%
五年以上の中毒	68%
治療（CPA以前）	57%
治療（CPAにて）	70%
現在もドラッグを使用中（CPA にて）	30%
虐待	
ホームレス（平均 6.3 年）	90%
強姦	71%
ポン引きによる強姦	85%
客による強姦	78%
警察へ通報	9%
暴行	95%
ポン引きによる暴行	63%
客による暴行	100%
警察へ通報	5%
誘拐	53%
ポン引きによる誘拐	77%
客による誘拐	91%
警察へ通報	0%

て語った。例えば、68％は学校を中退しており、88％は子供を自分で養育していた。93％はホームレス、71％は職についたことがなく、51％は有色人種だった。と同時に、彼女達の行動も拙劣だった。90％は薬物またはアルコール中毒であり、78％が自殺未遂を経験し、75％以上が子供の頃に性的に虐待を受けたと回答した。ここでも虐待は日常茶飯事だった。89％は強姦された経験があり、93％はセックスとは関連性のない暴力の被害者だった。CPAはこれらの参加者の意識やライフスタイルを変えるには広範囲なサービスが必要であると主張している。

プログラム

当初、CPAは、売春の仕事を辞めようとしている売春婦に対して、避難所の提供と二十四時間体制の対応を第一目標としていた。しかし、この目標は実行不可能であることが判明し、徹底的な監視が行えないこと、コストがかかること、参加者のタイプなどを理由に、わずか数年にも満たないうちに放棄された（安全なシェルターやその他の快適な住環境を与えられ、「過剰に心地良い」状態に置かれると、多くの女性は売春を辞めようという意欲を失った）。このようなことから、「トータルケア」という方針は変更された【注16】。その代わりに、プログラムは支援のネットワーク作りと個別ごとの対応へと方針を転換したが、それらは四段階で構成されている。

†第一段階

第一段階は、緊急的な介入措置である受け入れである。期間は九十日間で、その間に参加者が必要としているものを探り、支援体制を確立し（住宅探しの手伝い、食べ物、衛生用品、引越しに伴うレンタルの援助、医療、収入確保の援助）、推薦状の発行などを行う。常に、約八十人の女性がプログラムに参加しており、それに対しアウトリーチ活動家は百四十四人である。まず、啓蒙グループが性的虐待、性的搾取、インフォームド・コンセントなどの概念や意味ある選択とはどういうものなのかなどについて啓蒙活動を行う。売春は本来人を傷つける行為であり、売春婦となった女性達はそもそもこれを理解できていなかったのだという大前提にこの活動は基づいている。CPAのソーシャル・ワーカーによれば、女性達は経験してきた数々の体験のせいで何に対しても鈍感になり、自分達の命を大切にしなくなっていると言うのである。その結果、彼女達は売春または薬物乱用、またはその両方を繰り返す。

彼女達の被害者意識を取り払う為に、CPAは、「癒し」という概念を導入した。第一に、売春婦達は売春がいかに恥ずべき行為であるかという事実を直視しなければならない。次に、彼女達は、抑圧されていた心の痛みが不意に解放され、「洪水」のようにほとばしり出てくる際の激しい不快感と闘わなければならない。これは、女性が「売春神話」（性的解放または個人主義の進化した形としての売春など）と、自己破壊的なライフスタイルへの選択を求められた時に起こる。

†第二段階

第一段階は、生きて行く上に必要な基本的な環境を整えることを目的としているのに対し、第二段階では、売春を辞めた後の生活を「長期的に安定」させることを目的とする。売春婦のライフスタイルを「健全で自立した」ものに方向転換させるには、被害者意識からの脱却が必要となる。ここで、被害者であるという意識から脱却しなければ、強者となって生まれ変わることも、選択する力を身につけることもできない。この過程には二つの段階がある。第一に、過去の経験を再構築し、第二に、自己破壊的なパターンを自己確立的なパターンに置き換える。この第二段階では、問題を直視する能力を身につけてそれを実行し、自分で選択することを学び、自己をしっかりと認識することが必要となる。様々な概念を文章で記したMAPSカリキュラムは、虐待と虐待からの回復について文章を読むことによって学習できるようになっている。「カリキュラム」で要求される高度な知的レベルに当初は不安を覚える女性もいる。しかしながら、個々のケースに対応していくことにより、売春婦一人一人の状況や体験に適したものへとプログラムを適応させていく。ここでの目標は、自己を認識することであり、これにはかなりの精神的苦痛が伴うことが多い。さらにCPAは、育児能力の開発、子供の為のプログラム、再就職へ向けた職業訓練などを個々の対応に取り入れている。この段階では、常に約四十人の女性が参加している。

†第三段階

第三段階は、再び社会へ出る準備をする段階で、CPAプログラム保護下から自立体制へ移行することを目標に、「自主自立、自我の回復、更生への決意【注17】」に重点を置いている。参加者は、過去の仲間との交際を断ち、社会規範に反していない人間との関係だけを維持するように求められる。新しい関係は（福祉関係者のアドバイスのもと）自分の力で開拓していかねばならない。この段階になると、個別の対応へは重点が置かれない。その代わりに、社会に出ても支援が継続して得られるように、仲間作りに重点が置かれる。スタッフはこの段階を、「離陸」と称している。この段階では、「更生の為の自己責任を養い、組織の支援のもと新しい関係を築き、個人及び組織の援助への道を探る」（アルコール中毒者更生会、グループ・セラピーなど）【注18】。多くの女性が街娼仲間へ依存する替わりに、スタッフへ依存するようになり、計画通りに「離陸」に意欲が湧かないこともある。この段階における女性達の反応は様々である。この段階では、通常、常に約四十人ほどの参加者がいる。

†第四段階

「指導」と呼ばれる最終段階では、元売春婦が地域社会のアウトリーチ活動に自ら参加できるまでに、成熟し更生することが要求される。参加者は、仲間同士の支援グループを率いることを求められるが、これは単独で行うのではなく、CPAプログラム「卒業生」と共に行う。この第四段階の参加者の数は、このプログラムに協力的なCPAプログラム卒業生の数によって決まる。卒業生達が、地域のアウトリーチ活動の後押しを行い、アウトリーチ活動の研修で補佐的役割を果たす。この第四段階は、このレベルに参加できることで自信をつけ、仲間うちでの一種のエリート的な立場に喜びを見出し、スタッフからの絶え間ない支援を恩恵と感じる女性達に効力を発揮する。「プログラム紹介文」には、「指導の段階にまで達した参加者達は、新たな参加者にとっての手本となり、共通の経験を持つ他の女性と連携を保つと共に、自らの達成し得た成果に喜びを見出す」と記載されている【注19】。

カリキュラム

このプログラムでは、八週間にわたって、一時間の講義とそれに続く支援グループによる一時間の支援活動が行われる。支援グループは、女性が自由に意見や体験談を交換することができるよう、開かれた雰囲気作りに力を尽くす。CPAは、講義を重視しており、そのなかで次のような目標の達成を目指している。

（一）問題行動を発見する。（二）更生と治療について共通の認識を確立する。（三）自己形成のための環境と条件を整える。(四)新しい知識と経験とを融合させる。
八週間のカリキュラムは以下のような構成になっている。

第一週 CPAプログラム・オリエンテーション。まず参加者は、プログラム、治療目標、支援グループ、プログラムの方針について説明を受ける。ここではまた「被害者からの脱却」という概念や売春が性的奴隷や抑圧であるという定義についての説明を受ける。この際、すでに活動を停止しているWHISPERの文献を利用することが多い【注20】。WHISPERは、CPAと同様、売春反対を掲げる急進派フェミニスト団体である。

第二週 自立と共依存。ここでは、「共依存」という概念について学ぶ。「共依存」とは、言葉を変えれば、依存し合う関係(人や薬物またはその他の物に対して依存することから生じる無力な状態)である。また、それと共に自立(または個人的な力)の概念を学び、自己を認識し、自らの「内なる力」を確認する。

第三週 恐怖の関係。ここでは、「恐怖の関係」理論について学ぶ。これは依存症や非常に大きなショックを受けた人は、加害者と緊密な関係に陥るという理論である。CPAは、これを売春婦同士や売春婦とポン引きとのゆがんだ人間関係に当てはめて考える。カウンセラーは、自己を認識する為の訓練を行い、さらにこれらの経験を認識し、記憶に対処する方法を学ぶ。

第四週 意志決定。ここでは、相互理解、インフォームド・コンセント、意味ある選択、選択肢の確認などの概念について学ぶ。売春以外の選択肢の必要性やその選択肢をどのようにすれば得られるかなどについて、売春婦が自ら取り組み、独力で理解できる可能性はほとんどないと、CPAでは推測している。しかし、これらの知識や訓練を与えられれば、ほとんどの売春婦は売春を止めようとするに違いないとCPAは考えている。

第五週　暴力の連鎖。この一週間で、参加者は「暴力の連鎖」の理論について学び、この連鎖が、子供の頃から売春婦である現在に至るまで、どのように自分の人生に影響を与えてきたかを理解する。ここでまた再び、自己確認の訓練を受け、自分の経験を確認する方法を学ぶ。

第六週　依存症からの回復。CPAは、薬物は有害であり、乱用は自殺行為であるという考えのもとに「更生モデル」を作成し、「更生の為の三原則」（原則一：断薬・断酒を最優先する。原則二：過信は禁物。原則三：決断するのは自分。）を作成した。売春婦はすべて深刻な薬物およびアルコール依存症であるという前提では、この段階は極めて重要である。

第七週　売春と性的虐待のパターン。シアトルの文化人類学者デブラ・ボイヤーの著作を使って学ぶ。ボイヤーは、性的虐待とセックスにおけるダブル・スタンダードが売春を生み出す構造をパターンとして捉え詳述している【注21】。参加者は、このパターンと照らして、自分が売春に至るまでの経緯を検証する。

第八週　話の再現。この最終週では、「挫折のパターン」について学ぶ。これには、売春婦であることの矛盾と強い女性として生きることの意味についてCPAの主張を学ぶことなどが含まれる。

CPAは、カリキュラムのなかで、売春に関わりを持つ人々、特に客、ポン引きを批判している。客は、ただ単に権力欲と妄想的な欲望を満たすことを望んでいる。客にはもちろん普通の男性もいるが、その他は、人の恐怖や痛みや屈辱に快楽を感じるサディストや幼児虐待者達なのである。

売春の客は、どんな行為でもさせられる、人間を買う力そのものを好んでいるのである。なぜなら、売春やポルノという仕事は、生身の人間を使って他者の欲望を満たす仕事だからだ。売春の客は、時に精力絶倫男と化したり、また時には性の奴隷に化したりする。客が欲望を満たす為に、写真やビデオテープや乱暴できる本物の人間を必要とすれば、性産業はどんな要求にでも応じるのである【注22】。

ポン引きが、売春婦の候補として狙いを定めるのは、世の中で「被害者」と目される人々だ。家庭内暴力、家庭崩壊、無秩序などの問題を抱えた家庭の若年の女性が標的となる。さらに、福祉の網の目からこぼれ落ちたホームレス、未成年者も、セックス産業予備軍である【注23】。

CPAの参加者は、女性が無理矢理売春婦にされるまでの過程について学ぶ。例えば、ある女性達は、誘拐され、長期間隔離され、脅され、暴力を振るわれ、輪姦される。そうして女性が、生き延びる為には、命じられたとおりにするしかないと思い込むと、「街」に出されて、売春婦として働かされるのである。また、その他の少女達は、最初は味わったこともないほどボーイフレンドにやさしくされ、その後で売春を強要される。また、年をとった熟練のポン引きが、年齢の低い少女達を対象にすることがある。彼らは、虐待され、誰からも保護されず、抑圧されている少女達を見つけ出し、巧みに親しくなるのである。彼らは、少女達と

「特別な関係」を築き、少女達を社会から孤立させ、少女達が借りを感じるよう仕向けるのである。少女達が抵抗しなくなるのを見定め、売春を強要する。

CPAは、売春婦へいたるまでのその他の道筋は取り上げていない。CPAの参加者のなかには、さほど衝撃的な経験をせずに売春婦となった女性もいる。彼女達の話は陰鬱ではあるが、彼女達がより実利的な理由から売春婦になったことを明らかにしてくれる。したがって、参加者の実際の経験とCPAの主張とには、矛盾している点があるかもしれない。しかしこれらの矛盾があるにせよ、CPAがその主張をカリキュラムに取り入れ続けるに十分なほど、各グループには、激しい暴力と侮辱を受けてきた女性が多く存在していたのである。

参加者の背景

CPAで参加者は、意識と日常の行動を百八十度転換させる必要があると教えられる。更生プログラムをしっかりと定着させる為には、交友関係、仕事、レクリエーション、娯楽、感情、自己認識、医療、それらすべてを変えなければならない。CPAハンドブックには、売春婦達の生い立ち、助言、悲しい経験、反省が集められており(以後、この章の引用はすべてこのハンドブックより転載します)、売春婦達が更生を目指して変化を遂げる一助となっている。ハンドブックの献辞では、売春婦は連続殺人の標的となることも多く、売春は女性にとって命に関わる危険を孕んだ仕事であるというCPAの信念がはっきりと述べられている。これらの女性や少女達達の死を悼んで、次のような追悼文が掲載されている。

モララ川やグリーン川…まだ明らかにならない
すべての場所における残虐行為を偲んで
いつか、女性や少女達の犠牲が必要とならなくなる日が来る事を願おう【注24】

†売春婦への入口

更生の過程にある売春婦は、売春婦になるまでの状況をどのように話しているのだろうか？　プログラムに参加した売春婦達の回想や出会いをまとめたハンドブックは、売春業界への出入りを解釈するにあたって何らかの手がかりを与えてくれる。売春婦として働いた経験のあるスタッフやカウンセラーの体験談も含まれている。また、CPAの影響を受けていない「生々しい」体験談もあれば、CPAプログラムで得た新たな「知識」の影響を反映している体験談もある。ここでは、なぜ女性が売春婦になるのか、その一つの見方を記載する。

人生のある時期に、誰かが売春の入口へと誘導する。手っ取り早く稼げるお金の為か、ボーイフレンドの為か、誰かに無理矢理売春婦にさせられたからか、いずれにせよそこに至るまでには様々な出来事が数多くあったはずだ。心的外傷後ストレス障害の被害者を治療している心理学者は、売春をしている女性は、過去に経験した虐待、養育放棄、近親相姦を「再現」していると指摘する。彼女達は、そのパターンが壊れるまで、または彼女たち自身が崩壊するまで、自らの経験を繰り返し再現する【注25】。

CPAは、子供時代に性的虐待を受け【注27】、十代前半に売春をはじめる女性は「売春の道へふらふらと迷い込む【注26】」のが特徴的であると考えている。幼少期におけるこれらのトラウマの為に、少女達は「子供時代にセックスを拒んではいけない」と教えられ、十代になれば、少年達が、その後は男達がセックスを目的として近づいてくるようになる。性のダブル・スタンダードがここで重要な役割を果たす。「ふしだら」が、自分の「真の価値」となり、「本当の自分」の価値をはかるものとなる。この過程が、売春の現場でも繰り返される。これは社会学的研究でも裏付けられていることであり、また二人の元売春婦も次のように指摘している【注28】。

自分の性的価値は男性を喜ばせることである為、男性が自分の中心となり、自分を認めてもらうことだけを追い求めるようになる――自分の健康を犠牲にして、男性に性的健康を与えることによって、性を通じて自分を認めてもらうのだ。

売春のもう一つの原因は貧困だ。貧困生活を送る女性や子供達の数は、男性よりも多く、またその期間も長い。金のために肉体を売ることは、子供や自分の飢餓を回避する手段である【注29】。

女性を売春へと勧誘する際には、性的強要が行われることもある。しかし、売春市場を動かしているのは基本的に男性の性的欲求である。

性的虐待、貧困、強要など、どのような原因で女性が売春をはじめるにせよ、社会はそれらの犠牲者を詳しく検証しなければならない。現在の性的ダブル・スタンダードが存在するかぎり、そして男性の性的充足が女性の性的充足よりも重要視されているかぎり、売春はなくならない。男性の性的解放の場を確保する為に、我々は、肉体を売買し、意のままに使い、虐待する市場を毎日作り出している。市場が存在する限り、そこで売買される被害者を作り出さなければならないのである【注30】。

売春からの離脱

ハンドブックは、売春婦が売春を辞めたいと思う理由とその為には何を克服しなければならないかについて述べている。多くの売春婦達は、長年、売春を辞めたいと考えているのであるが、売春を辞められない。これから更生しようとする売春婦達へのアドバイスは、売春を辞めたいと思った時の気持ちを忘れてはならないというものだ。

どこかの見知らぬ男が自分の身体の上で汗を流している売春の最中に、きっとつぶやいたことがあるだろう。「ここから抜け出さなくちゃ。気が狂っちゃうわ。売春は嫌だ。こんな自分は大嫌いだ」。稼ぎに出ないといって、ポン引きに殴られる度に、心の中で怒りが渦巻いていたに違いない。「こいつに殺される前に、あたしがこいつを殺してやるわ」。でも、街へ出て、客を取り、セックスをして、CSD（「Children's Service Division」）（「児童サービス局」）に行くことを怠り、いつも逮捕令状から逃げまわっている。自分もいい物を持ち、恋人は自分が売春で稼いだ金で買った新車に乗っている。いつまでもこんなことはやっていられないと思いながら、今夜かぎりだからと思って売春してしまう。こんな夜が後どれだけ続くのだろう【注31】。

CPAの回答者は、平均九年以上売春婦として働いている。この為、この生活パターンを変えるには極めて慎重な計画が必要となる。売春婦達は、得体の知れない相手、強姦、暴行、警察官、寒さ、裁判、など様々なものに対処する方法を身につけている。売春の世界から脱け出すには、売春婦が性的搾取や辱めに打ち勝つことができるような方法を盛り込んだプランが必要となる。売春婦には次のようなことが要求される。

売春婦更生の手助けをした経験のある、売春の外の世界の人々の手助けを得る。売春業界の外へ向かって救いを求める。緊急避難所、食料、移動手段を確保する。薬物やアルコールを断ち、A／D（alcoho/drug）プログラム、NA（Narcotics Anonymous）、AA（Alcoholics Anonymous）などの支援グループに参加する。目標を定める手助けをし、その目標達成の為に何が必要かを探る手助けをしてくれる人、ケース・マネージャー、経済支援をしてくれる人を探す。売春婦の世界から離れる【注32】。

最も困難なことは、売春婦仲間、ポン引き、ドラッグの売人、客などの人間関係を断ち切ることだ。売春は、女性からすべてを吸い尽くし、自信を奪い、持っているものを瞬く間に奪って行く。誰も信じられなくても、なにも感じられなくても、人に感情を見せられない。売春婦でいるかぎりは、自分を偽ってやっていくしかない【注33】。それでも、これらの人間達は、売春を辞めるべきではないと、ひきとめる。更生プログラムに参加するには、まず売春婦の世界以外の女性の支援が得られる場所を見つけることが必要だ。

売春婦以外の女性に自分から手を差し伸べ、関係を築くことは難しいに違いない。我々は互いに客を巡っていつも競争していた。他の女性を競争相手以外の何者かとしてみなすことには慣れていない【注34】。

もう一つの重要な任務は仕事を見つけることだ。CPAの主張では、売春は「仕事」ではない。

仕事とは、抑圧や強要や操作を受けることなく、お互いの合意の上で、お金や品物などの報酬と引き換えに、ある特定のサービスを提供することである。ウェイトレスはくだらない、つらい、無礼な人々にも我慢しなければならない仕事であるが、これも確かに仕事である。しかし、バニー・ガールの衣装を身につけ、酒の給仕をすれば、これは仕事ではない。性的搾取だ【注35】。

売春は、「仕事」とは言えない。なぜなら、すぐにお金が稼げても虐待を受けることの多い売春は、強引なポン引きや、ドラッグの為に、また自虐的な行動として止むに止まれずに行われるものだからだ。売春更生プログラムに参加するようになると、売春婦達は、「本当の自分」を取り戻す。そして「売春の仕事をしているの」とあたかも売春が仕事であるかのような言い方をしていた間違いに気付く。「仕事」と思っていた売春が、実は、お金と引き換えに、「奴隷となり、近親相姦をし、手足を切られ、排便し、暴力を振るわれていた」に過ぎないことに気付くのである。詰まる所、「仕事」とは、いつでも自分の意志で辞めることのできるものでなければならず、その点で売春とは大きな違いがある。

本音を言えば、どんなに最低に思える仕事でも、いつでも辞められて、好きな時に仕事を変えられるほうがいい。他に何の能力もないからとか、お金を取られた挙句ぶたれたりするような目にあいたくないからという理由だけで、売春するよりはよっぽどましだ。売春婦達には何の選択肢もない。まっとうな世界では、自分に害を与えるものすべてから逃げる自由がある。それで仕事を失うことがあるかもしれないが、それでも自分を失うことはない。自分を失わなければ、もっといい雇い主のもとで働ける仕事を探すこともできる【注36】。

売春婦達は、「自分達にはたくさんの選択肢があり、自分で選ぶ力がある…路上にいるよりははるかに良い」ということを学ぶ。最後に、自分に尊厳を持つことを学び、そして心を癒すことを学ぶのである。

普通の社会にいれば、自分に尊厳を感じることができる。その為には、時に、努力して、手に入れる為に、闘わねばならないこともある。しかし、いったん手に入れれば、自分のものだ。普通の社会なら、自分を癒し、愛することができる。自分の本当の姿を知り、自分は自分自身の為にあるのであり、決してポン引きや客、ボーイフレンド、売春、犯罪組織、CSDなどの為にあるのではない。世間が自分をどう思うかではなく、自分が何を考えるかが重要なのだ【注37】。

最後の一仕事は、ポン引きを刑務所に送ることだ。CPAの参加者が警察に協力し、数人の男性が売春斡旋（ポートランドでは重罪）の罪で逮捕され、裁判にかけられ、そのうちの数人は有罪判決を受けたこともある。

プログラムの障害

一九八五年から一九九一年七月までの間に、三百九十九人の売春婦が、契約書に署名し、CPA関連機関に参加した。そのうちの七十三人が卒業して売春をやめたが、二百九十一人はプログラムに参加しながらも、最後までカリキュラムを終了することができなかった。また、三十五人はプログラムを継続している。

プログラムは「グループへの忠誠」という概念を中心に作られている。「グループへの忠誠」とは、グループのなかで緊密な関係を保ちながら、各段階を進んでいく女性は、個々にプログラムへ忠誠を誓うのではなく、グループへ忠誠を誓うという概念である。CPAのこのプログラムは、決して簡単なプログラムではない。売春婦が最初の段階から自己の再構築を完了するまでには、何の能力もない自分や何の価値もない自分などの記憶が蘇り、辛い記憶に直面しなければならないことも多い。プログラムを始める前には、薬物やアルコールや自己破壊的傾向により、感情が抑制される傾向にあった。しかしいったん、身体の安全が確保され、かつての自分の売春婦としての生活を、「新しい目」で見つめなおすと、売春婦の時に感じていた「恐怖」と「屈辱感」だけが目前に突きつけられ、それに打ちのめされてしまう女性もいるかもしれない。

スタッフによると、プログラムに参加した女性のほとんどは、肉体的にも精神的にも病気になることが多いという。よく見られる病気としては、栄養失調、骨盤内炎症性疾患、正しくない位置に固定してしまった骨折、未治療のまま放置された外傷、過度なストレス、心的外傷後ストレス障害（異常発汗、胃腸疾患、悪夢、パニック発作、恐怖など）がある。ホームレスとなり、ポン引きに居場所を発見されるかもしれないという恐怖に絶えずさらされ、ほとんどの女性はエネルギーをあっという間に消耗しつくしてしまう。ケース・マネージャーの観察によれば、女性が自分たちの感情をコントロールし、自分自身を直視できるようになるまでには、約六ヶ月間を要する。CPAは、この時期を乗り越えられるように、女性達の感情に共感を示し、必要な時にはいつでもスタッフが相談に乗れる体勢を整え、励ましあい、連帯感を築くことに重点を置いている。その為には、売春やドラッグに頼らずとも生きていけるような環境の整備が不可欠であり、またプログラムの目標を自己の目標としてしっかりと捉えなおすことも必要である。例えば、自己の再構築をするには、子供時代からの良くないパターンから脱し、新たな役割を担うことにより、人間関係、仕事、生活、すべての面において自らを支えていくことができるのである。

多くの女性は、売春の世界から抜け出すことは不可能だと思っている。スタッフによれば、CPA参加前に女性が売春を行っていた期間が長ければ長いほど、プログラムに参加しても挫折してしまう確率が高い。プログラムに参加し、売春を辞めることに成功した女性が売春を行っていた平均年数は四・二年である。これは、プログラムに参加したすべての女性の平均年数の約半分である。

CPAのプログラムに参加するか否かの決断やいったん参加したプログラムを継続できるか否かは、売春婦の年齢によっても大きな違いがある。二十五歳未満の女性は、街娼の生活や、ポン引き、ドラッグの魅力に勝つことができず、プログラムに参加する確率は低い。さらにいったんプログラムに参加したとしても継続する可能性も低い。多くの女性達は、何度もプログラムに参加しては挫折を繰り返す。彼女らは、売春の世界から抜け出すことも、自らを変えることもできないのである。しかしそれでもなお、プログラムに参加すれば、その度に彼女達は何かを得ているとCPAは主張する。彼女達は、CPAのプログラムに参加する度に、自覚を高め、虐待を拒絶することを学び、自己管理能力を向上させる。そして何よりもCPAのプログラムに参加すれば、希望を持つことができると主張する。

結論

CPAは、売春は「被害者のいない犯罪であり、合法的な仕事である」という考えに真っ向から反対している。売春は、女性や子供を性的対象物として利用し、抑圧することを認められた制度であり、文化のなかで聖域とも言える領域であると主張する。売春婦となる女性と家庭内暴力との間には深い関連性がある。家庭内での保護放棄や虐待、社会からの孤立、性的、精神的、肉体的虐待、ドラッグやアルコールの乱用、虐待されている状況から逃れる術がないなどの理由から、売春を辞めることは極めて困難になる。

公的援助や最低限度の報酬が確保できる仕事があっても、安全で手ごろな住宅を見つけることは難しい。さらに、売春から足を洗った女性達は、ポン引きや客の仕返しを避ける為に、近隣や別の都市への引っ越しを迫られることも多い【注38】。

売春婦を支援する活動は、決して今に始まったものではない。中世時代から、キリスト教団体は、売春婦を悪徳や自滅から「救済」しようとしてきた【注39】。現在、CPA等の急進派フェミニストもこの時代の見解を継承しているが、それに加えて、売春は男女の不平等や女性の虐待を反映しているとも主張している。しかし、疑問は常に存在する。成人女性の売春は、果たしてすべてが「女性にとって」不名誉で、救済の必要があるものなのだろうか？　売春婦全体が、自ら選択をする能力を有しておらず、また公的・私的団体の指導のもとに置かれるべき存在であるという急進派フェミニストやCPAの主張を鵜呑みにしていいのだろうか？　私がここにこの疑問を提起するのは、CPAが対象としているのは、主に街娼であり、街娼は、売春宿、マッサージ・パーラー、エスコート・サービスなど屋内を仕事場とする売春婦よりも暴力に遭遇する危険性ははるかに高いが、CPAはその違いに考慮することなく、すべての売春を対象に主張を行っている。

急進派フェミニストの主張は、これから更生しようという売春婦を力づけ、売春婦の更生を後押しすることもあるが、一方、売春婦は堕落した人間であるという固定観念を助長することにもなりかねない。また、売春に反対する他の団体（警察、地域の団体、道徳主義者）の結束を促すことにもなる。それらの団体の中には、街娼の救済よりも、街娼を路上から一掃することにのみ熱心な団体もあるのである。昔から売春は道徳主義者の標的であり、貧しい売春婦がやり玉にあげられてきた【注40】。これらの過去の出来事と現代のジェンダー問題を巡る政策との関連性が注目されることはあまりない。売春婦を支援する活動をしている人々ですら、売春婦は、売春を辞めるという決断以外にはまともな判断などできないと心の隅で思っているのである。このように考え方に多少の問題はあるにしても、売春の世界から抜け出そうとする街娼を支援するCPAの努力は、注目に値する。

3

第3部◉政治、取締とセックス産業

第10章

米国の売春政策

ロナルド・ワイツァー

米国では、売春に関する法律や公共政策、市民活動などには変化が起きていたが、政策にはこの三十年間あまり変化は見られなかった。しかし最近では、他国ほどではないにしろ、売春をめぐる政策が米国で議論の的となりつつある。本章では、売春に関する現在の政策や世論の検証を行い、さらに、売春反対を唱える諸団体と売春婦の人権擁護運動を繰り広げる諸団体の相反する主張および活動に焦点をあてて分析する。また本章最後では、米国とは対照的なオランダの事例との比較を行う。

法律と公共政策

売春は犯罪であるという考え方が米国では主流となっている。つまり、合法な売春宿が存在するネバダ州の一部の郡を除いて、全米どこでも売春への勧誘行為も違法である。売春斡旋、仲介も犯罪行為にあたり、一部の州では、売春宿の経営や、売春宿への宿泊も違法行為にあたる。

毎年、米国における売春関連の逮捕件数は約九万件に上る【注1】。さらにこの他にも治安紊乱《びんらん》行為や客の勧誘などの罪による逮捕者を加えるとその数はかなりな数になる。これが国の財政に与える負担は大きい。米国の十六大都市で行った調査によれば、一九八五年に売春禁止法の行使の為に要した金額は、各都市平均七百五十万ドル、総額では一億二千万ドルに上ることが明らかになっている【注2】。容疑者一人を逮捕し、取調べをし、拘束するだけで平均二千ドルの費用がかかる。全米全土にわたるデータはないが、売春による逮捕の90%以上は都市部で発生し【注3】、一件当りの逮捕に要する費用は上記の費用とほぼ変わらないことを前提に、九万件の逮捕件数を換算すれば、年間で約一億八千万ドルの負担という計算になる。しかもこの数字には、治安紊乱行為や客の勧誘などによる逮捕者は含まれていない。

しかし、路上で行われる売春は、これらの支出の影響をほとんど受けていない。かろうじて次の二つの対策が路上の売春に対して行われている程度だ。(一)売春婦が逮捕、罰金、短期の服役、釈放を繰り返しているような地域に売春婦を封じ込める。(二)他の同じような地域に売春婦を移動させる。以上の二点である。全米で一般的なのは、一つ目の封じ込めである【注4】。移動には、警察の継続的な取締りが必要であり、ほとんど行われていない。売春婦を特定の地域に封じ込めておく方法は、周辺の売春婦がいなくなる地域の住民には好ましい方策に違いないが、売春婦が封じ込められた地域に住む人々にとっては非常に腹立たしい方策であると言えるだろう(以下参照)。

米国は、売春を犯罪として捉えないこと、つまり売春の非犯罪化や法制化に対しては、前向きではない。売春を非犯罪化するということは、すなわち刑罰を撤廃し、売春を自由化することを意味する。この売春の非犯罪化は、警察の取締りの焦点が売春婦の逮捕から保護へと移り、売春婦が暴行の被害を警察に通報しやすくなるという利点があり、売春婦にとっては恩恵となるであろう。しかし、新たな問題も生じる。売春を放任するということは、すなわち、その他のサービス業には与えられていない特権を売春婦だけに与えるということである。スコルニックとドムブリンクが「世間に広く存在を認められている他のサービス業が規制を受けているのに対し、なぜセックスを売り物にする業種だけが規制を免除されなければならないのか？【注5】」という疑問を提起している。つまる所、非犯罪化されれば、社会的秩序やヌードを取締る法律など、その他の規範さえ犯さないかぎり、いたる所で売春が行われるということになる。

売春を非犯罪化しようという動きに対して、一般市民の反対という壁が立ちはだかる。また、政策立案者達も、一様に非犯罪化には反対の立場をとっているので、売春が非犯罪化される見通しは薄い。しかしながら、売春の非犯罪化を熱心に唱える支持者達が、社会に論争を呼び起こすことはあるのである。最近では、米国のなかでも最も売春に寛容な都市で起きた論争が、その一例である。サンフランシスコの「San Francisco Board of Supervisors」（「サンフランシスコ監視委員会」）は一九九四年に「Task Force on Prostitution」（「売春特別委員会」）を設立し、既存の売春取締法に替わる代替案の検討を行った。委員会は、地域の諸団体や企業、「the National Lawyer's Guild」、「National Organization for Woman」、売春婦の権利擁護団体、警察、地方検事局、及びその他いくつかの団体の代表で構成されていた。初日から、売春支持者達が議題を一方的に設定し、議事進行を仕切った為、論争が長引く結果となった。元監督官のテレンス・ハリナンは、委員会設立の立役者だったが、その結果に満足しなかった。「私はどうしても売春の非犯罪化を推し進めようとしているわけではない。もっと公平な委員会であればよかったのだが。具体的な解決策が得られるどころか、数ヶ月も非犯罪化をめぐってただ争っているだけだ【注6】」。委員の過半数が、一九九五年一月に非犯罪化を支持するという方針に賛成票を投じると【注7】、六人の地域の団体および企業の代表が辞任した。地域団体のメンバーの一人が後に私に語った所によると、彼の一派の脱退により、残留したメンバーは怒りを表明し、また委員会は妥当性を失ったことについて次のように言明した。「市民グループが脱会したことで委員会は信用を失い、委員会のメンバー達は激しく動揺していた【注8】。これは、中立の立場からの発言ではなかったものの、委員会は報告書で、委員会の中心的なテーマについて意見の一致に至ることができなかった点について遺憾の意を表明している。

委員会が非犯罪化を後押ししたのは、売春婦擁護派やその一派の利益を反映し、公の場で報告書が正式に取り上げられることを阻止する為だった。市の監視委員会は即座に、この報告書を棚上げにした。しかしながら、提案がこれほど急進的でなかったとしたら、市の職員にもっと好意的に受け入れられていただろう。ハリナンや地域団体のリーダー達は、特別委員会の設立が最初に提案された時点では、売春の法制化（売春地区の指定）の可能性に言及していたのである。

売春の法制化は、何らかの規制を伴うという点において、非犯罪化とは異なる。規制には、許認可制度、登録制度、路上での売春の区域指定、合法的な売春宿、健康診断の義務付け、特殊事業税などがある。一部の米国民は、法制化に賛成しているにもかかわらず、それが米国内で、法改正を望む動きへと発展することはなかった。なぜなら、ほとんどの市民にとって、売春は遠い世界の出来事であり、また売春政策に関して社会で論争が行われることなどもほとんどなかったからである。

売春の法による制度化を支持する人々が引き合いに出すのが、ネバダ州の合法的売春宿である。しかし、ネバダ州のごく小さな地域に限定されたこの売春宿（賭博業界の反対により、ラスベガスやリノでは禁止されている）を引き合いに出しても、都市部の街娼問題にはほとんど役に立たない。ラスベガスとリノでは、隣接する地域には合法的な売春宿があるにも関わらず、街娼が繁栄している。都市部には都市部特有の対応策が必要なのである。

ネバダで売春宿が法制化されたのは一九七一年であるが、以後、その他の州で法制化が検討されることはなかった。議員達は、売春を「大目に見ている」とレッテルを貼られることを恐れ、また、売春の法制化にはなんら政治的利点を見出していないのである。法制化が議論されることも皆無ではなかったが、いずれも長続きはしなかった。売春や売春宿の認可制度を認める法案が一九七〇年代にカリフォルニア州議会で提出されたが、通過することはなかった【注9】。またニューヨーク市では一九九二年に、市議会議員ジュリア・ハリソンが売春を認可制にし、市の一部に限って売春宿を合法化し、従業員のAIDS検査を義務付けるという案を議会に提出したが、議会のかたくなな抵抗に会い、すぐさま消滅した【注10】。

売春の制度化には、いくつかの重大な問題がある。第一に、売春に対して寛容なようではあるが、逆に売春婦が売春の世界から抜け出しにくくなることは確実だ。政府、フェミニスト、売春婦の権利擁護団体が法制化に反対しているのも、まさにこの理由なのである。法制化すると、売春が犯罪である時よりも、売春を辞めにくくなるか否かは、登録、認可、税金、健康診断の義務化と登録制などを通じて、売春婦を労働者として正式に認めるのか、それとも、そのようなことはせず、特定の地域だけに限って合法とするという形をとるのかによって左右される。

第二の問題は、法による制度化が売春の普及につながるかどうかである。果たして、法制化によって売春婦として働く人の数は増えるだろうか？　売春婦の数は、需要で抑制される為、実際に行われる売春件数にも歯止めがかかるが、売春が法で認められれば供給が増え、それにつられて需要が増すということも考えられる。一部市または数都市に限って売春が法制化されていれば、その地区に売春婦が集中することは想像に難くない。しかし、広い地域で制度化されれば、一つの地域に売春婦が引きつけられることもなくなり、売春婦流入の問題は減少するだろう。

第三に、売春婦は法律を守ることができるだろうか？　法による売春制度を成功させる為には、売春婦に規則を守ろうとする意欲があることが不可欠である。制度化によって、セックス・ワークに従事できる人の資格が制限されるかぎり、資格のないもの（未成年者、HIV陽性者など）は、制度の影で不正に営業することを強いられることになるだろう。さらに、新しい規制に従うことに何ら利点を見出せず、逆に自由が侵害されたと反感を感じる売春婦も少なからずいるに違いない。彼女達は、法制化がどのような形態をとるにせよ、拒否反応を示すに違いない。まさにこれらの理由から、売春婦の権利擁護団体は、認可制度や登録制度、強制的な健康診断や合法的売春宿制度等を批判するのである。例外として考えられるのは、住宅地から離れた場所で、しかも売春婦にも客にも安全で恐怖心を与えないような場所に限って合法とする方法である。しかし、これに満足する街娼もいるだろうが、個人的な理由で拒否する者もいるに違いない。例えば、工業地区に売春地帯をつくる案が出されたこともあったが、一般的にこのような場所には、レストラン、コーヒーショップ、食料品店、バー、公園、安ホテルなど売春婦達が必要とする生活施設がないので、売春婦達にはこのような場所は嫌がられるだろう【注11】。たとえ、多くの売春婦に受け入れられるような場所が見つかったとしても、売春婦をその地域に封じ込めることが可能とは限らない。指定された地域が供給過剰になれば、別の場所へと移っていく売春婦もでてくるだろう。さらに、地域を限定することによって住宅街から売春婦がいなくなったとしても、それによって暴力や薬物乱用などの問題が解決されるとは限らない。実際のところ、かえってこれらの問題をより凝縮させる結果になるのかもしれない。

法による制度化には様々なメリット（健康面、安全面、費用面、その他）が考えられるが、はたして米国のような国で、それは実行可能だろうか？　その可能性は極めて低い。議会や世論の支持を得られる可能性は低く、法制化案が、日の目を見ることは当分この国ではあり得ないと思われる。

世論

アメリカ国民は売春をどのように見ているのだろうか？　アメリカ国民は、現在の法律や公共政策の変更を支持しているのだろうか？

米国民の大半は、売春は不道徳であると考えている。ある調査で、回答者に「売春婦と一夜を過ごす男性」は道徳的に間違っていると考えるか否を質問した。61％もの人が道徳的に間違っていると考え、そうは考えないと答えた人は34％だった【注12】。公共政策に対する国民の意識は、様々だ。売春に関する法の緩和を支持する人々が過半数を占めることはないが、少数とはいえ、法による制度化を支持する人々がいる事実は無視できない（残念なことに、ほとんどの世論調査は「法制化」の定義を行っていない為、回答者がどのような状況を想定していたかは不明である）。表10・1の問1、2、5にあるとおり、女性よりも男性のほうが法による制度化に対して好意的または寛容である。質問の表現内容によっても、違いが生じる。質問文に法制化によってもたらされる利点（AIDSが減るなど、問2）などが共に記されている場合は、法制化に好意的な回答の比率は、利点が併記されていない場合（問1）に比べて多い。問3からは、世論の移り変わりを知ることができる。一九七八〜一九九〇年の間に、法による制度化を認める人が若干増え（「法による規制」）、放任主義つまり完全な非犯罪化（「個人の自由」）に対する支持は減り、犯罪化（「法で禁止」）に対する支持が増えている。犯罪化に対する支持の増加は、一九七〇〜一九八〇年代の世論の傾向に一致している【注13】。問四からも、非犯罪化を支持する人がほとんどいないことがわかる。「売春を規制する法律は一切なくすべきである」と回答した人は全体のわずか7％だった。

「売春」を、その様々な形態によって分類した調査は、ほとんどなかった。実際のところ、売春の分類を行っている唯一のアメリカ世論調査は、一九八八年に、オハイオ州トレドの住民（肉体労働者、労働者階級の街）を対象として行った調査だけだった。

この調査結果によれば、28％が合法的な「政府が管理する売春宿」を支持し、19％は、「民間のコール・ガールによる売春【注14】」の非犯罪化を支持していた。（売春宿よりも目立たないコール・ガールに対する支持率が低い理由は不明であるが、非犯罪化よりも法制化（「政府による規制」）を一般市民が好むことに一因があるのかもしれない）。一九八四年のカナダの世論調査では、屋内で行われる三種類の売春により多くの支持が集まった。路上の売春を容認できると考えたカナダ人はわずか11％だったのに対し、指定された売春地区（28％）、売春宿（38％）、エスコートまたはコール・ガール・サービス（40％）、私有地内における売春（45％【注15】）に対する支持ははるかに多かった。

米国の世論調査の結果を、他国の人々の意識と比較することによって、より理解を深めることができる。最近の調査によれば、英国、フランス、カナダでは、法による制度化を支持する人々が増えている。英国では61％が売春宿を制度化して認可制度にするべきだという意見を支持し【注16】、カナダ人の65％は売春を「法制化すべきで、厳格な規制が必要である」と考えていた。「完全に合法化」すべきである、つまり一切の規制を排除するべきであると回答した人は、6％であった【注17】。フランスでも同程度の割合（68％）の人々が売春宿の制度化を望んでいた。71％の人々は、合法的な売春宿があれば、性感染症の危険が減り、同程度の人々が、売春宿を法制化すれば、売春を規制しやすくなり、法制化してもフランスの性産業の増加には結びつかないと考えていた【注18】。以上を見てわかるとおり、法による制度化を支持する人の割合は、他国よりも米国の方が低い。

問4　「米国における売春についてのあなたの考えに最も近いものは以下のうちどれですか。
非合法にすべきである。ある程度の規制を設けて合法化すべきである。
売春を規制する法律があってはならない。」

(N=分母数)

非合法	43%
規制付きで合法化	46%
法律を撤廃	7%
わからない	4%
合計	100%
(N)	(1200)

出典：メリット監査・調査、メリット報告書1983年10月15〜20日

問5　「次に述べる意見にあなたはどの程度賛成ですか？
健康上のリスクさえ最小限度に抑えれば、売春そのものには、何の問題もない。
成人同士が、お互いの同意に基づいて金銭と引き換えにセックスをしたとしても、
それは彼ら個人の問題である。」

(N=分母数)

	男性	女性	合計
強く賛成する	25%	26%	25%
やや賛成する	25%	16%	20%
あまりそう思わない	22%	16%	19%
全くそう思わない	25%	40%	33%
わからない／無回答	3%	3%	3%
合計	100%	101%	100%
(N)	(646)	(798)	(1444)

$x^2=18.91$, df=4,$p<.001$
出典：ギャラップ世論調査、1991年8月29日〜9月1日

料金受取人払

渋谷局承認

5782

差出有効期間
2006年4月14日
まで有効

切手不要

郵便はがき

1508790

005

渋谷区神宮前2-33-18#303
ポット出版

購読申込書 [本の送料は無料]

購入を希望されるポット出版の本がありましたら、この申込書をご利用ください。
送料無料で直接ご自宅にお送りします。

●書名　●部数

●お支払い方法　郵便振替(代金後払い)・代引(佐川急便・手数料300円)

●お名前　●TEL

●ご住所 〒

(入りきらない場合は裏面もお使いください)

ポット出版読者カード

ご購入いただいた本の書名

本書についてのご感想、ご意見などをお聞かせください。

当社PR誌やウェブサイトなどに、一部掲載させていただくことがありますことをあらかじめご諒承ください。

●この本を100点満点で評価すると何点になりますか　点

●お名前

●ご年齢

●ご職業

●TEL

●ご住所　〒

●Eメール
お書きくだされば
Eメール版新刊案内をお送りします

●本書をお知りになったのは
広告(新聞・雑誌名)　書店　書評(新聞・雑誌名)　その他

●ご購入いただいた
書店名／市区町村

表10-1●売春政策に関する意識

問1 「あなたは、18歳以上の成人による売春を、合法と考えますか、それとも非合法と考えますか?」

(N=分母数)

	男性	女性	合計
合法	32%	21%	26%
非合法	63%	77%	70%
わからない/回答拒否	5%	2%	3%
合計	100%	100%	99%
(N)	(497)	(522)	(1019)

x^2=25.77, df=2,p<.001

出典:ギャラップ世論調査、1996年5月28~29日

問2 「AIDS感染を防止する為に、売春を法によって制度化し、政府が規制すべきであると考える人もいます。あなたは、この意見に賛成ですか、反対ですか?」

(N=分母数)

	男性	女性	合計
賛成	46%	34%	40%
反対	49%	61%	55%
わからない	5%	5%	5%
合計	100%	100%	100%
(N)	(604)	(612)	(1216)

x^2=18.91, df=2,p<0.01

出典:ギャラップ世論調査、1991年8月29日~9月1日

問3 「ある行動を、個人が判断すべき問題であり、個人の選択であると考える人々がいる一方、法律で規制すべきだと考える人々、また法律で全面的に禁止すべきだと考える人々がいます。これについてあなたは、この行動に対しどのように対処すべきだと思いますか。例えば、売春行為は?」

(N=分母数)

	1978年	1990年
個人に任せるべき	35%	22%
法律で規制すべき	24%	31%
法律で禁止すべき	37%	46%
わからない	4%	1%
合計	100%	100%
(N)	(1513)	(2254)

x^2=126.65, df=3,p<.001

出典:ルイス・ハリス世論調査、1978年11月30~12月10日、1990年1月11日~2月11日

各地域における売春追放運動

全国レベルでは、売春に関する公の議論はほとんど行われていないものの、地域の市民の活動は増えている。一九八〇年代から一九九〇年代にかけて、売春に反対を唱える団体が米国の多くの都市で盛んに活動を行っていた。

私は、十数ヶ所の都市における新聞記事と、二都市におけるインタビューに基づいて、これらの団体の主張や活動の分析を行った。これらの団体の主張を分析すると、道徳的な懸念そのものよりも、路上で行われる商売が環境に与える影響に大きな不安を抱いていることがわかる。またさらに、売春婦が法律違反であることよりも、公衆の面前での街娼の振る舞いに、そして売春の社会的、経済的要因よりも、売春が地域に与える短期的および長期的影響に大きな懸念を抱いていることがわかるのである【注19】。地域の活動家達は、街娼は、その地域のイメージや評判を損なうだけでなく、地域の生活そのものに対する脅威であると考えている。地域が堕落し、法や秩序が侵害されていることを象徴するだけでなく、一段とその傾向に拍車をかけるものであると考えているのである。また、住民にも影響を与え、住民は、地域の将来に対して不安を抱くようになったり、家の外へ出ることをためらうようになったり、街頭でいざこざが起きるのではと恐れるようになったりするようになる。

時間をかけて話を聞くなかで、頻繁に話題に上った不満には、次のようなものがある。

治安紊乱行為　活動家の主張によると、売春婦は、人目を避けるようにしてひっそりと商売を行っているわけではない。それどころか正反対である。彼女達は、頻繁に騒動を起こし、手を振って客の車を止め、街頭で人と喧嘩し、浮かれて騒ぎ、公衆の面前で性行為を行う（車、路地、バス停、住宅の敷地内）。不快で無秩序な行動に関する苦情が、調査を行った各都市で多く見られた。

わいせつな遺留品　あまり世間の注目を集めることはないが、しばしば地域住民から寄せられる苦情の一つが、屋外での売春行為の副産物である所持品の放置という問題がある。売春婦が使用済みのコンドームや注射針を路地、舗道やその他の公共の場所に放置していくと住民から苦情が寄せられることが多い。このような遺留品はゴミとして見苦しいだけでなく、公衆衛生上危険であり、AIDS感染を媒介する恐れもある。

公衆衛生上の危険性　AIDSの蔓延は、それ自体不安をかきたてる。サンフランシスコの活動家が述べたとおり「売春婦たちは極めて不健康で、やつれている。コンドームを使っていようが、いまいが、病気を広めているのは確かだ【注20】」。

子供への悪影響　売春が行われる地区の住民は、目の前で行われる売春から子供をいかに守るかに頭を悩ませている。活動家達によると、学校の近くで性を売ったり買ったりをする売春婦もいる。さらに、子供たちが誘いを受けることすらあった。ニューハンプシャーのマンチェスターでは、ある地区の住人が次のように述べている。

> 私の子供達はカトリック学校に通っている。子供達がバスを待つ場所で商売をしている女性達が

いる。彼女達はいつもかなり酔っ払っている。売春婦が学校へ行く途中の隣人の息子に近づき、私といいことしない？と声をかけた。彼女はいったいどういうつもりだったのだろう？　子供たちの昼食代でもまきあげようとしていたのか？【注21】

子供達が路上で使用済みコンドームや注射針をもてあそぶ姿を目撃したという話をする住人もいて、AIDS感染の恐怖は一段と高まる。

女性への虐待　売春婦の客になろうとしている人に、売春婦ではない一般の女性や少女が声をかけられ、誘いをかけられるということが、各地で共通して起きている問題だ。これは不快なだけでなく、女性の屋外での活動が制限される結果を招いており、これは次のような発言にも表れている。「車に乗った男達がスピードを落とし、私に向かってドル札を振り回すので、公園に座っていられない【注22】」、「売春婦だと思われるので、バス停に立っていられない【注23】」、「娘は買いものに出かける度に男が近づいてきてセックスを求められる【注24】」。男達の言葉遣いは不快で、野卑、屈辱的なことが多い。ある人から、次のような話を聞いた。「通りを歩いていると、男性が不愉快な言葉をかけてくる。不意に、自分が汚くなったような気がして、家に戻って風呂に入らなくてはならないような気分になった【注25】」。

商店への被害　売春婦が出没する地域にある多くの商店が、売春婦の存在そのもの、騒音、売春婦やポン引きの路上での破廉恥な振る舞いのおかげで、売り上げが落ちると苦情を言っている。カフェ、酒屋、安ホテルの経営者などは売春婦のおかげで利益を得るが、ここにある商店は、売春によって何のメリットも得ることはなさそうである。高級ホテルの経営者は、売春婦がいるお陰で客の足が遠のいてしまうと苦情を述べているが、一方一部のホテル経営者は売春婦がホテルのバーで仕事をすることを気にしないどころか、歓迎していることとすらある【注26】。より人目につく屋外での売春と、目立たない屋内での売春とでは、はっきりとした違いが存在する。

地域の衰退 路上での治安紊乱や堕落の兆候とあいまって、売春は、地域の生活の質を衰退させる。資産価値にも悪影響を及ぼす。売春や路上での破廉恥行為は、商業地区の経済的発展を阻害し、起業家の流入を妨げている。これは、質のいい住民の流出を招き、路上の公共の秩序がさらに乱れていく。これが商店や住民に影響を及ぼさないはずはなく、長期にわたって起こる衰退に苦情が寄せられることになる。「地域全体を衰退させる権利は誰にもない。通り全体が変わっていくのは誰の眼にも明らかだ【注27】」、「我々は手をこまねいて地域が堕落していくのを見ているのに絶えられない【注28】」、「サンフランシスコのいい街並みが失われていく。この地域は完全に崩壊した」。【注29】

街娼が地域に与える影響は、日々の生活に与える目に見える影響だけでなく、より大きな影響を地域の印象に及ぼす。いかがわしい人々が大量に出入りすれば、その地域全体の雰囲気も悪化する。ワシントンDCの「the Logan Circle Community Association」の元会長は次のように嘆いている。「我々の地域には売春婦やポン引きのイメージがついて回る。売春婦地区や射撃場があるからだ【注30】」。現会長は「教育的とはいえない光景だ。この地区に移り住もうと思う人などいるわけがない。【注31】」と述べている（ローガン・サークルはかねてから、ワシントンの街娼のメッカだった）。いったん地域に不名誉なレッテルが貼られれば、徐々に地域は衰退し、評判の悪い要素は増し、「質の良い」住民は流出していく【注32】。

部外者の侵入　地域の犯罪防止団体は、自分達が住んでいる地域が部外者に占拠されていると考えていることが多く、これは売春反対を主張する団体の考えと同じである。住民は、売春婦、ポン引き、売春の客が地域に侵入して来たと主張し、住民は地域を自分達の手に「取り戻そう」と努力する。実際のところ、地域内に居住する売春婦の数は地域によってまちまちであるが、客の大半は外部からやって来る人々である【注33】。

客　客に対する見方にはいくつかのパターンが見受けられるが、その中で際立っているのは、売春婦だけでなく、客に対する軽蔑である。そもそも男性がいなければ売春という商売は成り立たず、売春問題の根本的な原因は男性にあると考える住民もいる。そういう人々は、客である男性に対して最も手厳しい非難を向けているのである。車を徐行させながらの売春婦漁りや売春婦との交渉で交通渋滞を引き起こしたり、売春婦と間違えて普通の女性にみだらな言葉をかけたり、公共の場で性行為に及んだり、客がとるこれらの迷惑行為には厳しい非難が向けられる。

住民や商店主にしてみれば、街頭の売春を単なる迷惑行為や「被害者のない犯罪」であると考えることは、とんでもない間違いだ。彼らにとっては、「生活を脅かす犯罪」であり、街中に混乱を招き、地域を堕落させる犯罪なのである。

これらの不満に道徳問題はどの程度反映されているのだろうか？　狭義に捉えれば、道徳問題には、ほとんど関心が向けられていないようである。肉体を売ることがいかに堕落したことか、女性がいかに搾取されているか、また売春がどれだけ罪深いことか、これらが議論されることはめったにない。あるサンフランシスコの活動家は、「これは道徳の問題ではない。売春婦は病気を撒き散らし、この地域の治安を乱す元凶だ」と述べた。また次のように明言する活動家もいる。

街頭で売春が行われているおかげで生活がめちゃめちゃにされているのに、道徳を考慮する余地などない。この場合、道徳は何の関係もない。閉じた扉のむこうで何をしようと構わない。その他、私が話をした住民達も同じように考えていた【注34】。

しかし、道徳問題が全く話題に上らないというわけでもない。活動家のなかには、公共の場での性行為を問題視しているものもあり、これは道徳問題として捉えていることのあらわれと考えることができるだろう。また、「善」と「悪」の問題として捉える活動家もおり、住宅地としての良さを取り戻す為に地域からいかがわしい人々を追い出すべきだと彼らは主張する。さらに、路上に売春婦がいるというだけで街の品位が汚され、子供のことを考えればなおさらだと主張する活動家もいる。例えば、コネティカット州ハートフォードの売春反対運動の連盟のメンバーは、「あまりに公然と行われているので、子供達はそれが許されていると考えて育つ。通りのどこへいっても見かけるからだ。子供達は『あれはいいの？　法律に違反していないの？』と尋ねる。その気になれば、子供達が売春婦を買うことだってできるのだ【注35】」。売春婦と客の行動が、その存在自体よりもむしろ強い批判を招いているが、これらの行動の少なくとも一部は、社会の価値観に対する脅威として考えられていた。

道徳的に強い反感を抱いていても、それを表面に出さないようにしている活動家も多い。彼等の本来の目的が損なわれることを恐れるからである。具体的な社会問題は、共感を得やすいが、道徳論は禁欲主義的であると思われがちなのである。この問題をここで断定的に論じることはできない。活動家が上述のような環境問題に重点を置いていると、強調して述べることができる程度である。さらに忘れてならないのは、屋内の売春に対してほとんど関心が向けられていない点である。屋内の売春に対する批判は、売春全体に対する道徳的な反論であるとの印象を与えかねないのである。インタビューや新聞のデータからも、活動家達が、エスコート業、マッサージ・パーラー、売春宿に反対の立場をとっていないことがわかる。個人で行う売春は、社会に影響を及ぼさないかぎりは、容認されているようだ。サンフランシスコの「Save Our Street」の指導者が語ってくれたところによると、彼の地域のほとんどの住人達にとって、屋内の売春は大した問題ではないようだということだ。「わたしの勘では、屋内の売春には何の問題ない。マッサージ・パーラーがどうのこうのと言った人間は、これまでに一人もいない。この近くにも数軒がある【注36】」。

当然、地域の活動家達が屋内の風俗店と闘ったなどという話は聞いたことがない。ニューヨークのタイムズスクエアのように、成人向けビデオ店、マッサージ・パーラー、ストリップ・クラブなどを閉鎖しようという動きは、様々な都市で起きている。しかし、屋内の売春は、地域の活動家達から追い出されたりすることはめったになく、しかもひっそりと営業していればなおさらのことであった。これらの理由から、各地域で最も強い反感を買っているのが、街娼なのである。

では、これらの活動家達は、街娼に対してどのような対策を取ってきたのだろうか？　各地域における売春問題への対応は、場当たり的で、効果が上がらないことが多く、それに不満を感じた住民達は、自ら直接行動に移った。その行動で最も多いのが、公衆の面前で売春婦や客を侮辱する方法である。一般的なやり方には、次のようなものがある。

・市民パトロール。監視と嫌がらせの為に舗道沿いに売春婦や客の跡をつけ、行為をビデオに撮影する、または「お前たちは売春をしている、我々は監視している」「売春撲滅地域」などと書かれたポスターを掲示する団体もある。パトロールは、セックス・ワーカーを一時的に追い払う効果はあるが、パトロールが終わるとまた姿をあらわす。
・客の車のナンバープレートを記録し、住所を突き止め、警告の手紙を送る。
・買春を行ったとされる客の氏名を地元の新聞やテレビで発表するなど、人前で辱めを与える。

売春婦に比べると客はより無防備で、抑制もしやすいので、客に的を絞ることが多くなっている。ある市民団体のメンバーは、「客は売春の世界では弱者だ。失うものが最も多いのは客だ。客が売春の世界に足を踏み入れてはいけないのはその為だ【注37】」と語った。人前で辱めを与えるという三つ目の方法は、各地で非常に多く取り入れられるようになったやり方だ。カンザス市は現在、売春婦に声をかけて逮捕された男性の氏名、住所、写真を放映するケーブルテレビ番組「John TV」を週に一度放映している。逮捕されても有罪になることは極めて少ないので、この番組で逮捕者を辱めることが市議会の目的であることは明らかだ（ほとんどの場合、司法取引で軽犯罪になる）【注38】。その他の都市（コロラド州オーロラ、オクラホマ州タルサ）のラジオ局やテレビ局でも、同じような客を辱める番組を放送している。客の名前を掲載する新聞もあるが、ニュース性がない、または名誉毀損で訴えられる可能性があるなどの理由で、掲載を拒絶する新聞社もある。しかしながら、ペンシルヴェニア州議会は、前代未聞の手続きを経て、法案を通過させ（一九九五年）、その法により、裁判所は、二度売春婦に声をかけて有罪となった人の名前と刑罰を地元紙に掲載し、さらに三百〜二千五百ドルの罰金と最低七十五時間の奉仕活動を地元で行うことを義務付けた【注39】。

上記の他にも客に辱めを与える斬新な戦術が用いられた。一九九二年、コネティカット州ニューヘブンでは、名前入りで「今週の買春客」を掲載したポスターが、売春婦の客待ちをする場所の樹木や電柱に取り付けられた。ポスターには、売春婦に声をかけているところを目撃された男性の名前と住所も掲載され、「男たちよ！　ここに近づくな。さもなければ次に掲載されるのはお前たちの名前だ！【注40】」と警告文が掲載されていた。マイアミでは、高速道路の看板に有罪判決を受けた買春客の名前が掲載されていた。カンザス市では、一九九三年に売春反対運動家達は、「売春婦ホットライン」を設立した。ここには、売春婦勧誘の罪で逮捕された人の氏名が録音されていた。ホットラインには月に数百件の電話がかかっていた。

マスコミを通じて買春客を辱める方法は、社会からも大きな支持を得ている。一九七八年の世論調査では、47%の人々は、売春婦に声をかけて告発された男性の氏名を新聞が掲載しても、それはプライバシーの侵害に当らないと考え【注41】、一九九五年の世論調査では、50%の人々が、売春婦に声をかけて有罪判決を受けた男性の名前と写真を報道することを支持した【注42】。

客に屈辱を味わわせるだけに留まらず、意識の向上やリハビリを目的としたプログラムを設立した都市は少ない。しかし、なかには画期的なプログラムもあり、その一例に逮捕者の為の「買春客の教室」などがある。サンフランシスコが「First Offenders Prostitution Program」を立ち上げた一九九五年以来、バッファロー、ラスベガス、ナッシュビルやカナダ、英国の数都市を含めいくつかの都市でも同様のプログラムが創設された。地域奉仕活動家の発案から生まれたサンフランシスコのプログラムは、地方検事局、警察、公衆衛生局、地域指導者、元売春婦の協力の元に完成した。男性は、五百ドルの罰金を払い、更生プログラムに出席し、その後一年間再犯しなければ、前科と出廷を免除される。八時間に及ぶプログラムは、その内容全体が、男性を辱め、教育し、将来的に売春婦と接触することを防止することを目的としている。講義の内容と雰囲気は、男性に最大の衝撃を与えるような内容になっている。私はサンフランシスコの更生プログラムを見学したが、そこでは、自分の母親、妻、娘が「売春行為をさせられたら」どのように感じるか、売春婦に金を出すことによってなぜ売春婦を「利用」「侵害」していることになるのか、質疑応答が繰り返される。参加者は、性感染症の危険、売春婦のぞっとするような悲惨な生活、ポン引きによる抑圧、街頭の売春が地域に与える悪影響などを生々しく伝えるスライドを見せられる。

第5章では、三つの都市で逮捕された男性へのアンケートに基づいて客が売春婦に金を出す動機を分析した。カナダのエドモントンの更生プログラム参加者百六十九人の調査では、いくつか新たな事実が判明した。男性は、売春婦との接触を秘密にしておきたがっている。売春婦に金を出したと人に話したのはわずか四分の一で、配偶者またはパートナーに打ち明けたのはわずか2%だった。男性の半分以上は現在、配偶者またはパートナーを持ち、そのうちの72%は、パートナーと満足のいく性的関係を持っていると回答した。とりわけ興味を引いたのは、71%が売春婦とのセックスを楽しまなかったと回答し、三分の二が、売春婦に金を出したことで生活に問題が生じたと答えた【注43】。それでも、彼らは路上でセックスを買うことを思いとどまるには至らなかった。

サンフランシスコの更生プログラムの終わりに参加者が記入した自由回答形式の質問に対する回答を調べたところ、多くの男性は売春のマイナス面に対する「意識が高まった」と感じ、二度と売春婦には近づかないと誓っているが、一方、逮捕されたこと、更生プログラムを受講しなければならなかったこと、講演者に「説教」されたこと、またはその他のかたちで侮辱を受けたことに皮肉と反感を示している者もいた。なかには、警察のおとり捜査の犠牲者で、無実だと主張するものもいる【注44】。

客の名前や写真を地元紙やケーブルテレビ番組などで公開する場合は、違反者を侮辱し、「不名誉の烙印を押す」ことがその目的であるが、更生プログラムでは、売春の様々な被害に関する再教育を受ける過程で参加者は屈辱を受ける【注45】。これは、コース受講期間だけのものではあるが、「屈辱を再体験」することに近いもので、これにより罰とリハビリの関連付けを行う。リハビリの成功の目安は、累犯率である。一九九五年三月から一九九九年二月までにサンフランシスコのプログラムを終了した約二千二百人のうち、買春で後に再逮捕されたのは十八人だけだった。トロントのプログラムを合格した六百人のうち一九九六年三月のプログラム開始から一九九七年の間に再逮捕されたものは一人もいなかった【注46】。

更生プログラム修了生の累犯率の低さは、必ずしもプログラムが逮捕歴のない将来の客に対して大きな抑止力を持つことを意味するわけではない。なぜなら、街の買春客の数は、これまでのところ減少していないからである。さらに、累犯率の低さも、更生プログラムの効果は否定できないものの、逮捕そのものによる効果であるとも考えられる。公式の統計によれば、逮捕者のなかに累犯者が占める割合は一般的に低いことが判明しており（更生プログラムに参加していない人を含めて）、これは逮捕そのものが、決定的な抑止力になっていることを示唆している。

その他の売春反対運動

米国で売春反対運動を展開している団体のなかには、売春婦の救済活動を行っている地域団体もある。そのなかの主なものは、ミネアポリスのPRIDE（「From Prostitution to Independence, Dignity, and Equality」【注47】）、サンフランシスコのSAGE（「Standing Against Global Exploitation」）、ワシントンD.C.のHIPS（「Helping Individual Prostitutes Survive」）、オレゴン州ポートランドのCPA（「Council on Prostitution Alternatives」）などがある。これらの団体のな

かには、売春に対するイデオロギーや立場を明確にせず、ただ単にサービスだけを提供するものもあれば、急進派フェミニストとしての立場を明確にしているものもある（SAGE、CPA）。ナネット・デーヴィスがCPAの研究（第9章）で示しているとおり、CPAは、売春を個々の男性（客、ポン引き）による抑圧および家父長制による抑圧であると定義し、女性達がこのような支配を拒否し、売春の世界から抜け出すことができるよう、女性達の力を強める活動を行っている。この考え方は、急進派フェミニズムと彼らが話を聞いた街娼の経験談の影響を受けている。街娼は、屋内で働く大半のセックス・ワーカーとは対照的に、暴力やその他の虐待を最も受けやすい人々である。

ほとんどの場合、米国の売春反対運動は、全国展開されることはなく、各地域ごとに独立して展開されている。しかしなかには、広い範囲で反売春の活動を行った団体もわずかながら存在していた。そのなかでも最も有名なのはWHISPER（「Woman Hurt in Systems of Prostitution Engaged in Revolt」一九八五年設立）である。急進派フェミニストとしての立場を明確にしたWHISPERは、売春は女性の自由意志による選択であること、売春は立派な職業であること、売春はこれまでにも人道的に営まれてきたことなど、これらすべてを否定している。つまり、売春は、男性支配、女性の商品化、「強いられた性交渉と性的虐待【注48】」の上に成り立つものであると主張しているのである。被害者が存在しない犯罪であるなどという見方はとんでもない見当違いで、女性に対する暴力行為以外の何者でもない。暴力は、単なる肉体的暴力に留まらず、本質的には性的および精神的暴行であるとされる性行為そのものも、暴力行為とみなされる。売春を辞めることができた女性は、逃げることに成功した「サバイバー」と称される。売春廃止運動を展開するWHISPERは、売春婦の権利擁護団体と対立関係にある。WHISPERは、擁護団体のように売春婦の労働者としての権利を主張するのではなく、売春から逃げる権利を主張した。また同じく、売春を正当化するのではなく、売春にさらに烙印を押すことを求めた。そして、最古の職業を世界から撲滅することに力を注いだのである。WHISPERは、一九九六年に活動を停止した。

これらの売春反対運動の団体は、私が第1章で述べたような検証を怠っている点については、批判されても仕方のないことであろう。売春に関する急進派フェミニストの主張（売春は本質的に抑圧的かつ屈辱的である）を鵜呑みにすることによって、売春婦をその種類（彼らの対象は大半が街娼だが、アメリカの売春婦のほとんどは街娼ではない）で区別するという大切な手順を怠っていることになる。しかしながら、このような組織が売春を辞めようとする女性達に彼女達が必要としている援助を与えているかぎりは、彼らの仕事が賞賛に値することは明らかである。彼らと対立する立場で売春婦の権利を擁護する人々も、このような支援活動を支持している。売春婦の権利を擁護する世界憲章「the World Charter for Prostitute's Rights」は、「売春婦の為のシェルターやその他援助、売春を辞める為の社会復帰訓練プログラムなどの基金を創設するべきである【注49】」と主張している。

売春婦の権利擁護団体

売春に反対するWHISPERのような団体の対極に位置しているのが、売春は本質的に邪悪ではなく、売春婦は、セックス・ワークに従事する権利を有すると主張している売春婦の権利擁護団体である。このような団体は、売春を合法的な価値のあるサービスとみなしているので、売春の非犯罪化を支持している。一九七三年に元売春婦マーゴ・セントジェームズによって設立されたCOYOTE（「Call Off Your Old Tired Ethics」）は、米国における主要な売春婦権利擁護団体であり、米国や国外の同様の団体と提携を結んでいる【注50】。

†目標

COYOTEの主な目標は、(一) 売春に関する「神話」や「現実」に関しての一般市民への啓蒙活動、(二) 売春の非犯罪化、(三) 売春の正当化である。啓蒙活動は、売春に関する誤った認識を一掃することが主になる。誤った認識とは、売春婦はAIDSやその他の性感染症を撒き散らしている、組織犯罪と深い関わりがある、ほとんどの女性は無理矢理売春婦にさせられた、街娼は様々な路上犯罪と関わりがある、などである。売春に関連して何らかの被害が生じる場合は、これらの被害は売春そのものではなく、売春が犯罪であることに起因すると考えられている。売春の違法性そのものが、売春婦の搾取や被害への無防備さを助長するのであり、非犯罪化は、これらの問題を改善することになるというのである。

COYOTEは、成人の同意に基づく売春の全面的な非犯罪化、つまり売春に科されるすべての法的規制の撤廃を望んでいる。COYOTEは、登録制、認可制、特殊税、地域の指定、健康診断の強制、売春宿の規制など、あらゆる種類の法による規制を一律に否定している【注51】。規制を拒む理由は、「女性が自らの肉体を使ってすること【注52】」を州が制約することになるからである。規制とは対照的に、非犯罪化によって、売春婦は自分の肉体を最大限に自分の意のままに使うことができるようになるだろう。

COYOTEは、売春の汚名を返上し、正当化することを追求している。売春婦にも他の人々と同じように欲求や夢があり、売春という仕事もその他のサービス業と何ら変わることはなく、決して恥ずべきものではないと主張し、売春婦に対する固定概念を打ち破ろうとしている【注53】。受け入れがたい内容ではあるものの、COYOTEは、売春婦は不道徳な行為をしているわけではないと主張しているのである。さらに彼らは、「被害者など存在するはずのない成人同士の同意に基づく行為に介入することこそ非合法であり、道徳を蝕む結果となる【注54】、「『お金の為のセックス』は社会の道徳に反するが、お金の為でなければ手当たり次第に淫らなセックスをしても社会の道徳には反しない【注55】などという考えは、ばかげている」と主張している。少なくとも、国が法で道徳を規定すべきではない【注56】と主張している。非犯罪化によって、売春は正当化へ一歩近づくであろう。あるリーダーは次のように話している。「売春婦達も刑務所へ行かずに済むと知れば、こそこそすることをやめて売春婦であることを公表し、自らを正当化できるようになるのだ【注57】」。

†リーダーシップと支持層

COYOTEは少人数の活動家によって運営されてきた。行動的で情熱的な創立者マーゴ・セントジェームズは、十数年にわたって会の代表を務めたが、一九八五年にプリシラ・アレキサンダーに代わり、一九九〇年代初頭にはサマンサ・ミラーが跡を継ぎ、その後、再びマーゴ・セントジェームズが代表を務めることになった。

一般市民の支持を得ることは、最優先すべき大きな課題である。COYOTEは、一九七〇年代には数千人の会員がいたと主張していたが、そのほとんどは、会員名簿上の名前に過ぎない。どの程度支持を得ているかは、活動の目標に同意する支持者の数で測ることができる。表10・1からは、法による規制がかなり高い支持を得ていることを示しているが、COYOTEの第一目標である非犯罪化はそれよりもかなり少ない。支持層を開拓する為の行事（ピケ、デモ、集会）はほとんど行われていない。この会の活動は、大衆運動ではなく、限られた主唱者達が率いる運動であると言えよう。

売春婦の去就も、同じく捉えどころがない。COYOTEメンバーの約3%が売春婦ということであるが【注58】、そのほとんどは街娼ではなく、高級コール・ガールだった（残りの97%については不明）。このように売春婦の参加が非常に少ないのはなぜなのだろうか？　第一に、COYOTEは、積極的に採用を行っていないという。「自分達の方から積極的に参加者を探すことはしない。」とマーゴ・セントジェームズは私に話してくれた。「彼女達の方からCOYOTEにやってくる【注59】」。募集の努力を行っていないのであれば、多くの売春婦は運動の存在そのものを知らない可能性がある。第二に、すべての人に開かれた運動を展開するということは、警察の嫌がらせ、ポン引きの反対、そして心配した家族や友人の反発など、障害が伴う可能性がある。

買春をする人々は、恐らくこの運動の目標を支持するであろう。実際、第5章でも明らかなように、逮捕された買春者の72％が、非犯罪化を支持していた。しかしこれらの支持も、彼等が匿名性に固執するかぎり、COYOTEの運動を後押しする力にはなり難いのである。

†連携

外部団体と強固な連携を築くことによって、社会運動における人材の不足や支持層の不足を補うことができる。社会的に影響力を持つ外部団体が、正式に非犯罪化支持の立場をとったこともあったが、これらのCOYOTEへの貢献度は非常に限られたものであった。その一例が、ACLUである。ACLUは、一九七五年、非犯罪化支持の立場を正式に表明した。ACLUは、散発的に訴訟を起こし、州議会に働きかけ、売春法違反の罪で起訴された人々の支援活動を行った。しかし、これはACLUにとっては極めて優先度の低い問題だった。もう一つ団体が、「the National Organization for Woman」（NOW）である。NOWは、一九七三年に非犯罪化を支持する決議案を採択した。この姿勢は今も変わっていない。NOWは、COYOTEを支える立場にあるものの、資金面、法律面、人材面などに関する支援は、これまでにほとんど行っていない【注60】。

では何故、このように第三者の支援を得ることができないのだろうか？　売春は、組織が掲げる大義としては人気があるものではなく、利益を生む可能性もなければ、このような目標を大々的に長期にわたって掲げる組織は、信用を損なう確率のほうが高い。社会規範から逸脱した人々との個人的な「穢れた」付き合いと【注61】、組織が掲げる大義が社会の規範から逸脱していることとをこじつけて考える人々もいるだろう。NOWなどの組織にとって、売春の非犯罪化を声高に唱えることは、社会的な印象や参加者の両面において、不利益をもたらすこととなるだろう。名実共にフェミニスト集団であるNOWは、ポルノと同じく売春についても意見が分かれている。売春擁護の立場をとる小数派は、非犯罪化によって安全性が高まり、売春もまた立派な職業の一つであると考えている。売春廃止の立場をとる多数派は、売春は屈辱的であると考え、売春の撤廃を主張している。多数派の意見の圧力により、ほとんどのフェミニストはCOYOTEに支援の手を差し伸べていない。

†影響

社会運動の成功は、世論や法律や関係機関の施策に与える影響の大きさで測ることができる。前述の調査データからは、COYOTEの活動が、売春に関する世論に何らプラスの影響を与えていないことがわかる。社会の大多数の人々が売春に関する「厳格」な法律を望み、売春を「法律で禁止」すべきであると考える人の割合は、一九七八年から一九九〇年にかけて拡大した。

COYOTEは、各自治体や州の議員に対しても影響力を持っていない。一九七〇年代初頭にCOYOTEが運動を開始してからも、ほとんどすべての州及び自治体では、買春に関する罰則をより強化する法律が可決された。その結果として、COYOTEは、「ほとんどの議員は、売春婦を攻撃して名をあげようとする時以外は、真面目に売春問題を考えようともしない。【注62】」と批判を繰り返している。

しかしながらCOYOTEは、すべての面において、何の成果もあげられなかったというわけでもない。マスコミにも幾度か取り上げられ、些細ではあるものの勝利を幾度か手中に収め、売春婦に公の場で「発言」する機会を提供した。また、COYOTEが二十五年間存続していること自体も注目に値することであり、売春婦の権利擁護運動の先駆として、国際的にも名前を知られている。しかし、COYOTEの主張や要求が、社会の指導者や一般の人々の耳に聞きいれられることはほとんどなかった。その例外と言えるのが、本章の冒頭で述べたCOYOTEが最近サンフランシスコの「Task Force on Prostitution」に参加した事実であるが、やはり結果はCOYOTEの殻を打ち破るものとはなり得なかった。売春問題に関する公式の議論にCOYOTEが参加し、非犯罪化へ向けて「Task Force on Prostitution」の説得を試みたものの、地方自治体職員によって無視される結果となった。

一九九三年、元COYOTE代表サマンサ・ミラーは私に、「米国の公共政策はこの二十年間、何一つ変わっていない」と語った。事実、彼女は「非犯罪化というCOYOTEの強硬路線を放棄」し、その代わりに法制化という「より現実的な目標」を目指すべきであると考えていた【注63】。しかしながら、COYOTEは、法制化ではなく非犯罪化という強硬な目標を譲らず、一層社会から取り残される結果となっている。

まとめ

他国との比較を行うことで、売春対策には他にも選択肢があることを知り、また他国では、COYOTEなどのような売春婦の権利擁護団体が必ずしも失敗するわけではないことを知ることができる。オランダでは売春は違法ではない。第三者が売春へ関与（売春宿の経営など）することは違法であるが、この法律が適用されることはない（一九九九年二月、オランダ議会の二院のうちの一院が、売春における第三者の関与の合法化を可決した）。また、オランダ人が売春に対して寛容だからといって、売春が盛んなわけでもない。売春婦に金を出した経験があると回答した米国人男性は16％から18％だったのに対し（第1章参照）、オランダ人は22％である【注64】。

オランダ人の売春に対する考え方は、ほとんどの米国民とは大いに異なる。一九九七年の世論調査では、オランダ国民の74％が売春を許容できる職業とみなし、73％は売春宿の合法化に賛成していた【注65】。一九九九年には、78％が、強要が伴わないかぎり、売春は他の職業と同じであると回答した【注66】。自国の売春について尋ねられたオランダ人女性は、「売春が違法だなんて考えてみたこともなかった」と私に話している。

利益団体の役割や影響も、米国とオランダでは驚くほど異なっている。オランダの売春政策に利害関係のある組織は、議員に対して米国よりもはるかに合法性と影響力を持っている。彼らは、社会に支持を得る為に苦労することもなく、より自由に社会のなかで組織を運営している。米国とは異なり、オランダには、国が資金を提供して、売春に関する政策を研究・策定する団体、デ・グラーフ財団が存在している。この組織は、売春とは政府が実情に即して対応すべき職業であると考えている。同団体は売春を批判も、奨励もせず、性産業で働く労働者の環境を改善し、すべての利益団体間の意見調整を主に行っている。利益団体の関係者は財団事務局で月に一度会合を持つ。

もう一つの重要な存在は、オランダにおけるCOYOTEのような存在、Red Threadである。これは、一九八五年に設立された売春婦の権利擁護団体である。一九九七年のインタビューで、当時の代表だったシーツケ・アルティィンクは、Red Threadの主な反対勢力は何かと質問された。彼女は「そんなものはオランダにはありません。Red Threadの敵なんて心当たりはないわ【注67】」と答えた。もちろん一部の教会指導者や右翼政治家などの反対者は存在しているが、Red Threadは政府と対立関係になく、COYOTEのように取るに足りない存在としてあしらわれたりもしていない。その代わりにアルティンクは、「正しい政策運営をしていく為に、我々は彼等にとって重要な存在なのです」と語っている。実際、オランダ政府は、Red Threadに資金を提供し、同団体は売春問題に関する警官の訓練にも参加している。

もちろんオランダといえども、売春に関連する団体であれば、ある程度の非難は受けてきた。「the Brothel Owners Association」の会長は、組織を批判する人はいるが、その目的に関心を持つ人もいると語った。

売春という仕事の内容について説明し、伝えることができるのです。一般の人々が集まっているところで、彼らが私の仕事を知ったら、十分もたたないうちにわたしに話し掛けてくるでしょう。彼らは何もかも知りたいのです。その時こそが、彼らの考え方を変えるチャンスなのです。しかし、ともかくまず話の糸口を見つけなければなりません【注68】。

クラブのような場所で数人の雇われ売春婦が客をもてなす売春宿と異なり、「飾り窓」(売春宿)は、一匹狼の売春婦が売春地区に借りた小さな部屋で行う売春である。(アムステルダムには、飾り窓が四百二十、売春宿が七十軒ある。オランダの売春婦の約30%は飾り窓で、40%は売春宿で、残りはエスコートまたは街娼として働いている【注69】)。「Window Owners Association」(「飾り窓所有者協会」)は、十五年前に設立され、飾り窓所有者の90%が属している。協会の目的は、売春宿経営者の会よりも限定されている。というのも、協会はあまり売春婦達とかかわりを持たず、大家として部屋を貸し、時おり訪れては規則が守られているか否かを確認するだけの役割しか果たしていないからだ。同協会の事務局長は次のように話している。「この組織は、規則（十八歳以下の売春の禁止、一つの飾り窓につき売春婦は一人だけなどの規則で、地方自治体が課すもの）に対応するとき、声を大にして何かを主張しなければならない時など、必要な時だけの為に存在している【注70】」と述べた。同団体は、飾り窓の合法性を高めるために、許可証制度の導入を求めている。また、事務局長は、事務局長自身もまた、協会も売春とかかわることを決して「恥ずかしい」などとは思っていないこと、会員は普通の職業の人々であること、売春婦を「管理」しているわけではないこと、などを主張した。彼らは、「ポン引き」というレッテルを貼られることを避け、「リラクゼーション産業の起業家【注71】」と呼ばれたがっている。

このような状況のおかげで、驚くべきことにオランダには、世界で恐らく唯一の売春の客の権利擁護団体が存在している。一九八六年に設立された、「the Foundation of Men and Prostitution」は、そのパンフレットに述べられているとおり、「売春婦および売春業にかかわるすべての人々を法的にも、また精神的にも隷属的立場から解放すること」という目標を掲げている。財団は客の会合を開き、そこで様々な問題を論じ、マスコミや政府、売春に関心を持つその他の団体に対して、買春客の利益を代弁している。また、客としての権利と義務を明確に定義することにも力を注いでいる。インタビューにおいて、この財団の代表は、その存在理由について以下のように語った。

> 消費者団体は、あるのが当然。同様に、売春の客にも普通の消費者と同じように、いいサービスを受ける権利、不当な扱いを受けない権利があります。売春の客は声なき存在であるからといって、権利の為に闘ってはならないという理由にはならない、闘うべきなのです。売春の客になるとはどういうことか、一般の人々へ啓蒙活動を行う意義は十分にあると思っています。私は、売春は貴重

な財産であると考えているので、売春について社会に報せる必要性があると考えているのです。売春の価値は、必要としている男性、差し迫った必要に迫られている男性が、そこで慰めを得られるということです。耐え難い欲求不満の捌け口を求めるのは当然のことです。もちろん、売春の多くは、単なる男性の欲求不満の捌け口だけではなく、楽しい娯楽でもあります。

しかし、この団体の目標には若干曖昧なところもある。

実際のところ、我々は何を目標にすればいいのかわからない。客には、あまり接近できないと考えているし、接近できたとしても何と言っていいのかわからない。わたしは一般の人よりもはるかに進歩的だ。客達は、行動の規範や移民女性、売春婦の無知に付け込むクラブ経営者などについて考えることなどしないだろう。我々が会った人々のなかには、売春はすばらしい、もっと知りたい、孤独な生活や罪悪感から自分たちを解き放ちたい、と語る人々もいた【注72】。

この団体は、客の利益を向上させることだけでなく、売春婦と接する際に規範に従った行動をとるように客に注意を促している。この行動の規範とは、礼儀正しくすること、清潔に気をつけること、酒に酔った状態を避けること、コンドームを使用することなどである。その他にも以下のような注意がある。

・売春婦とは、はっきりとした取り決めをすること。
・サービスの内容には、売春婦それぞれに限界があることを考慮すること。

・見知らぬ同士では、売春がスムーズにいかないこともあり得る。これを念頭に置き、それなりの心積もりで臨むこと。

・衝突が生じたときには理性を失わず、無理をしないこと。決して、金を返せと要求してはならない。

・周囲にはできるだけ迷惑をかけないよう配慮すること。近隣の安眠を妨害してはならない。他人のセックスには皆興味はない。

つまり、オランダでは、セックス産業の様々な分野の利害を代弁する組織がそれぞれに連携をとって活発に活動しており、かなりの成果をあげているということである。オランダ政府はこのような団体のリーダーと定期的に会合を持ち、売春関連政策の策定に当って彼らの見解を取り入れている。オランダ政府は、中立を保つ為、異なる利害や政策上の考えを持つ組織の見解を取り入れるようにしている。これは、売春を支持する団体が社会の片隅に追いやられ、売春は犯罪であるという見方が支配的な米国とは対照的である。

第11章 風俗産業における力と規制

ウェンディ・チャプキス

　セックス・ワークに関する最も大きな誤解は、お金を出せば売春婦の肉体を買うことができ、自分の性的目的の為にやりたい放題の行為をすることができるということである【注1】。実際のところ、どれだけ売春婦が売春の条件に主導権を握ることができるかということが、売春の交渉には重要な点だ。しかしながら、売春婦が持つ支配力の大きさには、かなりの違いがある。取引のほぼすべての面において主導権を握ることのできる売春婦もいれば、ほとんど思いどおりにできない売春婦もいる。

　一九八七年〜一九九五年にかけて、米国、オランダの四十七人のセックス・ワーカー、活動家、取締官を対象に詳細なインタビュー行い、セックス・ワークの現状は一様ではないことが明らかになった【注2】。事実、セックス・ワーカーがどのような立場にあるかによって、その状況には大きな差が生ずる【注3】。つまり立場の違いによって、交渉を進める際に及ぼすことのできる支配力の大きさも違ってくるのである【注4】。本章では、業界の構造が、セックス・ワーカーの力や支配力にどの程度の影響力を及ぼすかについて検証を行う【注5】。これらの要因には、法的立場、需要、薬物、人脈の有無、競争、取引上のしきたり、規制、仕事場の上下関係などが含まれる。

セックス・ワーカーの法的立場

セックス・ワーカーの法的立場は、客や雇用主に対する際のセックス・ワーカーの支配力に大きな影響を及ぼす。多くの国と同じく米国でも、セックス産業は概ね犯罪とみなされるが（特に売春）、合法、準合法（ポルノ、ストリップ、ラップ・ダンス、テレホン・セックスなど）とされるものもある。セックス・ワーカーが、合法的または準合法的な環境で働く為には、いくらかの規制に従わなければならないことが多い。米国ではネバダ州だけが、制限つきながらも売春制度を合法化しており、州の認可を受けた売春宿が存在する。ネバダの合法の売春宿で六年間働いたテリーは次のように語っている。

みんなと同じように、私も金を稼ぎに行ったの。合法だからという理由で、ずいぶん遠くから働きに来ていた女性がたくさんいたわ。みんな逮捕されるのにはもううんざりしていたのよ。いま振り返ってみると、あんなふうに人に雇われるのもいいものだとは思うけど。でも、ほかに選択肢があるかないかで決まるわ。ネバダでは、ほかに合法的な選択肢がないのよ。選択肢がないってことは、自分では何も決められないってことなのよ【注6】。

米国のその他の地域では、セックス・ワーカーは、エスコートのような準合法的な店またはエージェントや「マダム」の元で働くことによって、ある程度取締の手から身を守ることができた。リタはマダムの所で初めて客を紹介され、売春の仕事を始めた。

マダムから客を紹介されてこの仕事をはじめたのよ。客は一人残らず徹底的に調べられてあって、他の女性の客になったことがある人ばかり。つまり、風俗取締のおとり捜査官の可能性はほとんどないってことね。でも、結局は自分で広告を出して、独立することにしたの。どんな客だろうと、最初の五回分は、マダムが料金の40％を自分のものにするなんて、あまりに高過ぎると思わない？

彼女は自分の取り分を取る代わりに、客の名前、好み、最も簡単にいかせる方法を教えてくれるの。それから、本当は安全を保証してくれることになってたんだけど、とんでもない。私が客をとってても、出かけてしまうし。それじゃあ、やっかいなことが起きても頼りにならないわ。唯一、安心だったのは、客がおまわりじゃないってことぐらいなものね【注7】。

リタはやがて、40％のピンはねに見合うほど、コール・ガールが逮捕されるリスクは高くないと判断した。

私が聞いたかぎりでは、警察もコール・ガールの逮捕にはそれほどやっきになってないらしいのよ。真剣に逮捕しようとするのは、近所の人やボーイフレンドが密告したときだけ。もちろん、街娼のことは必死になって捕まえようとするけれど、コール・ガールはそれほどでもないの。だから、私はあんまり心配してないわ【注8】。

リタの言うとおり、売春婦の仕事場――屋内か路上か――によって逮捕されるリスクは大きく違う。米国のほとんどの大都市では、売春の80％は室内で行われるが、逮捕者のほとんどは街娼である【注9】。

米国のように法の規制がある国では、警察の法による街娼への締め付けは、街娼をポン引の「保護」の元へと駆り立て、さらに見咎められ逮捕されないように交渉を短時間で終わらせざるを得ないことになり、危険な客から十分に身を守ることができなくなる結果を招いている。つまり、客との交渉の場で街娼が主導権を握り、支配力を確保することができなくなるばかりでなく、セックス産業のなかでもとりわけ危険な街娼から警察の保護を奪い取ることになっているのである。

売春をほぼ解禁している、オランダのような国においても、ある種のセックス・ワークやセックス・ワーカーは違法である。オランダの売春における最も重大な法律上の区別は、オランダ国民（及び欧州連合加盟国国民）と正式な労働許可証や移民証もなく雇用されている移民労働者との区別である。移民売春婦は、オランダの大都市におけるセックス・ワーカーの大半を占めているので、これはとりわけ深刻な問題となっている【注10】。

売春婦の法的身分は、客や雇用主との力関係に深刻な影響を及ぼす。アムステルダム移民売春婦のプロジェクトTAMPEPのリシア・ブルッサは、非合法で働いている移民売春婦は、コンドームの使用を客に要求しにくいと次のように語っている。

ここでは彼女達の思いどおりにできないことがたくさんあるのよ。それがオランダ人売春婦と移民売春婦との決定的な違いね。彼女らにとってはすべてが危険なバランスの上に成り立っているから、彼女達の優先順位は他と違うの。第一に大切なのは、日々生き延びていくこと、第二が、故郷に送金すること、その次に強制送還するかもしれない警察から身を守ること、それらのすべての後にやっと安全なセックスが来る。状況がよければ、移民女性も安全なセックスを最優先させるでしょうけど。面と向かって聞けば、誰もが皆、安全なセックスは非常に大切なことだと言うけれど、状況が安定していなければ、他の問題のほうが彼女達にはよっぽど重大なのよ。だから、私達も、彼女達のその他の問題を解決するのがまず先決で、安全なセックスなど二の次になってしまう。何しろ生き残れるか否かの問題なんですもの。彼女達は、そんな大変な状況に置かれていても、精一杯がんばっているの。【注11】

非合法な移民売春婦がオランダで直面する試練は、今後数年間にわたり悪化の一途をたどるだろう。現在、売春への第三者（エスコート、クラブ、売春宿、街娼を取り仕切るポン引き）の関与はすべて公式には非合法であるが、室内売春は許容され、非公式な決まり事なども存在している。これはつまり、売春婦が自国民であろうと他国民であろうとに関係なく、第三者が管理する売春においては、売春婦と第三者との関係は非合法であるということだ。しかし、オランダ政府は、売春ビジネスに対する規制を強化する為に、売春への第三者の関与を正式に解禁する方向に動いている。許可証の発行、就労者の衛生管理や安全管理は、自治体の管轄になるだろう【注12】。

売春に関する調査や政治活動を行っているデ・グラーフ財団は、法が改正されれば、移民売春婦にとってとりわけ不利になるだろうと述べている。

観光ビザがあったとしても、労働許可証はない。その結果、彼らには何の法的地位もない。多くのオランダの都市では、売春宿所有者は不法滞在者を雇用できないという項目が盛り込まれるだろう。そのため、売春が解禁されたとしても、不法滞在の売春婦は、何の恩恵も受けることができない【注13】。

アムステルダム市の最近の状況から考えると、新しい政策のもとでは二つの売春制度が発達するのではないかと思われる。一九九六年、アムステルダム市は、認可証制度を採用し売春業の規制を開始した。デ・グラーフ財団の報告にあるとおり、「許可証制度の条件のなかでも、特に合法的な売春婦しか雇うことができないという条件を満たすことが困難な為、すでにいくつかの売春宿は閉鎖を余儀なくされた【注14】」。その結果として、外国人売春婦を雇っている売春業はかなりの割合で地下に潜ることになるだろう。これによって、客や雇用主に対する移民売春婦の力はさらに弱まるだけでなく、彼らを支援しようとする公衆衛生担当者やソーシャル・ワーカーとの接触も難しくなるだろう。

規制

第三者に雇用されているすべてのセックス・ワーカーは、合法、非合法に関係なく、仕事で自分が主導権を握り、支配力を持とうとする場合、困難に直面する。雇用主は、経営者や客と売春婦との関係を規制することを目的に規則を設けることが多い。例えば、多くのストリップ・クラブでは、ストリッパー達の収入の多くは、客一人一人を相手にする「ラップ・ダンス」から得られている。米国では、ラップ・ダンスは、非合法である売春と保護の対象である演技の中間という、法律的には曖昧な位置付けにある。クラブ所有者たちは、ダンサーや客がこの法律に触れると、売春斡旋の罪に問われることになる。この為、客がラップ・ダンスの間に触れることのできるダンサーの体の部分をきちんと規則で定めているクラブもある。

このような規則は、売春婦に無理矢理、過剰に触ろうとする客から売春婦を守るというよりは、経営者を法の罰則から守ることが目的である。これは、経営者が客にこの規則を知らせ、守らせようとしないことからも明らかである。この規則を守る責任は、すべて売春婦に負わされる（第12章参照）。サンフランシスコの高級クラブ、ザ・ミッチェル・ブラザース・オファレル・シアターで働くテリは次のように話している。

ラップ・ダンスでは、金額を口にすることは許されていない。それでは売春みたいだからでしょうね。その代わりに「私にプレゼントあるかしら？」と言わなければならないの。おちんちんの上に座るには、チップを渡してもらわなくちゃなんて言っちゃいけないの。「ここの娘達は給料は貰ってないのよ。チップだけが頼りなの」と言わなければならないの。店は客に何も言ってくれないわ。おまけに、客に触らせてもいい場所も規則で決められてる。でも、店は、客が店に入ってきたときだって、客に規則を説明してくれるわけでもないし、私達の為には何一つやってくれやしない。それで男達は、私達に触ろうとするんだけど、その責任をとらされるのは誰だと思う。私たちよ。それで私は首になったの【注15】。

第三者が経営する売春業者のなかには、客に対してセックス・ワーカーが権利を確立できるような規則を定めているものもある。あるサンフランシスコの覗き見ショークラブ、ラスティ・レディの規則は、ダンサーが有利になるような規則だ。ルナは次のように説明する。

店の規則では、客は私達に指図をしてもいけないことになっているの。だから、「こっちへ来い」とか「回ってみろ」とか言われても、「申し訳ないけど、命令は受けられないのよ。ごめんなさいね」と言えばいいわけ。それでずいぶんと違うわ。自分の思い通りのショーができるし、相手の言うなりになっているだけじゃないのよ【注16】。

ラスティ・レディなどの覗き見ショークラブと、ラップ・ダンスもするストリップ・クラブの大きな違いは、演じる側と客との接触の度合いである。ラスティ・レディでは、ガラスがダンサーと観衆を物理的に隔てている為、演じる側は支配力を築きやすい。スージーは次のように話している。

私が男性との性的関係ではじめて主導権を握っていると感じられたのは覗き見ショーだった。分厚いガラスと音楽のおかげで、その気になれば、客を無視することもできる。客に見られていても気にならなかった。彼らとの接触量を自分がコントロールできたから。自分に力があるように感じたのよ【注17】。

しかしながら、経営者は客と売春婦の力関係をじっくりと監視している。ラスティ・レディのあるダンサーが語ったとおり、ダンサーがチップなしで、決められた給料で働いている場合には、ダンサーは客のために余計なエネルギーを使おうとしない。その為、経営者はダンサーをビデオ・モニターなどで厳しく監視している。「舞台でにっこりしなければ、昇給しない。監視されているから【注18】」とそのダンサーは言う。同様に、あるダンサーは次のように述べている。

いつも背中に経営者の視線を感じていたわ。セクシーか、魅力的か、客に人気があるか、チェックされてたのよ。事務所のそばを通る度に、支配人が身体を品定めしているのを感じる。もちろん支配人はいつだって服を着ているけど、こちらはいつも裸。支配人と話をするときには、こっちは裸で座っているのに、向こうは服を着てるんですもの、いつもいらいらしたわ。支配されているような気持ちにさせられてたのよ【注19】。

体型の維持

セックス・ワーカーは、セックス・ワーカーにふさわしい仕草と肉体、雰囲気を身に付けなければならない。第三者が経営する店の雇われセックス・ワーカーは、同業者との競争に打ち勝つ為に、外見上の制約がある。あるストリッパーは以下のように述べている。

ラスティで働くことにした理由の一つは、色々なタイプのストリッパーがいたからよ。もちろん、若い子向けのファッション雑誌から抜け出してきたような典型的な十九歳や二十歳の娘もいるけど、年配の女性や、大柄な女性、体毛のある人もいたわ。でも、一九八〇年代後半になると、経営者が金儲けに欲が出て、次第にあまり「それ向き」でない身体の女性を解雇しはじめたの。「そんな身体じゃダメだ。首だ」とだけ言われてお払い箱になるのには、驚いたわね【注20】。

ラスティの従業員の報酬は、定額の給料制で、チップを受け取ることがなかったので、経営者は、売春婦達を客の好みにあうように維持して行くことが主な仕事であると考えていた。

ラスティでは、経営者がいつも私達の身体に目を光らせていたわ。だってチップじゃなくて給料制だから、私たちはあまり自分の見た目を気にしなくなってしまうのよ。私達は客の好みであろうが、なかろうが、もらう金額は変わらない。だから、私達がしていいこと、いけないことの長いリストがあったの。例えば、ショートカットはだめ。それでほとんどみんなかつらを持っていたわ。基本的にはヌードショーなのに、着るものもスパンコールやラメのついたものにさせようとしていたわ【注21】。

外見に関する規定は、体重、体毛、ヘアスタイル、ピアス、タトゥー、衣装の注意や規則などの非常に詳細なものだった。ジェーンは次のように話している。「ミッチェル・ブラザーズで働き始めた頃に、毛について何か規定はあるか尋ねたの。その女性は、『恥毛は絶対とは言わないけど、できる限り剃ってちょうだい』と答えた。私は脇毛のつもりだったのに【注22】」。

このように、経営者は一般的に、はっきりとした容姿の規準を設け、その規準を満たすことを厳しく要求するが、一匹狼のセックス・ワーカーやポン引きも、客の好みに合う身体を保つ必要性に迫られる。あるダンサーは「胸が大きければ、少なくとも数百ドル分の価値はあるわ。本当よ。多くの女性が豊胸手術を受けているのにはそれなりに理由があるのよ【注23】」

セックス・ワーカーはこの商売上の制約をよく認識している一方、苛立ちを隠せない。

私の身体は、いわゆる理想的なタイプそのものと言ってもいいわね。背が高くてスリムで、胸の大きさもちょうど理想的。ある時、とても大柄な女性と二人で仕事をしたの。確かに、彼女はいわゆる魅力的な肉体とは言えなかったわ。その彼女、おまけに体毛は一切剃っていなかったのよ。私は、彼女のことはとても尊敬していたの。舞台の上の彼女は自信に溢れ、とてもセクシーだったわ。でも二人でショーを始めると、私の出番では客は大騒ぎしたのに、彼女の出番になると客は静かになって、わめきはじめたのよ。「引っ込め、もう一人のほうを出せ、もう一人のほうを出せ」。私はそれで目が覚めて、この仕事をやめたくなってしまった【注24】。

もう一つの外見上の制約は肌の色だ。セックス産業の客や経営者の間には、白人女性を好むという偏った傾向があり、雇用される女性の肌の色の割合には偏りがある。これはラスティ・レディでもミッチェル・ブラザーズでも顕著だった。経営者や客の人種的偏見の為、有色人種の女性は、セックス産業において最も稼ぎが少なく、最も不名誉な街娼になることが多かった。

薬物

売春婦と言って、まず頭に浮かぶのが、薬物中毒者のイメージである。実際には、売春婦の薬物への依存度は様々であり、その点に関しては他の職業と何ら変わる所はない。それでも、薬物とアルコールの使用がセックス産業に身を置く人々に与える影響は大きい。一部のセックス・ワーカーは、ある程度の薬物やアルコールの使用によって、自信が深まり、自らをコントロールする力を得ることができ、「本来の自分」からセックス・ワーカーとしての自分へとスムーズに変貌することができるようになる。男性が独身最後の夜を飾る「バッチェラー・パーティ」で、時折出張でストリップを演じるカレンは、最初のストリップの時にアルコールが果たした役割について以下のように話してくれた。

私は本当に信じられないぐらい不安で、気分が落ち着かなくて、観客の前に足を踏み出す前に一杯引っ掛けずにはいられなかったわ。ビールを一本飲み干したら、少し不安が治まった。その時思ったの。「この仕事を続けるつもりなら、ストリップの度にお酒を飲んでる訳にもいかないわ。でも、今日だけは飲まなきゃいられない」とね【注25】。

一部のセックス産業では、アルコールや薬物の摂取は、単に個人の好みではなく、仕事にとって欠かせない要素となっていたり、店で義務づけられていたりすることがある。例えば、ストリッパーやクラブの売春婦に、客に飲み物を買わせることを義務付けている店がある。ストリッパーのテレズは次のように話している。

売り上げの大半は飲み物代だわ。客に二十ドルの酒をおごらせるの。そのうち十五ドルは店が取るの。残りの一ドルがバーテンダーで、四ドルが女性よ。あるクラブでは、ウェイトレスが客の所に行って、「この女性にお酒をごちそうしませんか?」と声をかけることになってるのよ。客が承知したら、「シャンパンが飲みたいわ」と言わなくちゃいけないの。それもみんなに聞こえるように大声でね。ウェイトレスは「シャンパン」を丸々一本もってくるの。一本四十ドルで、「ウェイトレスへのチップが二十ドル」。断る男もいるけれど。だって、それまで客は値段を知らされないのよ。そうしたら、ウェイトレスは次に二十五ドルのハーフボトルを持ってきて、十ドルのチップを請求するの。客がそれもだめだといえば、十五ドルの大きなグラスと五ドルのチップで交渉するの。最低は、飲み物が二ドルで、チップは一ドル。こうやって目の前で六十ドルから三ドルに値下がりするの。おまけにどんな飲み物を買ってもらっても、決められた時間で飲み干さなくちゃならない。たとえシャンパン一本だろうとも、三曲以内に飲み干さなくちゃならないの。飲み干したら、ウェイトレスが戻ってきて、また最初からはじめるというわけ。無理矢理買わされた気分になる客はたくさんいる。客はそのことでひどく不機嫌になるの。こちらも惨めな気持ちになるわ。飲み物では十セントも稼げないわ。チップをもらうだけ。実際にはチップの半分ね。ウェイトレスと折半しなくちゃならないから【注26】。

セックス・ワークの種類によっては、例えば街娼などは、ドラッグと引き換えに、またはドラッグ常用癖の為のお金を稼ぐ為に売春をしていることもあり、そういう場合には薬物が売春の動機となっていることも多い。また、ポン引きが売春婦をしっかりとつなぎ留めて置くことを目的に薬物に依存するように仕向けることもある。特に、ポン引きがドラッグ・ディーラーを兼ねている場合は、その傾向が強い。サンフランシスコで十代の頃に街娼をしていたバーバラは、ポン引きとの関係を次のように説明している。

最初は、客を取るたびに稼ぎの25%を渡すだけでよかった。それと引き換えに、住む所、売春の手ほどきをしてくれる人、通りで見張ってくれる人、逮捕された時に保釈金を払ってくれる人を保証してくれた。最初は、ヘロインもタダだった。でも、すぐに、彼はタダでくれるのをやめ、お金を払って買わなくちゃならなくなった。つまり、25%の分け前というのは単なる始まりにすぎなかったってこと。ヘロインを買うためだけになって、あっという間にヘロインの為だけに働いているような状態になった。稼ぎをどんどんと渡さなければならなくなって、しかも酩酊状態でいることが多くなったおかげで、働く意欲がほとんどなくなったの。もちろん、すっかり価値がなくなってしまえば、ドラッグのやり過ぎで死ぬしかないのよ。売春を続ける気がなくなった女は、ポン引きはそんなふうにして処分するのよ【注27】。

依存症になれば、セックス・ワーカーの客やサービスを区別する能力が低下するのは当然だ。セックス・ワーカー達は、自分の仕事を管理することができなくなってしまうのである。サンフランシスコの元街娼グロリア・ロケットは次のように語っている。

以前とはすっかり様子が変わってしまったけど、それも皆ドラッグのせいだと思う。昔からヘロインはあったけれど、たとえヘロイン中毒者になったって、他の街娼との競争に勝たなきゃならないから、よれよれになってる訳にはいかなかった。売春婦にとって最悪の中毒は、アルコールだわ。酔っぱらうのは、その晩の仕事が終わってから。いいようにされない為には、ちゃんとしっかりとしてなくちゃね。でも、クラックのおかげで、すっかり変わってしまったわ。事は深刻よ。クラックをやってると、自分が自分でなくなって、いろいろな事がどんどん悪いほうに行ってしまったわ【注28】。

ロケットが言うように、一部の街娼達の過剰なドラッグ摂取は、「ヤク中売春婦」と「プロ」との分裂を引き起こした。ドラッグと引き換えに働く女性（または主にドラッグ常習癖を賄う為に働く女性）は、相場よりも安い値段で働き、危険なサービス（例えば、コンドームを使用しないセックス）も提供し、売春相場の下落を招いていると言われている。

もちろん、街娼だけがドラッグを使用しているわけではない。オランダの売春宿の元売春婦ジョーは、売春よりもドラッグの売り上げの方が大きい売春宿もあると話している。

クラブでは信じられないぐらいたくさんのドラッグを使うのよ。売春にはドラッグという大問題が隠れている。誰もが、ドラッグ中毒の売春婦といえば、ヘロイン中毒の街娼を思い浮かべるでしょうけど、アムステルダムでは、ヘロイン中毒の街娼よりも、クラブで働くコカイン中毒の売春婦の方が多いの。バーというのは隠れ蓑で、本当は、バーカウンターの向こう側でコカインの売買をしているクラブがたくさんあるのは確かよ【注29】。

客のドラッグやアルコールの摂取も、売春の場での主導権、支配力に影響を及ぼす。ジョーは次のように説明する。

仕事そのものはクラブの典型的なものよ。バーで待っていると、客が来て、一緒に酒を飲む。ここでは、酒を飲んだだけでは金はもらえない。でも「ああ、稼ぎの為にお酒を飲まなくちゃ」と思わずに済むからいいんだけど。客と一緒に座って、お酒を飲んでしゃべって、飲んでしゃべって…。さんざんしゃべって、それからなんとか客を部屋に誘い込む。入場料は、飲み物もセックスも何もかもコミの料金よ。女性は、どんなことがあってもそれ以上は請求できないの。そうやって酔っ払いと部屋に二人きりになったら、それとなく境界線をつくって、何とか言いなりにならないようにするの【注30】。

他の種類のセックス産業で働く人々も、酒や薬で酩酊状態にある厄介な客に対しては様々な方法を使っている。ジュリアは、コカインを使っているテレホン・セックスの客とのやりとりを次のように話している。

私が働いていたテレホン・セックス業者は、定額制だった。電話一件につき五ドル、指名ならば六ドル。だから、稼ぎの為にはできるかぎり早く相手を終わらせなくちゃならないのよ。だいたい五分ぐらいでね。でも、みだらなSMを要求したり、コカインでハイになった男をいかせるには二十分もかかることがある。相手がいくまでは電話を切っちゃいけないことになってはいるんだけど、でもそんな時は電話をきっちゃって、相手から苦情の電話が事務所にかかってこないことを祈るの【注31】。

ジュリアの話からもわかるように、第三者の店で働くセックス・ワーカーは、雇用主の考えや規則によっては、酩酊した客が手に負えなくなることがある。マンハッタンの売春宿で短期間働いた後に、独立してコール・ガールとなったテリーは、経営者が客のドラッグ摂取を奨励していることに気が付いた。

マンハッタン中心部の売春宿で働き始めたのだけど、一週間しか続かなかった。お金はよかったけれど、マダムがコカインを売っていたの。客はすっかり酩酊して、勃起できなかったわ。おまけにひどく扱いにくい客だった。例えば、オーラル・セックスにコンドームを付けたがらないとか。だけどマダムは客には何も要求しないの。実際には、その逆だったわ。そんな状態で、どんなに実入りがよくても、どんな代償が待っていると思う?【注32】

バッチェラー・パーティでストリッパーとして働くテリは、観客の酔い具合によって、演技の内容を変えた。客が酒やドラッグで酩酊している場合には、ほとんど客と接触しなくてすむような控えめな演技を行った。

その場を仕切るのは私の役目だったから、私はきちんと自己紹介をして、それから演技に含まれるものと含まれないものとをまずはっきりさせるの。客の状態を読みとるのはむずかしくはなかった。酒を飲んでたり、コカインをやってれば、すぐにわかったわ。客の様子によって、ゲームのやり方をガラっと変えることもあった。Tバックを脱がないときすらあった【注33】。

搾取

ドラッグ使用、店の規則、客や経営者からの差別、警官によるいやがらせ、これらすべてがセックス産業で働く人々の力を弱める役割を果たしている。しかしながら、これらの大きな障害にもかかわらずセックス産業で働く人々は、その他の業種で働く人々よりも、より大きな自由が与えられている。何よりも注目に値するのは、セックス産業では、働く本人が予定を立て、取り分を自分で決めている人々もいることである。ジェーンは以下のように説明している。

一日に二回ショーがあって、それぞれ、十八人から二十四人のダンサーが出演することになっている。スケジュールは自分で決めることができるの。すべては自分次第よ。自分で商売をしているのと同じようなものね。病気の時は電話をすればいいのよ、だからってそれですべてを失っちゃうことなんてないんだから。私が抜けても誰かがその穴埋めをするわけでもないし。なぜなら、メインステージって言っても、ダンサーが出たり入ったりして踊ってるだけなのよ。朝、電話して「今日仕事をしたい」と言えば、たいていはシフトに入れてもらえる【注34】。

時間の自由を最も享受しているのは、何と言っても単独で仕事をしているポン引き、コールガールや、ポン引きのいない街娼などである。仕事量は経営者が決めるのではなく、自分と家族（また、場合によって、高額なドラッグ常習癖）を養う為の経済上の必要性によって決まる。しかし、このような場合においてさえ、搾取から完全に免れることはできず、ただ単に問題が水面下に隠れたというだけなのである。サンフランシスコのストリップ・クラブと直に契約して働くテリは、収入はチップ次第なので、ステージで踊っていないときにはラップ・ダンスをして稼がなくてはというプレッシャーを常に感じると語っている。

ミッチェル・ブラザーズでは働いてもいい所、二、三週にせいぜい一回ぐらいが精一杯なのよ。疲れてしまうの。何と言っても、九時間もあの場所にいて、あの雰囲気にどっぷり浸かってなくてはならないんだから。踊った後には、下へ降りて、客を相手にラップ・ダンスをしてかなり濃厚な接触をしなくちゃならないの。たしかに、お金は儲かるし、全部現金でもらえるけど。だけどずっと拘束されるのよ。もちろん、決められた時間だけステージに出てさえいれば、残りの時間は上の楽屋にずっといたって構わないのだけれどね。でも「なぜこんなところで座っているの？　下へ行って、稼がなくっちゃ」と常に感じるの。あんなところにいたら、頭がどうにかなっちゃうわ【注35】。

同じように、オランダの飾り窓の売春婦マーゴットは次のように述べている。

最初は、生活していけるだけのお金があれば満足だった。でもそのうち、もう少し稼ぎたいという欲が出てきた。それはつまり、自分で売春を斡旋して、売り込みをすると言うことだった。「本なんて読んでないで、カーテンを開けて客に声をかけなくちゃ」と思ったの。そうすることで短時間で金を稼ぎ、残りの時間を本当に自分がやりたくて大切だと思うことに使えるようになった。例えばRed Thread（オランダの売春婦権利擁護団体）で働くとかね【注36】。

マーゴットが言っているように、自立性があること、スケジュールの融通が効くこと、セックス産業でも比較的報酬が高いことなどから、売春婦のなかには、政治活動や文化活動、教育、子育てなどの重要な活動に参加する人も多い。サンフランシスコのストリッパー、ドーンは次のように述べている。

私は、虐待を受けた女性にサービスを提供する機関で働いていたの。私はその仕事を続けたかったけど、お察しのとおり一文無しになって、もっとお金を稼がなければならなくなってセックス産業で働き始めました。私を経済的破綻から救ってくれる選択がストリップでした。そのおかげで、生活費を稼ぐことができ、わたしにとって本当に重要なことをするために必要な時間を得ることができたのです【注37】。

ルナは学費を稼ぐ為にストリップをはじめた。

大学院に入り、お金が喉から手が出るほど欲しかった。一週間に四十時間働くのは問題外だっし、フルタイムで働かずにそれだけの給料をくれるところは多くなかった。大学卒で、学位もあって、活動家として五年の経験もあって、それでも選択肢は多くなかった。責任の重い仕事をしながら、学校へ行くなんていうこともしたくなかった。あまりにストレスが大き過ぎた。そこで、ウェイトレス、コンピュータ関連、ストリップのいずれかの選択肢しかなかった。今のところ、週に八時間から十時間しか働かないようにスケジュールを組んでいるわ。それで充分なの【注38】。

しかしながら、スケジュールを自分で調整できる自由は、業種によって大きく異なる。あるアムステルダムのセックス・ワーカーは次のように述べている。

私が働いた最初の売春宿は、労働時間についてはあまりうるさくなかった。シフトは午後と夜に分かれていた。一方だけ働くこともできれば、両方働くこともできた。働く日数についてもかなり適当だった。でも次の職場では一週間に五日働かなくちゃならなかったし、休みを取るのは本当に大変だった【注39】。

ネバダ州の合法売春宿などの最も制約が厳しい環境では、数週間続くシフトが組まれ、まったくと言っていい程融通がきかなかった。長年ネバダの売春宿に勤めるあるセックス・ワーカーは次のように話している。

ムスタング・ランチで働き始めたときには、三週間続けて働き、一週間休みを取るはずになっていた。どうしてもというならば、途中で一、二日休みを取れた。しばらくすると、少し締め付けが緩み、ほぼ自分でスケジュールを決められるようになった。「独立した契約者」とみなされているならば、そうあるべきだわ【注40】。

主導権と権利の行使

セックス・ワーカーは、労働時間や自分の取り分に対する権利を経営者（もし存在しているならば）に対して主張するだけでなく、客に対しても優位な立場を確立しなければならない。フリーの売春婦の出張サービスやプライベート・パーティのストリッパーなどはとりわけ、出張先の客のもとで主導権を確立するには、入念に戦略をたてる必要がある。テリはプライベート・パーティにおけるストリッパーとしての自分の仕事について次のように述べている。

最初は震え上がっていたわ。相手の家へ行くわけでしょう。まったく知らない人の家へ。だから、相手は精神異常者とかじゃありませんようにと心のなかで祈ったわ。まず始めに、「私に手を触れないでください。さもないと帰らせてもらいます」と伝えておくの。それに私は力持ちだから、相手が手におえなくなれば、投げ飛ばしてやるのよ。そうやってその場の主導権を取り戻すの。実際に、引き上げてしまったことも何度かあったわ【注41】。

カレンは、プライベート・パーティで観衆が手に負えなくなった時に、その場の主導権を取り戻す為に、もっと穏やかながらも同じく効果のあるやり方を考え出した。

あるパーティで、男達が、敵意のこもった言葉を発したり、身体に触れたりして、私に自分の立場を思い知らせようとしたことがあるの。最後には手に負えなくなったから、私はいつもの手を使ったわ。ともかく笑顔で、そして感じよく礼儀正しく振る舞って、その場を切り抜けるのよ。もちろん、私はとっても緊張してたけど、でも彼らとの間に壁を作って、厳しい態度をとっても何の解決にもならないような気がしたの。でもある時ある女性と共演した時は驚いたわ。彼女は、まず始める前にこう言ったのよ。「私の胸や尻に触るんじゃないよ。そんなことをしたらあんた達の大事なとこを蹴とばしてやるからね。いいわね。じゃあ、皆さん、大いに楽しみましょう」。人それぞれに自分なりのやり方があるのよ【注42】。

コールガールなどのように自宅を仕事に使う女性にとって、仕事場の隅から隅までを自分が把握していることは、客に対して威厳を保つ為には有利であると言うことができる。自宅で「聖なる売春婦」【注43】として働いていたビジョンは、自宅で働く利点について彼女の考えを話してくれた。「相手が自分の家にやってくるというだけで、ずいぶんと楽なのよ。その場の雰囲気は私次第だから。私の手の内に入ってくるということよ。私は女司祭で、ここはわたしの寺院。相手がここまで足を運んで来るというのが気に入っているし、何をするかを決めるのは私なの【注44】」。

しかしながら、自宅を仕事場にするにはある程度のリスクが伴う。客に住所を知られ、独立性が損なわれ、仕事と私生活との境界線がなくなってしまう危険性である。さらに、売春が非合法な地域では、セックス・ワーカーが敷地内でセックス業を営んでいることが発覚すれば、家から退去させられる。それにもかかわらず、一部のセックス・ワーカーが自宅を仕事場にするのは、リスクを犯すだけの価値があると考えているからなのである。キャロルは次のように話している。

もちろん客に付きまとわれるのではないかと不安は感じている。私がセキュリティのしっかりとした建物に住んでいる理由の一つはそれよ。それでも、相手に自分の全体像を知ってもらうのはいいことだと思うから、自分のアパートで働くのは好きなの。客はここに腰をおろし、私が学校生活十年間で読んだ本が詰まった書棚を見る。フェミニストやレズビアン関連の書物も目にする。そういうことが売春婦に対する思い込みをもう一度考え直すきっかけになると思うわ【注45】。

競争と孤独

セックス・ワーカーが経営者や客に対して優位な立場を築いたり、主導権を確立しようとする場合、それはセックス・ワーカー同士の関係のあり方に大きく影響を受ける。他の業種と同じくセックス業界でも、仕事場の同僚同士の関係は、協力関係から激しい競争関係まで様々である。第三者が経営する店で働くセックス・ワーカーは、売上げを伸ばし、セックス・ワーカー同士を分裂させ、組織化させないために、セックス・ワーカー達は意図的に対立させられる。あるストリップダンサーは、経営者が作り出した競争関係について次のように語っている。

一人が解雇されると、皆すごく緊張して、誰もが「次は私だろうか?」と不安になるの。私は、三十代前半で、私より若い女性が「年を取りすぎた」という理由で解雇されるのを何度も見たわ。新しく女性が入ってくれれば、それは競争相手にしか思えなかった。彼女達を見て「私はあんなに若くない。あんなに美しくもない。胸もあんなに大きくない」と思ってしまう。この仕事の一番楽しいところは他の女性との付き合いだったから、それが本当に嫌だったわ【注46】。

同様に、元ポルノスターでストリッパーのキャンディ・ケインは、チップ制で働いている地元のストリッパーと、契約で連れてこられた「スター」との間に生じる、ストリッパー同士の敵対心について次のように述べている。

ストリップショーに出演していた時、他のストリッパーたちの態度は本当に不愉快だったわ。彼女達が考えていることが手に取るようによくわかったの。自分達よりもはるかに太ってる私が、有名人だからといって、飛行機ではるばるやってきて、たくさんの金を稼ぐなんて不公平だと思ってるのね。自分達のほうがたくさんお金をもらうべきだと考えるのは当然だと私でさえ思ったわ。プレイボーイのバニーガールみたいにきれいな人達ばかりだったから。でも私は自分の売り込みに成功して、単なる劇場付きのストリッパーではなく、有名人になったのよ【注47】。

限られた客数に対し、経営者が過剰な数のストリッパーを雇っていると、セックス・ワーカー同士の競争は激しくなる。経営者が、ストリッパーからチップの一部を徴収するのではなく、「出演料」や「仲介料」という名目でお金を徴収しているストリップ・クラブでは、よくある問題である。こういう店では、経営者は、ダンサーから徴収するお金を増やす為と様々なダンサーを揃えて高い入場料を払ってくれる客を満足させる為という二つの目的の為に、ダンサーの数を増やすことに熱心だ。これが経営者とダンサーの利害の対立を生む直接的な原因になっているとテリは主張している。

仕事場のミーティングで、露骨にチップを要求するなんて売春婦のような振る舞いだと、私達は批判されたわ。でもこう言ってやりたいわ。「うるさいわね、あたしたちが健康の為にこんなところに居るとでも思ってるの」ってね。それでも連中は「そんなにがつがつするな。世の中は不況だし、入場料を払った客にはたいして金は残っていない。親切にしてやれ」と言うの。言い換えれば、自分の価値に固執するなってこと。でもね、やつらが一度に大勢の女性を働かせ過ぎるのがいけないのよ【注48】。

独立してフリーとなって働く女性にも客の金をめぐる競争はある。しかし、危険に遭遇するという共通の経験から、そこには互いに助け合う絆が生まれる。例えば、街娼達は自己防衛の為のネットワークを作る。十代の頃に街娼をしていたサンディは次のように述べている。「客を数人取ったころから、他の売春婦と話をするようになった。いつも互いに相手を見張ってた。周りに誰かがいてくれるのはいいことよ【注49】」同じく十代の売春婦として働いていたバーバラは街娼の連帯感とその限界について語っている。

街ではお互いにしっかりと相手を見張ったり、たちの悪い客や風俗取締官の情報を交換したり、それから時間の都合がつかなかったり、自分がやりたくないことを頼まれたときなどには、客を紹介しあったりもしたわ。もちろん裏切りとか、けちな競争などなかった。本当にそんなことは一切なかったの。でも、越えてはいけない一線があったのよ。それが私にはなかなかわからなかったのね。実際のところ、ついにそれがわからなかったし、自分でも受け入れることができなかった。結局それが理由で街娼を辞めることになったのよ。売春婦とポン引きとの関係には口をはさんではだめ。街娼の連帯感と道徳観はその一線を越えることはできないのよ【注50】。

一部の売春婦達にとっては、この人間関係が、売春の値段交渉におおいに威力を発揮している。活動家としての顔も持つカリフォルニアのコール・ガール、サマンサは、コール・ガールの支援団体を設立した。

「組合と呼んでいるの。組合の会合を利用して、女性にもっと料金を引き上げるように説得したの。一時間二百ドルにも満たない金額の人がいれば、会合に呼んで、もっと料金を高くするだけの価値があなたにはあると説得するの【注51】」。しかしながら、すべてのセックス・ワーカーがサービスに対して最高額を要求できる立場にあるわけではない。オランダ移民売春婦プロジェクトのリシア・ブルッサは、外人労働者は、価格を不当に引き下げる競争相手と見られていると語っている。

コロンビアの女性は、料金がほんの少しぐらい安くても仕事をするし、また同じ料金でも多くのサービスを提供するが、コンドームなしでは働かない。一方ドミニカの女性は、稼ぎの為には、コンドームなしで仕事をすることもある。しかし、いずれの場合でも、安全や料金などについてお互いに気をつけるようにすれば、それが自分達の為なの【注52】。

しかし、ほとんど組織化されることのないこの業界では、価格の伸びも期待できず横ばい状態が続いている。そういう状態では、同業者にその責任の一端を押し付けたくもなるものなのである。セックス・ワーカーであり、アムステルダムの売春婦の権利を擁護する活動をしているジョー・ドーゼマは、次のように主張する。

売春で問題なのは、ビジネスとしての組織化の方法である。売春婦達は仕事を十分に管理することができず、料金がインフレに追いついていない。多くの売春婦は口々に、料金が下がったのは外国人売春婦のせいだと言うが、かえってそれが問題を複雑にしている。私は、そうだとは思わない。

目の前の二つの出来事を、そのまま結び付けて考えるのでは、あまりに単純すぎる。とりわけ「責任は外国人に押し付けろ」という考えは、あまりに短絡的だ【注53】。

セックス・ワーカー同士の競争に関連して問題なのが、セックス・ワーカーの孤立の問題である。自宅で自営している労働者は、ある程度孤立する傾向にあるのはどの業界においても同じであるが、社会的に不名誉とされ犯罪者的立場に立たされることなどを考えると、セックス産業で働く人々にとって、この孤立化の問題は深刻である。サンフランシスコの自営コール・ガールのサマンサは、次のように語っている。「自分一人で働くって本当に孤独なのよ。電話が鳴るのを心待ちにして、つまらない男と話して、その男が現れるのを待ってしまうのよ。ずっと人の気配のない部屋に一人で、おまけに人に言えないような秘密ばかり、誰かと話がしたくてうずうずしているの【注54】」

同様に、リシア・ブルッサは、アムステルダムの飾り窓で独立して働いている移民売春婦が直面する最大の問題の一つが孤立であると次のように語っている。「彼らが最も口にする悩み事は、仕事の事ではなく、残酷とも言えるほどの孤独だ。彼らの生活の場は、出口のない閉鎖的な空間だ。いつでも客を迎えられるように、一日二十四時間を飾り窓のなかで過ごしている。それが彼らに深刻な影響を与えている【注55】」

売春宿やクラブなどの第三者が経営する売春組織に属することで、この孤立と競争という問題がいくらかなりとも緩和されている売春婦もいる。ネバダ州の合法売春宿で六年にわたって働いたテリーは「売春宿で働くことには、いいこともいくつかあったわ。孤独を感じずに済んだのよ。周りは同じ職業の女性ばかりだから、皆仲間意識を持っていたわね【注56】」と語った。カリフォルニア州の非合法売春宿で働いていたある女性も同じような内容のことを話している。「一番いいのは、いつも周囲に人がいるということ。だから信じられないほど仲間意識が強かったわ【注57】」

仲間から組織へ

単なる仲間同士の関係が、政治的で組織的な関係へと発展することは、セックス産業ではあまりない。セックス産業界でこのような組織化が特に困難である原因は、多くのセックス・ワーカーのセックス産業への関わり方が、孤立的かつ一時的であることにある。売春婦の権利擁護団体が接触することができた売春婦は、現役売春婦のうちほんのわずかだけである点では、米国もヨーロッパも変わりはない【注58】。オランダの売春婦権利擁護団体Red Threadの主催者イベットは、組織化された労働者の数が少ないことについて次のように説明している。「多くの女性は、自分自身は独立しているのだと考え、何者にも属したがらない。多くの女性は、その独立があるからこそ、この職業を選んだのである」。【注59】

サンフランシスコのセックス・ワーカーであり、活動家でもあるテリも同じように述べている。「私達の多くは、一種のプチ・ブルジョワのようなもの。つまり自由な気ままな自営業なの。組織化するには難しい人種だわ。もちろん、ほとんどの売春婦は、自分たちの地位を向上させたいと思ってはいるのよ。だけど、それが可能な方法もあるということをちゃんとわかるように示さなければ、話は始まらないのよ【注60】」。

さらに複雑なことに、多くのセックス・ワーカーは、セックス産業へのかかわりを一時的なものと考え、プロとしての自覚も持たず、自分がセックス産業に身を置いているとの認識も持っていない。しかし、セックス・ワーカーが職業意識を持っているその他の分野に限って言えば、組織化や組合化の動きが見られる。当然のことながら、組織化が最も成功しているのは、セックス産業においても労働者が合法的に雇用されている分野である。サンフランシスコのラスティ・レディでは、ストリッパーが従業員として雇われていたおかげで組合化が可能となり、ラスティ・レディは全米で初めて組合が正式に成立したセックス・クラブとなった【注61】。チップ制をとらず、給与も年功序列で決まっていたことが、雇用者間の競争が少なく、ストリッパーの組合への加入が容易だった理由の一つでもある。

皮肉なことに、ラスティ・レディで組織化が容易だったもう一つの理由は、経営者が常々、サンフランシスコの他のセックス・クラブに比べてラスティ・レディが、そこで働く女性達にとって如何に良い場所かと美辞麗句を並べたてていたことにあった。スージーは次のように説明している。

経営者は、ラスティはすばらしい職場なんだと年中口癖のように言っていたわ。彼らは「身体を大切にしなさい。体型で差別はしないし、楽しく仕事をしてもらいたい」と常に言っていた。だから、みんな本気でそれを信じて、自分たちの職場を素晴らしいもののように思ってしまったのよ。ところがそれが全部嘘八百だとわかって、皆怒り狂ったわ。それで、誰が言うでもなく何人かが集まって、問題を話し合うようになったの。それから、経営者と話し合いをしたの。連中が私達の話を真剣に取り合う気がないとわかると、多くの女性が辞めていった。皆、一種の興奮状態だったのね。「もう結構。もっと稼げて、経営者が正直に『スタイルのいい女性しか雇わない』と言っているようなところで働くわ。特別な場所のような振りをする店ではない店で」と考えた女性もいたと思う【注62】。

後に残ったラスティ・レディの女性達にとって、組織化は危険な賭けだった。これについてあるダンサーは次のように話している。「私達はみんな組合が必要だということはわかっていた。でも、解雇されることがみんな怖かったのよ。それまでにも年中誰かしら首を切られるのを目にしてたから。呼び出されては、首になるのを見て、みんなびくびくしていたわ【注63】」。

一九九七年、ラスティ・レディのストリッパーたちは組織化に成功し、「the Service Employees International Union」（AFL-CIO）が代理を務め、勤務時間を保証する契約、恣意的な懲罰や解雇からの保護、定期昇給、病気休暇、経営者へ抗議する権利などを獲得した。最近、これらの内容をさらに充実させる為の二度目の契約交渉を行った【注64】。他のいくつかの都市（アンカレッジ、フィラデルフィア、ピッツバーグ、サンディエゴ、ノース・ハリウッド）のストリッパー達も同じような組織化へ向けて運動を行っている【注65】。

しかしながら、ストリッパーのほとんどはその他の第三者が経営するセックス産業で働く労働者と同じく、法律上は労働者と定義されていない。集団交渉を行う為には、セックス・ワーカーはまず始めに、個々の契約者としてではなく、労働者としての立場を確立する必要がある。しかし、真の意味での労働者の連帯感や有効な職場での組織化が行われていない状況でのこのような地位の変化は、少なくとも短期的にはセックス・ワーカーの立場と支配力を弱める結果を招くことがある。その典型的な例が、次に説明するサンフランシスコのセックス・クラブで起こった最近の出来事である。

一九九〇年代初頭、ラスティ・レディを除くすべてのクラブのストリッパーは、賃金を受け取らないチップだけを収入とする独立した契約者として分類されていた。経営者は、客の入場料が収入であった。しかし、一九九二年に、クラブ所有者達は、出演権という名目で「公演料」を要求し、一公演あたり十ドルを請求するようになった。一年もたたないうちに、これらの料金は二倍になった。これに対しストリッパー達は、「Exotic Dancers Alliance」を結成し、カリフォルニア州労働委員会に苦情を申し立てた。委員会は、ストリッパー達は実際には従業員であり、働く権利に対し公演料を要求することは違法であると判断した【注66】。

しかしながら、この成功は、ストリッパー達に予想外の結果を招いた。クラブ側は公演料を廃止し、ストリッパー達を従業員と認め（最低賃金を支払う）ことを余儀なくされたが、公演料をより高額な（ストリッパーにとって）「仲介料」制度に変更した。新たな制度の下では、クラブはストリッパーが売る商品を所有しているという根拠の下に、ストリッパーは客にストリップを「売る」たびに、経営者に仲介料を支払わなければならなくなった【注67】。ストリップすべてを記録に残すことは不可能なので、ストリッパーは受け取ったチップの額に関わらず、八時間の労働時間が終わるたびに百五十ドル〜二百五十ドルの最低仲介料を支払わなければならなかったのである【注68】。仲介料が課されるようになってからというもの、ストリッパーは稼いだ以上の金を払わなければならないこともあり、その結果として、チップを増やす為に「特別」サービスを行う必要に迫られた。あるストリッパーは、「皆どうしようもなくなって売春をするようになった。誰も彼もが公然と客を取って売春をしている【注69】」と語った。

経営者は、このようにして実質的にダンサー達の稼ぎを減らし、仕事を選ぶ力を弱めることに成功した【注70】。さらに、労働者として定義され、さらに仲介制度を適用されたことがあいまって、ストリッパー達の間には、深刻な分裂が生じた。サンフランシスコのクラブでは現在、「Exotic Dancers Alliance」を支持する人々と、「Exotic Dancers Alliance」こそが労働者の独立性の喪失と高額な仲介料の原因だと考える人々とに大きく二つに別れている。サンフランシスコの例は、組合を結成するには労働者としての地位の確立は必須条件ではあるが、労働者の権利を手に入れるには充分条件ではないということを示している。独立した契約者から労働者へと身分を変えて利益を得るには、労働者は団結して経営者の課する規制や搾取的な賃金制度と対決しなければならないのだ。さもなければ、労働者は、名目上の独立に甘んじていた時以上に、力が弱まってしまうことになるだろう。

雇用の機会と選択肢

売春の合法化、集団交渉権、経営者からの労働者の自立は、セックス産業で働く人々の権利向上の為には欠かせない。しかし、セックス・ワーカーが、真に自分達の仕事をコントロールできるようになる為には、労働条件に不満を感じた時にはいつでも売春を辞めることができるような状況が必要だ。残念なことに多くのセックス・ワーカーには、他の職業の選択肢はほとんどない。セックス・ワーカーの生活は、他の大半の女性の生活のようには、自由な「選択」の対象となることはめったにない。一九九〇年代半ば、千二百万人以上の米国人女性労働者は、連邦政府の貧困ライン以下の労働賃金しか支払われず、低賃金労働者は男性よりも女性が多い【注71】。女性は低賃金、低地位の職業に集中している。米国では、秘書の98・5%、保育所労働者の96・8%は女性である【注72】。

地位の低い仕事に従事している女性と同じく、セックス・ワーカーも雇用の機会が増えれば、交渉力も高まることになるだろう。これを達成するには、優先課題を検挙から教育、職業訓練、「女性の仕事」の賃金引き上げへと、国を挙げて一八〇度転換させる必要があるだろう。この転換なくしては、セックス産業で労働者の権利や支配力を行使する能力に格差が生じ、その格差は業界の内外に根強く残ることになるであろう。セックス・ワーカーで作家でもあるキャロル・クイーンが指摘しているように、すべてのセックス・ワーカーがパートタイムで働いたり、セックス・ワークと同じくらい魅力的な職業に転職したりすることができるわけではないが、しかしそれが可能である人々にとっては、セックス・ワークも著しく改善されたものになるだろう。

コール・ガールをしている女性は、履歴書に空欄があっても雇用の機会さえ与えられれば、CEOとまでは行かないまでも、ものの二分で役員秘書として充分通用するだけの能力を発揮することだろう。わたしの知り合いの女性の多くは、大卒者や法学部学生、「きちんとした」仕事を持ちながら補いとして売春をしている人達などだ。私の知り合いには売春婦としてフルタイムで働いている人はほとんどいない。その理由の一つは、売春婦は生活していく為にフルタイムで働く必要がないからだ【注73】。

売春以外の道を選ぶことのできる選択肢はとても重要で、これがなければセックス・ワーカーは客や経営者に対して主導権を握ることも、セックス・ワークを自由に辞めることもできない。フェミニストは、二十年以上にわたって、売春は性的暴力とみなすべきか、セックス・ワークとみなすべきかについて論争を続けて来た。しかし、本調査のインタビューで明らかになったことは、女性の権利や福祉に関心を持つ人々は例外なく、セックス産業に従事する女性の力を向上させ、セックス産業以外の職業を選択する自由を確保しなければならないと考えているという点だ。これらのセックス・ワーカー達が語っているように、警察が警戒すべき存在ではなく頼りになる存在になり、規則や搾取の割合を決定するのが経営者ではなく労働者である売春婦になり、また絶望をきっかけにセックス産業に身を投じるようなことがなくなれば、セックス・ワーカー達の力は一段と強化されることになるであろう。これは、フェミニスト達が、成人同士の合意に基づく性行為の合法化、セックス・ワーカーの組織化と集団交渉権、セックス産業以外の選択肢、賃金引き上げ等の広範囲な要求をするであろうことを示唆している。

第12章

ラップ・ダンス取締

法律、道徳、セックス・ワーク

ジャクリーン・ルイス

ストリップは、もとをたどると座興がそもそもの始まりであるが、以来ストリップは大衆の厳しい監視の目にさらされることになった。さらに一九九〇年代初頭からは、ストリップ・クラブのある特定の行為に監視の目は集中していた。ラップ・ダンスである。一般的なラップ・ダンスでは、ダンサーは客の脚の間もしくは客の膝の上に座り、尾骨を客の性器に押し当て、身体をこすりつけ、客を興奮させる【注1】。ラップ・ダンスは、ラップ・ダンス中に肉体的に接触する為、ストリップと売春の境界線を曖昧にした【注2】。この境界線の曖昧さによって、ラップ・ダンスは社会問題として認識されるようになったのである。ラップ・ダンス禁止派は、ラップ・ダンスに伴う性的接触を理由に、この種のストリップは有害であり、禁止すべきであると主張している。

一九九四年〜一九九七年のカナダ、オンタリオ州におけるラップ・ダンスに関するマスコミ報道や判決によって、ラップ・ダンスは無視することのできない社会の問題であるとしてはっきりその地位が確立された。ラップ・ダンスに関しては二つの意見がマスコミ報道の大勢を占めた。一部の公職者と公共の利益団体（「Women's Christian Temperance Union」など）は、ラップ・ダンスは有害で、社会道徳や家庭の健全性を損なうものであると主張した。「the Association of Berlesque Entertainers」(ABE)をはじめとするその他団体は、ラップ・ダンスは、社会にとって有害である点は否定はできないが、何よりもダンサーの健康や生活に有害であると主張した。この問題の特殊な事情(ラップ・ダンスを社会道徳や家庭にとって有害と考える人々がいる一方、ダンサーの健康や生活にとって有害と考える人々もいる)にもかかわらず、マスコミの報道は、ラップ・ダンスは有害で禁止すべきであるというほぼ一つの立場をとるようになった。この報道は、セックス・ワーカーが公共の道徳、健康、安全に脅威を与えるのではないかという社会の潜在的恐怖や懸念を煽り、ラップ・ダンス禁止の動きを後押しする結果となった。

マスコミ報道を根拠に政策を決定して問題となるのは、ラップ・ダンスの有害性に関するもう一方の意見が考慮されていないという点である。例えば、ダンサーの主張のなかには、ラップ・ダンスにはほとんど何の問題もなく、禁止によって経済的にも、選択の自由という点からもダンサーの生活は侵害されるという見方もあるのである。さらに、批判的立場をとるフェミニスト達は、州がセックス・ワークを規制するのは危険であると警鐘を鳴らしていた。これは、セックス・ワークに従事する人々が被る害を認識しながらも、国がラップ・ダンスを規制する危険性、特に規制を受ける人々が被る害に対して私達の関心を喚起するものである【注3】。

本章では、オンタリオにおける最近のラップ・ダンスをめぐる論争、ラップ・ダンスをめぐる判決、ラップ・ダンスとその規制がダンサー【注4】の生活に与える影響、社会構築主義理論との関連性などの検証を行った。ストリッパーの日々の経験を通して、セックス・ワークを規制または禁止しようとする際に生じる問題点およびこのような政策の背景にある保護主義論に内在する矛盾についても述べている【注5】。

ストリップに関する文献

一九六〇年代末頃より、ストリップやストリッパーは、学術調査の対象となっていた。しかしながら、調査の焦点の違い、および多くの研究がラップ・ダンス登場前に行われていることなどから、今回の調査と現存する文献との関連性はそれほど大きくはない。文献の多くが調査対象としたのは、大きく分けると主に次の三つの分野である。ストリップをはじめるきっかけと仕事上の人間関係【注6】。ストリップという仕事をすることで着せられる汚名と、ダンサーのその汚名への対処方【注7】。ダンサーと客との関係【注8】。ストリップ・クラブの規制、ストリッパーがストリップで遭遇する体験、ストリップがストリッパーの生活に与える影響などはほとんど調査の対象とはなっていない。

しかしなかには、ダンサーと客の肉体的接触を規制する規則を対象に行った調査もいくつかはある【注9】。あらゆる種類の接触を禁止したストリップ・クラブの規則について調査を行ったものもあれば【注10】、ストリッパーの身体のうち客が触っていい部分といけない部分（胸、性器など）を定めた、ある程度ゆるやかな規則について調査を行ったものもあった【注11】。客の行動に関する規則に焦点を当てた文献が大半だったが、ストリッパーを規制することを目的とした規則についての記述があるものもあった【注12】。通常、ストリッパーは、客の気を引く為に店のなかを歩きながら客に軽く触れることができるが、いったんストリップをはじめると客に触れることは禁止される。しかしその文献によれば、実際にはこれらの規則は破られることが多いということだ【注13】。

これらの文献には、ストリッパー達が、ストリップを法で規制されたり、刑事犯罪として検挙されたりすることから受ける影響についての記述は見られない。これらの問題について簡潔ながらも言及していたのは、プルス、イリニ、ボールズ、ガービンだけだった【注14】。プルスとイリニは、調査したストリッパー達が、何を規準に演技が露骨過ぎると判断されるのかも知らずに、警察に逮捕されていると述べている。ボールズとガービンは、ストリッパーは「わいせつで淫らな踊り」を禁ずる地域の法律を違反したとして、また売春を勧誘したとして逮捕されることが多いと述べている【注15】。

ストリップがストリッパーの生活に及ぼす影響について、ストリッパーの観点から研究を行ったのはロナイだけであり、ロナイの研究は【注16】、ストリップやストリップ中に性を誇示する演技をさせられたり、触れられたりすることは実際にはどのようなものなのかを明らかにしてくれる。「キスをされたり、触れられたりするとぞっとするわ。なぜわたしはこんなことをしているのだろう？　どんどん腹が立っていくのよ【注17】」。ロナイは著作のなかで、客との身体的接触を制限する為にストリッパーがとる次のような行動の数々を紹介している。行動や言葉で客を叱責する（手を叩く、手を掴む、睨みつける、言葉で叱責するなど）、健康と安全に対する客の不安に訴えかける（「あなたのキスの前に私がここにいる男全員とキスをしていても平気なの？」などと言う【注18】）、客の手を避ける為にストリップのテンポを変える（早く踊る、身体を揺らすテンポを早めるなど）、クラブの規則を引き合いに店と面倒を起こしたくないというストリッパーの不安を訴える、など様々な方法を紹介している。

ロナイは、テーブル・ダンスにおける身体的接触についても詳細な研究を行っており、その点においてもロナイの研究は重要である【注19】。ロナイによれば、テーブル・ダンスでの身体的接触は、ラップ・ダンスでの接触と似ている。身体的接触で最も多いものは、「客が椅子の端に腰を下ろし、足を開いて、ストリッパーを引き寄せ、ストリッパーが膝を使って踊りながら客の性器をこっそり擦る【注20】」というものである。テーブル・ダンスの接触とラップ・ダンスの接触との主な違いは、かつてラップ・ダンサーをしていた女性の言によると、客の期待度、性器との距離、ストリッパーが持つその場の支配力である。支配力とは、性的接触を拒むことができる力と、拒絶の為の理由づけをする力である。次に述べるように、ストリッパーが自分の前でダンスをすれば性的サービスや性的接触をしてもらえると当然のように客が期待するようになると、ストリッパーの支配力は弱まり、ストリッパーが嫌な経験をすることも多くなる。「接触を禁ずる店の規則」や「店の経営者と面倒を起こしたくないという気持ち」を性的接触を拒む理由として引き合いに出せない場合は、ストリッパー達は、主導権が弱まり、性的圧力や搾取に対して無防備になったと感じることになる。

方法

一九九五年六月から一九九八年二月にかけて、オンタリオ州南部の十ヶ所のストリップ・クラブで観察を行い、女性ストリッパー三十人およびストリップ・クラブのその他従業員八人（ディスクジョッキー、ウェイトレス、用心棒、女性バーテンダー、ドアマンなど）と詳細なインタビューを行った。調査対象の多様性を出来る限り確保する為に、あらゆる規模の都市において、専門職や有名人を客にするクラブから、主に工場労働者や農夫を相手にするバーに至るまで、多岐にわたる店を調査の対象として選んだ。

クラブで現地調査中の研究チームメンバーから主に情報を得て【注21】インタビュー回答者が集められ、その回答者からまた別のストリッパーを紹介された。インタビューはすべてテープに録音し、インタビューは回答者が希望する場所で行われた。インタビューは一時間から四時間程度であったが、大半は一時間から一時間半程度であった。インタビューの質問は主に、ストリップに関わるようになった経緯、ストリップをどのぐらい続けるつもりか、客との交流の種類、ラップ・ダンスの経験、仕事をする時の支配力、仕事仲間との関係及びその他の諸問題などであった。インタビューの内容を補う為に、現地で観察を行い、物理的な環境やクラブによる雰囲気の違い、ストリッパーと客との交流などの検証を行った【注22】。

インタビューをした女性の三分の二はストリッパーであった。女性達は一九七九年から一九九七年の間に働き始め、一年未満から十七年のストリッパー歴があり、平均経験年数は四年半だった。年齢は十八歳から三十八歳で、平均は二十六歳だった。ストリッパーの約半分は、なんらかのかたちで高校のカリキュラムを終了しているか、高校卒業終了証を持っていた。残る半数は少なくとも何らかの中等教育後の教育を受けていた。インタビューを受けた女性の四分の一は、学校に通学中であった。半分が独身または離婚経験者で、半分にパートナーがいたが、同居しているものは半分以下だった。インタビューを受けた女性のうち約三分の一に子供がおり、その半分以上がシングル・マザーまたはパートナーと別居中だった。

ラップ・ダンスと法律

一九九一年、トロント・メトロポリタン警察は、トロントのストリップ・クラブであるチーターズで猥褻行為が行われているという通報を受けた。二ヶ月にわたるおとり捜査の結果、クラブではラップ・ダンス中に、ストリッパーと客の間で身体的接触や性行為が行われていることが判明した。警察によれば、捜査員はストリッパーが以下の行為を行う現場を目撃した。

a　前開きのシャツまたはブラウスの下は全裸。

b　客の間近で、自分の胸、尻、性器を愛撫する。
c　客の膝の上に座り、剥き出しの尻を客の腿に擦りつける。
d　客の膝の上に座り、客のそけい部に手を伸ばし、明らかに性器を擦る。
e　自分の胸や尻、腿、性器を客に触らせ、愛撫させる。
f　客に、自分の胸へキスすること、なめること、吸うことを許す。
g　クリニングスと思われる行為をさせる【注23】。

おとり捜査後、クラブ所有者パトリック・マーラとマネージャーのアラン・イーストは、クラブ内で猥褻な行為を行うことを許したとして、カナダ刑法百六十七条（一）【注24】に基づき、告発された。

一九九四年二月、オンタリオ州裁判所州法廷のハックボーン判事はマーラ裁判（一九九四年）【注25】において、ラップ・ダンスは、カナダにおける猥褻性の判断基準とすべき「社会の許容レベル」を超えていないとの判決を下した【注26】。ハックボーンの判決は、二年後、オンタリオ州控訴裁判所によって覆された【注27】。しかしそれまでの二年間に、ラップ・ダンスがオンタリオ中のクラブに登場するようになった。クラブ所有者やマネージャー、ストリッパー達は、ハックボーンの判決をストリッパーと客の身体的接触を認めるもので、ラップ・ダンスも含まれるものと解釈した。それに対応して、一部の自治体では、ストリップ・クラブ内の行為を規制する為に条例の施行を始めた【注28】。ミシソーガやトロントなどでは【注29】、新たな条例によって、ストリッパーと客との身体的接触およびプライベート・ブース（シャンパンまたはVIPルームと称されていた）のクラブ内への設置を禁止した。

これらの施策は、条例違反に対して重い罰金を科すことによってさらに強化された【注30】。例えば、ミソシーガ市条例五七二―七九によれば、条例に違反したストリップ・クラブ所有者、経営者、またはストリッパーは、二万五千ドル以下の罰金または一年以下の懲役、またはその両方を科され、さらにクラブは五万ドル以下の罰金刑を受けることになった。

一九九七年三月十二日、カナダ最高裁判所は、マーラ裁判（一九九六年）のオンタリオ控訴裁判所の判決【注31】を支持した。バトラー裁判（一九九二年）で確立された猥褻性の基準【注32】を適用し、最高裁判所は、ラップ・ダンスは、「カナダの現代社会の許容レベル【注33】」を超えていると判断した。最高裁判決によれば、ラップ・ダンスは、カナダ刑法百六十七条（二）に違反しており、「女性を貶め、その人間性を無視し、性に対する認識を低下させ、人間の尊厳と平等に相反し、人を反社会的な行動へと駆り立てる【注34】」ものであるとしている。

すべてのカナダ人は刑法の適用を受けるので、マーラ裁判（一九九七年）における最高裁判決は、カナダ全体に適用される。そこで自治体は、ラップ・ダンス取締には刑法による取締と、自治体独自の条例による取締のどちらかを選択することになる。その結果、ストリップは、カナダの自治体で一様の扱いを受けない結果となる。ストリップを規制する自治体条例が存在する地区においても、多くの条例はラップ・ダンスの項目を特別には設けていない。条例が必要かどうかの判断は自治体にゆだねられ、必要とされる場合にはそこに盛り込まれる規定も、各自治体の裁量にゆだねられている。ストリップやラップ・ダンスをその自治体が問題とみなさない場合には、ストリップ・クラブの規制は、警察が行い、刑法（すなわち、二百十条及び百六十七条（一））の適用を受ける。

社会問題としてのラップ・ダンス

ラップ・ダンスを社会問題として捉え、分析するには、社会構築主義理論が有効だ。キツセとスペクターによれば、ある状況が社会問題になるかどうかは、その状況に関連のある集団または個人がそれを問題として認識し、その状況を排除または改善したいと主張するかどうかによって決まる【注35】。問題として定義される過程での参加は、自身の利益（社会的利益、政治的利益、経済的利益など）の為、または、不快、不正、不道徳（ラップ・ダンスなど）と思うものを排除したいという気持ちに基づくものであろう。いずれの場合でも、参加者は、特定の社会問題が存在し、それについて何か対策を講じなければならないと社会へ訴えかける行動をとる【注36】。

ラップ・ダンスは、クラブでラップ・ダンスを行うことを許した罪でマーラとイーストが告発された時から、社会問題として認識されるようになった。多くの人が抗議に加わり、ラップ・ダンスに対して異議を唱え始めた。ハックボーン判事の判決からオンタリオ控訴審までの二年間にこの運動は激しさを増した。起訴、判決、抗議行動の様子などがマスコミに報道され、この問題に関する社会の人々の関心を煽った。ストリッパーやその他世論が、ラップ・ダンスは地域の健康と安全に対して危険であるという認識を持つよう政府への圧力をかけるようになると、自治体職員は、ラップ・ダンスに対する反対を表明し、ストリップ・クラブの活動を規制する条例を導入しはじめた【注37】。

ラップ・ダンスに対する反対と社会問題として定義しようという動きは、有害論に基づくものであることが、マスコミ報道や多くの女性へのインタビューから明らかになった。この有害論は、多様な人々（超保守的な「Women's Christian Temperance Union」から左翼的な「Association Burlesque Entertainers」(ABE)〔構成員は二名〕等の利益団体、保守的なヘイゼル・マッカロンからリベラルなジャック・レイトン等にいたるまでの自治体職員）がラップ・ダンス禁止支持の立場をとった為に、さらにその足場を固めた。これらの有害論者達は、ラップ・ダンスは、不快であり、カナダ社会の道徳や安定性を脅かすものであり、社会にとって有害であると主張する。「Women's Christian Temperance Union」の最高責任者であるエリカ・キュバセックは、「ストリップ、ラップ・ダンス、売春は、社会の堕落の兆候であり……カナダはもはや道徳衰退の先進国だ。【注38】」と述べた。ラップ・ダンスの不道徳性は、トロント市議会議員やミソシーガ市職員も声を揃えて同意している。ミソシーガのマッカリオン市長は、「私達の社会にモラルを回復すべき時が来た。社会や家庭の堕落は深刻だ【注39】」。

道徳に基づいてラップ・ダンス有害論を展開する人々に加えて、ダンサーやその他の人々の健康や福祉に対する有害性を根拠にラップ・ダンス有害論を展開する人々もいる。オリヴィア・チョー、ジャック・レイトン、ジュディ・スグロ等のトロント市議会議員は、ラップ・ダンスに伴う強要や虐待の存在を繰り返し主張した【注40】。「Association Burlesque Entertainers」(ABE)は、「ラップ・ダンスが健康に有害で、禁止しなければならない理由――ストリッパー（およびその他の人々）の主張」という題名の小冊子を一九九五年に発行し、ラップ・ダンスがストリッパー、クラブ従業員、客、家族の健康に及ぼす害や、ストリッパーに与える悪影響（人間関係や自尊心など）について詳細に説明した【注41】。小冊子の「健康に致命的な害を与えるラップ・ダンスの知られざる一面」と題された項目で、同協会の創立メンバーの一人であるキャサリン・ゴールドバーグは以下のように述べている。

誰もが危険にさらされている。ストリップはすべてだめと言っているわけではないが、ラップ・

ダンスやバー、クラブ内における売春は良くない。上手にコントロールしながらラップ・ダンスをすることなどできるはずもないのだから、廃止すべきなのだ。私は、ラップ・ダンス廃止へ向けてあらゆる方面へ支援を要請している。ラップ・ダンスはすべての人を傷つける。他の女性も傷つける。例えば、男性が傷のある指で女性の性器に触れる。部屋の中は暗い。相手がどんな病気を持っているかなんてわからない。男性が女性に指で触れ、彼女にAIDS、性病、肝炎またはその他の接触による感染症を感染させる。彼女は家へ帰って、夫に感染させる。また、別の客が女性に触れて、感染する…または、子供たちが成人して、そのような場所に出入りするようになったらどうだろうか。ほとんどの女性は、夫がそんなところを訪れていることなど知らない。それなのに、ほとんどの女性はこの問題から目をそらしている。これは単にストリッパーだけの問題ではないことをよく考えて欲しい。たくさんの人の命がかかっているのだ。健康にかかわる問題、生死にかかわる問題だ【注42】。

この調査に参加し、ラップ・ダンスに反対していたストリッパーも、ゴールドバーグと同じ主張をしている。とりわけ問題となっているのは、客が放った精液との接触だ。ラップ・ダンス中に男性の衣服から精液がしみだしてきて、女性と接触する可能性がある【注43】。あるストリッパーは「歌の途中で、男の膝の上に座っていたら、なんの前触れもなしに、突然濡れていたの」と語った。もう一つの懸念は、ストリッパーの性器が、客の衣服に残されていた別のストリッパーの性器の分泌液に触れることだ。

健康上の問題に加えて、これらの女性はクラブ所有者やマネージャーからの、客にラップ・ダンスをするようにという心理的なプレッシャーを感じており、ラップ・ダンスを断ると仕事を失うのではないかとおびえていると訴えた【注44】。これらの女性は、踊りながら客と性行為を行うように繰り返し求められ、圧力をかけられ、無力感と苦痛を感じていると回答した。二人のストリッパーは次のように訴えた。

はじめてラップ・ダンスをして家に帰った晩のことを覚えているわ。クラブからの帰りに、車を運転しながら、目がどうにかなってしまう程泣いたわ。こんなことをするために育てられたわけじゃない。どこの馬の骨ともわからない男の指が全身を触って――本当にぞっとしたわ。

「くわえてくれたら五十ドルやるよ」、「しゃぶってくれたら、百ドルやるよ」となんども男には言われたわ。そう言われたときの気分がいやだった。だから、(ラップ・ダンスが)禁止されてやっと、ストリップを楽しめるようになった。

ラップ・ダンス禁止を支持した女性は、ラップ・ダンスは自分自身に対する感じ方を変えてしまうと話す。一般的に、売春をするストリッパーは昔から存在していたが【注45】、我々が話をした女性のほとんどは、ストリップだけを仕事とし、自分達をエンターテイナーまたはダンサーと考えていた【注46】。マックカギーとスキッパーが予測したとおり、ストリップが舞台演技から性行為(ラップ・ダンス)へと発展するにつれ、ストリッパー達は仕事に対して嫌悪感を抱くようになった【注47】。接触を禁ずる規則の廃止によって、ストリッパー達がダンサーまたはエンターテイナーとしての自負心の拠り所としていた踊り手と客の間の壁が取り除かれてしまった【注48】。その結果、ストリッパーの自らに対する感じ方に変化が起こり、売春婦になってしまったと感じたり、男性に汚されたと感じたりしていた。

この調査の対象となった女性の大半が、ラップ・ダンスについてはキャサリン・ゴールドバーグやABE同様の見解を持っていたにもかかわらず、わずかながらも例外的なストリッパーも存在した【注49】。この両者の大きな違いは、仕事中に感じる主体性と支配力の大きさの違いである。ラップ・ダンスを止めることを強制されていると感じていない女性は、仕事に支配力を感じ、自分が受け入れることのできる仕事だけをしているという自信を持っていた。

なんだかんだ言っても誰かの膝に乗るだけのことでしょう。それに、他のブースでセックスしている子がいても、それは彼女たちが選んだこと。病気やAIDSに感染するかもしれないってことも承知の上、自分の問題よ。それで金を稼ぎたいのなら、好きにやればいいのよ。でも私には、私なりのやり方があるの。いい男だろうが、なんだろうが、そんなことは関係ないわ、皆同じ。私が決めた規則が気に入らなくて、私のサービスも気に入らないのならば、私から離れて行けばいいの。

私は最初に、どこまでできるかをはっきり伝えるわ。「ここは触ってもいい、ここはだめ。こういう風に触ってもいいけど、こういうふうにはダメ。守らなかったら、そこでおしまいよ」ってね。どこの誰だかわからないような男に、自分がされたくないことをさせたりはしないわ。

このように自分の基準で自分や客の行動を制御できると自信を持ち、ラップ・ダンスを続けることに何の問題も感じていないストリッパーもいる一方、それとは対照的に、仕事で自分の思い通りになることはほとんどなく、自分の仕事を自分で決める事も、客を選ぶことも許されていないと感じているストリッパーや、ラップ・ダンスは虐待そのものだと感じると回答したストリッパーもいた。これらのストリッパーは、ラップ・ダンス禁止を支持していた。

この調査に参加したストリッパー全体のなかで、禁止に反対したストリッパーはわずかだったが、ストリッパー社会全体における反対者の数はわかっていない。一九九四年から一九九八年までの新聞記事を見ると、ストリッパー社会はラップ・ダンス問題については意見が大きく二分されていることがわかる。ある新聞のコラムニストは「クラブでラップ・ダンスをさせられていることに怒りを感じているラップダンサーを見つけるのに四苦八苦【注50】」と書いた。さらに他の記事には、「トニ・トーマス・ジョーンズは、約二十名のラップダンサーを代表して、『性行為に関する報道は誇張されている。ダンサーは、健康上のリスクは犯していない。ダンサーは、客の扱いは心得ており、強姦や暴行に対して恐怖心を感じたりはしていない』と述べた【注51】」と記されている。また「私は、ダンサーは虐待され、売春を強いられていると言われることに反感を覚える声なき多数派【注52】の一員である」というダンサーのヴィクトリアの話を掲載した記事もある。

禁止に反対の立場を表明したのはダンサーだけではない。数人の自治体職員や地方紙コラムニストもラップ・ダンスの禁止と、ラップ・ダンス禁止運動を批判した。トロント市議会員マリオ・シルヴァは、ラップ・ダンスは「立派な職業」であり、「自治体の政治家の価値観」を押し付けられることなく、仕事の一部としてラップ・ダンスを行う「権利【注53】」を与えられるべきであると述べた。ダン・レッキー市議会議員も、「議論に道徳主義的論調が横槍を入れている【注54】」と批判した。これらに関しては、トロント・スター紙のコラムニスト、ロジー・ディマノが次のように詳しく述べている。「地元の政治家達は、身体を震わせ大袈裟な表現でラップ・ダンスについて演説し、低級ながらも合法的な産業に自分の道徳心を押し付けている。【注55】」と記した。さらに、その他の禁止論者達の発言の合法性や正確性についても疑問の声が上がっている。

コリン・レスリーの報告によれば、「（条例の根底となっている）トロント認可委員会のラップ・ダンスに関する四十ページの報告書には、クラブ内における接触や性行為の確固たる証拠がほとんど示されていない【注56】」。しかしこのように反対の声はあるものの、ラップ・ダンス禁止派の主張が支配的な論調となっている。

禁止に伴う問題

ストリッパーやその他クラブ従業員達は、マーラ裁判における最高裁判決（一九九七年）やラップ・ダンスを禁止する一部自治体の条例の存在にもかかわらず、オンタリオではいまだにラップ・ダンスが行われているクラブもあると回答した。あるダンサーは、「まだ続いているわ。男達は、ダンサーの身体中を触って好きなことをしているわ」と話している。トロントの最近の新聞報道もこれらの話を裏づけるものである【注57】。調査をしたクラブの中には、禁止されてからラップ・ダンスやVIPルームは姿を消したが、新たな名前（タオルダンス【注58】、タブーダンスなど）を付けたり、ダンサーを変えて（タイやフィリピン【注59】など、ストリップに客との性的接触がつきものの国から連れてこられた女性）、ラップ・ダンスを続けている所もある【注60】。ラップ・ダンスをする場所を変えれば、最高裁判所の判決や自治体の条例の影響から逃れることができたのである【注61】。

ラップ・ダンス禁止派の観点からみれば、マーラ裁判における最高裁の判決は、公共の場におけるラップ・ダンスの猥褻性だけを問題として取り上げていた点に問題があった。判決では、「公共の場」と「プライベートの場」の違いは何かという重要な問題が取り上げられていなかったのである。一方では、「プライベート・ブース」は「プライベート」であり、その中で何が起こわれようと判決の対象にはならないと解釈することができる。しかし一方では、「公共のクラブ」内の「プライベート・ブース」は、純粋に「プライベート」ではなく、その中で性的接触を持つことや、ラップ・ダンスをすることは違法であるとする解釈も成り立つ。最高裁判決は前者の立場をとった為、クラブのメインフロアーで踊らない限り、ストリップ・クラブでラップ・ダンスを続ける道が残されたのである【注62】。しかしながら、自治体や警察には、社会的な規制というラップ・ダンス廃止の奥の手が残されていた。自治体は、条例を制定し、施行することによって、ラップ・ダンスを規制することができる。また、警察は、ダンサー、客、クラブ所有者、マネージャーを売春宿に関する刑法二百十条違反で、告発する権限を有している【注63】。

一九九七年のマーラ裁判における最高裁の判決のもう一つの問題は、法的制裁の矛盾を露呈している点にある。この判決は、女性の主体性は限定され、「女性の安全は、州の保護活動があってはじめて保証される【注64】」と示唆している。バトラー裁判（一九九二年）と同じように、最高裁判所やさまざまな利益団体が、営利目的の性的活動の規制を正当化するために有害論を利用することは、性に関する道徳感の保守化を招く【注65】。ラップ・ダンスには、ある程度のリスクを伴うのはいたし方ないが、道徳を引き合いに出すことによって、ダンサーやその他女性達に対して生じる害を認めることも重要である。バトラー裁判（一九九二年）における最高裁判決の目的（マーラ裁判（一九九七年）の目的ともなった）は、「被害、なかでも女性に対する被害の回避」と「女性の平等と尊厳を育成【注66】」することではあるが、しかし、女性を「受動的で男性暴力の声なき被害者」であり、国はその女性を守る理想的な存在である（例えば、前世紀の道徳的純粋論や現代のポルノに対する主張など）という前提に立脚した国の主張【注67】は、実際には女性に意図せぬ悪影響を与えている可能性がある。

女性はか弱く保護を必要とする存在であるという概念を法律上の前提とすることによって、法廷は、女性の主体性を事実上衰退させ、「おびえ、保護される女性像【注68】」を作り出し、さらに女性は男性に従属するという家父長的概念を助長し、女性の平等な社会参加の機会を制限しているということも考えられる。州が営利目的のセックスを取締ること（ラップ・ダンスの禁止など）によって、「良い娘」と「悪い娘」の境界線をはっきりと引き、「良い娘」は守られ、「悪い娘」（すなわちダンサーたち）は罰されるようになる。多くのダンサーは、ラップ・ダンスの禁止を支持したものの、禁止が彼女らの生活に与える影響の可能性については気付いていなかった（またある程度驚いた）ようである。禁止によって、仕事中にダンサーが感じていた限られた意味での主体性が強化されたというよりはむしろ、少なくとも一部のダンサーにとっては、主体性が衰退した。女性を保護するという観点からの政策は、ある面ではダンサーへの害を減らすことになっても、他の面においては害を増大させる可能性もある。例えば、自治体の法律や警察の取締は、クラブの売り上げに影響し、ダンサーやクラブ従業員の収入は減少した【注69】。禁止によって、ダンサーは客との性的接触を拒否する根拠（すなわち、「それは違法行為だわ」と言えること）を新しく手に入れはしたものの、収入も失ったのである。収入が減ったことで一部のダンサーは、生活に必要な金を稼ぐ為に、罰金を覚悟でラップ・ダンスをするか、売春をするようになった。禁止を支持した女性のなかにも、それに伴う問題について次のように話す者もいた。

ラップ・ダンスが禁止されてなにもかもうまくいかなくなったわ。ステージで踊ったって、触ることもできなければ、男は十ドルも十五ドルも払ったりするはずがないわ。

禁止されて良かったとも思うし、悪かったとも思うの。触られなくて済むようになったし、客の上で腰を前や後ろにゆすらなくて済むのは嬉しいわ。でも、ラップ・ダンスならば二十ドル稼げた

のよ。男は何しろラップ・ダンスにはお金を払ってくれるのよ。ラップ・ダンスをしていた頃は
もっと稼げたのに。

ラップ・ダンス禁止によって、仕事で最大限の収入を得る力が制限されるかぎり、禁止は女性の主体性を衰退させるものとみなすことができる。

禁止が収入に与える影響に加えて、ダンサー達は告訴による経済的打撃についても心配している。例えば、禁止以前には、ダンサーは、踊りながら客に軽く触れることができた。現在では、踊りながら客に触れれば、ライセンスを失い【注70】、重い罰金（最高二万五千ドル）を科せられる可能性がある。新しい規制は極端すぎると感じた女性は多かった。ある女性は「ラップ・ダンスは、政府や誰かに禁止されたりするようなものではないと思う」。「個人的な判断をそんな風に規制するのはおかしいわ。何をするかは、個人の決定に任せるべきだと思う」。客に触れば、たとえそれが性的な目的ではないものにしろダンサーが告発されるのに加えて、ダンサーが触れられることに同意していない場合でも、客がダンサーに触れれば、告発される可能性がある【注71】。ダンサー達は、禁止によって、罰金、ライセンスの取り消し、刑事告発、弁護費用などの害を被ることになるのである。

ラップ・ダンスの禁止は、仕事の上でのダンサーの主体性全般を高めるにはほとんど役に立っていない。逆に、ダンサーが、自分の意志に基づいて仕事をし、最大限の収入を得、法律上の告発から自分を守り、客の身体的虐待から身を守ることを困難にしている。

結論

マーラ裁判における最高裁の判決（一九九七年）は、少なくとも、ストリッパーを含む女性をラップ・ダンスに伴う「屈辱と搾取」から保護することを願って下されたものであることは確かだ。しかしながら、セックス・ワークに対する州の規制を正当化する為に女性の保護という概念を利用したことによりいくつかの問題が生じた。まず第一に、女性セックス・ワーカーを含む女性は男性による暴力の被害者であり、国の庇護を必要としているという前提である。この前提は、女性の主体性をさらに衰退させる役目を果たし、問題が多い。第二に、最終的に「保護される者」とは一体誰かという問題である。ダンサーは、「保護される者」に分類されはするものの、バトラー裁判（一九九二年）やマーラ裁判（一九九七年）では、基本的に「良い娘」と「悪い娘」との間に線を引き、「良い娘」が保護を受ける価値があるとみなしている。国がセックス・ワーク取締正当化の為に有害論を利用する第三の問題は、特定の人々の保護よりも、ある特定の性的行動を規制することを通じて、特定の道徳的秩序を永続化させているということである。

マーラ裁判の最高裁判決（一九九七年）の問題点は、判決に際して公共の場所におけるラップ・ダンスは猥褻かという問題にしか言及していないという点にある【注72】。その結果として、クラブ所有者やマネージャーは、最高裁の判決をストリップ・クラブの公共の場所で行われるストリップにのみ適用されると解釈した。そのため、プライベートでおこなわれるダンスの取締は、自治体政府や警察が扱うこととなった【注73】。しかし、自治体条例は、クラブ従業員だけに適用され、客には適用されないという問題があり、現在でも状況は変わっていない。その対応策としては、警察が売春宿に関連する刑法二百十条に基づいて、違法行為で客を警察が告発する方法がある。この条項は、売春宿にいるところを見つかった人すべてに適用される。ラップ・ダンス禁止は、客の行動よりもダンサーの行動を規制し、客との関係においてダンサーの立場を弱め、リスクを増やし、職場における支配力を弱めている。つまりこの法律も、男性の利益の保護を常とする家父長的司法制度の例外ではないのである。

ラップ・ダンス禁止は、女性の保護を謳ってはいたものの、多くの面においてダンサーにとって不利に働いた。ストリッパーの生活に影響を与える様々な要素に対して、ほとんど注意が払われていなかったことに問題がある。禁止は、ダンサー達の一部の利益を向上させはしたものの（もはやラップ・ダンスを踊れという圧力を感じることはないなど）、それと引き換えに収入の減少や告発の危険などの不利益が生じた。社会規制に関しては、被害から女性を守るなど、よりダンサーの利益に応えられるような政策を構築することも可能である。現在の政策の代替案は、ストリップを一種の仕事と見なし、ストリッパーにその他の労働者と同じ保護を与えることである。このような政策の方向修正が実現すれば、ストリッパーそのものに対する規制ではなく、ストリップ業界そのものの規制に重点を置いたものになるであろう。つまり、労働条件、人権、健康、安全、報酬等に関する法律を利用して、労働条件を改善し、人権を守ることになる【注74】。これらの政策変更が実施されれば、ストリッパー達はより有意義な保護を受けることができるようになるであろう。

第13章

ネバダ州の売春産業

キャスリン・ホースベック
バーバラ・G・ブレンツ

砂塵舞うネバダ砂漠の小さな賭博町で、孤独な旅人は、大通りから砂利道へと足を踏み入れ、ペニーズ・コージー・コーナー、マイ・プレイス、プッシー・キャットなどの文字がネオンに照らし出された網戸のあるフロント・ポーチの前に佇むのだろう。これらの田舎町の売春宿は、過ぎ去りし日々の遺物だ。流れ者の鉱夫、小さな町の酒場、権力を誇る保安官で賑わう大いなる西部の街々で、最も貴重で最も需要の多かったものを売って女性達は生き延びた。セックスだ。

開拓時代のオールド・ウェストを彷彿とさせるワンシーンだが、ネバダ州の十の郡では、現代の政治、経済文化が栄えるなか、今なお認可を受けた売春宿が存在している。牧場と鉱山で賑わった西部のカウボーイ文化は、サービス業と情報産業、観光、現代官僚政治に根ざしたニュー・ウェストと呼ばれる消費者文化へと変貌を遂げた【注1】。オールド・ウェストは鉄道、農場、鉱山を取り巻くように小さな町が成長するフロンティアであったのに対し、ニュー・ウェストは、地方都市のまわりに郊外が発達するのが特徴だ。ニュー・ウェストは観光に重点を置き、スポーツ（マウンテンバイク、スキー、スノーボード、ロッククライミング）、観光牧

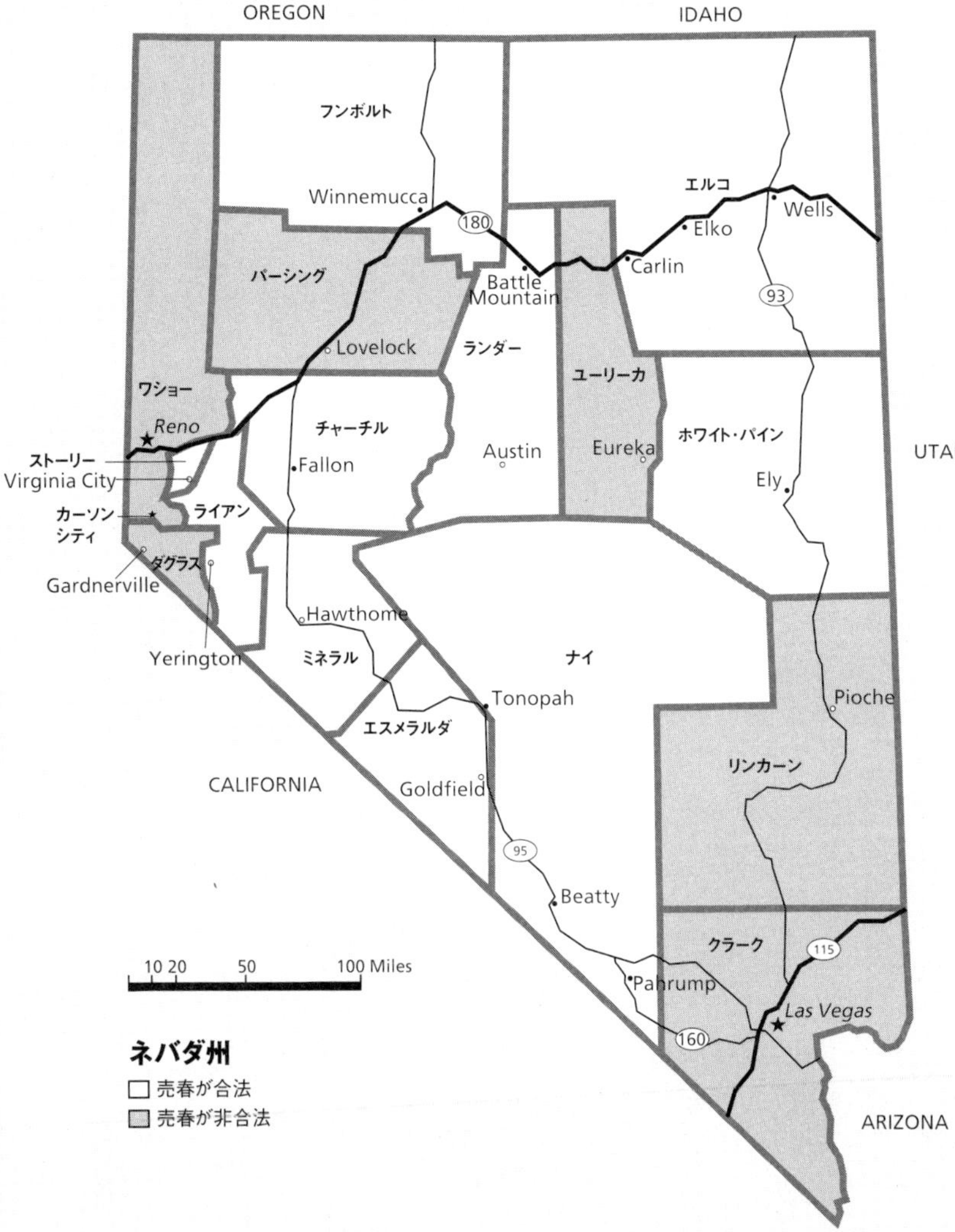
OREGON
IDAHO
フンボルト
Winnemucca
180
エルコ
Wells
Elko
Carlin
パーシング
Battle Mountain
93
Lovelock
ランダー
ユーリーカ
ワショー
Reno
チャーチル
Austin
Eureka
ホワイト・パイン
UTAH
ストーリー
Virginia City
Fallon
Ely
カーソンシティ
ライアン
ダグラス
Gardnerville
Hawthorne
Yerington
ミネラル
ナイ
Tonopah
Pioche
エスメラルダ
リンカーン
CALIFORNIA
Goldfield
95
Beatty
クラーク
115
10 20 50 100 Miles
Pahrump
Las Vegas
160
ARIZONA
ネバダ州
売春が合法
売春が非合法

場、音楽祭、カジノなど様々な娯楽で観光客を引き寄せようとしている。その結果、リベラルな理想主義、フロンティアの個人主義、鉱山、農業、牧場などの歴史的遺産が国際的なニュー・ウェストと共存し、二つの相反する感性が共存することになった。

ネバダ州の合法売春宿の珍しさにもかかわらず、この業界に関する研究はほとんど存在していない【注2】。本章では、合法的な売春宿における売春が、その原点とも言うべき田舎町のカウボーイ文化、オールド・ウェスト文化と、成長しつつあるニュー・ウェストの経済および文化との狭間でどのような位置付けにあるかを検証する。ネバダで合法な売春宿が存続しているのはなぜなのだろうか。オールド・ウェストからニュー・ウェストへの移り変わりを売春宿が生き残る可能性はあるのか。これらの疑問に答える為に、(一)現在のネバダにおける売春宿業界の構造、(二)売春宿と政府の関係、(三)売春宿の所有者同士の関係、(四)ネバダ州の脱工業化時代のサービス経済という大きな枠組みのなかで売春宿業界はどのような位置付けにあるか、について検証を行う。

情報の収集方法

本研究はいくつかの情報源をもとにしている。新聞記事や記録史料をもとに、歴史的および社会政治学的考察を行い、ネバダ州で売春宿が合法化された歴史的背景、売春宿業界に課せられている規制の現状などについて検証を行った。一九九七年〜一九九八年にかけてネバダ州北部及び東部の九軒の売春宿で資料の収集を行った。二十五名の売春宿所有者、マネージャー、売春婦を対象に自由回答形式に近い形でインタビューを行った。政府関係者、ロビイスト、ビジネスマン、売春宿の取締官、元従業員、「Nevada Brothel

Association」（ネバダ売春宿協会）の代表者とインタビューを行った。これらの人々が、現代の売春宿制度をどのように特徴付け、売春宿産業とのかかわりをどのように正当化し、なにが合法的売春の問題や課題と捉えているのかについて研究を行ったのである。

オールド・ウェスト、ニュー・ウェストと売春宿

特異的存在であるネバダ州の売春宿を取り上げた研究は数少ないが、それらの研究では、ネバダ州の売春宿の存在を経済的および政治的理由に起因するものと捉えている。売春は鉱山景気に湧くオールド・ウェストで始まり、オールド・ウェスト特有の自由主義が根強いネバダで生き残ったとされている【注3】。オールド・ウェスト時代後も、地域経済の衰退に後押しされるようにして売春が存続し続けたとする人々もいる【注4】。これらの点を勘案すると、西部の文化及び政治経済の三つの側面から、売春宿の存在を説明することができる。第一が、出稼ぎ労働者経済、第二は、独特の性に関する価値観と政治の組合せ、第三は、「カウボーイ」特有のリベラルで、反都会的、反連邦政府的な文化である。

かつて荒涼とした砂漠地帯のネバダ州に、ゴールド・ラッシュと銀山による好景気に吸い寄せられるように、大勢の独身男性が集まって来た。鉱山経済は、予測のつかないにわか景気と不景気とが交互に訪れることが多かった。このような経済環境は、出稼ぎ労働者の温床となる。銀や金が発見されれば、鉱山集落は数ヶ月もたたないうちに十倍にも膨れ上がる。景気がよければ、住民は湯水のように金を使い、王侯貴族のような暮らしをしていたが、一旦鉱脈が干上がれば、金も尽きてしまう。不安定な生活のおかげで、家族を呼び寄せて移住することは難しかった。このような男ばかりの共同体で、売春が栄えた。

鉱山の出稼ぎ労働者経済と共に、独特の性的価値観と政治とが相乗効果をもたらした。働く男たちにとっては、売春婦の是非はともかくとしても、売春は社会の一部とも言うべき存在であった。女性は男性と平等の存在でなどあり得なかった。開拓地では「きちんとした娘」は保護すべき存在であったが、「だらしない娘」は性的に利用される存在であり、辺境の男たちが必要とするサービスを提供する存在であった。家父長的な男女観から、男性の性欲（異性に対するもの）は自然で生物的な欲求であり、頻繁に欲求を満たす必要があるという考え方が生まれ、それを人々に強要した。好景気と不景気とが交互に訪れるオールド・ウェストの過酷な気候のなかで、汗水流して働く孤独な男達は、女性達にとって格好の客であった。売春は、これら初期のフロンティア社会で欠くことのできない存在となった。

このような性文化があってはじめて、売春宿は台頭し存続することができたのである。人々の価値観が、抵抗なく特殊な男女観やセクシャリティの定義を受け入れることができれば、性を売買する売春も容認される。売春宿は合法であるという理論は、次の五点が根拠となっている。(一) 性を売ることは世界最古の職業であり、突然なくなることはない。(二) 売春のサービスの種類、売春の労働条件および期間、売春宿の所有権と雇用条件などに政府が制限を設け、その規制を受ける売春は、非合法な売春よりも優れている。(三) 売春ビジネスは、収益を生む。(四) 合法的な売春は、売春以外では容易に満たすことのできない欲望を持つ特定の人々に貴重なサービスを提供している。(五) 認可を受けた場所だけに限って売春を行えば、売春につきものの犯罪行為（薬物、売春斡旋、身体的暴力）の発生を抑え、また安全（暴力のリスクを抑え、検査や保健所の規制により伝染病の伝播を抑制する）にセックスを売ることができる。

これら五つの根拠の中心となる考えは、人間は性行為を行う存在であり、伝統的な女性の役割や規範を拒否して売春を行う女性が存在しており、男性は欲する時にいつでもセックスを手に入れたいと望んでいるというものである。ある地元の政治家はこれらの売春宿でビールを飲みながら私達に次のように説明した。「売春がなくなることはない。男達が次から次に、トラックを運転したり、働いたりする為に、この町にやって来ては去っていく。自分では女を見つけられない男もいる。これは自然の欲求を満たすための社会奉仕活動だ。売春宿を廃止してもトラックの休憩所、街頭で売春は生き続けるだろう。廃止しても問題の解決にならないのだ。廃止すると薬物や暴力が横行するだろう。それは社会や家庭にとって良くないことだ」。

ネバダの合法的な売春宿は、売春のサービスの種類、売春をする人、売春の条件、売春を行う場所に制限を設けている。この制限は、社会の大勢を占めるジェンダーやセックスに関する見方を反映したものとなっている。例えば、ネバダでは、合法的に売春をできるのは女性に限られており、売春は女性の仕事として高く評価されている。売春宿では、男女間の性が当然のこととされている。女性は、男性に買われる性的対象物であるという考えが、売春宿肯定論の大半を占める。これらの考え方は、規制を受け合法化された売春を語る際に、ほとんど疑問をはさむ余地のない前提となっている。ある小さな町の売春宿の所有者は「売春婦たちにとってここはどこの場所よりも安全だ。どんな場所にいようとも彼女達は売春をするのだから。ここではきちんと彼女達の面倒を見る。彼女達にはそれが必要なのだ。客にしてみても、健康面を考えれば、安全だ。男たちは、街娼からなにか病気をもらうのではないかと不安になっている。あいつらはどんな病気を持っているかわかりゃしないからな。でも、どこで病気をもらおうが、男はそうせずにはいられないんだ。」と説明した。

当時の出稼ぎ労働者経済と今なお残る保守的で家父長的な性的価値観とがあいまって、二十世紀前半、鉱山町が衰退し、経済が多様化してからも、売春は生き続けた。一八八〇年代から一九〇〇年代初頭にかけて、新しく誕生した都市や成長を続ける郡は、売春宿の場所を規制する条例を制定するようになり、家族向けの商業地や住宅からの隔離を行うようになった【注5】。一八七一年、大規模な鉱山ブームが起こり、ネバダ州は州全体で売春宿を合法化する寸前にまでいたった【注6】。大規模な銀山、カムストック・ロードのあるストーリー郡は、一八七八年、成長著しいヴァージニア市を売春宿地区として正式に指定した【注7】。その後、いくつもの町がこれに続いた。このような規制は、なんらかのかたちの売春を快く受け入れる精神を反映し、東部では都市部の多くの売春宿が閉鎖に追い込まれたいわゆる「プログレッシブ・エラ」と呼ばれる一九世紀終わり頃から二十世紀初頭にかけての時代の改革運動をも、ネバダ州の売春宿は生き延びることができた。

二十世紀になり、オールド・ウェスト経済の一部としてネバダ州の売春宿の発展を許容したリベラルな反連邦主義的政治文化は、力を増しつつある連邦政府と衝突するようになった。第一次世界大戦を迎え、連邦保安局は、西部全域の郡に、「都市および周辺地域に駐屯している兵隊達を性病の感染【注8】」から守る為、売春廃止の条例を成立させるべく圧力をかけ、さらに第二次世界大戦になると圧力は一段と増した。多くの郡は連邦の介入に強く抵抗したが、閉鎖された売春宿は多かった。ヴァージニア市では歴史的に重要な売春宿が閉鎖され、トノパでは十三軒の売春宿のうちの十二軒が閉鎖された【注9】。

都市部から離れた辺境にある郡は、第二次世界大戦終戦を迎えるとただちに売春宿を再開した。しかし、連邦政府の軍事費や公共事業のおかげで、都市部のカウボーイ文化はすでに変革の途上にあり、この変革によりレノやラスベガスの売春宿業は徐々に衰退していった。ラスベガスは、連邦政府のネリス空軍基地の建設実現へ向けて、熱心に売春宿閉鎖を確約した。一九四九年、ネバダ州最高裁判所は、売春宿は公害であるとの判決を下した。収益性の高い賭博産業を背景にして、レノ、ラスベガス、郡政府は自分たちを正当化したいと強く願っていた。彼らは売春という「悪徳」に激しい弾圧を加え、レノ、ラスベガスおよびその近隣に残っていた売春宿を閉鎖した。一方、いまだに従来の経済に依存し、都市部の介入に反感を抱く、地方や辺境地区の郡は、公害という非難を回避するための条例を成立させた【注10】。

売春宿を州全域で合法と認める一九七一年の法案可決ほど、有名でカウボーイ的な反政府的文化が顕著に表れている例はないだろう。ジョー・コンフォルテという傍若無人な男が一九五〇年代に売春宿を開き、長年にわたってワショー郡の地方検事ビル・ラッジョ（現在のネバダ州上院与党リーダー）と争った。コンフォルテは、無視することが閉鎖命令に立ち向かう最良の方法であると考えていた【注11】。あるとき、コンフォルテとサリー・バージェス（売春婦兼マダムで共同経営者であり、妻でもあった）は、三郡の境界を接する付近で移動式トレーラーに売春宿を構え、その時々で最も売春に好意的な郡に移動した。一九六〇年代の刑務所暮らしを経て、ジョーは、ストーリー郡の有名なムスタング・ランチを買収した。地方判事はコンフォルテに売春宿を閉鎖し、ストーリー郡に月千ドル、合計五千ドルのパトロール費用を返済するように命じた。コンフォルテは毎月金を払いつづけたものの、売春宿は閉鎖には応じなかった。三年後、郡の弁護士が、ストーリー郡政委員に、合法的に金が入り続けるような条例が必要であると助言した。一九七〇年十二月五日、委員会は、全米初の売春宿を認める条例を可決した【注12】。

一方、コンフォルテがクラーク郡に売春宿を開く計画があるという噂が広まった。賭博を合法であるかのように取り繕おうと画策を続けていたクラーク選出の州議会議員は、全州における売春を禁止する法案を急遽提出した。都市部から程遠い多くの郡選出の州議員達はこの法案を一蹴した。一九七一年、クラーク郡の努力の甲斐あって、人口二十万人以上の郡における売春は違法であるとする法案がようやく可決された。その当時、二十万人以上の人口を擁する郡はクラーク郡だけであった。一九七八年、ネバダ州最高裁判所は、売春宿をめぐって人口二十万人以上と明言したことにより、その条件に該当しないその他十六の郡に対し暗黙のうちに売春宿認可の権限を与えることとなった。その後、コンフォルテおよび他の売春宿経営者らは郡の委員会に働きかけ、過半数の郡で売春宿を認める条例を可決させた【注13】。各郡は、独自の条例を制定し、実質的に既存の売春宿を合法化した。

ネバダ州の売春宿は、好景気と不景気を繰り返す鉱山経済の産物であり、都市部から遠くは離れた地では安定産業となった。売春宿は、出稼ぎ労働者の生理的「欲求」を満たす一方で、一部の女性に生活を支え生き残りの手段を提供することによって、セックス文化で合法的な役割を担う存在として認められるようになった。町の発展とともに、合法的売春は、売春宿として制度化され、地域のセックスや男女観の規範の規制を受け、地域の家庭からは隔離されていた。最終的には、リベラルで、反政府的、反都市的な「カウボーイ」文化が、売春宿合法化の決め手となった。傍若無人で反逆精神に溢れるカリスマ的リーダーであり、売春合法化を先導したジョー・コンフォルテの伝説は、リベラルな価値観と長老の裏取引の双方を兼ね備えた、このオールド・ウェストのカウボーイ政治の象徴である。都市部では、売春に反対の立場をとることによって、観光業と賭博業への依存が高まりつつある現状を正当化しようとしている一方、都市部から遠い辺境の地方では売春宿は存続している。つまり、オールド・ウェスト時代に培われた売春文化がニュー・ウェスト時代を生き延びているということなのである。

†売春宿業界の構造

現在、ネバダ州の十の郡には三十五軒の認可を受けた売春宿がある。「the Nevada Brothel Association」(ネバダ売春宿協会)によれば、売春宿は年間四千万ドルの収入を業界にもたらす。売春宿は、郡や都市部からの距離によって、経済的環境や法律的環境は大きく異なる。表13・1は、ネバダ州の売春宿に関する規制を郡ごとに表示したものである。315ページの地図は、合法的な売春が存在する郡を示している。州の法律により、売春宿の認可が禁じられているのはクラーク郡だけである。二十万人以上の人口を擁する郡を除外する一九七一年の法律は、人口増加と共に定期的に修正され、現在は四十万人以上となっている。レノのあるワショー郡など、売春を禁止する条例を制定している郡もわずかながら存在している。

表13・1に示されているとおり、売春宿は現在チャーチル、エスメラルダ、ランダー、ライアン、ミネラル、ナイ、ストーリー郡などの自治体が存在しない非法人地域で認可されている。ということはつまり、認可、規制は郡が行っているということを意味する。エルコ、フンボルト、パーシング、ホワイト・パインの四郡は、各郡の非法人地域における売春宿を禁止しているが、自治体のある地域では自治体の選択を尊重している。エルコ、ウェルズ、ウィネマッカ、エリーなどの都市は売春宿に認可を与えている。

ネバダ州の地理的条件も、業界の構造に大きな影響を与えている。ネバダは米国でも最も辺鄙な位置にある州であり都市と呼べる場所はレノとラスベガスの二ヶ所のみである。州の人口のほとんどはこの二ヶ所のいずれかに居住し、三分の二はクラーク郡に居住している。隣接しあう町の間の距離は平均百マイルで、郡によっては、百八十から二百マイルにもおよぶ。ネバダ州の徴税当局者によれば、ネバダ州の十七の郡のうち、十一郡は辺境地帯（一平方マイルあたりに六人以下）に分類され、四郡が田園地帯、二郡が都会である【注14】。辺境地帯の十一郡のうち、八郡では売春が合法化されている。田園地帯の四郡のうち、二郡（ライアンとストーリー）で売春は合法である。都会の郡はいずれも売春を合法化していない。辺境地帯のナイ郡では、ラスベガスからわずか四十五分のところに五軒の売春宿がある。売春宿産業における最も深刻な対立は、辺境地帯の売春宿と田園地帯のなかでも最も都市の近くに位置する売春宿との対立である。

最も大規模で利益率が良い売春宿は、レノやラスベガスに近い田園地帯のストーリー、ライアン、ナイなどの郡に位置している。「the Nevada Brothel Association」（ネバダ売春宿協会）によると、売春産業は州全体で

非法人地区における 売春宿を禁止する郡法	認可制条例を 有する都市	認可手数料、客室税、 酒税による年間総収入	労働証から 得る年間総収入
有			
有			
有			
有			
有			
有			
		$12,720	$7,500 (1)
有	カーリン	$1,500	$500
	エルコ	$12,960	$6,000
	ウェルズ	$4,600	$2,600 (1)
		$2,260	$100
有	ウィネマッカ	$30,750	$2,600 (1)
		$840	$500 (1)
		$207,175	$6,000
		$580	$644
		$122,000	$50,000
		$124,150	$9,325
有	エリー	$2,788	$2,280 (3)

表13-1●ネバダ州の売春宿（1997年）

郡	現在営業中の売春宿	車で1時間圏内に存在する大都市の有無	平方マイルあたりの人口
カーソン・シティ	郡法により禁止	有	337
クラーク	州法により禁止	有	139.8
ダグラス	郡法により禁止	有	50.8
ワショー	郡法により禁止	有	48.2
リンカーン	郡法により禁止	無	0.4
パーシング	郡法により禁止	無	0.9
ユーリーカ	条例の記載なし	無	0.4
チャーチル	ファロン郊外に2軒	有	4.6
エルコ	カーリンに1軒	無	2.6
	エルコに4軒	無	
	ウェルズに2軒	無	
エスメラルダ	リダジャンクションに1軒	無	0.3
フンボルト	ウィネマッカに5軒	無	1.8
ランダー	バトルマウンテンに2軒 (2)	無	1.3
ライアン	カーソン・シティ郊外に4軒	有	14.5
ミネラル	ミナに1軒	無	1.5
ナイ	パーランプ近くに6軒	有	1.5
	ビーティ近くに1軒	無	
ストーリー	ムスタングに3軒	有	11.4
ホワイト・パイン	エリーに3軒	無	1.2

(1) 郡はその他の労働者にも同じ労働証を発行しているので、売春婦の労働証から得る収入は概算である。
(2) 認可料は、売春宿2軒分に対して支払われているが、現在営業しているのは1軒だけである。
(3) エリー郡における売春婦労働証は新設されたばかりなので、労働証から得る収入は、概算である。

年間約三千五百万ドル規模の業界である。しかし、これらの田園地帯の郡にある十四の売春宿だけで、州全体の収入の80%を占めている。そのなかでも最も大きいのが、レノ郊外にあるムスタング・ランチで、常に八十人近くの売春婦をおいている。残り二十一軒程の田園地帯にある売春宿の売り上げは、各郡につき合計二百万ドル未満であり、売春婦の数も二人〜十人程度である【注15】。

売春宿への投資に要する金額は、辺境の郡と田園地帯の郡とでは大きく異なる。具体的には四百万ドルから十五万ドル以下と開きが大きい。例えば、ナイ郡北西部にあるトノパのボビーズ・バックアイは十三万五千ドルで売却された【注16】。

辺境地帯と田園地帯の売春宿は、経済的にはオールド・ウェスト時代と変わらず、依然として出稼ぎ労働者経済を基盤としている。しかしながら、その出稼ぎ労働者経済自体の性質が変わりつつあるのである。ネバダ州北部や東部に孤立して点在する小さな町は、一八七〇年代以降、主に賭博や観光関連のサービス業への依存度は高めつつも、いまなお鉱山特有の好景気と不景気が繰り返し訪れる経済に依存する度合いは都市部に比べ著しく高い。例えば、パーシング、ランダー、エスメラルダ郡の経済の35%以上は、一九九四年になっても鉱山、林業、農業、酪農などの伝統的なオールド・ウェストの産業に集中している【注17】。しかし、これらの経済は、家を一定期間離れて鉱山で大金を稼ぐ若者に依存しているのに加えて、これらの州は、土木作業員、軍、トラック運転手、観光客などの新たな出稼ぎ労働者集団に対する依存度を深めている。

小さな町の売春宿所有者や売春婦達を対象にインタビューを行ったところ、鉱夫や牧場労働者などオールド・ウェスト時代と変わらない出稼ぎ労働者の客だけでなく、トラック運転手、土木作業員やその他の新しいタイプの出稼ぎ労働者の客もいるとの回答が得られた。売春宿の立地条件により、客層は一種類だけに絞られる場合もあれば、または複数になる場合もある。ソルト・レーク・シティとサンフランシスコを結ぶ東西の主要幹線である州間道路八十号線沿いにある売春宿の売春婦達は、CB無線（長距離トラックでよく使われる無線）を利用して、通り過ぎるトラック運転手たちを売春宿に誘い込んでいる。カリコ・クラブの売春婦が無線機に向かって甘い声で次のように話しかけるのを私達は実際に耳にした。「いらっしゃい。お酒を飲んで、わくわく、どきどき、おしゃべりしましょう。お金はいらないわ。コーヒーを飲んで、シャワーを浴びて、楽しいひとときを過ごしましょう」。カリコ・クラブでインタビューした客達は、モンタナの建設現場で働く人々だった。

しかしながら、ニュー・ウェストに「教養ある」娯楽を求めてやって来る新たな観光客もいる【注18】。毎年冬になると、エルコにはカウボーイの詩の祭典を目指して約一万人が訪れる。レノの北にあるブラックロック砂漠の「Burning Man」祭やネバダのUFOが目撃されることで有名な「Extraterrestial Highway」（州道三七五号線）も新しい楽しみを求める観光客を西部に引き寄せている。出稼ぎの鉱夫達で賑わった粗野な娯楽施設は、エスプレッソ・コーヒーの店やエルコのルビー・マウンテン・ビール工場、カーリンの反体制的なメタタンティ・コミュニティなどに取って代わられた。また、カリフォルニアのエリート富裕層が、フライフィッシング、マウンテンバイク、ロッククライミングの世界的な人気スポット周辺の牧場を買うようになった為、周辺地域の生活コストは多くの地元住民の経済力を凌ぐほどに値上がりしつつある。

ある意味では、売春宿を訪れるこれらの新たな観光客たちは、昔の時代の客達と何ら変わるところはないのかもしれない。しかしながら、ネバダの新しい文化は、粗野な西部の文化に馴染みのない客層を売春宿へと引き寄せることになるだろう。最近、売春宿を手に入れたあるオーナーは、「この売春宿を買ったのは、まさにオールド・ウェストの売春宿らしい売春宿だったからだ」と語った。売春宿の客のなかには、売春婦の魅力と同じぐらい、ワイルド・ウェストのカウボーイ文化に魅力を感じている人もいるだろう。ニュー・

ウェストでは、性的欲求を満たす為に売春宿へ行くというよりも、現地ツアーの楽しみの一つであり、観光コース沿いの面白い話を仕入れることもその目的の一つなのである。ネバダ州北部で売春宿を二軒所有しているカップルは、そのうちの一つを「Emmigrant（訳注・原文まま）Trail Interpretive Center」（出稼ぎ労働者トレイル説明センター）として、ただ単にオールド・ウェスト体験をしたいという観光客の新たな需要に応える為に、セックス抜きのサービスを提供している。

オールド・ウェスト時代と同じく、出稼ぎ労働者として働いているのは、客だけではなく、売春宿の売春婦たちも同じである。私達がインタビューをした売春婦に地元住民は、ほとんどいなかった。売春婦のほとんどは町の外から来る人々で、ネバダ州外から来る人々も少なくなかった。我々がインタビューを行った十数人の女性のうち一人を除く全員が、売春宿で数週間から二、三ヶ月間働くと、家族や友人の待つ家に戻ったり、別の仕事についたりすると回答した。多くの女性はまた、稼ぎの具合によっては売春宿を転々とすることもあると語っている。ある町や地域の景気が悪くなると、売春婦が別の郡で労働許可証を手に入れ、売春宿を変わるのは珍しいことではない。売春婦が次々と地域や店を変え、それと共に店から店へと情報も伝わり、売春婦お決まりのコースが出現したりするのである。

このように売春婦には、流れ歩く出稼ぎ者が多いことと、売春婦募集広告を出すだけで売春斡旋の罪で告発されることとが相まって、売春業界は労働力不足に陥ることが多い。特にこの傾向が顕著なのは、辺境地域の売春宿で、売春婦の定着が売春宿存続の為の最大の課題となっている。このような売春宿の経営者達は、売春婦を辺鄙な場所の小さな売春宿につなぎとめておくのはとても難しいことだと話す。しかも、大都市の近くであればもっといい稼ぎにもなり、売春婦として働かなくても、ヌード・ダンサーにでもなれば同じぐらいの金を稼げるのだからなおさらだと言う。「the Nevada Brothel Association」（ネバダ売春宿協会）は、レノやラスベガスにストリッパーやエスコート・サービスの職があるということが、売春宿で働く売春婦を見つけ、引き止める上で最大の障害になっていると考えている。激しい売春婦争奪戦が繰り広げられることもしばしばあり、我々がインタビューした小規模な売春宿所有者のなかには、汚い手で稼ぎ頭を引き抜く大規模な売春宿を激しく非難する者もいた。所有者にとって最も価値のある商品は、少女が売春業界にはじめて足を踏み入れる「水揚げ」である。労働者の新規採用が困難な業界では、労働力補充の意味からも新しい労働者を確保することが死活問題なのである。

このため、売春宿業界は、変貌を遂げつつある西部周辺の地域で存続している。出稼ぎ労働者経済と小さな町に点在する売春宿は、多くの面でオールド・ウェストに属していると言える。また、都市部の人々の感性が変化するにつれ、売春宿や客層、さらには売春婦確保の形態も変化しつつあるのである。

†売春宿と州

売春宿業界における政府の取締と規制の規準は、ネバダ州の制度のなかでも最も妥当性の高いものである。米国では、ネバダ州を除けば売春が犯罪であることを考慮すると、合法として認めるにしても、極めて厳格な規制が適用されていると予想しがちである。しかしながら、興味深いことに、売春宿の規制にあたっては、比較的自治体の自主性に任されている部分が大きい。ネバダ州の法律は、売春宿の規制にあたって、相対的に小さな役割しか果たしていないのである。州法は、売春を一定規模の郡内に限り、学校や、宗教施設、主な繁華街から四百ヤード以上離すことを義務付けている。これ以外の売春宿に対する州の厳しい介入は、ネバダ州保健省が主体となっている。

一九八五年以来、保健省は売春婦に厳格な健康診断を義務付けることによって、売春宿における性感染症

(STD) 対策を徹底的に行っている。売春婦は必ず、売春宿での労働許可を申請する前に安全かつ健康であることを証明する州の健康カードを手に入れなければならない。これは、梅毒、淋病、HIVを含むすべてのSTD検査で陰性であることを意味している。いったん雇用されても、登録医によるSTD検査を毎週受けることを義務付けられている。陽性と判定されれば、治療が完了し、医師が健康カードを再発行するまでは仕事はできない。さらに、月に一度、売春婦は一人残らず登録医による採血を受け、HIVまたは梅毒の検査をされる。一九九五年一月十五日付けの『レノ・ガゼット・ジャーナル』によれば、一九八五年に検査体制が整えられて以来、売春宿の売春婦からHIVに感染した例はない。さらに、売春宿は、入り口及び周囲に、コンドームの使用が州によって義務付けられている旨の掲示をしなければならない。我々がインタビューした売春婦は全員、売春婦にとって最善の防御策であるコンドームの使用を義務付ける法律には賛成していると回答した。治療中は仕事ができないので、経済的な観点からも、STDに感染することは不利である。

売春宿にとって最も重要な取締を行うのは、地方自治体である。地方自治体は、許認可のための公式の条例と、認可の「特権」的要素を左右する非公式の規範の双方を通じて、売春宿の取締りを行っている。正規の法律で、認可手順や料金を定め、売春宿の立地を規制し、所有希望者の資格審査を義務付け、時には州の健康ガイドラインに加えて独自の健康ガイドラインを定め、また売春婦の行動を規制することも時にはある。売春宿の認可や規制は地方自治体によって大きく異なる。表13・1に示すとおり、売春宿はチャーチル、エスメラルダ、ランダー、ライアン、ミネラル、ナイ、ストーリー郡の非法人地域のみで認められているので、認可の主体は郡になる。エルコ、フンボルト、パーシング、ホワイト・パイン郡では、エルコ、ウェルズ、ウィネマッカ、エリーなどの町が売春宿を認可している。ネバダ州北部や東部の郡は、個々の町に認可権を与えている。

合法的な売春宿は、様々な税金と手数料の支払いを義務付けられている。郡は、売春宿の年間認可料、新規申請費用、酒類やその他の事業認可料、客室税、動産税、労働者の労働証などから収入を得ている。売春宿に一律の事業料を課している郡もあれば、客室数や売春婦の人数に基づいて徴収する郡もある。売春宿の認可料は、辺境の郡よりも、都市部に近い郡のほうが高くなりがちである。新規申請料は一般的に高額で、認可料一年分以上になることが多い。すべての郡は酒税を制定しており、各売春宿内にあるバーにも適用される。これらは、一般的にホテルの酒税と同じである。動産税は通例、その他の資産税と同じである。客室税を課す郡もあれば、課さない郡もある。保安官は、重罪で有罪判決を受けた経歴があるかどうかを調べてから、労働証を発行する。ほとんどの郡では、売春婦に発行される労働証は、カジノ従業員が入手しなければならないものと同じである。郡によっては労働証の収入が多額に上ることがあり、労働者一人あたりに年間最高百二十ドルに達する。

表13・1には、売春宿から各郡が得る収入を示してある。州内最大の売春宿であるムスタング・ランチを擁するストーリー郡では、年間認可料、客室税、労働証手数料で、一九九七年には十三万三千四百七十五ドルの収入があった。大規模売春宿をいくつか抱えるライアン郡でも、これらの手数料は一九九七年には合計二十一万三千百七十五ドルに達した。郡によっては、認可料と税金が予算の30%にも達する【注19】。しかしながら、ネバダ州北部及び東部の辺境地域の郡では、売春宿からの収入が郡の収入に占める割合は比較的低かった。

郡や市の条例は、実質的にこれまでのオールド・ウェスト時代に習慣的に行われていたことを制度化したものである。条例の多くは、すでに存在している売春宿を認可し、新たな売春宿の設置は認めなかった。例えば、ランダー郡は、売春宿の数を、十九世紀末から、バトル・マウンテンの今の場所に存在していた二軒だけに制限している。このため、業界は条例によって、その成長を厳しく規制されているのである。州内の売春宿の数は比較的安定している。一九七三年には、三十三軒で、一九九八年には三十五軒だった。これは、郡が、不快ながらも存在を認められている業界の成長を制限しようという努力をした結果なのか否かは不明だが、郡職員による成長の規制は行われているとピラードは主張している【注20】。また、所有者自身が競争を抑制する為にどの程度のロビー活動を行ったかは不明である。いずれにしろ、競争は、認可制度によって著しく規制されており、この点が売春宿と全米のその他のサービス業や売春宿以外の性産業と全く異なるところである。ほとんどの郡では、二、三軒の売春宿に認可を与え、売春宿を設置できる地域を規制、制限している。新規で認可を得ることはほとんど不可能に近い。我々がインタビューした所有者によれば、新たに売春宿を開く唯一の方法は、既存の認可権を買収することである。売春宿の所有者は、新規認可の前に立ちはだかる強硬な壁となっているのである。

　オールド・ウェスト時代の性に関する規範はいまなお健在である。売春宿は健全なる家庭の住居とは離れた場所に置かれ、さらに郡によっては売春宿で男性が働くことを明確に禁じている【注21】(カーリン、ウィネマッカ、チャーチル)。男性は売春を斡旋したり、売春婦からただでセックスを得たりするものであるということを前提として、このような規則が設けられている。男性が売春宿を所有するのを禁止する規則を郡が変更したのはつい最近のことである。さらに、売春宿における非公式な決まり事は、明らかに男女間の性を規準にしている。多くの売春宿所有者は、地方自治体が売春宿で同性愛のサービスを許すはずもなく、女性が男性を求めて売春宿の客になるはずもないと考えている。「女ならバーで無料で男が手に入るんだから」とある所有者は話している

　売春宿は、オールド・ウェスト時代の性の規範に従うべく正式に規制されているだけでなく、非公式な規

範にも従っている。売春宿は、特権的な認可を得て存在しているので、当局はいかなる理由でも認可を無効にすることができる上に、あらゆる種類の規制を自由に課すことができる。ピラードは労働者や売春宿に課されるこの非公式な規則や慣習を分析した。ウィネマッカでは、売春婦の家族は同じ地域に住むことはできない、売春婦は午後五時には売春宿にいなければならない、売春婦の車両は警察に登録しなければならない、映画はいいが、バーには行ってはいけないなど、外出先までも限定する規則がある。どれに違反しても労働許可証が取り消されることもあり得る。また、規則では、客以外の男性で敷地内に立ち入りを許されているのは修理工だけであり、それも午後五時までに退去しなければならない。売春宿内には、売春婦と客しか立ち入りが許されず、所有者が宣伝することは認められていない。エリーでは、売春婦は映画には行けるが、バーには行けない。バーのあるレストランへ行く場合には、通用口がついたものでなければならない。また、売春婦は男性のエスコートを連れて行くことはできない【注22】。エリーの売春宿所有者は、これらの規則は現在廃止されていると話していたが、他の郡には同様の規則が存在している。別表1(章末参照)では、その一例としてカーリン郡の規則を掲載している。

これらの規則が成文化されている、いないにかかわらず、規則には二つの役目がある。一つは、封建的とも言える規制を課し、売春婦に抵抗する力を与えないことだ。町に規則があろうとなかろうと、売春宿の所有者たちは独自に内規を課している。別表1(章末参照)には、ある辺境の売春宿の内規を示しているが、規則は売春宿によって大きく異なる。

これらの規則のなかで最も問題となるのが、売春婦の知名度と外出について定めたものである。一般的に売春婦との契約は、一定の週数(通常は三週間)働いた後に、一週間の休みが与えられると定めている。この休みの間、売春婦は売春宿内に留まるか、町を出ることが望ましいとされている。勤務期間中の外出については、宿によって大きく異なるが、ほとんどは町内での行動をはっきりと規定している。これは、健康診断を受けなければ売春宿を出て行ってはいけないというものから、外出の際には行き先、時間、目的をはっきりさせるというものまで様々である。売春宿が都会に近ければ近いほど、規定は厳しい。ある都会の売春宿の経営者は、健康上の理由を引き合いに厳格な規則を正当化し、「外の世界で売春婦達が何をするかわかったものじゃないから」と言っている。また、地域の伝統的な不文律に基づく規則だから、または「そういう習慣だから」などといった理由で正当化する者もいた。

合法売春宿に批判的な人々は、これらの公式な規制や非公式な規則を理由に、売春宿は女性の人権を侵害する施設そのものであると非難している。合法売春宿の売春婦達は、その仕事の性質だけを根拠に行動を制約されており、その他のサービス業に従事する労働者とは異なる扱いを受けている。しかしながら、辺境の売春宿で私達が話をした女性達で、束縛されていると思うと答えたものは一人もいなかった。大規模な売春宿で働いている数人が束縛されていると感じると答えたが、ほとんどは規則を受け入れていると語った。最も多かったのは「寮や女子寮に住んでいるようなもの」という回答だった。

売春婦の外出時間を定める内規は必ずしも厳格には適用されていない。現在、労働力不足が危機的状況にあるなか、多くの田園地帯の売春宿所有者にとって、売春婦を室内に閉じ込めておくことはおろか、人里離れた売春宿に売春婦を連れて来ることすら難しい。売春宿の雰囲気を良い状態で保とうとすれば、敷地内から出てはいけないという規則は、とりわけ適用が困難である。その結果として、稼ぎ頭の売春婦は自分たちで規則を決めてしまうことがある。最も規則が厳しくなかったのは、辺境の町にある、売春婦が一人しかいない売春宿だった。この売春婦は、勤務時間が終わると毎晩自宅へ帰っていた。彼女は、断続的に三年間働き、経営者達は、彼女は「町で問題を起こしたことはない」と述べた。注目に値するのは、これらの経営者達が町の住民と非常に良好な関係を保っていたことであり、そのお陰で売春婦の自由気ままな行動も町の住民に受け入れられる結果となった。

非公式な規則の二つ目のポイントは、規則がオールド・ウェスト時代の規則を反映しているということである。売春宿の社会にとって地域社会との関係は、重要である。売春宿の所有者には、商売繁盛と自治体や共同体のリーダーとの良好な関係とのバランスをうまく取ることが欠かせない。売春宿所有者の言葉を借りれば、適切な道を踏み外せば、地元政治家に無理難題をふっかけられるのだそうだ。郡の元地方検事は、「売春稼業の秘訣は、取締当局と良い関係を保つことだ」と話している。オールド・ウェスト時代のルールは未だに健在で、社会がふさわしいと認めるような法律が制定されている。要するに、売春宿に関する政策は、極めて地域密着型で、非常に微妙で、プライベートな内容なのである。

地元の社会は、社会の平穏が掻き乱されることを恐れて、売春宿に規制を課しているが、それらの規制は法律的にかなり問題の多いものもある。売春宿の宣伝を禁止する条例があるが、これが違憲であることは間違いない。しかし、ある所有者は、次のように言っている。「余計なことにかかわりあって、批判を受ける気はない」。多くの規制が売春婦の市民としての人権を侵害していると思われるが、売春婦も経営者も、昔ながらの社会で売春業を営み続ける為に社会との微妙な均衡を崩すことを恐れているのである。

売春宿の経営者達は、社会に良い印象を与えるべく、次のような様々な努力を行っている。高校に奨学金を寄付する、消防署の制服を購入する、地域のパレード、カーニバル、ホリデー・フェスティバルに参加する、町のイベントを計画、運営する。また、リトル・リーグにユニフォームを提供し、独立記念日のパレードを主催し、定期的に地元のロータリー・クラブに寄付することによって、売春宿の所有者達は、地域社会から尊敬される一員となり、地域住民の信頼と支援を勝ち得ているのである。

†ネバダ売春宿協会

ネバダ州の売春宿業界の現状とその将来を分析する一つの方法として、各売春宿ビジネスと所有者との関係を検証する方法がある。比較的小規模で独特なこの業界は、保守派や賭博業者、そしてその他合法的売春に反対の立場を取る人々から、業界全体の利益を守る為に連盟を結成しロビー活動を行った。

「the Nevada Brothel Association」（NBA、「ネバダ売春協会」）は、ジョー・コンフォルテ主導のもと一九八四年に結成され、売春宿所有者全体の利益に資する為、ロビー活動と議員の啓蒙活動を行っている。同協会のロビイストであるジョージ・フリントは、売春宿の所有者でもなければ経営者でもないが、ネバダ州における売春宿の支持者として最も目立つ存在である。彼の本職は、結婚式を執り行うことで、その為の正式な資格を持ち、自ら結婚式用礼拝堂を所有している。同協会は、州内の最も規模が大きく強力な売春宿から小規模な売春宿や田園地帯または辺境地にある売春宿にいたるまでを統括している。NBA内の力関係は、売春宿業界内の力関係をそのまま反映している。幹部は、大規模売春宿の所有者で構成され、数人の小規模売春宿所有者達は、NBAが小規模売春宿特有の利益を軽視していると感じているようだ。フリントによれば、組織内の力関係に準じて、NBAの運営費の約55％は、ムスタング・ランチが拠出し、九軒の大型売春宿が主な支援者となっている。二十軒の小規模売春宿の中で、加盟しているのは六軒だけである。

NBAの会合は定期的には行われず、売春宿所有者達は、組織の運営計画や採決の必要性が生じた時にのみ会合に参加するだけである。一番最近の会合は一九八九年に開催されたが、州全体から約五十人の売春宿所有者や経営者が参加した。しかし、フリントによれば、参加者の大半は、二十年以上売春稼業を営んでいるにもかかわらず初対面であった。売春宿所有者のほとんどは、地理的に離れている為、ほとんど互いに会うことはなかったのである。その結果として、NBAの日々の活動は、フリントの独断で行われることになり、フリントが発表する公式声明は、NBAは結束が強固であるかのような印象を与えるが、実際には会員は多種多様で個人主義的である。NBAは、個々の問題に関して、対立や地域や個人間で衝突が起きたりすることはあるものの、売春宿業界に貢献し、様々なサービスを提供しているのである。ある田園地帯の売春宿所有者は次のように語った。「我々はあまり参加することはない。ジョージは、だいたいいつも大手売春宿の利益を優先するが、我々にしても売春宿協会が存在し、我々の利益の為に働いてくれているというだけで安心だ。何か問題が起きれば、もちろん我々も参加するさ」。

会を取り仕切っているフリントは、広報活動に長け、情報に通じた売春宿支持者として、ドキュメンタリーやニュース報道に戦略的に参加し、売春宿に対するマスコミの関心のまとめ役も果たしている。我々が話をした議員やロビイストのほとんどは、フリントはネバダ州議会の経験豊富で尊敬すべきロビイストであると評価している。経験豊富で政治力に長けた彼の熱のこもった主張のおかげで、売春宿協会はその存在を世に認められているのである。

売春業界が現在のような法的地位を維持し続けて来られたのも、「the Nevada Brothel Association」（ネバダ売春宿協会）の活動の賜物だ。セックスに対して肯定的な政策を支持する議員がほとんどいない現在の状況を考えれば、これは快挙と言えるだろう。現在の時点においても、売春宿が州からその存在を脅かされる可能性はほとんどない。現在、売春宿は、田園地帯選出で強い影響力を持つ上院議員の確固とした支持を受けている。売春宿を違法化しようとするすべての法案を阻止してきたのもこの上院議員である。しかし、このように州が売春宿を禁止する可能性は低いとはいえ、売春宿業界にとって不安の種であることに変わりはない。

NBAの活動の主な目的は、売春宿業界を存続させることである。売春宿の権利を拡大するための法案を推進しようとしたことはない。立地や認可数を規制する法律は、商売を不当に抑制するもので無効であり、求人広告による売春婦の新規採用禁止や売春宿の広告禁止は、違憲であると異議を申し立てることもできるが、実際に異議を申し立てるようなことはないのである。

では、より有利な法律の成立を求めてあえて闘おうとしないのはなぜだろうか？　一つには、売春宿所有者たちは、州政府の規定が、売春宿業界全体の法的地位を脅かすことはほとんどないことを承知している為であり、その結果ほとんどの政策はいまだに地域レベルで定められている。つまり、個々の売春宿所有者のほとんどは、NBAの助けを借りずとも、政治家や市民リーダーに影響力を及ぼすことができるということなのである。彼らが自治体にとってよき法人であり、地域経済に収入をもたらしている限り、売春宿所有者が、売春業に脅威を感じることはほとんどない。彼らは、地域社会や州全体で議論を起こすよりも、伝統的な規制を受け入れることを希望している。また、許認可制によって競争が限られているので、制度を変える経済的な必要性もほとんど存在していない。その結果として、売春婦が一、二人の零細売春宿でもかなりの利益をあげることができる。大手売春宿では、その利益は驚くべき額に達する。

NBAは、現在ある売春宿の制度を維持することだけを目的に、あえて売春宿の所有者や労働者、業界にとって有利な変化を起こそうとせず、昔ながらのオールド・ウェスト時代の状態を保ち続けようとしている。NBAは、沈黙が最善の戦略であると信じているのである。目立たないからこそ、客も性的欲求を安全かつ効果的に満たすことができるのである。

一方売春宿業界は、「伝統主義派」と「買収派」とに分裂している。「伝統主義派」は、古くからの人々で、売春婦、マダム、マネージャーとして働いた経験を持つ人々やこれらの人々から直接教育を受けた人々である。「買収派」とは新しくこの業界に身を投じた人々で、より近代的な所有者達だ。彼らはビジネスマンであり、売春宿業を他の業界と同じようなビジネスとみなしている。前者は、伝統に基づいて売春宿ビジネスを営み、合法的なセックスに重点を置き、売春宿は独特で他の業界とは違う業界であるという意識が強い。後者は、売春業をセックスを合法的に売ることで莫大な利益が得られる有望なビジネス投資であると捉え、純粋に経済的な理由で売春宿業界に参入した。

合法化される以前は、女性以外が売春宿を運営するのは不適切とみなされ、伝統主義者の多くは女性だった。新しく参入した経営者には男性が多いが、現在でも男性に対する不信感は残っており、それは、男性はセックスについて何も知らないのだという不信感、または、仕事を得るために所有者と性的関係を持たなければならないのではという不安感などというかたちで現われている。また、伝統主義者として信頼を受けている人々の多くは、ジョー・コンフォルテとサリー・バージェスの子孫であるか、または二人の手ほどきを受けているかのどちらかである。真の伝統主義者の多くは他界したり、売春宿を売却したりした者が多いが、その伝統はいまだに脈々と息づいている。しかしわずかながらも今なお生き残っている伝統主義者達は、単なる「金儲け」だけの為にこの業界に参入した部外者によって売春宿産業が危機にさらされていると感じている。これらのビジネス優先の「買収派」達は、女性が経営し、女性が仕切る伝統的な売春宿文化を、より組織的でビジネス志向の強い業界へと変革を図っているのである。

要するに、ジョージ・フリントをはじめとする業界の一部の人々は、新参者が売春宿の存続にとって最大の脅威であるという強い気持ちを持っている。我々が話をした数人の所有者たちは、最大の恐怖は、売春宿を投資としてみなす部外者のビジネスマンであると主張した。フリントは、コンドミニアムの開発業者だったある新参者について次のように語った。

その男は、売春宿を普通のビジネスと同じように考えていたから、私は死ぬほど恐ろしくなったね。コンフォルテが言うように、新参者には売春稼業が何たるかなどわかるはずがない。奴らのやり方を見たら、不安になることばかりさ。この業界はもっと繊細で、微妙な業界なんだよ。攻撃的なマーケティングをすれば危険なだけだ。彼らは我々を危険にさらし、議員の神経を逆撫でしているんだよ【注23】。

新たに売春業に参入した売春宿所有者達は、法的身分が不安定な点だけが注意を要するというだけで、その他の点では他の業界と何ら変わることがないかのように売春業について語る。これらの所有者たちは、売春宿業を会社のような組織に作り上げようとしている。ある零細売春宿の所有者は、売春婦に対する最大の不満を次のように述べた。「売春婦達は、仕事をしているという意識が欠落している。まるでパーティ気分で、バーで一生懸命稼ごうなどと思ってもいないのだ。無理のない程度にしか客を取らず、真剣に働こうなどという気持ちもない」。売春婦や一部の売春宿所有者によれば、売春婦を大切に扱っていない所有者も多いという。

NBAのカリスマ的指導者ジョージ・フリント、NBAに加盟しない売春宿の存在、業界全体を長期的に捉えず地域へ目が向けられていること、変革を避け現状維持に甘んじていること、これらはすべてオールド・ウェスト時代を彷彿とさせる。それでもNBAは、カウボーイ文化と都市文化の軋轢から生じる問題に直面している。

結論――カウボーイの妄想か、将来への展望か?

我々は、この調査の結果から、四つの結論を得るに至った。第一に、ネバダ州の合法売春宿は、伝統的なオールド・ウェストと革新的なニュー・ウェストの間に位置しているということである。かつての「ワイルド・ウェスト」の売春宿の名残を現在もはっきりと見ることができる。規制の多くが郡によって異なるという事実そのものも、各地域の伝統とそれぞれの地域社会のカリスマ的指導者の影響力の証である。他の合法的な業界であれば不当で違憲であるとして拒否されるような規制が、売春宿所有者や売春婦に課されているという事実は、売春業界がいまだにオールド・ウェスト時代の規範に影響を受けているということの証である。要するに、売春宿業界の構造は、いまだにオールド・ウェスト時代の文化そのものなのである。

現代のネバダに売春宿が存在しているのは、田園地帯や辺境地帯の経済やオールド・ウェストの文化に根をおろした豊かな歴史があるからだ、と言えば確かにこれは時代を逆行しているかのようだ。この伝統が売春宿の形態を整え、脱工業化経済、台頭する都市的感性や観光市場、ニュー・ウェストの変貌を遂げつつある近代的文化などのなか、売春宿の存続を可能としているのである。現在のような構造の売春宿制度は、ニュー・ウェストよりもオールド・ウェストの価値観や規範にぴたりと適応するという歴史的に見ても特異な存在である。しかしながら、「the Nevada Brothel Association」(ネバダ売春宿協会)の設立、売春宿業界のビジネスチャンスへの新規参入、保健省の規制などの州の干渉の増加などの変化はいずれも、売春宿の現代ネバダの経済、文化への適応に役立っている。

第二に、売春宿産業は、サービス産業の一つとして吸収されてもおらず、また他の合法的なセックス産業に統合されてもいない。ほとんど人目につくこともなく、特定の地域に限定されている売春宿は、その他の売春が犯罪とされるなかで、例外的な存在なのである。売春宿業界は、いくつかの理由でその他の性産業とは、異なる存在である。ストリップ・クラブ、成人向け書店やビデオショップ、テレホン・セックス、サイバーセックス業などのその他の成人向けビジネスは、本物のセックスを売っているわけではないという理由で、合法的ビジネスとしての地位を守っている。つまり、売春が違法であり、不名誉な職業と見なされている地域で活動している他の成人向けビジネスが、ネバダ州で売春宿が合法であったとしても、売春宿と協力関係を築けば、そのイメージに傷がつく可能性がある。成人向けビジネスは売春宿と競争関係にあるが、売春宿がレノやラスベガスでも解禁されるようなことになれば、この競争は一層激しくなるだろう。売春宿所有者のなかには、その他の合法的な成人向けビジネス（例えば、ストリップ・クラブ、インターネットのポルノ・サイト、成人向け映画制作など）と交流を持ちたいという意欲を示す者もいたが、ネバダ州の売春を取り巻く状況では、このような連携をとるのはむずかしい。そのような連携は、合法的売春を拡大し、売春宿業界を表舞台に押し上げようとする動きであるかのように受け取られ、物議をかもすことになるだろう。しかしなんといっても、セックス産業が盛んな都市中心部と売春宿との地理的距離が、業界同士の連携の障害になっている。

第三に、合法的売春が社会から爪弾きされているのは、明らかに米国社会全般に浸透している伝統的な性的倫理観や価値観が原因であるということだ。売春宿業界は、性を売ることに伴う軋轢やリスクを認識している。そのような社会で生き延びて行く為には、売春宿は、あくまでも静かで目立たず、昔ながらの売春宿という外観を保っている必要があり、業界の合理化や利益の追求などをすることはできないのである。

また、伝統的な殻を打ち破った売春宿の設置に対する抵抗感は根強い。例えば、数年前、パーランプで男性ばかりのゲイ売春宿に興味を持った起業家は、あまりに政治的問題が多く、あきらめざるを得なかった。さらに、男娼を女性客の為に雇うという考えも同じような理由から、ほとんど全ての売春宿所有者に見向きもされなかった。売春宿に男娼を雇うことをはっきりと禁止している郡の条例はわずかながらあるものの、ネバダ州の多くの地域で男娼をおいている売春宿がないという事実は、伝統と男女の性別に関する固定観念の賜物なのである（男性は性行為を要求された時には何時でもそれに応えられるというような訳には行かず、女性は性に対する欲求もなければセックスに使う金も欲望もない上に、女性はセックスは無料で手に入れることができる）。

最後に、ネバダ州の売春産業は重要な岐路に立っているということである。オールド・ウェストで誕生し、ニュー・ウェストの試練に直面している売春宿制度は、選択を迫られており、買春宿を取り巻く環境は益々厳しさを増している。とりわけ、辺境地や田園地帯の売春宿所有者は、経済性を維持するためには、労働者や客に広告を出すことができるようになる必要性がある。賭博業界は全員一致で合法的売春に反対し、非合法化へ向けた運動を続けるものと思われる。NBAは、ある程度多様化するだろうが、ジョージ・フリントが辞職したら、その未来は不確かである。

売春宿と地域社会との調和、セックスを売ることを許容して来た伝統、収益性を追求する所有者、安全で合法的に高収入を求めることのできる自由、これらすべてのお陰で合法的売春宿は存続することができる。しかしながら、生き延びていくためには、売春宿はゆくゆくは脱工業化社会の規範に適合し、与えられている機会や規制も他の業種と同じであるかのようにふるまう必要があるだろう。これによって、売春婦の労働条件や雇用の選択肢が改善されるだろう。

別表1　カーリン市売春婦規制

一．これから売春婦になるとするものはすべて、労働証申請前に、おりもの検査、血液検査を行うものとする。労働証申請時に検査済証明書を提示しなければならない。

二．労働証の初回発行時には三十ドル、年に一度の更新時には二十ドルを支払うものとする。労働証を紛失した場合には、再発行に五ドルの手数料を支払うものとする。労働証の有効期間は一年とする。家族の病気、緊急事態などの正当な理由の提示なくして、三十日以上の休暇を取った場合には、売春婦の労働証は失効するものとする。

三．売春婦は、週に一度おりもの検査、月に一度血液検査を行うことが義務付けられている。医師によって発行された検査結果を週に一度確認し、七日以上経過した膣培養検査結果は無効とする。

四．労働証の申請にあたって、年齢を証明するもの、社会保障番号、写真付き身分証明書、職歴、住所など不備がないように提出しなければならない。

五．申請内容に偽りや記載漏れなどがあった場合には、労働証の発行停止や取り消しとなる可能性がある。申請用紙には本名を使用しなければならないが、売春婦は客に対してはニックネームやその他の仮の名称を使用することができる。このようなニックネームや仮の名称は、過去のものから現在にいたるまでのすべてを申請用紙に記載しなければならない。

六．公の場で全裸または半裸で日光浴をしてはならない。

七．売春婦は午前七時から午後七時までは、カーリンのレストランで食事をすること、個人的な用を足すこと、買い物をすることができる。売春婦は、職業を連想させることがないように、きちんとした服装をするものとする。上述の理由で売春宿から外出する時はいかなる場合でも、売春婦は、客になる可能性のある相手に接近してはならず、接近させてもならない。売春婦は、午後七時から午前七時までは職場から離れてはならない。売春婦は、売春宿に雇われている間は、商業施設や公の場所に入ったり近づいたりしてはならない。これには、公のダンスホールや野球の試合等が含まれる。

八．売春婦は、車で通り過ぎる人を売春宿に引き込む目的で、当該人物に自らの身体を誇示してはならない。

九．休暇中の売春婦は、カーリン近辺をうろついてはならない。別の場所へ行く場合には、カーリンから離れる最も迅速な輸送機関を使用しなければならない。

十．売春婦は、カーリン警察署長からバーテン業務を行うことを労働証にて正式に認められている場合にのみ、バーテンを務めることができる。

十一．認可を受けた売春宿は、バーテン以外の職務で男性を雇用することはできない。

十二．修繕、保全、およびそれに類似のサービスを社会に提供している個人または会社は、当該サービスを売春宿に提供するにあたって労働証を入手する必要はない。

十三．十八歳から二十一歳までの客は、施設の出入りに指定された入り口のみを使用するものとする。二十一歳未満の客にはいかなるときにも敷地内においてアルコールを与え、飲ませてはならない。経営者は、この決まりの遵守の為に写真付きの身分証明書の提示を求めるべきである。

別表2 売春宿「ランチ」の規則

一．売春婦は自営業者であり、独立した請負業者である。売春婦は、すべての税金(地方税、州税、連邦税)等を支払うものとする。

二．売春婦は、「労働」前に、医師の認可と保安官の発行する証書を入手しなければならない。

三．食事付きの客室一日分に対して二十ドルを徴収する。日曜日、月曜日、火曜日、水曜日または木曜日に八百ドル以上の売り上げがあった場合には、客室料、食事代は請求されない。金曜日または土曜日に千ドル以上分の売り上げがあった場合には、客室料、食事料は請求されない。

四．予約料は売春宿と売春婦とで折半するものとする。

五．売春婦は、金銭、貴重品は自分で管理するものとする。賢く、安全に、しまっておこう！　ランチは、紛失、置き忘れ等には責任を負わない。

六．台所、テレビ室、洗面所、自室の清掃は自分で行うものとする。ランチはホテルではない。売春婦も休暇に来ているわけではない。

七．売春婦がバーテンを勤めることはできない。

八．毎日ほぼ午後一時三十分に、暖かい食事が供される。売春婦は、冷蔵庫や戸棚内の食料を自由に食べることができる。

九．ランチには一切、薬物を持ち込んではならない。

十．ランチには夫、恋人、ポン引き等の立ち入りは認められない。

十一．売春婦が売春宿から外出する用事がある場合には(買い物、郵便局等)、バーテンに外出の用向き、外出先、大体の帰宅時間を申し出なければならない。いかなる外出であっても、午後四時までには戻ってフロアで待機しなければならない。

十二．電話をかけてくる人には、午後八時までに公衆電話にかけてくるように伝えること。

十三．同僚やスタッフに対しては、礼儀正しく丁寧に常識的な節度をもって接すること。

十四．売春婦が別の売春婦またはスタッフと問題を起こしているようであれば、ただちにマネージャーに伝えること。

十五．売春婦仲間から金を貸してと頼まれても、よく考えよう。売春宿から「前借」することも可能である。互いに金の貸し借りをしないようにしよう。

十六．売り上げについて。売り上げに関する決まりは以下のとおりである。売春婦が客との交渉で、例えば半時間百五十ドルで合意したとする。売春婦は、百五十ドルと記入しなければならない。百五十ドルと全額記入しない場合には、窃盗という犯罪行為にあたる。窃盗で捕まった売春婦は、ただちに解雇される。例外はない。

十七．チップについて。チップとは、売春婦と客が二人で非常に楽しい時間を過ごし、その後売春婦も客も服を着て店から出て行く際に、満足した客が相手の麗しい女性に手渡す金である。チップは売春婦のものである。

十八．毎週十五ドルが支払額から差し引かれる。この十五ドルは部屋の掃除人に直接支払われる。休暇中については、二十ドルとする。この金も部屋の掃除人に直接払われる。

別表3　売春宿「カリコ・クラブ」のメニュー

カリコ・クラブへようこそ！　当店はお客様のニーズにお応えする合法的な売春宿です。はじめてのお客様には、当店の女性と遊ぶ義務も「何かをする」義務もないことをお知らせいたします。リラックスして、楽しんでいただきたいと存じます。

数分もすれば（まだでしたら）、バーテンがお客様に女性を紹介いたします。お客様はそのうちの一人を選び、一緒に座ってお好きな質問をなさってください。女性を選んだ後でも、それ以上のことをする義務はありません。その先のことも、お楽しみにいただけるものと存じます。

きれいな女性ばかりでお決めになれない場合には、女性のほうで考え、コーヒーやお酒をお召し上がりいただいているところに一人一人が自己紹介に伺います。話がしたいという女性がいれば、バーテンにそのようにお申し付けください。バーテンが女性をご紹介いたします。お話をするだけでも一切問題はありません。「何かをする」義務は一切ありませんが、女性に飲み物をごちそうしていただければ幸いです。女性は五ドルの料金の半分を頂きます。このようにして、一緒に過ごしてくれる女性にお礼ができます。

価格や遊びの内容についての話し合いはすべてバーではなく、女性の部屋の中で行います。ここでも、お客様は女性の部屋へ戻って話をする義務はありません。ただし、交渉する時間は十分に限らせていただきます。女性と「交渉が決まらない」または、相手を変えたいなどのご希望がありましたら、遠慮せずに他の女性を紹介するようにお申し付けください。その場におります女性が喜んでお手伝いいたします。

当店でお過ごしになる時間を充分にお楽しみいただけることを願っています。

前菜（**Appetizers**）

1　マッサージ
2　バスト・マッサージ
3　成人向け映画（X-rated Movies）
4　ホット・タブ・パーティ
5　シャンパン・バス
6　バブル・バス
7　ランジェリ・ショー
8　ボディ・ペインティング
9　スウェーデン風サウナ（Swedish Sauna）

メイン（**Entress**）

1　ストレート・パーティ
2　ハーフ・アンド・ハーフ
3　シックスティナイン・パーティ
4　シックスティナイン・パーティ・セックス
5　ダブル・パーティ・ショー
6　ダブル・フレンチ
7　ダブル・パーティ・セックス
8　ソルト&ペッパー
9　仮装パーティ（Drag Party）
10　サドマゾ行為（Dominatrix）
11　バイブレーター・パーティ
12　フレンズ・アンド・ラバーズ
13　オールナイト・デート
14　デート

デザート（**Desserts**）

1　ホット&コールド・フレンチ
2　ホイップクリーム・パーティ
3　フレーバー・プッシー・パーティ
4　フレーバー・フレンチ

お好みのものがなければ、遠慮なくお尋ねください。

第14章

英国の風俗犯罪取締班

警察と売春

キャサリン・ベンソン
ロジャー・マシューズ

売春の規制に対する警察官の姿勢やその活動に関する調査はほとんど行われていない。以下の調査は、このテーマに関して新たな考察を行ったものである。

多くの警察官は売春取締を低級な活動と捉え、「まともな」警察の仕事とはみなしていない。英国では、売春婦を逮捕する際には二回女性に警告しなければならないので、街娼の取締には延々と時間を費やすことになる。女性が三度目に客を勧誘している現場を発見すれば、逮捕、告発、裁判を行うことができる。法廷に出廷する売春婦の容疑はほとんどの場合、「売春目的の勧誘」であり、有罪となって罰金を科される。その罰金を払う為に、売春婦はまた路上に戻って金を稼ぐ。この「回転ドア裁判」を多くの警察官は退屈で意味がないと考えている。道の縁石沿いを車で徐行して売春婦を物色する男性を英国では「カーブ・クローラー」(縁石徐行者)と呼ぶが、これらの男性に対して警察が行使できる権限はさらに限られている。現在の法律では、カーブ・クローラーを逮捕する権限が警察にはなく、「執拗である」という証拠がある場合にのみ取締ることができるが、「執拗さ」の法的定義は不明確である【注1】。

英国では、売春取締の為、全国の警察に風俗取締班が設けられている。これら風俗取締班は、街娼と屋内の売春婦の両方を取締の対象としている。風俗取締班が擁する警察官の数は、地域内の売春の規模や警察官の数によっても異なるが、ロンドンを除けば四～八人が大半を占める。この仕事の地位の低さや売春婦と警察官が親密な関係に陥る可能性などを考慮して、多くの警察では定期的に風俗取締班の人員を交代させている。警察官の風俗取締班での任期は、一年未満であることが多い。

風俗取締班の風俗取締に対する姿勢や実際の業務の実態について理解をより深める為に、英国の三十九の風俗取締班にあらかじめ質問項目を設定してある回答形式と自由回答形式とから成るアンケートを送付した。ウェスト・マーシア、ノース・ウェールズ、チェシャーの三地区の風俗取締班は売春発生率が極めて少ないことを理由に調査への参加を辞退した。二十三の取締班からアンケートの回答が寄せられた。残り七班には連絡をとって、対面インタビューに参加してもらえるか否かを尋ねた。七班とも同意し、コヴェントリー私服班、ディグベス商業風俗取締班、レスター風俗取締班、モスリー私服班、ノッティンガム風俗取締班、ストーク・オン・トレント特殊捜査班、ウォルバーハンプトン風俗取締班の各代表と詳細なインタビューを行った。このため、アンケートに応じた風俗取締班の数は合計三十になるが、すべての風俗取締班がすべての質問に答えているわけではなく、以下の表の数字はそれに応じて調整を行った。回答は主に、各風俗取締班で最高位にある警察官が行った。調査は、一九九四年一月から三月にかけて実施した。

風俗取締班の目的と活動

風俗取締班の売春取締の目標として最も多く挙げられたのが、街娼やカーブ・クローラーの数そのものを減少させることと人目につかないようにすることの二点である。六つの風俗取締班は、屋内売春も積極的に減らそうとしていると述べた。四つの風俗取締班は、売春の「根絶」が主目的であると回答したが、大半は、売春は不可避であり、彼らの主な役割は売春の結果生じる社会への被害や迷惑を最小限に抑えることであると考えていた。多くの風俗取締班は、自分達にできることは「臭いものに蓋をする」ぐらいのものだと考えていた。風俗取締班の約半数の人々は、風俗取締の目的は積極的に活動することよりも、市民の苦情に対応することであると考えていた。風俗取締班が売春に与える影響についてある警察官が次のように述べていることからも、風俗取締班に悲観的な考えが広まっていることがわかる。

売春は、文献に登場する世界最古の職業だ。売春を根絶することはできない。何とか取締の成果があがったなと思えることもあるが、背を向けた瞬間にもとの木阿弥だ。この仕事に終わりはない。個人的には、売春を合法化して、売春婦にちゃんと仕事の場所を与えるべきだと思う。

回答者の過半数（80％）が、それぞれ独自の方法で売春婦取締の実績の自己評価を行っていた。十九の風俗取締班は、逮捕率を利用していると語った。さらに十八が、「その地域で働いている売春婦の数」を利用していると述べた。「市民からの苦情件数」は十二の取締班が、「カーブ・クローラーの数」は十一の取締班が使用していた。六つの取締班は実績評価の為の方法を一つも採用していなかったのに対し、七班は前述の四つ方法すべてを採用していると回答した。

アンケートでは、前月に市民から寄せられた苦情の内容について詳細に尋ねた。苦情には、街娼行為によって生じる騒音、ごみ、その他迷惑行為などが挙げられていた。また、地域によっては、売春婦が学校や公園近くなどで、公然と性を売ることに対する懸念なども寄せられている。また、苦情のなかには、カーブ・クローラーの女性住民に対する迷惑行為などに対する苦情も見られた。（表14・1参照）。

それぞれ一つだけの回答ではあるが、苦情のなかには、売春婦が宗教施設の外に立っている、住宅街に売春宿がある、客が間違ってドアベルを鳴らす、地域の交通量が増えた、ドラッグ中毒者があたり構わず注射針を放置する、地域に対する投資が減ったなどというものもある。地域住民が他の問題や犯罪などよりもまず最優先に取り組んでもらいたいと願っているのは街娼問題であると、多くの風俗取締班が回答した。

街娼やカーブ・クローラーに対する苦情が寄せられると、それに応じて警察は対応を強化する。対応の強化は主に、地域へ配置される警察官の人数と警察官が人目に触れる回数が少なくとも一定期間は増えるという結果となってあらわれる。これは、逮捕件数の増加へと結びつくことが多い。多くの風俗取締班は通常、警察官の姿が人目に触れる頻度を増やすことと実際の売春婦の取締とを組み合わせて実行していると述べた。これらは、地域住民をなだめるためには必要な戦略であると考える回答者もいる。ある警官は「たとえ、売春婦達がすぐに元の場所へ戻るにしても、我々が何らかの手段を講じているところを見せなければならない。そうでもしなければ、売春婦と売春婦に関する苦情で溢れ返ってしまう」と語った。風俗取締班の活動の主目的は、街娼を警察の目が行き届く程度にとどめ、地域住民の要求を満足させることであるが、多くの警察官が売春婦への対応の方法に強い不信感を抱いていることは明らかである。インタビューで多く

表14-1●街頭の売春に関連して警察へ寄せられた苦情の内容

苦情の主な内容	風俗取締班の数
売春婦が住宅街で公然と売春を行っている	16
車、売春婦、客の騒音	9
カーブ・クローラーやその他売春の客の一般女性への迷惑行為	7
売春婦や客が放置するごみ（コンドーム、ティッシュなど）	5
売春施設の外で行われる売春行為	2
住宅街のカーブ・クローラー	2

の回答者は、現在の苦情への対応方法に幻滅を感じていると述べた。

路上での売春

路上の売春は、住宅地および工業地区の両方で行われている。多くの場合（79％）、路上の売春は直径一マイル以内の範囲に集中して行われ、夜間に行われることが多いが、二十四時間、昼夜の区別なく行われている地区もある。

風俗取締班に、地区内の現在の街娼の数を質問したところ、街娼はおらず屋内の売春婦が一人だけいると回答した一班（ブラックプール）を除けば、大半の取締班の区域内では、十人から四十人の女性が活発に常時売春を行っていた。

過去十二ヶ月間の街娼の増減ついても質問をしたところ、二十七の回答のうち、四つの班は増えたと回答し、十四はほぼ同じ、九は減ったと回答した。増加したとの回答をした地域（ブリストル、リーズ、シェフィールド、ウルヴァーハンプトン）でも、増加数が比較的少なかった点は、注目に値する。

警察官の観察によれば、売春の形態によって女性の間には比較的厳格な階級制度があり、その結果女性が街娼から室内の売春へと転じることはめったにない。しかし、街娼が地理的に移動することは頻繁に行われており、ある警察官は次のように説明した。

売春婦達は全国からやってくる。口伝ての情報を頼りにやって来ては、また別の場所へ移っていく。警察の取締が厳しくなれば、別の場所へ移っていくのだ。国中を移動して回っている。だからこそ、新参者は一人残らず逮捕することにしているのだ。ここは仕事がしやすいなどと評判をたてられたくないのさ。どこの地区でも同じことの繰り返しさ。

「新顔」の初仕事の場として名前が最も頻繁にあがるのは、ウェスト・ミッドランド、ウェスト・ヨークシャー、レスター、バーミンガム、ノッティンガムなどであった。その地域にひきつけられる「新顔」の数は、客の多さや警察の取締の厳しさの指標と考えることができる。

過去十二ヶ月間の売春婦の逮捕についての質問では、風俗取締班による逮捕件数の違いは大きく、さらに逮捕率（その地区の売春婦数あたりの数）についても格差が大きいことがわかった。ケンブリッジでは売春婦一人あたりの逮捕件数が〇・二件であったのに対し、ブラッドフォードでは、一人あたり二十五件だった（表14・2参照）。逮捕をするか否かの判断は、売春婦が警察に協力的か否かで決定する所もあれば、売春婦が勧誘を行っている場所によって決定する所もあった。例えば、ウルヴァーハンプトンでインタビューを受けたある警察官は、工業地域で売春を行っている女性よりも、住宅街で売春を行っている女性のほうがはるかに逮捕される頻度が高いと語った。ある風俗取締警察官は次のように述べた。

逮捕をまるでしないというわけではなく、一番問題を起こしている売春婦に狙いをつけるということだ。そのような売春婦は住宅街で働いていることが多いのだ。全員が工業地帯で働いているのならそこに全力を注ぐだろうが、現在のところ、彼女達を住宅街から一掃すること優先に考えている。

それとは対照的に、バルサル・ヒースやモスレーの風俗取締班は、場所に関係なく、売春婦を逮捕している。モスレーの風俗取締班では、あらゆる地区に警察の圧力をかけることが重要であると考えていた。ある女性は一年間に六十八回逮捕された。風俗取締班によっては、一晩で同じ女性を二回、三回と逮捕することも珍しいことではない。

売春婦に与える警告についても違いがある。ほとんどの風俗取締班は、「不意打ちの衝撃」を与えて売春を断念させようとの狙いから、「新顔」の売春婦に対しては警告を行わず、逮捕することが多い。

売春婦に売春を辞めることを奨励する為に何か対策を講じているかという質問に対しては、これに回答した二十八の風俗取締班のうち二十三の風俗取締班は、何らかの努力はしていると回答した。各取締班が提供する援助の種類は、関連機関を紹介することから、一般的な助言や支援にいたるまで様々だった。長期的な援助を行っている

表14-2●風俗取締地区の売春婦数と十二ヶ月間の逮捕率

地区	逮捕件数	売春婦の平均数	売春婦の平均数：逮捕件数
ブラッドフォード	250	10	1:25
マンチェスター	900	40	1:22.5
英国鉄道	523	30	1:17
モズレー、バーミンガム	689	40	1:17
ストーク·オン·トレント	310	20	1:15.5
ノース・スタッフォード	266	20	1:13
ノリッジ	271	30	1:09
ブリストル	161	20	1:08
カーディフ	150	20	1:7.5
ノーサンプトン	120	20	1:06
ドンカスター	150	30	1:05
ミドルズバラ	140	30	1:05
ハル	140	40	1:3.5
ボーンマス	48	20	1:02
リーズ	80	40	1:02
ダービー	20	20	1:01
レスター	40	40	1:01
エセックス	4	10	1:0.4
プリマス	12	40	1:0.3
ケンブリッジ	2	10	1:0.2

と回答した取締班は一ヶ所（モスレー）のみで、そこでは定期的な訪問などを実施しており、回答者は次のように述べた。「売春婦を五十人逮捕するよりも、一人の売春婦に足を洗わせたい」。その他には、売春を辞める手助けとして、ポン引きを留置する、売春婦を頻繁に逮捕する、などの回答があった。しかしながら、大半の取締班が行っているのは、売春婦への助言か、他機関への紹介などであった。売春婦に積極的に売春を止めるように奨励するという点に関しては、ほとんどの警察官が自分達の活動範囲を越えると考えていた。風俗取締班のほとんどは、地域の衛生当局や社会福祉局の協力の効果は大きいと感じていたが、協力を得る試みは必ずしも成果をあげていなかった。『世話』をすることが仕事の機関は、売春婦の問題になるとあまり『世話』をしてくれないことがわかった。そのような機関は売春をいまだに警察の問題と捉え、手を出そうとしない」。

路上で行われる売春についての法律の現状について意見を尋ねると、二十五人の回答者のうち十一人が、逮捕や罰金では、売春婦にとって効果的な抑止剤にはならないと述べた。ある警察官は、逮捕の不適切さと矛盾について次のように述べた。

最大の問題は、真の抑止策が存在していないことだ。現在の制度では基本的には堂々巡りだ。悪循環だ。彼女らは金がないから働き、逮捕されて罰金を科され、それを払う為に、また路上へ戻る。その繰り返しだ。彼女らは逮捕されても気にしない。その晩の稼ぎが減るだけのことで、一種の税金のようなものだ。

保釈制度にも問題があると述べた風俗取締班が五つあった。偽名を使用している場合や仕事の場が自分の住んでいる地区ではない場合など売春婦が法廷へ出廷しないことがあるが、これも警察にとって問題が多い。告発された売春婦には、条件付きの保釈を課すなど、保釈を規制する対策が一部の警察で実験的に行われている。例えば、風俗地域への立ち入りを禁じたり、その地域に居住していない女性には保証人を立てることを義務付けるなどの措置がとられている。

売春の勧誘とカーブ・クローラーに関する法律にみられる性的偏見を指摘した風俗取締班が三班、客を逮捕する権限がないことに触れた班が四班あった。ある警官は次のように語っている。

> 女性が街角に立っていればすぐさま逮捕できるのに、男性が車を徐行させて売春婦を物色したり、声をかけたり、同じようなことをしていても、逮捕する権限がないなんてばかげている。客を一掃すれば、問題はなくなると議会でも言われているのに、我々には客を逮捕する権利が与えられていない！

より効果的にこの問題に対処するには、現在の法律をどのように変更すればいいかという質問に対し、ほとんどの回答者は、「需要」と「供給」の両方を取締るよう変更すべきであると回答した。つまり、大半の回答者が、売春婦だけでなく、カーブ・クローラーも逮捕できる権限が必要であると考えていた。また、新しい試みを実験的に行ってみてもよいと考えている風俗取締班もあり、売春を合法化する（三班）、制裁措置としてカーブ・クローラーと売春婦の両方への社会奉仕活動を課する（一班）などの意見があった。その他にも、社会の人々は警察がこの問題を大幅に解決してくれるものと非現実的な期待を抱いていると感じている回答者、また、警察の介入は売春婦を別の場所へ移動させるだけの効果しかないと考えている回答者などがいた。しかしながら、最も多かった回答は、逮捕する権限の拡大、罰金の引き上げ、保釈の制限、禁固刑の導入などの制裁措置の強化を求めるものだった。ある警察官は「法律は売春婦には寛大すぎるが、我々には厳しすぎる」と語った。

風俗取締班の街娼とカーブ・クローラーに対する認識は、様々だ。現在の法律による取締、とりわけ、売春婦への定期的な取締にはかなりの不満を感じている風俗取締班は多いものの、寄せられる苦情に対応する為にはこのような活動を続けざるを得ないと感じていた。しかしながら、他の機関と協力して、より具体的で建設的な対応を行っている警察もあった。現在の法律には、ほとんどの回答者は不満を感じていた。警察が行使できる権限を強化する必要があると主張する風俗取締班は多かったものの、どのように法律を変更すべきかという点になるとその主張は様々であった。多くの地域でカーブ・クローラーを法で規制すべきであるという声は高まっているものの、警察は、法律の複雑さや言い回しなどの制約を受けているのである。

屋内の売春

それぞれの管轄区域内の屋内売春施設で働く売春婦の数についての質問に対しては、二地区の取締班は「たくさん」、「数え切れないほど多い」とのみ回答した。七地区の取締班は、そのような数字は記録していないと述べた。二十地区から屋内売春婦の概数の回答があり、その回答はリバプールの三人からブリストルの四百人までとその差は大きかった。売春の場所は通常、個人の家だった。その他の場所としては、マッサージ・パーラー、サウナ、出張サービス、売春宿、ストリップ・バーなどだった。ある警官は皮肉を込めて語った。

このようなところは必ず、合法的なビジネスを営むための建築許可を入手しているが、やがて非合法ビジネスを営むようになる。合法的なビジネスでは儲からなくなるからだ。

屋内の売春の規制に費やす時間は、個々の風俗取締班によって大きく異なる。この違いは、ある程度は、売春組織の地域ごとの違いによって生じている。しかしながら、売春施設への立ち入り捜査に25％以上の時間を費やした地域はなく、しかも90％以上の取締班が10％以下の時間しか費やしていないと回答した。この事実は、屋内の売春は、このような地域ではほとんど問題視されていないか、風俗取締班は、屋内の売春の規制に時間を費やすのには消極的であることを示している。

風俗取締班の半分は、積極的に屋内の売春を取締ることはせず、寄せられた苦情に応じて立ち入りを行うだけだった。これら取締班の人々は、心情的にはある程度寛容で、ある上級警察官は、「自分達の大事な仕事は、街中から売春婦の姿を一掃することであり、セックスを取締ることではない」と述べている。ブラックプール、ドンカスター、レスターなどのその他の地域は、毎月、または「定期的に」屋内の売春施設へ立ち入りを行っており、またボーンマス、カーディフ、ダービー、リーズ、シェフィールド、ポーツマスなどは、定期的な観察、監視や散発的な家宅捜索により、これらの施設を積極的に取締っていると回答した。

屋内の売春を取締る法律に特に問題はないと回答した取締班は八班あった。残りの取締班は、法律には制限が多すぎると感じており、特に「the Sexual Offenses Act」（「性犯罪取締法」一九五六年）は制限が多すぎると感じていた。回答者は、捜査費用の問題や全体的な人手不足など、実際的な問題に言及していた。また彼らは、法律によって発生する問題についても具体的に述べていた。表14・3はこれらの回答をまとめたものである。

現在の法律では、証拠の収集や違反者の身元確認に支障があると回答したのは十一地区であった。実際のところ、彼らは、敷地内で何が行われているか、誰がそこで働いているか、所有者や経営者は誰かなどを特定するには、大規模で長期的な捜査が必要なことが多いと説明した。彼らは、所有者または経営者が特定されるまでは、敷地内で働く女性を告発しても容易に代替が可能な為ほとんど意味がないと主張している。一部の施設では、女性の回転率の早さから、警察には屋内の売春を取締る力は十分にないと結論し、五地区の取締班は、逮捕する権限が与えられていない為に、屋内の売春婦は警察の手には負えないと述べている。三地区の取締班は、これらの屋内の売春婦の違反行為は特定が難しいことが取締の障害となっていると回答したが、二地区の取締班は、私有地内で一人の女性が働いていることにはなんら違反行為はないと述べた（単一の敷地内で二人の女性が働いている場合には、売春宿とみなされる）。

風俗取締班は、屋内の売春に関連する法律の変更を希望している（表14・4）。

屋内の売春は、街頭の売春ほどには不快感を与えないと一般には思われているにも関わらず、風俗取締班は、屋内の売春の

表14-3●屋内の売春取締りに関する法律の主な問題点

主な問題点	風俗取締班の数
証拠集めや人物の特定が困難	11
女性を逮捕する権限がない	5
スタッフとして働く女性を取締まる権限がない	3
私有地で単独で働く場合には違法性がない	2
有罪にいたるまでの高額の費用と長期にわたる捜査	2
屋内の売春を取締りには不充分な権限	1

表14-4●屋内の売春に関して求められる法律の変更点

主な変更点	支持した風俗取締班の数
逮捕、立ち入りの権限	10
法による規制	7
スタッフ及び客を逮捕する権限	3
不道徳な収入にかかわる裁判で証拠提示の責任を被告側に移転	3
法律を単純化し現状に則すものとする	2
売春施設を閉鎖する権限	2

規制が現在の法律では効果的に行われていないと強く感じていた。大半の売春取締班は、罰則や規制の適用範囲をすべての当事者へと拡大すること、逮捕、立ち入り、封鎖などを行う権限を警察に与えること、「不道徳な収益で生活している」という告発を受けた場合には、被告側に立証責任を負わせるという証拠の規則を変更することなどを求めていた。しかしながら、風俗班の四分の一は、なんらかのかたちで売春を合法化することに賛成していた（エジンバラ、バーミンガムのような一部の都市では、娯楽またはサウナに関する規制に基づいて多くの形態の売春が認可され、現在では事実上解禁されているものと思われる）。その一方で、他の風俗取締班は、非合法活動のかどでこれらの施設の取締を続けている。これらの各地域ごとの付け焼刃的対応は、とても満足の行くものではない。多くの地区では、警察の活動は、地域独自の判断のみに基づくもので、全国的に認められた公の方針に裏付けられたものとは言い難い。

売春の客

多くの地区の警察では、カーブ・クローラーの取締への関心が高まっている。通常、「the Sexual Offenses Act」（「性犯罪取締法」一九八五年）に基づいて起訴を行うが、これらの風俗取締班は、その他の法律の適用も実験的に行っていると述べた。ノッティンガムでは、交通違反容疑で起訴を行ったが、効果は低かった。いくつかの地区（ブリストル、ノッティンガム、ボーンマス）では、治安維持法（一三六一年）に基づいてカーブ・クローラーに「警告する」という戦略（徐行を止めるように警告する）を試験的に行った。

表14・5は、過去十二ヶ月間の正式な警告件数と起訴件数を示している。カーブ・クローラーが起訴された数少ない事例では、制裁にはほとんど抑止力がないと回答者は批判している。十四の地区におけるカー

表14-5●カーブ・クローラーに対する警告数と起訴件数

風俗取締班名	警告数	起訴件数
チェンジング・クロス風俗取締班	325	161
ブラックプール私服部門	0	0
ボーンマス風俗取締班	43	37
ブラッドフォード風俗取締班	49	*
ブリストル・コミュニティ・アクション・チーム	12	*
英国鉄道警察情報部	*	2
ケンブリッジ警察情報部	0	0
カーディフ・プライオリティ・ポリシング・チーム	0	25
ダービー・プロアクティブ・ユニット	13	*
ドンカスター私服部門	40	60
ハル犯罪情報部門	84	0
ノース・スタッフォード風俗取締班	6	43
リーズ風俗取締班	10	2
レスター風俗取締班	14	6
リバプール犯罪情報部門	12	5
ミドルズバラ認可部門	*	164
モズレー私服部門	0	113
ノーサンプトン特殊犯罪部門	0	0
ノリッジ風俗取締班	4	74
プリマス特殊捜査班	0	12
ポーツマス(東)風俗取締班	0	0
サザンプトン私服部門	29	53
ストーク・オン・トレント特殊捜査部門	4	5
ウルヴァーハンプトン風俗取締班	0	100

*は入手不能

ブ・クローラーの罰金の平均額は、五十ポンドから百ポンドという回答であったが、実際の罰金額は二十五ポンドから三百ポンドと大きな開きがあった。この大きな格差から、罰金制度は「宝くじのようなもの」であると語る警察官もおり、証拠収集と処理に要する莫大な時間を考えれば、カーブ・クローラー取締の費用効果は高いとは言えないと語る。ある主任警部は、「起訴はやっかいだ。手間がかかる。山のような証拠を集めて面倒な手続きをして、その挙句、男達は当然無罪だと主張する。驚くまでもないが、ほとんどの警察では、カーブ・クローラー取締に別の方法を模索している」と述べた。

†口頭または書面による警告

多くの警察で試みられた起訴に代わるカーブ・クローラー対策とは、口頭での警告または自宅への手紙の送付である。この非公式の警告や注意は、四分の一の地区で行われている。風俗地区を執拗に回りながら、実際にはほとんど、女性を勧誘しない「クルーザー」と呼ばれる男性に対して、いくつかの地区で警告を行ったが、これは特に効果があるようだ。手紙は通常、当事者への警告という形で、警察が特定地区におけるカーブ・クローラーに狙いを定めていることを説明し、当事者の車がその近辺で目撃されたと述べる。地域によっては、これらの方法は逮捕と組み合わせて用いることもあれば、逮捕の代替手段とする地区もある。

†人目を引く取締

売春地区で警察の存在を目立たせるという方法は、カーブ・クローラー逮捕の代替手段として広く実施されていた。この方法の主な目的は、特定地域におけるカーブ・クローラーを抑止または予防することである。ノッティンガム、グレーター・マンチェスター、シェフィールド、ブリストル、ダービー、ミドルズバラ、プリマス、ノーサンプトンでは、少なくとも目につく範囲内で一定期間、売春婦の数を削減することに一応の成果をあげた。また、これらの地域への新たな売春婦の流入を阻止するとともに、住民に安心感を与えた。しかしながら、この警察の存在を目立たせるという取締方法には多くの人員が必要であり、この作戦の実行期間は限られてしまう。警察官の姿が減れば、街頭には売春婦やカーブ・クローラーが再び姿をあらわす。

†ニュース・メディアとの連携

多くの風俗取締班は、ニュース・メディアと連携して、カーブ・クローラーの氏名を公表している。氏名の公表は、既婚者または家族持ちのカーブ・クローラーに対して効果的な抑止力を持つ。ゴールディングが述べているように、氏名が公表され汚名を着せられることで、少なくとも逮捕や起訴と同じぐらいの抑止効果を発揮するものと思われる【注2】。

†住民との連携

地域住民の委員会と定期的に会合をもつ警察は多い。これらの会合を単なる「情報交換」の場に過ぎず、警察にとっては時間の無駄であると批判する警察官もいた。しかしながら、警察の活動を逐一住民に知らせることにより、住民の協力が得られ、地域内における売春婦やカーブ・クローラーに関する苦情が減少したと話す警察もあった。サザンプトンをはじめとするいくつかの地域では、住民は協力して警察を助け、積極的に地域内のパトロールを住民が行っている。しかしながら、無実の運転手と住民との間にトラブルが発生することを懸念して、警察がこのような活動を阻止した地域もある。

†CCTVおよびビデオ撮影

CCTV（有線テレビカメラ）の導入を行った警察もある。ドンカスター、ミドルズバラ、プリマスなどである。ノリッジは、カーブ・クローラーをビデオに記録している。他にもこのような対策の導入の検討を行っている地区があり、これには地域内で起こるその他の様々な犯罪を同時に監視できる利点もあると考えられている。しかしながら、これは費用的にも高額であるとともに、売春が別の場所に移動するだけの結果になるとの指摘も多くある。

†交通規制

多くの警察が、試験的に交通規制を取り入れたが、成果は地域によって様々だった。成否の大半は、計画の内容と警察の取組みの持続力にあると言える【注3】。例えば、ブリストルでは、数年前、カーブ・クローラーが大通りへ迂回するのを防止する為に、売春地区の脇道を数本閉鎖した。しかしながら、閉鎖により警察の進入が阻まれ、他の犯罪の発生を誘発する結果となり、この試みは放棄された。同様に、バルサル・ヒースのチェダー・ロードでも、道路を閉鎖したにもかかわらず、問題の解決にはいたっていない。風俗取締班は、地域内における交通量は減少したと主張しているが、行き止まりを作っても、カーブ・クローラーを抑制することはできなかった。

多くの風俗取締班が、売春婦よりもカーブ・クローラーのほうが迷惑な存在であり、取締に対しても「無防備」であると考えているが、それにも関わらず、その取締に用いられる方法は、実に様々で、懲罰的意味合いも低い。ある一定期間内に起訴されたカーブ・クローラーの総数は、八百六十二人であるのに対し、売春婦は九千人以上に達した。売春婦よりもカーブ・クローラーの方がはるかに多いことを考えると、この格差はさらに顕著である。

カーブ・クローラー取締にかかわる法律の最大の問題点を質問したところ、三地区が無回答、二地区が、法改正の必要はないとの回答だった。現在の法律の主な制約は、カーブ・クローラーを逮捕する権限が警察にないことであり、そのため、迅速で効果的な取締りが困難になっている。裁判の際に提出する証拠に対して英国検察庁は厳しい基準を設けているが、これも大きな問題と受け止められていた。回答者によれば、「執拗」、「車両の近くで」などの法律の文言の解釈が、それぞれの地域の英国検察庁（CPS）によって様々に異なる為、証拠の収集が一段と困難になっている。この質問に対する回答をまとめたものが表14・6である。

他にも六地区が、法律の言葉遣いに言及しており、特に「執拗」と「迷惑」という言葉に注目していた。内務省（通達五十二号／一九八五年）は、「執拗」とは、「一回に少なくとも二人の女性の勧誘を行うか、少なくとも一人の女性を二回勧誘すること」と定義している。最近の法改正に関連して、ロンドン警視庁は次のように述べている。

> 現行法には、売春婦とカーブ・クローラーの接触の性質がまるで反映されていない。法律や法令に付された内務省通達は、カーブ・クローラーと売春婦の接触に対する誤った理解に基づくものである。男性は売春婦一人にだけ声をかけて目的の性行為を行うことが圧倒的に多い【注4】。

「執拗」という文言は実際には適用が難しく、その為、多くの風俗取締班は、「近隣地区の第三者へ迷惑をかける可能性」という法律の二番目の要素に頼らざるを得なかった。法律に「可能性」という言葉が使用されていたので、裁判では、実際の迷惑行為の証拠が必要とはされない（ポール裁判、一九八一年）。ある程度、地元の治安判事は、住民が影響を受ける可能性をその地域に関する自分の知識に基づいて判断することができる。これにより訴訟は容易になったものの、住宅街以外の地域や人口密度が低い地域で取締を行う風俗取締班は、現行の法律では制約が厳しいと回答している。

また、一九八五年の法律は、徒歩で女性を勧誘する客や売春地域を周遊して車を走らせる「クルージング」の客には適用されない。警察が取締が難しいと感じているこの二種類の客の存在が、迷惑行為、騒音、売春婦以外の女性に対する誘いかけなどの問題をさらに複雑化していると三地区の取締班は強調した。

証拠に対する厳しい規準を満たす為に捜査は長引き、警察への負担も大きい。カーブ・クローラーの取締を実行するには、警察官やその他諸条件が整っていないと語った風俗取締班が四地区あった。これは、風俗取締班が熱心に代替案を検討していた理由の一つかもしれない。カーブ・クローラーをより効果的に抑止するために有効と思われる法の改正点はどれかという質問をしたところ、表14・7が示すとおり、「執拗」と「迷惑行為」という文言を取り除くことを、回答者の半分が支持していた。カーブ・クローラーを逮捕する権限を盛り込むべきであると主張した取締班は九地区、「クルージング」および徒歩の客も法律で規制すべきであると主張した取締班は二地区あった。また、特定の場所周辺をずっと運転し続ける理由の説明をカーブ・クローラーに求めるべきであると考える取締班は、二地区あった。

ほとんどの風俗取締班は、カーブ・クローラーを取締る「the Sexual Offense Act」（「性犯罪取締法」、一九八五年）に不満を抱いていた。ある警察官は次のように述べた。

議会はばかげた法律を作ったもんだ。カーブ・クローラーを何とか取締る権限を我々に与えると言いながら、あんな法律では、我々にはほとんど権限がない。それでカーブ・クローラーが野放しだと批判を受けるのは、我々のほうなんだ。

法律による抑止効果は限られている為、口頭や書面での警告、マスコミや住民団体との連携、有線テレビカメラの使用、交通規制などに依存する度合が高まった。しかしながらこれらは各地域独自の対策であり、全国的なカーブ・クローラー対策には一貫性がない。

売春の斡旋

調査では、ポン引きの役割や、ポン引きへの警察の対応についての質問も行われた。「ポン引き」の定義は特に行わず、回答者の判断に任されたが、多くの回答者は、「the Street Offences Act」(「路上犯罪防止法」、一九五九年)の定義である「売春婦の行動を支配、操作して、売春行為を幇助、

表14-6●カーブ·クローラー取締法適用上の問題点

問題	風俗取締班の数
法律で定められた証拠の問題	9
カーブ・クローラー逮捕の権限がないこと	9
「執拗」や「迷惑」など法律上の制約があること	6
作戦を実行するための人手や費用がないこと	4
クルーザーや徒歩の客を取り締まる権限がないこと	2
裁判所やCPSの支持がないこと	1
売春婦の排除ができないこと	1

表14-7●カーブ·クローラー取締に関する法律の変更案

主な変更点	風俗取締班の数
「執拗」、「迷惑」などの言葉を削除	12
カーブ・クローラー逮捕の権限	9
「クルーザー」や徒歩の客に関する記載	2
証拠提示の責任をカーブ・クローラーに移行	2
証拠としてビデオを法廷に導入	1
カーブ・クローラーの罰金引き上げと一律化	1

強制する男性」と解釈した。ポン引きには、売春婦の稼ぎに商業的関心を持つ非搾取的なポン引きと、強制的に売春を行わせている搾取的なポン引きとの二種類があり、両者の間には、曖昧な領域があることを指摘する風俗取締班もあった。法律には二種類のポン引きの区別がない為、どちらのポン引きの扱いもほぼ同じものとなる。

ある主任警部は、法律がポン引きの現状に「即していない」ことに着目し、法の網の目をくぐり抜けるポン引きが多いと主張した。彼はまた、法律は、ポン引きが女性の生活を直接的に支配し、彼女達を無理やり路上へ立たせ、稼ぎの大半を奪っているという前提に基づいて定められたものであると説明した。ある警察官は次のように述べている。

　最近は、売春婦と同居はしないポン引きが多い。彼らは別々の場所に住むことが多く、女性をアパートに住まわせ、目的の場所へ車で連れて行く。金が直接男性に手渡されることは少ない。仲介者を通すこともあれば、薬物として渡されることもある。ポン引きと売春婦の接触は、人目につくことがほとんどない為、裁判の為の証拠を集めることも不可能だ。また多くの場合、ポン引きは、外見上は売春婦の運転手、宿の手配程度の仕事しかしていないように見える。

十二ヶ月間で合計八十二人のポン引きが逮捕された。各風俗取締班によってその数には、〇から十四と開きがあり、平均して一年間に一地区で三人が逮捕されている。取締班の半分は、過去十二ヶ月間に売春斡旋で起訴に持ち込めた例は一つもないと回答し、二地区だけが起訴に成功したと回答した。現在の状況に失望感を抱くのも当然のことだろう。ある警察官は次のように述べた。

ポン引きは、極めてたちが悪い。ポン引きがいなければ、多くの女性は売春をしていなかっただろう。しかし、これは勝ち目のない戦いである。なぜなら、女性、とりわけ若い女性はポン引きをどうこうしようという気持ちが全くと言っていい程ないのだから。ポン引きの逮捕は難しく、頭の痛いところだが、それでも、我々はあきらめない。なぜなら、悪いポン引きをうまく起訴できれば、それこそ大手柄だし、それこそが我々風俗取締班の仕事だからだ。

現在のポン引きに関する法律に特に問題がないと回答したのは、二十六地区のうちわずか四地区にとどまった。ポン引き取締りの際に遭遇する最大の法律上の問題は、「不道徳な稼ぎで生活している」ことを示す証拠の提示であると十七地区が回答した（表14・8）。売春婦の証言を得ることが重要である。「ポン引きは、売春婦の証言がなければ、そもそもポン引きであると特定することもできず、逮捕することもできない」と三地区が回答した。しかしながら、売春婦の証言だけでも、また警察の証拠だけでも裁判を進めることはできないのである。ポン引きと売春婦の関係、雇用の事実、金銭のやり取りなどを示す証拠の提示が必要なのである。

ポン引きの充分な証拠を収集するには、長期の過酷な捜査が必要となるが、その捜査を成し遂げる為の条件が整っていないと七地区が回答した。彼らはまた、証拠に関する規準の変更により捜査はさらに困難になると述べている。これを「常にゴールポストを移動させているようなもの」と評する警察官もいる。また、たとえ捜査が成功しても、罰金刑という最も軽いとしか思えないような刑しか科されない結果になると、挫折感を感じるという回答が五地区から得られた。ある警官は次のように述べている。

寒いなかいく晩も張り込みをし、手続きをすべて終わらせ、最終的に有罪にすることができたとしても、最低限の罰金しか科されない。たとえ数年服役したところで、このような連中にとっては、一晩千ポンドの稼ぎの為なら、覚悟の上のリスクなのだ。

確実に起訴できるという見通しもなく、裁判になっても小額の罰金刑だけというのでは、ポン引きの報復を恐れる売春婦に証言させることは難しいと話す警察官もいる。警察官によれば、証人を長期にわたって警察が保護することはできず、その結果、裁判に持ち込むことすらできないことも多い。

警察官達は、多くの法改正案を提案した。一般的に、売春斡旋の有罪犯に対してはより厳罰を処するように主張した。この質問に回答した二十六地区のうち、六地区はポン引きすべてにより厳しい罰と最高刑を与えることを望んでいた。二地区は、「不道徳な稼ぎによる生活」で有罪判決を受けた場合には、服役刑を義務付けることを望んでいた。証人保護を改善する方法として、保釈の廃止を支持した地区が二つあった。「不道徳な稼ぎによる生活」で有罪となった場合には資産を没収するなどの金銭的抑制策も提案された。六地区は、その他の犯罪と同じく売春婦の証言だけで裁判に持ち込めるようにすべきであると提案し、四班は、ポン引き行為が明白である場合は、売春婦とポン引きのお金の流れを立証する責任は被告側に課すべきであると述べた。

表14-8●ポン引きに関する法律の問題点

問題点	風俗取締班の数
「不道徳な収入」で生活していることを立証する証拠の入手が困難	17
適用に必要な人員と費用の不足	7
法廷が定める制裁が不適切で抑止力を持たない	5
証人を裁判所が保護しない	2
証人が短い刑期を恐れる	1
「売春斡旋」に対する検察の一貫性の欠落	1

諸機関との連携

近年、警察は、街頭の売春を効果的に取締るには、警察の力だけでは限界があることに気づき【注5】、他機関と協力してこの問題に取り組むようになった【注6】。注目に値するのは、四分の三の回答者が他機関と何らかの協力関係にあると述べたことである。

協力機関には、社会福祉局、地方自治体、売春婦支援団体、アウトリーチ活動団体などがある。その他にも、出入国管理局や税関、Barnardos、Women's Ai、救世軍、YWCA、教会、住民団体、強姦救援センター、被害者支援サービスなどがある。警察は、バーミンガムのSAFEアウトリーチ・プロジェクト、マンチェスターのStreet Health Project、サザンプトン大学病院プロジェクト、the Genesis Leedsプロジェクトなどについても言及している。

しかしながら、このような連携を常に行っていると述べた風俗取締班はほとんどいなかった。これら諸機関の協力関係は主に、売春に携わっている女性の健康増進と手厚い保護を目的に、不定期で短期的に行われる。ゴールディングが述べたとおり、風俗取締班の過半数は、街娼の問題について他機関と定期的に連絡を取っていなかった【注7】。しかしながら、必要であれば、非公式の力強な協力関係を結ぶ用意はいつでもあると強調する風俗取締班もあった。

結論

街娼の逮捕、再逮捕という戦略は、その費用効果に懐疑的見方が広まってはいるものの、これは依然として多数の風俗取締班によって用いられている戦略である。これは主に、警察官に認められている権限である逮捕が持つ勧誘や徘徊に対する影響力、また警察が何らかの対応をしている所を住民に示して住民を納得させる必要性によるものである。また、風俗取締班にとっての具体的な活動は、逮捕である。逮捕そのものが街頭の売春を大幅に減少させることはないだろうと多くの警察官が考えているにもかかわらず、この数年間、逮捕件数が風俗取締班の「成果」を測る重要な目安となっている。

しかしながら、客の取締のほうが、刑罰は軽いものの効果が高い可能性があると考えられている。警察に対する法律上の制約（「the Sexual Offences Act」（「性犯罪取締法」、一九八五年）の文言や、具体的な逮捕権限の欠如）にも関わらず、風俗取締班は、売春と客の関係における「需要」側の重要性を認識するようになってきた。事実、カーブ・クローラーは、警察の取締や法による刑罰には無防備である【注8】。

風俗取締班の大半は、一九八五年の「the Sexual Offences Actt」（「性犯罪取締法」）を適用して取締を行っているが、カーブ・クローラーに対処する為にその他様々な戦略を用いることが多くなっている。その他様々な戦略とは、口頭や書面による警告、人目を引く取締、CCTV（有線テレビカメラ）、住民やマスコミとの連携、交通規制などである。このようにして女性を物色して道端を徐行する男性に対しては、売春婦に比べて様々な対応を行っているが、それでも取締を受けるカーブ・クローラーの数はわずかながら増加している。

街娼の派手な取締は、人件費やその他の面で負担が大きいだけでなく、売春婦をただ単に別の地域へ移動させるだけに終わる恐れがある。派手な取締を長期間継続することはできないので、基本的に短期間の作戦となり、確かに短絡的であるという感は否めない。より持続的で効果のある戦略を取るには、他機関との連携が必要である。諸機関との協力により、より包括的で多岐にわたる対策が可能になるのである。以前よりも警察は他機関と協力して活動することが増えてはいるものの、このような連携はまだ限られた範囲内のものにとどまっている。

現在のところ、警察の屋内の売春への対応は、各地域独自に、個々の警察官の指示のもとに行われることが多い。現在の法律の下では、有罪判決にいたるまでには、長期で多額の費用を要する証拠集めをしなければならず、それら捜査の負担を考慮すれば、これらの室内の売春施設の存在を暗黙のうちに認める警察が増えることは想像に難くない。インタビューを行った警察官の中には、屋内の売春が増えれば結果的には街娼の数が減るという誤った説を信じているものが多数いるようだった。最近の調査でもわかるとおり、街娼が屋内の売春へと転ずる例は限られている【注9】。

ポン引きを有罪へと導く為には、証拠集めという大きな負担を警察は強いられることになる。さらに、有罪を立証するだけの証拠を集めることができたとしても、刑罰が甘すぎると多くの風俗取締班は感じている。警察官達は、売春斡旋の罪を犯した人々、特に若い女性に売春を強いて有罪判決を受けた人々に対しては、より厳しい刑罰を望んでいる。厳罰を処することによって売春へと足を踏み入れる女性の数が減るのではないかと警察官は期待しているのである。

売春取締に関する法律には多くの問題点がある。風俗取締班の警察官達は、カーブ・クローラー取締の際に法律に煩わしさを感じ、売春に関する法律全体を緊急に見直す必要性を感じている。「街の浄化」を求める社会の声に応え、売春から生じる様々な問題を減少させる為にも法の見直しが必要であると、警察官達は感じているのである。

解説◉松沢呉一

これまで私は議論の土台になる最低限の知識を得てもらうために『風俗バンザイ』（創出版、一九九八年。のちに徳間書店から『風俗就職読本』として文庫化されたが、文庫はすでに品切れ）を出し、現実を知らないまま売買春を否定する人たちの愚劣さを見せるために『売る売らないはワタシが決める』（ポット出版、二〇〇〇年）を出し、各業種で働くセックスワーカーの事情、考えをそのまま知ってもらうために『ワタシが決めた』（ポット出版、二〇〇〇年。2巻は二〇〇三年）を出してきた。

しかし、虚しさは拭えない。そもそも売買春を頭から否定する人たちは、現実を知りたいわけではなく、何がよりよいのかを考えたいわけでもなく、働く者たちのことを想像したいわけではないのである。ただもう「売買春はダメ」という結論にしがみつきたいだけなのだ。

つい先日もメールを送ってきた自称「ファン」の女性がいて、性差別者丸出しのことを書いてきたため、「どうせバカな売買春否定論者だろう」と思ってカマをかけたら案の定そうだった。「ファン」のくせに、私の原稿はほとんど読んでおらず、とっくに議論済みの話を次々と出してくる。如何にこういう人が何も調べず、何も知ろうとせず、何も考えようとせずに、百年一日の如き都合のいい言葉を振り回すのかのいいサンプルになろうかと、それまでのやりとりを公開して、議論を続けようと申し入れたのだが、あっさり断ってきた。やはり「本当はどうなのか」なんて知りたくはないのだろう。

そのくせ彼女のメールを見ても、お仲間たちの本は読んでいるらしく、アメリカの保守派フェミニスト（「ラジカル・フェミニスト」とも言われるが、その実態は性的保守でしかなかろう。これについてはパット・カリフィア著『パブリック・セックス』青土社、一九九八年を参照のこと）が繰り返してきた「本人は自分の意思でやっていると思っていても、社会から強制されている」なんてことを書いている。

こういったタイプのフェミニストはしばしば権威主義者で、米国崇拝主義者のため、アメリカの名のあるフェミニストの翻訳本だけは読んでいると見える。たしかに本屋に行けば、ポルノやセックスワークを否定し、規制を訴える内容のものは多数翻訳されており、海外の事情を知ろうとすると、そういったものばかりが目に入ってくることになる。そのため、本国ではすでに批判されている意見がこの国では批判されることなくまかり通る。また、真っ向から対立する内容のデータがあるにもかかわらず、一方に都合のいいデータばかりが「信頼できる根拠」にされてしまう。

海外の事情など知らずとも、この国の事情をもとに考えればいいのだが、たとえば私や宮台真司の本を「男が書いたものだから」として決して読もうとしない人たちがいる。今時、男たちでも、「女だから」として女を軽視することは減っている中、これほど露骨に性差別をする人たちは、一部フェミニストにしかいなくなっているのではなかろうか。

ある女性弁護士に拙著を読ませた知人がいるのだが、その感想は「風俗ライターだから信用できない」といったものだったという。内容を議論しようというのでなく、肩書きで否定するのである。そうするしかないんだろうが、ここまでの権威主義者もなかなか見られないのではなかろうか。

こういう人たちにもはや何を言おうと無駄だと諦めつつあるのだが、中にはアメリカ人の学者が書いたものなら、手にとってみるくらいには謙虚な人たちがいるかもしれない。

また、こういった頑固な教条主義的な人々以外に、より正しい情報を流すことは無駄ではあるまい。

そこで、より冷静にセックスワークやポルノを論じた翻訳ものを出していくべきではなかろうかと考え、在米の知人（彼女も元セックスワーカー）に頼み、十冊ほどの本を送ってもらい、その中からさらに何冊かをリストアップした。

ポット出版としても、翻訳本は初めてとあって、権利交渉や翻訳依頼の作業に手間取ってしまったのだが、やっとその一冊目が完成した。

第一章を読むと、どこの国でも抱えた問題は同じであることがわかる。

【すべてのセックス・ワークの本質は同じであると想定するのはあまりに単純だ。セックス・ワーカーが仕事で遭遇する体験は様々であり、また犠牲、搾取、仲介料、選択肢の程度も様々だ。後述の通り、街娼、売春婦、テレホン・セックス・ワーカー、ストリッパー、ポルノ俳優など、いずれもなんらかの形で性を売り物にしているものの、その違いは大きい】

「セックスワークはそれ自体性差別である」というのなら、男のセックスワークはいいのか。「男性経営者による女からの搾取がいけない」というのなら、圧倒的に女性経営者が多い業種はいいのか（日本においては、旧赤線や青線の流れを汲む、いわゆる「チョンの間」は女性経営者が多く、地域によっては100％が女性経営者）。「性感染症を広げるからいけない」というのなら、コンドームを着用している率が高い業種や店はいいのか。

業種、地域、店、個人による違いがどの程度あって、どういう理由から生じているのかを踏まえない議論は不毛である。その不毛を繰り返さないために私はいくつかの本を出し、あちこちに原稿を書いてきたが、同じ問題意識から、ロナルド・ワイツァーは各業種ごとの調査報告をまとめたわけだ。

この本によって私が得たことは数え切れない。そのことをひとつひとつ挙げていくだけでまた本を一冊書き上げなければならなくなるほどだ。そのうちのほんの一部だけ紹介してみる。

日本でも「セックスワークの非犯罪化」という言葉がしばしば使用されているが、「非犯罪化」と「合法化」とはどう違うのかという議論がよく起きる。知人の弁護士に聞いたところ、「合法化するということはすなわち非犯罪化するということだから、特に区別する意味はないだろう」とのことだった。

にもかかわらず、アメリカでこの二つの言葉を明確に区別して使っているのは、おそらくアメリカの特殊事情によるものだろうと推測していたのだが、このことは、ネバダ州の事情を調査した第13章を読むとよくわかる。

344ページに掲載されたカーリン市の「売春婦規則」にあるように、ここで売春する者は、逮捕される恐れがない代わりに、写真入りの身分証を提示して登録し、労働時間や食事の場所まで指定され、外出さえままならないのである。これがアメリカにおける唯一の合法化であり、合法化と言った場合、アメリカにおいてはネバダ州の例がすぐさまイメージされることになる。売春する権利を求める者たちが、このような形での合法化を求めるはずもなく、彼らが求めるものとネバダ州の合法化を峻別するために「非犯罪化」という言葉を好んで使用するのだと思われるのだ。

本書においても、そのことが踏襲されていて、特に法的な規定がない形での合法化を「非犯罪化」として、なんらかの法的規制を伴う形での合法化を「合法化」または「法制化」と呼んでいるようだ。

したがって、日本において、「合法化」という言葉をあえて忌避する意味はないし、私自身、日本国内のことを語る場合、両者を区別せずに使用しているのだが、「合法化＝登録制」だと決めつけて、「合法化されると人権が侵害される」などと吹聴している人がいる。困ったものである。

開拓時代から続くネバダの売春宿が唯一の手本であろうはずがなく、たとえば地域を限定するのみで、登録制をとらない方法がいくらでもあることくらい想像して欲しいものだ。

続く本書から得たこととして、アメリカという国の位置づけが容易になったことが挙げられる。

本書ではアメリカの事情だけでなく、カナダ、イギリス、オランダなどの事情も述べられている。とりわけオランダと比較すると、アメリカとの違いが明確になろう。

二年ほど前、売買春先進国オランダの事情を日本に紹介したく、日本に来ていたオランダ人研究者やオランダ在住の日本人（現在は帰国している）に、なにかいい本がないか聞いたのだが、一冊にまとまったものはないようだ。オランダ人研究者によると、「売春が合法なのは当たり前すぎて議論にさえならない」とのことだった。本書の第10章にあるように、国民の74％が「売春を許容できる職業」とみなし、政府が売春婦の権利グループに資金を提供している国だけのことはある（オランダ政府はアジアで開かれるセックスワークの国際会議にも資金を出している)。

ところがアメリカではまったく逆に78%の人がポルノに対してより強い規制を求め、70%が売春を合法化すべきではないと考えている。オランダにも問題がないわけではないが(特に外国人売春婦の問題)、アメリカがさらに多くの問題を抱えているのは、セックスワークの多くが違法にされていることと、国民の意識に依るところが大きいだろう。

ヨーロッパに比して、アメリカ人は性に関して、おそろしく保守的であり、以前日本で会ったオランダ人のテレビクルーたちも、「アメリカ人はおかしい」と笑っていたものだ。先頃邦訳が出たジュディス・レヴァイン著『青少年に有害! 子どもの性に怯える社会』(河出書房新社、二〇〇四年)を読むと、私も「アメリカ人はおかしい」と思う(この本は子どもを名目とした性表現、性行動に対する規制が極限まで進んだアメリカの現状を紹介し、その状況こそが青少年に有害であることを論じたもの)。

このような特異な国を世界の標準と思いこみ、その国を手本にして、性の規制を進めているのが日本である。日本もかなりおかしくなってきていると思う。

日本における風俗産業の現状をよくわかっている人本書を読めば「日本のセックスワーカーは恵まれているな」という印象を受けるかもしれない。とくに街娼における薬物の蔓延、客質の悪さ、料金の安さには唖然とすることだろう。

同じ街娼を比べても、遙かに料金は日本の方が高い。アメリカの街娼たちにつく客は金を使いたがらず、膣への挿入をするのは少数である。車の中での口によるサービスであれば時間は短い。当然料金は安くなる。また、薬物購入のために街娼になるのが多く、彼女らが料金を引き下げてしまっていることにも関わっている。

客との関係、働く意識、料金のどの点においても、日本の風俗嬢たちに近いのは第6章で紹介されているコールガールだろう。しかし、「街娼と比べれば」ということであって、実態は相当違っている。

客との親密度を計る基準として、会話、愛撫、抱擁、キスなどを挙げていて、コールガールの客の30％がこれらのサービスを受けているそうだが、日本のヘルスやソープであれば、客が拒否しない限り、ほぼ100％になるのではないか。

また、コールガールの客によるクンニリングス実施率は17％。これについても私はよく風俗嬢たちに聞いているが、する人としない人は「半々」と答えるのが多い。日本の方が遙かに親密度が高いのだ。

シカゴ大の研究者による全米の調査では、前回の夫との性行為でオーラル・セックスを受けたのは、既婚女性の17％という数字には笑った。コールガールと同程度にしか既婚女性は夫に尽くしてもらってないらしい。

また、アメリカではセックスワーカーの募集についても厳しく規制されているため、店の移動、業種間の移動は少ないようだ。この点でも日本は恵まれている。以前、香港のセックスワーカー・グループのリーダーが来日した際、彼女がなにより感激していたのは日本は情報がオープンである点だった。風俗情報誌や風俗求人誌が容易に手に入ることに驚き、「こういうのがあれば、働きやすいですね」と言い、何冊か資料として香港に持ち帰った。このところ、こういった情報誌、求人誌に対する規制も強まりつつあって、働く者たちの環境が悪化しつつあるのが残念である。

売春が禁じられているにもかかわらず、日本がアメリカに比べてセックスワーカーたちにとって働きやすい環境に概ねなっているのは、売春の定義が「性交」に限定されていて、オーラルセックス、アナルセックスに対する規制は緩く、酒の相手をしながら体に触れたり、触れられたりする行為が売春に類するものであるとはまったく考えられていないことによるものだろう。日本では禁止されている範囲が狭いのだ。また、もともとは日本人も、オランダ人同様に売春に寛大であることも関わっていそうだ。

システム、働く側の意識において、日米が近いのは、第2章のポルノ女優と第3章のテレホン・セックス・オペレーターだ。両国ともに合法の業種のため、より自然な原理で事が動いているためだろう。

しかし、残念ながら本書は手放しで礼讃できる内容ではなく、そのことも指摘しておかねばなるまい。ここに収録された各種の調査は、調査者によって方法が違っている。章によっては生のデータが掲載されていて、もっぱらその分析にページを費やしているが、章によっては、関係者にインタビューしたものを調査者がまとめ、数値はあまり重視されていないために、調査者の主観が入り込んでいるのではないかとしばしば感じる。そのため、同じ基準で業種を横並びに比べることはできず、必ずしも編者の意図が十分に実現できているとは言い難い。

編者は第1章で、街娼が売春婦を代表する存在ではないとしながらも、本書では街娼に関する調査がもっとも多い。アメリカの売春の8割から9割は街娼ではないにもかかわらず、本書でも、街娼が売春婦を代表しているかのような印象がある。おそらくこのことは、セックスワーカーの調査が困難であることに起因している。ポルノ俳優たちはメディアに出る機会も多く、違法性がないため、このような調査に協力してくれたのだろうが、アメリカのほとんどの地域で違法である売春行為に携わっている人たちの調査は難しい。第13章では、ネバダ州の売春業者やそこで働く女たちの事情が正確に描写されていると感じられ、データ部分も充実しているのは、アメリカ唯一の売春合法の州だからだろう。

違法な売春婦たちの中では、比較的調査しやすいのが街娼である。コールガールやマッサージパーラーで働く女たちに話を聞こうとして、電話でその趣旨を告げただけでほとんどは断られるに違いない。その点、街娼であれば、直接本人にアクセスすることができる。

それでも調査は容易ではない。私自身、日本人街娼のインタビューを長らく続けているが、ヘルスやソープなどの取材に比べると、時間も手間もかかり、断られることもある。どこの誰かわかってしまうと警察に目をつけられるし、地域によってはヤクザの監視が厳しい。そこで、繰り返し通って顔を覚えてもらい、世間話から始めて信頼を得る。彼女ら、あるいは彼ら（男娼にも何度か話を聞いている）にとって私に協力することのメリットなどないのだから、金を払って話を聞かせてもらうことになる。

しかし、一緒にホテルに入るわけにはいかない学者たちはこういう手法もとりにくい。したがって、路上でインタビューするしかなく、第7章の調査者もその限界を認めているように、果たしてこれで本当のことを語ってくれるものなのか、些かの疑問があり、まして相手は学者であって、容易に心開くとは思いにくい。

私が監修しているということで、セックスワーク肯定の本を期待した方も多いかと思うが、そもそも本書はそのような立場を明確にする意図はなく、それ以前の現実を調査したものである。

そのはずなのだが、第9章は、明確に売春に反対する団体CPAの意見をそのまま掲載し、調査者もその立場に共感しているように読める。学者の調査報告書からは逸脱した内容かもしれない。【COYOTEのような売春婦の権利擁護団体に関する研究は行われているものの、売春に反対の立場をとる組織についてはほとんど研究がなされていない】とあって、CPAのみを取り上げることがむしろバランスをとることになるという意味合いがあるらしいのだが、日本では、いくつかの翻訳本の中で紹介されているだけで、COYOTE

という名前さえ広く知られているとは言い難い。これについては、編者による第10章で、より冷静な諸団体の動向が解説されているので、必ず併せて読んでいただきたい（編者も客観的な立場に徹していないと思われる箇所があるのだが）。

また、第12章で取り上げられているカナダのオンタリオ州におけるストリップ（ここでのストリップは日本で言うストリップとは少々違っていて、フロアダンス、テーブル・ダンスに近い業種だと思った方がよさそう）に対する規制とそれがもたらした結果を読んでいただければ、無闇な規制で解決できることはあまりに少なく、現にストリッパーたちの収入を減らし、売春するストリッパーを生み出したように、かえって働く者たちを窮地に追い込むことがよくわかるだろう。

いくつかの点で慎重に読み解く必要があるが、とりわけ注意を要するのは、既に触れたように日米では大きく事情が違い、ここに記載されたことが日本にそのまま通じるわけではないことだ。日米で共通する部分とそうではない部分を見極めない限り、本書に提示された数字や考えは何の役にも立たない。特に街娼では、薬物使用の話が頻繁に出てきて驚かされるが、薬物使用者の絶対数が日米ではまったく違う。

日本では、薬物を使用しているセックスワーカーを捜すよりも、薬物使用をしているクラバーを捜す方が遙かに容易である。警察は風俗店の未成年者雇用と薬物使用にはうるさく、薬物使用者を見つけ、排除するために血液検査を実施している店もある。

ただし、かつては日本の街娼たちも高率で薬物を使用していたことがある。ヒロポン（覚醒剤）の時代だ。この時代と、現在のアメリカは通じるところもあって、覚醒剤を買うために売春をする。その時に、もっとも手軽にできるのが街娼ってわけだ。

これについても第7章に詳しいが、街娼たちがHIVに感染しているのは主に薬物のためである。売買春がHIV感染を引き起こすことが皆無ではないが、コンドームの使用が広まっているアメリカでは、一般に思われているより遙かに少ない。

日本でも同様で、数値を挙げて詳しく論じたこともあるが、検査を受けているセックスワーカーに関して言えば、他のどんな職種の人たちよりもSTDの感染率は低い。以前風俗店の従業員をやっていた知人が今年になって横浜でホテルヘルスを始めていて、店の女性ら全員に検査をさせたのだが、クラミジアさえ一人も出なかった。それまでに自主的に検査をしているか、前の店で検査をしていたのが多いためだろう。

一方、産婦人科における妊婦の検査では、通常一割以上のSTD感染者が発見され、知人が通院していた産婦人科では三割もの感染者が出ているのだという。妊娠するまで検査を一度もしたことがない人たちだとこうなってしまうのである。

妊婦の検査でHIV感染が発見されることが増えていると報道されているが、断じてエイズはゲイの病気でも、セックスワーカーの病気でもなく、事実、知人の知人という範囲で、今年になって二人の女性が感染していたことがわかっている。二人ともセックスワーカー経験は一度もないヘテロの女性である。にもかかわらず、今もネットでは「風俗嬢は危険だ」などと書いている人たち（医者も含まれる）がいるのは嘆かわしいことだ。

【エイズ予防策およびエイズ教育を街娼社会に広める為には、人種、使っている薬物の種類、仕事場の地域性の違いなどを総合的に考慮し、その違いに応じた戦略をたてなければいけない】（第七章より）

病気を利用して、風俗産業への憎悪をかきたてたところで、問題は何ら解決しないのである。

まだまだ書きたいことはあるのだが、ページが尽きた。残りはまた別の機会に書くことにしよう。

なお、これに続いて、さらに翻訳本を出して行きたいと思っているので、「こんな本がある」という情報があればポット出版までご一報いただきたい。

原注

第1章

本章にコメントを寄せてくれたキャスリーン・グイドロズに謝辞を表す.

1 —— Eric Shlosser. 1997. "The Business of Pornography." *U. S. News and World Report*, February 10; 42-50.

2—— Shlosser, "The Business of Pornography" ; 1998 figure reported in *New York Times*, March 21, 1999.

3 —— Luke Harding. 1997. "Media: Dirty War on the Top Shelf." *The Gurdian*, January 13.

4 —— James Davis, Tom Smith. 1994. *General Social Survey: Cumulative Codebook*. Chicago: NORC.

5—— Gallup Organization. 1991. *Gallup Poll Monthly*, no. 313, October.

6—— Yankelovich/Clancy/Schulmanが, 1986年7月7~9日に行ったTime誌世論調査. N=1017人.

7—— Shlosser, "The Business of Pornography."

8—— CBS News 世論調査. 1999年2月2日. N=1782人.

9—— Davis, Smith, *General Social Survey*.

10 —— Edoward Laumann, John Gagnon, Rovert Michael, Stuart Michaels. 1994. *The Social Organization of Sexuality: Sexual Practices in the United States*. Chicago: University of Chicago Press.

11—— ITV世論調査. 1998年11月16日. Agence France Presse掲載. N＝2000人.

12—— 1988年Gallup世論調査. 1992年3月9日付 Tronto Starにて引用.

13—— Time世論調査. 1986年.

14—— 1994年世論調査. Davis and Smith, *General Social Survey*.

15—— *Newsweek*/Princeton Survey Research Associates世論調査. 1995年7月27~28. N=752人.

16—— NBC News/*Wall Street Journal*世論調査. 1994年6月10~14日, N=1502人.

17—— 民主党指導者会議の後援により1997年7月23〜17日におこなわれたPenn, Shoen, Berland世論調査. N=登録有権者1009人.

18—— 1997年7月26~31日にYankelovich/Skelly/Whiteが実施したTime誌世論調査. N=登録有権者1044人.

19—— Gallup 世論調査. 1996年5月28~29日, N=1019人.

20—— Gallup 世論調査. 1991年.

21—— 1988年8月4〜8日にGordon Blackが実施したUSA Today世論調査. N=登録有権者1283人.

22 —— Frederique Delacoste, Priscilla Alexander. (Eds). 1987. *Sex Work: Writing by Women in the Sex Industry*. Pittsburgh: Cleis; Kathleen Barry. 1979. *Female Sexual Slavery*. Englewood Cliffs, NJ: Prentice Hall; Andrea Dworkin. 1981. *Pornography: Men Possessing Women*. New York: Putnam; Laurie Bell. (Eds). 1987. *Good Girls Bad Girls: Feminists and Sex Trade Workers Face to Face*. Seatle; Seal Press; Lisa Duggan, Nan Hunter. (Eds). *Sex Wars*. New York: Routledge, 1995；Annette Jolin. 1994. "On the Backs of Working Prostitutes: Feminist Theory and Prostitution Policy" *Crime and Deliquency*. 40: 69-83.

23—— 裏社会で働く労働者数を正確に割り出すことは不可能だが, 街娼は米国におけるすべての売春婦のおよそ10〜20%を占めている(Priscilla Alexander. 1987. "Prostitutes Are Being Scapegoated for Heterosexual AIDS" In *Sex Work*, ed. Delacoste, Alexander). 最近ロンドンで行われた調査では, ロンドンの売春婦の12%が街頭で働いていた(Roger Matthews. 1997. *Prostitution in London: An Audit*. Middlesex, UK: Middlesex University).

24—— コールガールは一般的に売春婦という烙印を押されているが, 直接非難を受けることはあまりない. ブライアンは,「コールガールが対人関係において道徳的にきびしく責められることはめったにない」と書いている(James Bryan. 1966. "Occupational Ideologies and Individual Attitudes of Call Girls." *Social Problems* 13: 441-450, at p. 450.).

25 —— Barbara Heyl. 1977. "The Madam As a Teacher : The Training of House Prostitutes," *Social Problems* 24: 545-555.

26 —— Barbara Heyl "Prostitution: An Extreme Case of Sex Stratification." 1979. *The Criminology of Deviant Women*, ed. F. Adler, R. Simon. Boston: Houghton Mifflin.

27—— セックス・ワークにおける犠牲者論のほとんどは比較対照集団(すなわち, 非売春婦) がなく, 街頭で声をかけ, 面接した売春婦や刑務所でインタビューを受けた売春婦や, 福祉当局と接触した街娼など典型的とはいえない便宜的標本に依存しているため, 不完全な可能性がある. 例えば以下の文献を参照のこと. Jennifer James and Jane Meyerding. 1977. "Early Sexual Experience and Prostitution." *American Journal of Psychiatry* 134: 1381-1385; Neil McKeganey, Marina Barnard. 1996. *Sex Work on the Streets: Prostitutes and Their Clients*. Buckingham: Open University Press; Mimi Silbert, Ayala Pines, 1982. "Victimization of Street Prostitutes." *Victimology* 7: 122-133; Melissa Farley, Howard

Barkan, 1998. "Prostitution, Violence, and Posttraumatic Stress Disorder." *Women and Health* 27: 37-49.). 虐待を受ける率が高いという報告は，最も虐待の多い売春婦，すなわち最も絶望的な人々は，福祉当局に接触するか，街頭でのインタビューに同意する可能性が最も高いという標本選定上の影響を受けている可能性がある．しかし，街娼が仕事中に多くの暴力を経験していることは間違いない．すべての接触の中では暴力が絡むのは少数に過ぎなくとも，ほとんどすべての街娼は暴力の対象となったことがある．

28—— 屋内で働くセックス・ワーカーの研究では，暴力が問題となることはないが，暴力を口にする人もめったに暴力に接することはないと回答している．例えば以下の文献を参照のこと．Robert Perkins and Garry Bennet, 1985. *Being a Prostitute*. London: George Allen, Unwin, pp. 239, 300; Roberta Perkins. 1991. *Working Girls*, Canberrra: Australian Institute of Criminology, p. 290. 売春婦の権利向上団体COYOTEに加盟する41人の屋内セックス・ワーカー（屋内セックス・ワーカーの代表的なサンプルとはいえない）を対象として行ったある調査では，95％は性労働を無理強いされていないと答え，71％は仕事に関連して暴力を経験したことはないと答えた（Wendy McElroy. 1995. *XXX: A Woman's Right to Pornography*. New York: St. Martin's）．

29—— HIV感染率は，注射器でドラッグを使用する街娼で最も高く，コールガールは最も低い．78人のコールガールを対象として行ったある調査によれば、HIV検査で陽性だったのは，注射器でドラッグを使用したことのある一人だけだった．(Mindell Seidlin. 1988. "Prevalence of HIV Infection in New York Call Girls." *Journal of AIDS* 1: 150-154. ）．ネバダ州の合法売春宿で働く女性のうち，HIV検査で陽性と判定された女性はいなかった（*Las Vegas Review Journal*, March7, 1998. ）．

30—— John Exner, Joyce Wylie, Antonnia Leura, Tracey Parrill. 1977. "Some Psychological Characteristics of Prostitutes." *Journal of Personality Assessment* 41: 474-485, at p. 483.

31 —— Frank Farley, Sandy Davis. 1978. "Masseuses, Men and Massage Parlors." *Journal of Sex and Marital Therapy* 4: 219-225; Tanice Foltz. 1979. "Escort Services: An Emerging Middle Class Sex-for-Money Scene." *California Sociologist* 2: 105-133. Bryan "Occupational Ideologies" ; Alvert Verlarde, Mark Warlick. "Massage Parlors: The Sensuality Business." *Society* 2: 63-74. 1973. も参照.

32 —— Wiliam E. Tohmpson, Jackie L. Harred. 1992. "Topless Dancers: Managing Stigman in a Deviant Occupation." *Deviant Behavior* 13: 291-31; Marilyn Salution. 1971. "Stripper Morality." *Transaction* 8: 12-22.

33 —— Foltz, "Escort Services" : Jacqueline Boles, Kirk Elifson. 1994. " The Social Organization of Transvestite Prostitution and AIDS." *Social Science and Medicine* 39: 85-93; Amy Flowers. 1998. *The Fantasy Factory: An Insider's View of the Phone Sex Industry*. Philadelphia: University of Pennsylvania Press; Robert Prus and S. Irini. 1980. *Hookers, Rounders and Desk Clerks: The Social Organization of the Hotel Community*. Salem. WI; Sheffield.

34—— Edward Donnerstein, Daniel Linz, Steven Penrod. 1987. *The Question of Pornography: Research Findings and Policy Implications*. New York: Free Press.

35—— Cecile Hoigard, Liv Finstad. 1992. *Backstreets: Prostitution, Money, and Love*. University Park: Pennsylvania State University Press, pp. 76, 183.

36——Robert Jensen, 1997. "Introduction." in Gail Dines, Robert Jensen, and Ann Russo. Pornography. New York: Routledge, P. 5.

37—— Shannon Bell. 1995. Whore Carnival. New York; Autonomedia, p. 16.

38—— MeElroy, *XXX*, p. 148.

39 —— Nadine Strossen. 1995. *Defending Pornography*. New York: Anchor, P. 166.

40 —— Laura Kipnis. 1996. *Bound and Gagged: Pornography and the Politics of Fantasy in America*. New York: Grove; Alan Soble. 1986. *Pornography: Marxism, Feminism, and the Future of Sexuality*. New Haven: Yale University Press; Alan Soble. 1996. *Sexual Investigations*. New York: New York University Press: Linda Williams. 1989. *Hard Core: Power, Pleasure, and the "Frenzy of the Visible"* . Berkeley: University of California Press.

41—— McElroy, *XXX*, p. 148.

42—— Perkins, *Working Girls*, p. 348.

43 —— Arlene Carmen, Howard Moody. 1985. *Working Women: The Subterranean World of Street Prostitution*. New York: Harper and Row, p. 88.

44 —— Holly Bell, Lacey Sloan, Chris Strickling, 1998. "Exploiter or Exploited: Topless Dancers Reflect on Their Experiences." *Affilia* 13: 352-368. を参照.

45—— Perkins, Working Girls, p. 292.

46—— Donnerstein, Lintz, Penrod, *The Questions of Pornography*.

47 —— Jan Browne, Victor Minichiello. 1996. "Research Directions in Male Sex Work." *Journal of Homosexuality* 31: 26-56; Paula Dressel and David Peterson. 1982. "Becoming a Male Stripper." *Work and Occupations* 9: 387-406; David Pitttman. 1971. "The Male House of Prostitution." *Transaction* 8; 21-27; David Luckenbill. 1986. "Deviant Career Mobility: The Case of Male Prostitutes." *Social Problems* 31: 283-296: Edona Salamon. 1989. "The Homosexual Escort Agency." *British Journal of Sociology* 40: 1-21; Carol Ronai, Rebecca Cross. 1998. "Dancing with Identity: Narrative Resitance Strategies of Male and Female Strippers." *Deviant Behavior* 19: 99-119; Sari van der Poel. 1992. "Professional Male Prostitution: A Neglected Phenomenon." *Crime, Law and Social Change* 18: 259-275.

48 —— David Duncan. 1989. "Trends in Gay Pornographic Magazines: 1960 through 1984." *Social Science Research* 73: 95-98; Carl F. Stychin. 1992. "Exploring the Limits; Feminism and the Legal Regulation of Gay Male Pornography." *Vermont Law Review* 16: 857-900.

49—— いずれの世論調査も異性愛者のみを対象として実施したわけではないが,異性愛者が人口の過半数を占めるので,世論調査の結果は主に異性愛者の意見のバロメーターと考えることができる.

50 —— Christina Milner, Richard Milner. 1972. *Black Players*. Boston: Little Brown; Jennifer James. 1973. "Prostitute-Pimp Relationships." *Medical Aspects of Human Sexuality* 7: 147-160.

51 —— American Law Institute. 1980. *Model Penal Code and Commentaries, Part II, Sections 240. 0 to 251. 4*. Philadelphia: American Law Institute, p. 468.

52—— 1984年11月14日付けNew York Timesにて引用.

53—— ジュリー・パールによるインタビュー.口述筆記文は著者及び*Hastings Law Journal*が保管している.

54—— Richard A. Posner, Katherine B. Silbaugh. 1996. *A Guide to American Sex Laws*. Chicago: University of Chicago Press, p. 156.

55 —— Frances Bernat. 1985. "New York State's Prostitution Stature: Case Study of the Discriminatory Application of a Gender Natural Law." In *Criminal Justice Politics and Women*, ed. C. Schweber, C. Feinman. New York: Haworth; John Lowman. 1990. "Notions of Formal Equality Before the Law: The Experience of Street Prostitutes and Their Customers." *Journal of Human Justice* 1; 55-76.

56—— Seatle Women's Commission. 1995. *Projects to Address the Legal, Political, and Service Barriers Facing Women in the Sex Industry.* シアトル市長, 市議会への報告書.

57—— Lowman, "Notions of Formal Equality."

58—— Julie Pearl. 1987. "The Highest Paying Customer: America's Cities and the Costs of Prostitution Control." *Hastings Law Journal* 38: 769-800.

59—— Ronald Weitzer. 1991. "Prostitute's Right in the United States: The Failure of a Movement." *Sociological Quarterly* 32: 23-41; Valerie Jenness. 1993. *Making it Work: The Prostitute's Rights Movement in Perspective*. New York: Aldine de Gruyter.

60—— Eileen McLead. 1981. "Man-made Law for Men? The Street Prostitutes' Campaign against Control." *Controlling Women: The Normal and the Deviant*. ed. B. Hutter and G. Williams London: Croom Helm; Barbara Sullivan. 1997. *The Politics of Sex: Prostitution and Pornography in Australia Since 1945*. Cambridge: Cambridge University Press; Kemala Kempadoo, JO Doenzema（ed. ）1998. *Global Sex Workers; Rights, Resistance, and Redefinition*. New York: routledge.

61—— Ronald Weitzer "Community Groups vs. Prostitutes." 1994. Gauntlet no. 7: 121-124. も参照.

62—— Duggan and Hunter, *Sex Wars*: Lous Zurcher and R. George Kirkpatrick. 1976. *Citizens for Decency: Antipornography Crusades as Status Defense*. Austin: University of Texas Press.

63—— Gordon Hawkins and Franklin Zumring. 1988. *Pornography in Free Society*. New York: Cambridge University Press: Carole Vance. 1986. "The Meese Commission on the Road." *The Nation*, August 2-9: 76-82; Michael Kanter. 1985. "Prohibit or Regulate?" *Osgoode Hall Law Journal* 23: 171-194; A. W. B. Simpson. 1983. *Pornography and Politics: A Look Back at the Williams Committee*. London: Waterloo.

64—— Hawkins and Zimring, Pornography *in a Free Society*.

65—— Daniel Linz, Edward Donnerstein, and Steven Penrod. 1987. "The Findings and Recommendations of the Attorney General's Commission on Pornography." *American Psychologist* 42; 946-953.

66—— Vance, "The Meese Commission" Larry Baron. 1987. "Immoral, Inviolate, or Inconclusive?" *Society* 24: July-August: 6-12.

67—— 米国司法省, 1988. *Beyond the Pornography Commission: The Federal Response*. Washington, D. C. : GPO.

68―― 米国司法省. *Beyond the Pornography* Commission: The Federal Response, P. 31.

69―― Jim McGee and Brian Duffy. 1996. *Main Justice* New York: Simon and Schuster, pp. 282, 293.

70―― Ted Gess. 1989. "The Drive to Make America Porn-Free." *U. S. News and World Report*, February 6: 26-27.

71―― Jim McGee. 1993. "U. S. Crusade Against Pornography Tests the Limits of Fairness." *Washington Post*, January 11.

72―― 1999年2月24日，児童搾取・猥褻取締機関職員とのインタビュー．

73―― Boles and Elifson, "The Social Organization of Transvestite Prostitution".

74―― Foltz, "Escort Services" ; Salamon, "The Homosexual Escort Agency".

第2章

1―― Luis T. Garcia, Kathleen Brennan, Monica DeCalo, Rachel McGlennon, Sandra Tait. 1984. "Sex Differences in Sexual Arousal to Different Erotic Stories." *Journal of Sex Research* 20: 391-402; Gunter Schmidt, Volkmar Sigusch, Siegrid Schafer. 1973. "Responses to Reading Erotic Stories: Male-Female Differences." *Archives of Sexual Behavior* 2: 181-199.

2―― Scot B. Boeringer 1994. "Pornography and Sex Aggression: Association of Violent and Nonviolent Depictions with Rape and Rape Proclivity." *Deviant Behavior* 15: 289-304; Edward Donnerstein, Daniel Linz. 1986. "Mass Media Sexual Violence and Male Viewers: Current Theory and Research." *American Behavioral Science* 29; 601-618.

3―― Larry Baron, 1990. "Pornography and Gender Equality; An Empirical Analysis." *Journal of Sex Research* 27; 363-380.

4―― Gail Dine, Robert Jensen, Ann Russo. 1998. *Pornography: The Production and Consumption of Inequality*. New York: Routledge; Lisa Duggan, Nan Hunger. 1995. *Sex Wars: Sexual Dissent and Political Culture*. New York: Routledge; Diana Russell. 1993. *Making Violence Sexy: Feminist Views on Pornography*. New York; Teachers College Press.

5―― Chatharine MacKinnon and Andrea Dworkin. 1997. *In Harms' Way: The Pornography Civil Right Hearings*. Cambridge, MA: Harvard University Press; Nadine Strossen. 1995. *Defending Pornography: Free Speech, Sex and the Fight for Women's rights*. New York; Scribner; Tamara Packard, Melissa

Schraibman. 1994. "Lesbian Pornography; Escaping the Bonds of Sexual Stereotyping and Strengthening Our Ties to One Another." *UCLA Women's Law Journal* 4: 299-328.

6—— ポルノ業界においては，出演者は「タレント」と呼ばれ，自分たちもそのように称することが多い．この言葉は，「堅気の」（成人指定ではない）業界の役者と差別化するのに用いられるが，彼らの職業に合法性と正当性を与えている．

7—— Patrick Biernacki, Dan Waldorf. 1981. "Snowball Sampling." *Sociological Methods and Research* 10: 141-163.

8—— Sharon A. Abbot. Forthcoming "Careers of Actors and Actresses in the Pornography Industry." Ph. D. dissertation. インディアナ大学ブルーミントン校社会学部.

9—— Chris Heath, 1996. "A Hard Man is Good to Find." *Details* September: 96-291. において同じような数字が報告されている．

10—— 二本挿し（「DPs」）とは，二つの器官（通常ペニス）が肛門や膣などの一箇所の穴，または二つの器官が一人に入れられている（例えば、一人の男性が女性の肛門に，もう一人の男性が膣に挿入している）状態を指す．後者のほうが多く行われている．

11—— 一般的に彼らはフリーで雇用されているので，働いている会社で健康保険に加入していない．契約しているわずかな人数のタレントですら，健康保険は提供されていない．ポルノ業界のアクショングループ「プロテクティング・アダルト・ウェルフェア」は，業界向けの費用のかからない健康保険組合を結成しようとしている．

12—— 似たような調査結果が，Susan Fauldi, 1995. "The Money Shot." *New Yorker*, October 30: 64-87. に掲載された．

13—— 業界を出たり入ったりすることは，とりわけ女優の場合は非常によくあることだ．業界誌によればもっとも一般的なパターンは，女優がポルノ業界の部外者と恋に落ち，その関係が続いている間は引退しているというものだ．

14—— 興味深いことに，一流業界誌「アダルト・ビデオ・ニュース」は，セミプロ会社制作のフィーチャー作品は，プロのフィーチャー作品よりも，売り上げが多く，レンタル率も高いと報じている．

15—— 一握りの大企業が毎年わずかなタレントと専属契約を結ぶ．この契約では毎年女優や男優は多くの主演作品だけでなく，公の席への出席やモデル出演が保証される．契約ではある程度の安定性が与えられるが，タレントの他社への出演を制限しているので，必ずしも有

利とはいえないと考えられている．

16 —— Emanuel Levy. 1990. "Social Attributes of America Movie Stars." *Media, Culture and Society* 12: 247-267.

17 —— Carol Rambo Ronai, Carolyn Ellis. 1989. "Turn-Ons for Money: Interactional Strategies of the Table Dancer." *Journal of Contemporary Ethnography* 18：271-298.

18 —— D. Allen. 1980. "Young Male Prostitutes: A Psychosocial Study." *Archives of Sexual Behavior* 9: 399-426.

19—— 興味深いことに,「契約」の可能性は, 他の業界とは異なり, 経験年数とは関係ない. この理由は二つある. 第一に, 女優の地位は業界でのキャリアが長くなれば長くなるほど下がり, 時間が経つにつれて利益や魅力が減じる. 第二に, 多くの経験豊富なタレントは, 契約は制約が多すぎ,「成功」するための得にはならないと回答した.

20——ポルノ業界のタレントは30日おきにHIV抗体の検査を受け, 検査結果を撮影現場に用意しておかなければならない.

21—— Emmanuel Levy, "Social Attributes of American Movie Stars" .

22—— 女性タレントも, 女性同士のシーンのほうが「棒（勃起）待ち」しなくていいので , 手軽で早いと述べた.

23—— プロの会社は通常, ケーブルテレビ, ホームビデオ, 国外市場, ホテル市場などの複数の販路で販売するために, 各ビデオのハードコア版とソフトコア版の双方を制作する. ソフトコア版では実際の挿入は映さず, 使用できる言葉も限られている.

24—— 女性回答者の三分の二近くはバイセクシャルを自称しているが, ポルノ業界に入る前に女性とのセックスを経験していたのはそのうちのわずか半数だった.

25 —— Laura Leets, Gavin de Becker, Howard Giles, 1995. "Fans: Exploring Expressed Motivation for Contacting Celebrities." *Journal of Language and Social Psychology* 14: 102-123.

26—— その年の「最優秀新人」にはいくつかの賞が与えられるが、皮肉なことに, 一年目の終わりで, 女優としてのキャリアは半ば終わったようなものである.

27——ほとんどの回答者は, セックスを見るためではなく,「演技」（セリフ）のために出演ビデオを鑑賞していると答えた. 興味深いことに, インタビューを受けたプロデューサーによれば, 視聴者はセリフ部分を早送りして, セックスシーンを鑑賞する.

28——現在, ロサンジェルスの二大エージェンシー , ワールド・モデリ

ング・エージェンシーとレブ・サウィッツのオフィスがほとんどの現役タレントの代理人を務めている.

29—— 一般的に, 女優は作品ごとに誰と仕事がしたいかを訊かれ, 相手役候補の男優を拒否する機会を与えられる. 男優は, このような質問をされる機会ははるかに少ないが、たまにあると回答した.

30—— サブカルチャーにかかわっていることが女優や俳優にとってメリットになる間は, 否定的な面はない. 例えば、ポルノ業界では, キャリアを損なうおそれのあるゴシップがたくさん横行している. ゲイである, またはゲイ・ポルノに出演したことがあると別の男優に告発されたことがあると回答した男優が数人いた. 同性愛は男性らしさにたいする侮辱として受け取られるが, ポルノ業界ではこの種のゴシップはさらに深刻である. 女優たちはHIV感染の恐れから, 同性愛者であると「告発された」男優との共演を拒否することが多いと男優たちは語った.

31—— これらの無礼な言葉はいずれも, 女性のセクシャリティについてほのめかしている. ある点では, 問題の女性はセックスにたいする「関心が強すぎる」ことを示唆しているとも言える. 女優たちにとってセックスはさほど主たる動機ではないので, 業界のダブルスタンダードを示唆しているともいえる. しかしながら, これらの侮辱は、女性のセクシャリティや性器に言及することによって女性を侮辱するという, より一般的な現象に関係がある可能性もある. 性別による侮辱の詳細については, "What's the Worst Thing…? : Gender-Directed Insults." Kathleen Preston, Kimberly Stanley. 1987. *Sex Roles* 17: 209-219. 参照のこと.

32 —— Patricia A. Adler and Peter Adler. 1983. "Shifts and Oscillations in Deviant Careers: The Case of Upper-Level Drug Dealers and Smugglers." *Social Problems* 32: 195-207.

33—— David F. Luckenbill, 1985. "Entering Male Prostitution." *Urban Life* 14: 131-153; William E. Thompson, Jackie L. Harred. 1992. "Topless Dancers: Managing Stigma in a Deviant Occupation." *Deviant Behavior* 13: 291-311.

34—— James Bryan. 1965. "Occupational Ideologies and Individual Attitudes of Call Girls." *Social Problems* 13(1): 441-450; tanice G. Foltz. 1979. "Escort Services: An Emerging Middle Class Sex-for-Money Scene." *California Sociologist* 2: 105-133; Paul J. Goldstein. 1983. "Occupational Mobility in the World of Prostitution: Becoming a Madam." *Deviant*

Behavior 4: 267-279.
35—— David F. Luckenbill. 1986. “Deviant Career Mobility: The case of Male Prostitutes” . *Social Problems* 33: 283-296.
36—— Thompson, Harred, “Topless Dancers.”
37 —— Paula A. Dressel, David M. Petersen, 1982. “Becoming a Male Stripper: Recruitment, Socialization and Ideological Development.” *Work and Occupations* 9: 380-406; Paula A. Dressel, David M. Petersen. 1982. “Gender Roles, Sexuality, and the Male Strip Show: The Structuring of Sexual Opportunity.” Sociological Focus 15: 151-162.
38—— Martin S. Weinberg, Frances M. Shaver, and Colin J. Williams. 1997. “Gender and Sex Work: Prostitution in San Francisco Tenderloin.” カリフォルニア州ロサンゼルスで開催された1997年国際売春会議にて発表された論文.

第3章

1—— “Heavy Breathing,” 1994. The Economist. 332: 64.
2—— Amy Flowers. 1998. *The Fantasy Factory: An Insider's View of the Phone Sex Industry*. Philadelphia: University of Pennsylvania Press; Kathleen Guidroz. 1998. “Breaking into the Bedroom: The Female World of Women in Telephone Sex.” Paper presented at the National Women's Studies Association annual meeting, June, Oswego, New York; Grant Rich. 1998. “Phone Jams: Improvisation and Peak Experience in Phone Sex Workers.” *Anthropology of Consciousness* 9: 83-84.
3 —— Nicholson Baker, 1992. *Vox*. New York: Random House; Grant Rich. 1998年 “The Phantastically Phallic Phone: Erotic Exaggeration in Truth, Fiction, and The Starr Report.” Unpuplished paper.
4 —— Flowers, *The Fantasy Factory*; U. S. Congress. 1991. *Telephone 900 Services; Hearing Before the Subcommittee on Commerce, House of Representatives*, 102nd Congress, First Session Washington, D. C. U. S. Government Printing Office.
5 —— Erving Goffman. 1963. *Stigma: Notes on the Management of Spoiled Identity*. New York; Simon & Schuster; Edwin M. Schur. 1983. *Labeling Women Deviant: Gender, Stigma, and Social Control*. Philadelphia: Temple University Press.
6 —— “Barbara.” 1993. “It's a Pleasure Doing Business with You.” *Social Text* 37: 11-22; Rachel James. 1993. “Heart to Heart With a Phone Sex

Fantasy Girl." *Gray Areas* 2: 46-51; Mimi Freed. 1993. "Nobody's Victim." *10 Percent* 1: 48-53. も参照.

7―― Howard Becker. 1963. *Outsiders: Studies in the Sociology of Deviance*. New York: Free Press.

8―― Goffman, *Stigma*.

9―― Christena E. Nippert-Eng, 1996. *Home and Work: Negotiating Boundaries Through Everyday Life*. Chicago: University of Chicago Press.

10―― 回答者の名前はすべて仮名である.

11―― 会社名は仮名である.

12―― Gary Anthony, Rocky Bennet and John Money. 1998. *Dirty Talk: Diary of Phone Sex Mistress*. Buffalo, NY: Prometheus; Flowers, *The Fantasy Factory*.

13―― Flowers, *The Fantasy Factory*.

14―― Flowers, *The Fantasy Factory*.

15―― Flowers, *The Fantasy Factory*, p. 29.

16―― Flowers, *The Fantasy Factory* も参照.

17―― Flowers, *The Fantasy Factory* ; Guidroz "Breaking into the Bedroom."

18―― Flowers, *The Fantasy Factory*.

19―― Flowers, *The Fantasy Factory*.

20―― Kathleen Guidroz. "Breaking into the Bedroom: Women's Employment in Escort and Telephone Sex Work." Ph. D. dissertation. George Washington University, Washington, D. C.

21―― Flowers, *The Fantasy Factory* 参照.

22―― Flowers, *The Fantasy Factory*, p. 122.

23―― Flowers, *The Fantasy Factory*.

第4章

本章の一部は, ラスベガスで行われた1996年ポップカルチャー協会の年次総会及び1998年にロサンゼルスで行われた世界ポルノグラフィ会議にて発表された. 最新のビデオについて常に情報を提供してくれたブルース・ケルトンに感謝する.

1―― Mickey Skee. 1997. "Tricks of the Trade." *Frontiers* 16 (August 22): 43.

2―― Richard Dyer. 1985. "Make Gay Porn: Coming to Terms." *Jump Cut* 30: 28.

3―― ある研究では, 1980年代のゲイ・ポルノ雑誌の57%は, ビデオのシーンで構成されていた. David Duncan, 1989. "Trends in Gay

Pornographic Magazines: 1960 Through 1984." *Social Science Research* 73: 97.

4—— Al Di Lauro and Gerald Rabkin. 1976. *Dirtiy Movies: An Illustrated History of the Stag Film, 1915-1970*. New York: Chelsea House, p. 97.

5—— Thomas Waugh. 1992. "Homoerotic Representation in the Stag Film, 1920-1040: Imagining an Audience." *Wide Angle* 14(April): 4-19.

6—— Di Lauro, Rabkin, *Dirty Movies*, pp. 96-97.

7—— Thomas Waugh. 1996. *Hard to Imagine: Gay Male Eroticism in Photography and Film from Their Beginning to Stonewall*. New York: Columbia University Press, p. 359.

8—— Richard Dyer. 1990. *Now You See It: Studies on Lesbian and Gay Film*. London and New York: Routledge, p. 171.

9—— John D'Emilio, Estelle B. Freedman. 1988. *Intimate Matters: A History of Sexuality in America*. New York; Harper and Row, p. 287.

10—— George Csicsery. (Ed.). 1973. *The Sex Industry*. New York: American Library, p. 197.

11—— Waugh, *Hard to Imagine*, pp. 359-361.

12—— John R. Burger, 1995. *One-Handed Histories; The Eroto-Politics of Gay Male Video Pornography*. New York: Harrington Park Press, p. 14.

13—— Kenneth Turan, Stephen F. Zito. 1974. *Sinema: American Pornographic Films and the People Who Make Them New York*: Praeger, pp. ix, 141-143.

14—— Turan and Zito, *Sinema*, p. 191.

15—— Dennis Altman. 1982. *The Homosexualization of America*. Boston: Beacon Press, p. 88.

16—— Duncan, "Trends in Gay Pornographic Magazines," p. 96.

17—— Burger, *One-Handed Histories*, p. 25.

18—— Jamoo. 1997. *The Films of Kristen Bjorn*. Laguna Hills, CA: Companion Press, pp. 22, 37; Dave Kinnick. 1993. *Sorry I asked: Intimate Interviews with Gay Porn's Rank and File*. New York: Masquerade Books, p. 58.

19—— Jamoo, *The Films of Kristen Bjorn*, pp. 17-19.

20—— Mickey Skee. 1998. *Bad Boys on Video: Interview with Gay Adult Stars*. Laguna Hills, CA: Companion Press, pp. 206-216.

21—— Burger, *One-Handed Histories*, p. 25.

22—— Burger, *One-Handed Histories*, pp. 27-28.

23—— Camille Paglia. 1991. *Sexual Personae; Art and Decadence from Nefertiti to Emily Dickinson*. New York: Vintage.

24 —— Susie Bright. 1992. *Susie Bright's Sexual Reality: A Virtual Sex World Reader*. Pittsburgh: Cleis Press; Susie Bright. 1995. *Susie Bright's Sexwise*. Pittsburgh: Cleis Press; Susie Bright. 1997. *Susie Bright's Sexual State of the Union*. New York: Simon and Schuster.

25—— Pat Califia, 1991. *The Advocate Adviser*. Boston: Alyson Publications.

26—— Douglas Sadownick. 1996. *Sex Between Men: An Intimate History of the Sex Lives of Gay Men Postwar to Present*. San Francisco: Harper San Francisco, p. 190.

27—— Steven Minuk. 1997. "Sex, Guys, and Viodeotapes." *Icon* (July): 22.

28—— Skee, Bad Boys on Video, pp. 173, 181, 193.

29—— Chi Chi La Rue[Larry Paciotti] with John Erich. 1997. *Making it Big: Sex Stars, Porn Fils, and Me*. Los Angels: Alyson Books.

30—— Hal Rubenstein. 1998. "Bye-Bye Barbie; Ken Ryker Comes Out (And We Don't Mean to Play)." *Genre* (October): 38-41, 74-51.

31 —— David Groff. 1998. "Letter From New York; Fallen Idol." *Out* (June): 43-50; Eric Gutierrez. 1997. "Porn Again; Life After Skin Flicks." *Out*(July): 64-68, 105; Dan Levy 1996年 "Falcon Rising." *Out*(July): 73-75, 106-107.

32—— Kinnick, *Sorry I Asked*.

33—— Skee, "Tricks of the Trade," p. 43.

34—— 事例証拠に加えて, この主張を裏付ける資料証拠もある. 例えば、テキサスの無料ゲイ隔週紙「This Week in Texas」1982年10月15-22日号は, 61件のバー広告を大きく取り上げていたが, どれ一つとして男性ダンサーについては言及していなかった. 1998年7月24-30日号では, 半分近くが男性ダンサーについて言及していたが, バー広告の総数は20件に減っていた.

35—— Ronnie Larsenの1997年ドキュメンタリー映画「Shooting Porn」では, 多くの出演者が, ビデオではほとんど食べていかれないが, エスコートやダンサーとしての評判を高めるきっかけをくれたと述べた.

36—— Gary Indiana. 1993. "Making X: A Day in the Life of Hollywood's Sex Factory." *Village Voice* 38 (August 24); 30; Minuk, "Sex, Guys and Videotapes," p. 20; Skee, "Triks of the Trade," p. 43.

37—— "Working Stiffs." 1998. *Unzipped* 13(October): 13-27.

38 —— Scott Seomin. 1997. "Informercial for a Hustler." *Icon* (July): 14-16; Indiana, "Making X," p. 30.

39—— Seomin, "Informercial," p. 15. Blake echoed this sentiment in Ronnie Larsen's film *Making Porn*.

40—— ATKOL Forums: www. atkol. com/forums. htm

41—— Nina Hartleyのコメントは, 1998年11月13日にロサンゼルスで開催された「Society for the Scientific Study of Sexuality」の年次総会パネル・ディスカッションにおける発言.

42—— James Spada. 1979. *The Spada report: The Newest Survey of Gay Male Sexuality*. New York: New Amerian Library p. 135.

43 —— Austin Foxxe. 1997. "The Type of Guy." *Frontiers* 16 (August22): 65-68.

44 —— Michael Bronski. 1984. *Culture Clash: The Making of Gay Sensibility*. Boston: South End Press, pp. 165-166.

45—— Richard Dyer. 1989. "A Conversation about Pornography." In *Coming on Strong: Gay Politics and Culture*. London: Unwin Hyman, p. 210.

46—— Charles Isherwood. 1996. *Wonder Bread and Ecstasy: The Life and Death of Joey Stefano*. Los Angeles: Alyson Publications, p. 62.

47 —— Bradley Moseley-Williams. 1997. "The Porn Boy Next Door." *Icon*(July): 27.

48—— Robert Hofler. 1998. "The Men of Koo Koo Roo." *Buzz* 9(January): 65.

49 —— Richard Dyer. 1994. "Idol Thoughts: Orgasm and Self-Reflexivity in Gay Porn." *Critical Quarterly* 36(1): 54. ここでRichard Dyerはポルノ映画作成に関する膨大な映画リストやこの傾向の広範囲にわたる分析したものを寄稿している.

50 —— Daniel Harris. 1997. *The Rise and Fall of Gay Culture*. New York: Hyperion, pp. 124-128; Michalengelo Signorile. 1997. *Life Outside-The Signorile Report on Gay Men: Sex, Drugs, Muscles and the Passage of Life*. New York: Harper Collins, pp. 145-146. Harrisは現代のポルノを激しく非難し, 七〇年代のポルノに比べ見劣りがすると述べた. Signorileは, ポルノ・スターの地位向上と理想的な肉体を指摘し, ゲイ男性のステロイドや美容整形 (Signorileが考えるには乱用されている) と結びつけている. これは, Hoflerの「The Men of Koo Koo Roo」p. 78でも同じような批判が繰り返されている.

51 —— John Stoltenberg. 1991. "Gays and the Pornography Movement: Having the Hots for Sex Discrimination." In *Men Confront Pornography*, Michael Kimmel, ed. New York; Meridian Books; Christopher N. Kendall. 1993. "Real Dominant, Real Fun: Gay Male Pornography and the Pursuit

of Masculinity." *Saskatchewan Law Review* 57: 21-58.
52—— Thomas Waugh. 1995. "Men's Pornography: Gay vs. Straight." In *Out in Culture: Gay, Lesbian, and Queer Essays on Popular Culture*, ed. Corey Creekmur and Alexander Doty. Durham, N. C. , and London: Duke University Press.
53—— Scott Tucker. 1991. "Radical Feminism and Gay Male Porn." In *Men Confront Pornography*.
54—— Carl F. Stychin. 1992. "Exploring the Limits: Feminism and the Legal Regulation of Gay Male Pornography." *Vermont Law Review* 16: 857-900 at 899-900.
55—— Mark Mann. 1998. "The 'Daddy' Genre in Gay Porn." ロサンゼルスで開催された世界ポルノグラフィ会議で提出された論文. Mark Mannは「ダディ」ものというニッチ・マーケットビデオの出演者であると同時に, カリフォルニア州ラグナビーチのビデオ・ホライズンの所有者でもある. 彼によれば, 若い東欧系男性を主演させた作品がよく売れ, レンタルも多いという.
56—— James Williams. 1998. "Gay Porn for a Specific Audience : Mature and Uncut Men." ロサンゼルスの世界ポルノグラフィ会議で提出された論文. ウィリアムズはアルトマール・プロダクションズの所有者である.

第5章

本章のリサーチは, 国立司法研究所(補助金番号97-IJ-CX-0033)の補助金で行った. プログラムに参加した男性に関するデータを提供してくれたサンフランシスコの初犯売春婦プログラム責任者のノーマ・ホタリングに感謝する. また, 調査にすばらしい協力をしてくれたスティーブ・ガルシア, ホリー・ピアスにも感謝している.

1 —— Arlene Carmen and Harold Moody. 1985. *Working Women: The Subterranean World of Street Prostitution*. New York: Harper and Row; Nanette Davis. 1993. *Prostitution: An International Handbook on Trends, Problems and Policies*. London: Greenwood Press; Barbara Sullivan. 1992. "Feminist Approaches to the Sex Industry." In *Sex Industry and Public Policy*, ed. Sally-Anne Gerull and Boronia Halstead. Canberra, Australian Institute of Criminology.
2 —— Eleanor Miller, Kim Romenesko, and Lisa Wondolkowski. 1993. "The

United States." In Davis, *Prostitution*; Sullivan, "Feminist Approaches to the Sex Industry" .

3—— Priscilla Alexander. 1987. "Prostitution: A Difficult Issue for Feminists." In *Sex Work: Writing by Women in the Sex industry*, ed. F. Delacoste and P. Alexander Pittsburgh : Cleis Press; Miller, Romenesko and Wondolkowski, "The United States."

4—— Alexander, "Prostitution."

5—— Miller, Romenesko, and Wondolkowski "The United States."

6—— Davis, *Prostitution*.

7 —— Nell McKeganey and Marina Banard, 1994. *Sex work on the Street: Prostitutes and Their Clients*. Philadelphia: Open University Press: Special Committee in Prostitution and Pornography. 1985. *Pornography and Prostitution in Canada*. Ottawa, Canada: Canadian Government Publishing Centre.

8—— Edward G. Armstorong. 1978. "Massage Parlors and Their Customers." *Archives of Sexual Behavior* 7: 117-125; Harold R. Holzman and Sharon Pines. 1982. "Buying Sex: The Phenomenology of Being a John." *Deviant Behavior* 4: 89-116.

9 —— Goerge L. Stewart. 1972. "On First being a John." *Urban Life and Culture* 3: 255-274; Lous Diana. 1985. *The Prostitute and Her Clients; Her Business is Your Pleasure*. Springfield IL: Charles Thomas.

10 —— Carmen and Moody, *Working Women*: Sharon Boyle. 1995. *Working Girls and Their Men: Male Sexual Desires and Fantasies Revealed by the Women Paid to Satisfy Them*. London: Smith Gryphon.

11 —— Holzman and Pins "Buying Sex" Jan Jordan, 1997. "User Buys: Why Men Buy Sex." *Australian and New Zealand Journal of Criminology* 30: 50-71.

12 —— Robert T. Michael, John H. Gagnon, Edward O. Laumann and Gina Kolata. 1994. *Sex in America*: A Definitive Survey: Boston: Little, Brown and Company.

13 —— Alfred C. Kinsey, Wendell B. Pomeroy, and Clyde E. Martin. 1948. *Sexual Behavior in the Human Male*. Philadelphia: W. B. Saunders.

14—— Harold Benjamin and R. E. L. Masters. 1964. *Prostitution and Morality* New York: Julian Press.

15—— Michael et al. , *Sex in America*.

16—— Martin A. Monto. 1998. "Holding Men Accountable for Prostitution;

The Unique Approach of the Sexual Exploitation Education Project (SEEP)." *Violence Against Women* 4: 505-517.

17—— Max Millard. 1996. "First Offender Program Officers Creative Solution to an Age Old Problem." *Bay Area Reporter* 52 (15): 1.

18—— Martin A. Monto. 1999. "A Comparison of the Clients of Street Prostitutes with a Nationally Representative Sample." Unpublished paper.

19—— Matthew Freund, Nancy Lee, and Terri Leonard. 1991. "Sexual Behavior of Clients with Street Prostitutes in Camden, N. J.." *Journal of Sex Research* 28: 579-591.

20—— Freund et al. , "Sexual Behavior of Clients."

21—— Mimi H. Silbert. 1981. "Occupational Hazards of Street Prostitutes." *Criminal Justice and Behavior* 8: 359-399; Davis, *Prostitution*; Hoigard and Finstad, *Back Streets*.

22—— Silbert, "Occupational Hazards" ; McKeganey and Barnard, *Sex Work on the Streets*.

23—— Martha R. Burt. 1980. "Cultural Myths and Supports for Rape." *Journal of Personality and Social Psychology* 38: 217-230.

24—— Martin A. Monto and Norma Hotaling. 1998. "Rape Myth Acceptance Among the Male Clients of Female Street Prostitutes." サンフランシスコで開催された太平洋社会学協会の年次総会にて発表.

25—— Kinsey et al. , *Sexual Behavior in the Human Male*.

26—— Michael et al. , *Sex in America*.

27—— McKeganey and Barnard, *Sex Work on the Street*; Holzman and Pines, "Buying Sex" ; Jordan, "User Buys."

28—— Holtzman and Pines, "Buying Sex."

29—— Keith Blanchard. 1994. "Young Johns." *Mademoiselle* 100 (5): 130-133, 183.

30—— Neil McKeganey. 1994. "Why Do Men Buy Sex and What Are Their Assessments of the HIV-Related Risks When They Do." *AIDS Care* 6: 289-301.

31—— McKeganey and Barnard, *Sex Work on the Street*.

32—— Jordan, "User Buys."

第6章

本章は，子供の健康と人間の発展国立研究所の補助金（R01 HD24897）が支援するRANDプロジェクト，ロサンゼルス女性健康リスク調査のデータに基づくものである．データを共有してくださったDavid E KanouseおよびSandra H. Berry，技術支援を提供してくれたSally Carsonに感謝する．

1—— Alfred C. Kinsey, Wendell B. Pomeroy, and Clyde E. Martin. 1948. *Sexual Behavior in the Human Male*. Philadelphia; W. B. Saunders; Charles Winick. 1962. "Prostitutes' Clients' Perceptions of the Prostitutes and of Themselves." *International Journal of Social Psychiatry* 8: 289-297.

2—— Arlie Russel Hochschild. 1983. *The Managed Heart: Commercialization of Human Feelings*. Berkley: Univesity of California Press.

3——「エスコート」とは，エスコート・サービスや出張マッサージ・サービスまたは，セックス・タブロイド紙，電話帳，新聞，雑誌の個人広告欄で広告しているデート・サービス，モデル・サービスに連絡することによって連絡のできるすべての人を指す．「コール・ガール」とは，一般的に「マダム」や，別のコール・ガール，コール・ガールのその他の客など，紹介制度を通してでなければ連絡をとることができない．

4—— Christine Overall. 1992. "What's Wrong with Prostitution? Evaluating Sex Work." *Signs* 17: 705-724.

5—— Hochschild, *The Managed Heart*, p. 46.

6—— Paul Cresseyの古典的作品「The Taxi-Dance Hall」(Chicago: University of Chicago Press, 1932)は，大恐慌時代にシカゴに流れ込んだ孤独な移民男性のための「一曲10セント」ダンス・ホールが果たした役割について記述している．職業ダンサーのいるダンス・ホールは，ほとんどが姿を消したが，1970年代に最新流入の波とともに再登場した．ニューヨーク，ホノルル，オークランドにはまだいくつかあるが、ロサンゼルスほど繁盛しているところは全米中どこを捜してもない．ロサンゼルスのダウンタウンのコンベンション・センターから一マイル以内の場所に11ケ所あり，「ホステスが踊る」許可を得ている．

7—— Stephen Braun. 1989. "For Asian, A Ritual Slip of Home." *Los Angeles Times* (February 16): A-1, 3, 25.

8—— Marilyn S. Paguirigan. 1992. *A Hostess' Script: An Enthnographic Study of the Dramaturagical Work of a Hostess*. Master's thesis Department of

Sociology, University of California at Loa Angeles; An Allison. 1994. *Nightwork: Sexuality, Pleasure, and Corporate Masculinity in a Tokyo Hostess Club*. Chicago; University of Chicago Press.

9—— サンプリング方法については, David Kanouse, Sandra Berry, Naihua Duan, Janet Lever, Sally Carson Judith Perlman, Barbara Levitan. 1999. "Drawing a Probability Sample of Female Street Prostitutes in Los Angeles County." *Journal of Sex Research* 36: 45-51. 参照.

10—— Janet Lever and David E. Kanouse. 1998. "Using Qualitative Methods to Study the Hidden World of Offstreet Prostitution in Los Angeles County." In *Prostitution*, ed. J. Elias. Amherson, N. Y. : Prometheus.

11—— Stephen R. Marks. 1994. "Intimacy in the Public Realm: The Case of Co-workers." *Social Forces* 72: 843-858.

12—— コンドーム使用の詳細については, Sandra Berry. 1992. "Risky and Non-Risky Sexual Transactions." 参照. ポスターはアムステルダムで開催された国際エイズ会議で発表された.

13—— Kinsey et al. , *Sexual Behavior*.

14—— Winick, "Prostitutes' Clients' Perceptions."

15 —— Matthew Freund, Nancy Lee and Terri Leonard. 1991. "Sexual Behavior of Clients with Street Prostitutes in Camden, N. J.." *Journal of Sex Research* 28: 579-591.

16—— Edward O. Laumann, John H. Gagnon, Robert T. Michael and Stuart Michaels. 1994. *The Social Organization of Sexuality: Sexual Practices in the United States*. Chicago: University of Chicago Press.

17 —— Lilian Breslow Rubin. 1984. *Intimate Strangers: Men and Women Together*. New York: Harper Perennial Library; Chatharine Riessman 1990. *Divorce Talk: Women and Men Make Sense of Personal Relationships*. New Brunswick, NJ: Rutgers Press.

18—— *Washington Post*/Kaiser Family Foundation/Harvard University Survey of Americans on Gender. March, 1998. Kaiser Family Foundation, Menlo Park, CA.

19—— Riessman, *Divorce Talk*.

20 —— Veronica F. Nieva and Babara A. Gutek. 1981. *Women and Work: A Psychological Perspective*. New York: Praeger.

21 —— Donald J. West. 1993. *Male Prostitution*. New York: Harrinton Park Press.

22—— West, *Male Prostitution*, p. 247.

23—— S. E. Caukins and M. A. Coombs. 1976. "The Psychodynamics of Male Prostitution." *American Journal of Psychotherapy* 30: 441-451.

24—— Amy S. Wharton and Rebecca J. Erickson. 1993. "Managing Emotions on the Job at Home: The Consequences of Multiple Emotional Roles." *Academy of Management Review* 18: 457-486.

第7章

筆者は，励ましと財政的援助を与えてくれたレベッカ・バラガン，ホセ・アルヴァレズ，ラテン連合スタッフ，適切な指摘を与えてくれたロバート・ワシントン，アーサー・パリス，快く不安を打ち明けてくれたセックス・ワーカーたちに感謝を捧げたい．

1—— Heather G. Miller, Charles F. Tuner and Lincoln E. Moses. 1990. AIDS: *The Second Decade* Washington, D. C. : National Academy Press.

2—— Barbara O. de Zalduondo. 1991. "Prostitution Viewed Cross-Culturally; Toward Recontexutualizing Sex Work in AIDS Intervention Research." *Journal of Sex Research* 28: 233-248.

3 —— Judith Cohen, Priscilla Alexander, and Constance Wofsy. 1998. "Prostitutes and AIDS: Public Policy Issues." *AIDS and Public Policy* 3: 16-22.

4 —— Priscilla Alexander. n. d *Patterns of Prostitution in North America and Europe*. Oakland: California Prostitutes' Education Project.

5—— Michael Zausner. 1986. *The Streets: A Factual Portrait of Six Prostitutes as Told in Their Own Words*. New York: St. Martin's Press; Arlene Carmen and Howard Moody. 1985. *Working Women: The Subterranean World of Street Prostitution*. New York: Harper and Row; Barnard Cohen. 1980. *Deviant Street Networks: Prostitution in New York City*. Lexington, MA: D. C. Heath and Co.

6 —— Mitchell S. Ratner. (Ed.). 1993. *Crack Pipe as Pimp: An Ethnographic Investigation of Sex for Crack Exchange*. New York: Lexington Books; James A. Inciardi, Dorothy Lockwood, and Ann E. Pottgietter. 1993. *Women and Crack Cocaine*. New York: Macmillan; Terry Williams. 1992. *Crackhouse*. Reading, MA: Addison Wesley; Mindy T. Fullilove, Elizabeth A. Lown, and Robert E. Fullilove. 1992. "Crack 'Hos and Skeezers: Traumatic Experiences of Women Crack Users." *Journal of Sex Research* 29: 275-287; Katherine Edin. 1991. "Surviving the Welafare System: How

AFDC Recipients Make Ends Meet in Chicago." *Social Problems* 38: 462-473; Miller et al. , AIDS.

7—— Miller et a. , *AIDS*.

8 —— Niel McKeganey and Marina Barnard. 1996. *Sex Work on the Streets: Prostitutes and Their Clients*. Philadelphia: Open University Press.

9—— Joyce L. Wallace, Allen Steinberg, and Adele Weiner. 1992. "Patterns of Condom Use, Crack Use, and Fellatio as Risk Behavior for HIV Infection among Prostitutes." Paper presented at the annual conference American Association of Public Health, Washington, D. C. ; Carol A. Campbell 1991. "Prostitution, AIDS, and Preventive Health Behavior." *Social Science and Medicine* 32: 1367-1378.

10—— McKeganey and Barnard, *Sex Work*, Miller et al. , AIDS.

11—— Wallace et al. , "Patterns of Condom Use."

12 —— John Davidson. 1986. *The Stroll: Inner City Subcultures*. Tronto; New Canada Press; Zausner, *The Streets; Cohen, Deviant Street Networks*.

13 —— Ratner, *Crack Pipe as Pimp*; Michelle G. Shedlin. 1990. "An Ethnographic Approach to Understanding HIV High Risk Behavior: Prostitution and Drug Abuse." In *AIDS and Injection Drug Use: Future Directions for Community-Based Prevention Research* , ed. Carl G. Lekefeld, Robert J. Battjes, and Zili Amsel Washington, D. C. : National Institute of Drug Abuse, NIDA Research Monograph 93.

14—— Ratner, *Crack Pipe as Pimp*.

15—— Davidson, *The Stroll*: Zausner, The Streets.

16 —— Inciardi et al, *Women and Crack Coaine*, Shedlin, "An Ethnographic Approach."

17—— Ratner, *Crack Pipe as Pimp*; Inciardi et al. , *Women and Crack Cocaine*; Fullilove et al. , "Crack 'Hos and Skeepzers."

18—— Inciardi et al. , *Women and Crack Cocaine, Ratner, Crack Pipe as Pimp*; Inciardi et al. , *Women and Crack Cocaine*; Wallace et al. , "Patterns of Condom Use."

19 —— Joyce Wallace, Judith Porter, Adele Weiner, Allen Steinberg. 1997. "Oral Sex, Crack Smoking, and HIV Infection among Female Sex Workers Who Do Not Inject Drugs." *American Journal of Public Health* 87: 470.

20—— Sherry Deren, W. Reese Davis, Michael C. Clatts, Salvador Balcorta, Mark M. Beardsley, Jesus Sanchez, and Don Des Jarlais. 1997. "Dominican,

Mexican, and Puerto Rican Prostitutes: Drug Use and Sexual Behavior." *Hispanic Journal of Behavioral Science* 19: 202-213.

21—— McKeganey and Barnard, *Sex Work.*

22—— Department of Public Health. 1992. *Vital Statistics Report*. Philadelphia: Department of Public Health.

23—— McKeganey and Barnard, *Sex Work.*

24 —— Cindy Thomas, Nina Mulia, and Jon Liebman. 1992. "HIV Seropositivity among Injection Drug Users Recruited from Street Settings in North Philadelphia." Philadelphia Health Management Corporation (unpublished).

25 —— Adele Weiner. 1996. "Understanding the Social Needs of Streetwalking Prostitutes." *Social Work* 4: 97-105.

26 —— Fullilove et al. , "Crack 'Hos and Skeezers" ; Shedlin "An Ethnographic Approach."

27—— Weiner "Understanding the Social Needs."

28—— Shedlin "An Ethnographic Approach."

29—— John L. Gwaltney. 1980. *Drylongso* New York: Random House; Charles A. Valentine. 1970. *Culture and Poverty.* Chicago: University of Chicago Press; Carol B. Stack. 1974. *All Our Kin*. New York: Harper and Row.

30—— Weiner, "Understanding the Social Needs."

第8章

この調査は, ブリティッシュ・カウンシル, スペイン教育省の統合アクション・プログラムから, 英国及びスペインで比較調査を行うための資金援助を受けて行われた. 筆者は, ブリティッシュ・カウンシル, 英国教育省, APRAMP代表ロシオ・ニエト, クリスティナ・レチェア・アルベロラ, ラケル・バルトロメ, マリア・ドロレス・ロメロ, マリア・テレサ・カノ・イバネス, リタ・ソリア・サフンキロ, ヴィクトリア・エスクリバノ・ピケラス, マリア・ダリア・リマ・フェルナンデス・ヘズス, エミリア・ミゲル・マルティネス, スー・ジョンソン, モー・マクドナルド, デーヴ・ドーソン, スー・マルロイ及びこのプロジェクトのためにインタビューした女性たちに感謝する.

1 —— Rosemary Bararet. 1995. *Victimology y Prostitucion*: Informe de Resolutados. Final report submitted to the Spanish Women's Institute, Madrid.

2── 包括的なソーシャル・サービスは別として，スペイン，アルベセテの農村地域には売春婦を対象とする特定の機関は存在しない．

3 ── Maggie O'Niel. 1997. "Prostitute Women Now." In *Rethinking Prostitution* , ed. G. Scambler and A. Scambler. London: Routledge; Judith Green, Susan Mulroy and Maggie O'Niel. 1997. "Young People and Prostitution from a Youth Service Approach." In *Child Prostitution*, ed. D. Barrett. London: The Children's Society.

4── *Anuario El Pais*. 1997. Madrid: Ediciones El Pais, pp. 159-160.

5 ── Mark Lee and Rachel O'Brien. 1995. *The Game's Up: Redefining Child Prostitution*. London: The Children's Society.

6 ── Maggie O'Niel, Nicola Goode, and Kristan Hopkins. 1995. "Juvenile Prostitution? The Experiences of Young Women in Residential Care." *Childright* 113.

7── Barbaret, *Victimologia y Prostitucion*.

8 ── Susan Edwards. 1990. "Violence Against Women: Feminism and the Law." In *Feminist Perspectives in Criminology*, ed. L. Gelsthorpe and A. Morris Philadelphia: Open University Press, p. 89.

9── Maggie O'Niel. 1991. *Prostitution in Nottingham: Towards a Multi-Agency Approach*. Pilot Study for Nottingham Safer Cities. Nottingham: Nottingham Polytechnic

第9章

1── イデオロギー的見解に関して， Annette Jolin. 1994. "On the Backs of Working Prostitutes: Feminist Theory and Prostitution Policy." *Crime and Delinquency* 40: 69-83; and Anne Ferguson. 1989. "Sex War: The Debate Between Radical and Liberation Feminists." *Signs* 10: 106-112. で講評している．

2 ── Kathleen Barry. 1984. *Female Sexual Slavery*. New York: New York University Press: Kathleen Barry. 1995. *The Prostitution of Sexuality: The Global Exploitation of Women*. New York New York: New York University.

3── R. Sawyer. 1988. *Children Enslaved*, London: Routledge.

4 ── Suzanne E. Hatty. 1989. "Violence Against Prostitute Women: Social Legal Dilemmas." *Australian Journal of Social Issues* 24: 235-248; Evelina Kane. 1987. *Support for Women Leaving Prostitution: Project Summary and Recommendations Final Report*. Minneapolis: Minnesota Coalition for Bartered Women; Melissa Farley. 1995. "Research Shows Harm That

Prostitution Does to Emotional Health." *Minneapolis Star Tribune*, June 12; Mimi H. Silbert. 1981. "Occupational Hazards of Street Prostitutes." *Criminal Justice and Behavior* 8: 395-399.

5 —— Barbara Heyl. 1979. "Prostituion: An Extreme Case of Sexual Stratification." In *The Criminology of Deviant Women*, ed. F. Adler and R. J. Simon. Boston: Houghston Mifflin; Nanette J. Davis and Claris Stasz. 1990. *Social Control of Deviance: A Critical Perspective*. New York: McGraw-Hill.

6 —— Nanette J. Davis. 1993. "Introduction: International Perspectives on Female Prostitution," In *Prostitution: An International Handbook on Trends, Problems, and Policies*, ed. N. Davis. Westport, CT: Praeger.

7—— Valerie Jenness. 1990. "From Sex as Sin to Sex as Work: COYOTE and the Reorganization of Prostitution as a *Social* Problem." *Social Problems* 37: 403-420; Ronald Weitzer. 1991. "Prostitute's Rights in the United States." *Sociological Quarterly* 32: 23-41.

8 —— Nanette J. Davis, Susan Kay Hunter, and Vicky Neland. 1990. "Alternatives to Prostitution; Reflections on the Victimization and Devicitimization Process." Paper presented at annual meetings of the Pacific Sociological Association.

9—— Joe Parker. 1998. "How Prostitution Works." Portland, OR: CPA.

10 —— Sheila Redman. 1990. *Council for Prostitution Alternative Report*, Portland, OR: CPA, amended by Nanette J. Davis, 1998.

11—— Vicki Neland, 1998, *CPA Handbook, Portland*, OR: CPA, p. 3.

12—— 1990年3月, Susan Kay Hunterとのインタビュー.

13—— Neland, *CPA Handbook*, p. 4.

14—— 1990年2月, ソーシャル・ワーカーとのインタビュー.

15—— Ron Weitzer. 1994. "Community Groups vs Prostitutes." *Gauntlet* no. 7: 121-124.

16—— 1991年2月, Susan Kay Hunterとのインタビュー.

17—— Neland, *CPA Handbook*, p. 4.

18—— Neland, *CPA Handbook*, p, 8.

19—— Neland, *CPA Handbook*, p. 9.

20—— WHISPER, Progress Report, 1988.

21 —— Debra Boyer. (Ed.). 1988. *In and Out of Street Life: A Reader on Interventions with Wtreet Youth.* Portland, OR: Tri-County Youth Services Consortium; Debra Boyer and Jennifer James. 1982. "Easy Money;

Adolescent Involvement in Prostitution." In *Justice for Young Women*, ed. Sue Davidson. Tucson, Arizona: New Directions for Young Women
22—— Parker, "How Prostitution Works," pp. 1-2.
23—— Nanette J. Davis. 1999. *Youth Crisis Growing Up in the High Risk Society*. Westport, CT: Praeger.
24—— Neland, "Dedication," *CPA Handbook*.
25—— Neland, *CPA Handbook*, p. 6.
26—— David Matza. 1964. Delinquency and Drift New York; John Wiley.
27 —— Nanette J. Davis. 1978. "Prostitution: Identity, Career, and Legal Economic Enterprise." In *The Sociology of Sex*, ed. J. M. Henslin and E. Sagarin. New York: McGraw-Hill.
28—— Mimi Silbert and A. M. Pines. 1983. "Early Sexual Exploitation as an Influence in Prostitution." *Social Work* 28: 285-289; and Davis "Prostitution."
29—— Neland, *CPA Handbook*, p. 5.
30—— Neland, *CPA Handbook*, p. 7.
31—— Neland, *CPA Handbook*, p. 7-8.
32—— Neland, *CPA Handbook*, p. 8.
33—— Neland, *CPA Handbook*, p. 10.
34—— Neland, *CPA Handbook*, p. 16.
35—— Neland, *CPA Handbook*, p. 28.
36—— Neland, *CPA Handbook*, p. 27.
37—— Neland, *CPA Handbook*, p. 26.
38 —— Molly Greenman. 1990. "Survivors of Prostitution Find PRIDE." *Families in Society: The Jounal of Contemporary Human Services*, 71: 110-113.
39—— Vern Bullough and Bonnie Bullough. 1987. *Women and Prostitution : A Social History*. Buffalo, NY. : Prometheus.
40 —— Judith Walkowitz. 1980. *Prostitution and Victorian Society: Women, Class and the State*. Cambridge, UK: Cambridge University Press.

第10章

1 —— Bureau of Justice Statistics. *Sourcebook of Criminal Justice Statistics*. Washington, D. C. : U. S. Government Printing Office, annual.
2—— Julie Pearl. 1987. "The Highest Paying Customer: America's Cities and the Cost of Prostitution Control." *Hasting Law Journal* 38: 769-800. 1994

年に，サンフランシスコは760万ドルかけて売春婦規制を実施した．（San Francisco Task Force on Prostitution. 1996. *Final Report*. San Francisco Board of Supervision.）

3—— Federal Bureau of Investigation. *Uniform Crime Reports*. Washington, D. C. : U. S. Department of Justice , annual.

4—— Bernard Cohen. 1980. *Deviant Street Networks: Prostitution in New York City*, Lexington, MA: Lexington Books.

5 —— Jerome Skolnick and John Dombrink. 1978. "The Legalization of Deviance." *Criminology* 16: 193-208, at p. 201.

6—— *San Francisco Examiner*, December 6, 1995.

7——「このためタスク・フォースは，市に売春行為に対して法を施行し，起訴することを辞めるように勧告した」（San Francisco Task Force, *Final Report*, p. 6）．

8—— 1997年4月29日インタビュー．

9—— M. Anne Jennings. 1976. "The Victim as Criminal: A Consideration of California's Prostitution Law." *California Law Review* 64: 1235-1284; Raymond Parnas. 1981. "Legislative Reform of Prostitution Laws." *Santa Clara Law Review* 21: 669-696.

10—— 1993年6月7日，Julia Harrisonとのインタビュー．

11—— Cohen, *Deviant Street Networks*.

12—— *Time*/Yankelovich, Skelly and Whiteによる世論調査. 1977年7月26-31日. N=1, 044 登録有権者.

13 —— Ronald Weizer. 1991. "Prostitutes Rights in the United States: The Failure of a Movement." *Sociological Quarterly* 32: 23-41. の世論調査データ参照.

14—— Charles McCaghy and Stephen Cernkovich. 1991. "Changing Public Opinion toward Prostitution Laws," paper presented at the World Congress of Sexology , Amsterdam.

15 —— Peart Marwick and Partners. 1984. *A National Population Study of Prostitution and Pornography*. Report no. 6 Ottawa, Canada: Department of Justice.

16—— ITV世論調査. 1998年11月16日Agence France Presseにて発表. N=2, 000.

17—— Sun Media Newspaper/Compass世論調査. 1998年10月31日Edmonton Sunに掲載. N=1, 479.

18 —— "Poll: French Want Brothels Legalized," *Boston Globe*, January 22,

1995.
19—— Ronald Weitzer. 1994. "Community Groups vs Prostitutes," Gauntlet no. 7: 121-124.
20—— 1993年7月6日インタビュー.
21—— Ralph Jimenez. 1993. "Manchester Plans New Push on Johns," *Boston Globe*, January 2: NH1. にて引用.
22—— Linda Jones. 1989. "Festival Marks Community's Effort to Drive out Drug Dealers, Prostitutes." *Detroit News*, September 15: B1. にて引用.
23—— Valarie Busheda and David Grant. 1992. "Prostitution: A Problem That Endures." *Detroit News*, February 19: B4. が引用.
24—— Stephanie Gadlin. 1989. "Hookers get out." *Chicago Defender*, September 6; 26. が引用.
25—— Jack MacLean. 1976. "Prostitution and the Community." *These Times*, December 20: 12-13. が引用.
26—— Helen Reynolds. 1986. *The Economics of Prostitution* Springfield, IL: Charles C. Thomas.
27—— MacLean "Prostitution and the Community," p. 13. が引用.
28—— Greg Mills. 1992. "Buckeye Neighborhood Coalition Attacks Crime, Grime." *Call and Post* (Cleveland), August 20: A3. が引用.
29—— Scott Winokur. 1993. "Prostitution Crackdown Nets 160." *San Francisco Examiner*, January 20: A3. が引用.
30—— Linda Wheeler. 1987. "Prostitute Disrupts D. C. Hearing," Washington Post, May 7: D7. が引用.
31—— 1993年7月26日インタビュー.
32—— George Kelling and Chatherine Coles. 1996. *Fixing Broken Windows*. New York: Free Press.
33—— 逮捕された客の住所に基づき, 私が詳細に調べたサンフランシスコとワシントンD. C. の二都市には確かにあてはまった.
34—— 1993年7月9日インタビュー.
35—— George Judson.1992. "Price of a Prostitute : The Client's Car." *New York Times*, December 4: B1.が引用.
36—— 1993年7月9日インタビュー.
37—— Katti Gray. 1991. "Prostitution Opponents Aim to Seize Johns' Cars," *Newsday*, December 5: 25. が引用.
38—— Art Hubacher. 1998. "Every Picture Tells a Story: Is Kansas City's 'John TV' Constitutional? " *Kansas Law Review* 46: 551-591.

39 —— Courtney Persons. 1996. "Sex in the Sunlight: The Effectiveness, Efficiency, Constitutionality, and Advisability of Publishing Names and Pictures of Prostitutes' Patrons." Vanderbilt Law Review 49: 1525-1575.

40 —— "Curbing Prostitution on Demand Side," New York Times, April 20: B8.

41—— Louis Harris世論調査. 1978年11月30—12月10日. N=1, 513.

42—— Newsweek 世論調査 1995年1月26-27日. N=753.

43—— Edmonton Sun, 1998年11月8日.

44—— ポートランドのプログラム, 性的搾取教育プロジェクト(SEEP)は1995~1997年の間運用されたが, 更生プログラムに参加し常習化しなかった男性はサンフランシスコでは逮捕歴を残さずに済むのに, SEEPに参加した男性は売春婦を誘ったことに対して有罪判決を受けた. SEEPは独立した組織であったのにたいし, サンフランシスコの買春者更生教室は, 刑事裁判制度の支援を受けていた.

45—— John Braithwaite. 1989. Crime, Shame and Reintegration Cambridge, UK: Cambridge University Press.

46—— Personal communication from Staff Sgt. Doug Mottram, Metropolitan Toront Police , August 7, 1997.

47 —— Molly Greenman. 1990. "Survivors of Prostitution Find PRIDE." *Families in Society* 71: 110-113; Evelina Kane. 1987. "Support for Women Leaving Prostitution: Project Summary and Recommendations," Minneapolis, MN: WHISPER.

48—— WHISPER 1985-1986. *WHISPER Newslettter*, no. 1, p. 1.

49 —— International Committee for Prostitutes' Rights. 1985. *World Charter for Prostitutes' Rights*, Amsterdam.

50—— 以下のディスカッションの一部は, Weitzer "Prostitutes' Rights in the United States." に基づくものである.

51—— COYOTEは既存の事業倫理規定を利用して、売春業を商業地区または商業/住宅混在地区に封じ込めることを提案した. (Priscilla Alexander. 1979. "National Decriminalization a Must as Hypocritical, Sexist Vigilante Groups Spring into Action across the U. S.." NTFP News 1: (September- October).

52—— COYOTE. 1974. "COYOTE Background." *COYOTE Howls* 1 (2).

53—— ある調査では, コール・ガールや, 売春宿, マッサージ・パーラーの従業員は順応しやすい.「自己防衛や感情抑制に長け, しきたりを十分認識し, 自ら選択した職業で成功している」(John Exner, Joyce

Wylie, Antonia Leura, and Tracey Parril. 1997. "Some Psychological Characteristics of Prostitutes." *Journal of Personality Assessment* 41: 474-485.）．エスコート・サービスやマッサージ・パーラー従業員の研究はこれを裏づけている（第1章参照）．

54── COYOTE, quouted in Jim Stingley. 1976. "Issues Raised by Discrimination." Los Angeles Times, February 9.

55── Singley "Issues Raised."

56── COYOTE. 1974. "Fiction versus Fact." COYOTE Howls 1(2).

57── Priscilla Alexanderとのインタビュー．1987年3月16日．

58── Margo St. James. 1989. "Preface." In *A Vindication of the Rights of Whores*, ed. G. Pheterson. Seattle: Seal Press, p. xix.

59── Margo St. Jamesとのインタビュー．1980年9月12日．

60── サンフランシスコなどのNOWの地域支部は，積極的にCOYOTEの活動に参加している．

61── Erving Goffman. 1963. *Stigma* Englewood Cliffs, N. J. : Prince-Hall.

62── National Task Force on Prostitution. 1987. *About the NTFP*. San Francisco p. 2.

63── Samantha Millerとのインタビュー．1993年6月16日．

64── Ronald de Graaf. 1995. *Prostitution and Their Clients*. The Hague: Gegenens Koninkijke, p. 15.　客のほとんどが外国人観光客や出張者であることは注記しておく．

65── 1997年10月　世　論　調　査. Chrisje Brants. 1998. "The Fine Art of Pragmatic Tolerance: Prostitution in Amsterdam." unpublished paper , University of Utrecht. が引用.

66── Eggar Danter. 1999. "Green Light at Last for Dutch Red Light Districts," Deutsche Presse-Agentur, February 6, N=2, 600.

67── Sietske Altinkとのインタビュー．1997年3月24日．

68── The Brothel Owners Association会長とのインタビュー．1999年1月31日．

69── 1999年1月27日付*AP Worldstream*に引用された司法省の数字.

70── Window Owners Association事務局長とのインタビュー．1998年5月28日．

71── Window Owners Association , *The Guardian*に引用. 1999年1月31日．

72── Foundation of Men and Prostitution 代表とのインタビュー．1998年5月29日．

第11章

1── この誤った概念に関する詳細については, Gail Pheterson. 1996. *The Prostitution Prism*. Amsterdam: Amsterdam University Press. 参照.

2── 初期のインタビューはセックス・ワーカーの権利擁護団体COYOTE（サンフランシスコ）, US PROS（サンフランシスコ）, Red Thread(アムステルダム), Foundation Against Trafficking in Women（ウトレヒト）を通じて相手を見つけた. これらのインタビュー対象者に, その他にインタビュー可能な人を紹介してくれるように依頼する雪だるま式サンプリング方法でサンプルを拡大していった. また, 街娼, 出稼ぎ売春婦, 未成年や年配の売春婦など, 充分に意見を表明する機会のなかった集団も探し出した. それぞれのインタビューは少なくとも1時間を要し, ほとんどはテープに録音した. オランダのセックス・ワーカーとのインタビューはほとんどがオランダ語で行い, 後に翻訳した.

3── インタビュー対象者には, 覗きショーのダンサー, ストリッパー, コール・ガール, 売春婦, 飾り窓売春婦, ポルノモデル／俳優, エスコート・ワーカー, プロの女王様, 売春宿の売春婦, テレホンセックス・ワーカー, プロのセックス代理人が含まれている. この調査は, 女性のセックス・ワーカーに限定している.

4 ── Wendy Chapkis. 1997. *Live Sex Acts: Women Performing Erotic Labor*. New York: Routledge. を参照.

5── セックス・ワークをさまざまな種類に分類し, これらのセックス・ワーカーが直面する顕著な問題について探求するという新たな試みについては, Babara Heyl. 1979. "Prostitution: An Extreme Case of Sex Stratification." In *The Criminology of Deviant Women* , ed. F. Adler and R. Simon Boston; Houghton Mifflin. を参照.

6── Terryとのインタビュー. 1993年（サンフランシスコ）.

7── Ritaとのインタビュー. 1992年（サンフランシスコ）.

8── Ritaとのインタビュー. 1992年（サンフランシスコ）.

9 ── Carol Leigh. 1994. "Prostitution in the United States: The Statistics." *Gauntlet* no. 7: 17-18.

10──一例をあげると、ある風俗犯罪取締官の推定によれば、アムステルダムで飾り窓売春を行っている女性の70〜80%は、外国人であり、そのうち80%は、しかるべき許可証を得ずに不法に労働している(Ron Beekmeijerとのインタビュー、1994年アムステルダムにて).

11── Licia Brussaとのインタビュー. 1994年（アムステルダム）.

12 ── De Graaf Foundation. 1997. "Prostitution in the Netherlands."

Between the Lines: The Newsletter of the Dutch Institute for Prostitution Issues, March p. 1.

13—— De Graaf Foundation "Prostitution in the Netherlands," p. 2.

14—— De Graaf Foundation "Prostitution in the Netherlands," p. 2.

15—— Teriとのインタビュー. 1992年（サンフランシスコ）.

16—— Lunaとのインタビュー. 1992年（サンフランシスコ）.

17—— Susieとのインタビュー. 1992年（サンフランシスコ）.

18—— Teriとのインタビュー. 1992年（サンフランシスコ）.

19—— Susieとのインタビュー. 1992年（サンフランシスコ）.

20—— Susie とのインタビュー. 1992年（サンフランシスコ）.

21—— Janeとのインタビュー. 1992年（サンフランシスコ）.

22—— Joanとのインタビュー. 1992年（サンフランシスコ）.

29—— Joとのインタビュー, 1993年, (アムステルダム).

30—— Joとのインタビュー, 1993年, (アムステルダム).

31—— Juliaとのインタビュー, 1994年, (ニューヨーク).

32—— Terryとのインタビュー, 1993年, (サンフランシスコ).

33—— Teriとのインタビュー, 1992年, (サンフランシスコ).

34—— Janeとのインタビュー, 1992年, (サンフランシスコ).

35—— Teriとのインタビュー, 1992年, (サンフランシスコ).

36—— Margotとのインタビュー, 1994年, (アムステルダム).

37—— Dawnとのインタビュー, 1995年, (サンフランシスコ).

38—— Lunaとのインタビュー, 1992年, (サンフランシスコ).

39—— Joとのインタビュー, 1993年, (アムステルダム).

40—— Terryとのインタビュー, 1993年, (サンフランシスコ).

41—— Teriとのインタビュー, 1992年, (サンフランシスコ).

42—— Karenのインタビュー, 1994年（サンタクルス）.

43——「聖なる売春婦」とは, サービスに精神的, 治療的側面を持たせることを理解し, 自分のプロとしてのアイデンティティを古代寺院の売春婦の伝統に重ねているセックス・ワーカーを指す.

44—— Visionとのインタビュー, 1993年（アムステルダム）.

45—— Carolとのインタビュー, 1992年（サンフランシスコ）.

46—— Susieとのインタビュー, 1992年（サンフランシスコ）.

47—— Candy Kaneとのインタビュー, 1995年（サンタクルス）.

48—— Teriとのインタビュー, 1992年（サンフランシスコ）.

49—— Sandyとのインタビュー, 1993年（サンフランシスコ）.

50—— Barbarraとのインタビュー, 1987年（サンタクルス）.

51—— Samanthaとのインタビュー, 1992年（サンフランシスコ）.
52—— Licia Brussaとのインタビュー, 1994年（アムステルダム）.
53—— Joとのインタビュー, 1993年（アムステルダム）.
54—— Samanthaとのインタビュー, 1992年（サンフランシスコ）.
55—— Licia Brussaとのインタビュー, 1994年（アムステルダム）.
56—— Terryとのインタビュー, 1993年（サンフランシスコ）.
57—— Samanthaとのインタビュー, 1992年（サンフランシスコ）.
58—— Ronald Weitzer. 1991. "Prostitutes' Right in the United States." *Sociological Quarterly* 32: 23-41.
59—— Yvette in The Red Thread. 1995. Vluggertjes 1: 18.
60—— Teriとのインタビュー, 1995年（サンフランシスコ）.
61—— David Steinberg. 1998. "Some Room of Their Own." *Spectator Magazine*, July 30-August 6: 5-7.
62—— Susieとのインタビュー, 1992年（サンフランシスコ）.
63—— Teriとのインタビュー, 1995年（サンフランシスコ）.
64—— Steinberg, "Some Room of Their Own," pp. 5-7.
65—— Terry Goodson. 1994. Unpublished letter to the California NOW Board Delegates, August 19.；Dennis Pfaff. 1994. "Exotic Dancers Claim Theater Sidesteps Wage and Labor Laws." *San Francisco Daily Journal*, May 7: Susan Seward. 1994. "Lap Dancers Battle for Respect: Women Fighting to Force Theaters to Pay Hourly Wages." *San Francisco Chronicle*, May 7: A17.
66—— Steinberg, "Some Room of Their Own," pp. 5-7.
67—— Kerwin Brook. 1998. "Peep Show Pimps." *San Francisco Bay Guardian*, February 4-10: 18.
68—— Brook, "Peep Show Pimps."
69—— Carla, quote in Brook , "Peep Show Pimps."
70—— Brookによれば, カリフォルニア州の現労働長官 Jose Millanは, 仲介制度は合法的と思われると述べた（Brook "Peep Show Pimps"）.
71—— National Committee on Pay Equity. 1998. "The Wage Gap: Myths and Facts." In *Race, Class and Gender in the United States*, ed. P. Rothenberg. New York: St. Martin's Press p. 234.
72—— National Committee on Pay Equity, "The Wage Gap."
73—— Carol Queenとのインタビュー, 1992年（サンフランシスコ）.

第12章

本プロジェクトは，ヘルス・カナダの全国健康調査開発プログラムから補助金を受けて実施された．プロジェクトで作業を行い，原稿にフィードバックを寄せてくれた共同研究者のエレノアー・マティカティンデールに感謝する．また，調査の助手を務めてくれた，ジョカリン・クラーク，ジューン・オークスや，法律に関する専門知識で本論文に非常に有益な意見を与えてくれたプロジェクト・コーディネーターのジェニファー・ズビックにも感謝の意を表する．また，時間を取って私と話をしてくれたすべての女性に対しても感謝を捧げる．

1―― ラップ・ダンスの描写については，Graves E. Enck, James D. Preston. 1988. "Counterfeit Intimacy: A dramaturgical Analysis of an Erotic Performance" . *Deviant Behavior* 9: 369-381; Craig J. Forsyth and Tina H. Deshotels. 1997. "The Occupational Milieu of the Nude Dancer." *Deviant Behavior* 18: 125-142; Jacqueline Lewis. 1998. "Lap Dancing: Personal and Legal Implications." In *Prostitution: On Whores, Hustlers, and Johns* , ed. J. E. Elias, V. L. Bullough, V. Elias, and G. Brewer. Amherst, MA: Prometheus Press; Carol Rambo Ronai and Carolyn Ellis. 1989. "Turn-ons for Money: Interactional Strategies of the Table Dancer." *Journal of Contemporary Ethnography*. 118: 271-298; and Carol Rambo Ronai. 1992. "The Reflexive Self Through Narrative: A Night in the Life of an Erotic Dancer/Researcher." In *Investigating Subjectivity: Research on Lived Experience*, ed. C. Ellis and M. G. Flaherty, Newbury Park, CA: Sage. 参照のこと．

2―― Lewis, "Lap Dancing."

3 ―― Brenda Cossman. 1997. "Feminist Fashion or Morality in Drag? The Sexual Subtext of the *Butler* Decision." *Bad Attitude on Trial: Pornography, Feminism, and the Butler Decision* , ed. B. Cossman, S. Bell, L. Gotell, and B. Ross. Tronto: University of Tronto Press and Lise Gotell. 1997. "Shaping Butler: The New Policies of Anti-Pornography." In *Bad Attitudes*.

4――ダンサーが自分自身を称する際「エキゾチック・ダンサー」という言葉を使用している．

5―― Cossman, "Feminist Fashion." 参照.

6―― Jacqueline Boles and Albeno P. Garbin. 1974. "The Choicd of Stripping for a Living: An Empirical and Theoretical Explanation." *Sociology of Work and Occupations* 1: 110-123; Sandra Harley Carey, Robert A. Peterson, and Louis K. Shape. 1974. "A Study of Recruitment and

Socialization into Two Deviant Female Occupations." *Sociological Symposium* 8: 11-24; Jacqueline Lewis. 1998. "Learning to Strip : The Socialization Experiences of Exotic Dancers." Canadian Journal of Human Sexuality 7: 51-66; Robert C. Prus and Styllianoss Irini. 1980. *Hookers, Rounders, and Deck Clerks: The Social Organization of the Hotel Community*. Toronto: Gage Publishing Marilyn Salutin. 1971. "Stripper Morality." *Transaction* 8: 12-22; James K. Skipper and Charles H. McCaghy. 1971. "Stripteasing: A Sex-Oriented Occupation." In *Studies in the Sociology of Sex*, ed. J. M. Henslin. New York: Appleton-Century-Crofts.

7 —— Jacqueline Boles and Albeno P. Garbin. 1974. "Stripping for a Living: An Occupational Study of the Night Club Stripper." In *Deviant Behavior: Occupational and Organizational Bases* , ed. C. D. Bryant. Chicago : Rand McNally; Lewis, "Learning to Strip" ; Charles M. McCaghy and James K. Skipper 1972. "Stripping: Anatomy of a Deviant Life Style." In *Life Styles: Diversity in American Society* , ed. S. D. Feldman and G. W. Thielbar, Boston: Little, Brown; Salutin "Stripper Morality" ; William E. Thompson, and Jackie L. Harred. 1992. "Topless Dancers: Managing Stigma in a Deviant Occupation." *Deviant Behavior* 13: 291-311.

8—— Jacqueline Boles and Albeno P. Garbin. 1974. "The Strip Club and the Stripper-Customer Patterns of Interaction." *Sociology and Social Research* 58: 136-144; Enck and Preston, "Counterfeit Intimacy" ; Forsyth and Deshotels, "The Occupational Milieu" ; Ronai and Ellis "Turn-ons for Money."

9—— Boles and Garbin, "The Strip Club" ; Boles and Garbin "Stripping for a Living" ; Enck and Preston "Counterfeit Intimacy" ; Forsyth and Deshotels, "The Occupational Milieu" ; Ronai and Ellis "Turn-ons for Money" ; Ronai "The Reflective Self" ; Thompson and Harred, "Topless Dancers."

10 —— Enck and Preston, "Counterfeit Intimacy" ; Forsyth and Deshotels, "The Occupational Milieu" ; Thompson and Harred, "Topless Dancers."

11—— Boles and Garbin "Stripping for a Living" ; Ronai and Ellis "Turn-ons for Money."

12—— Thompson and Harred "Topless Dancers."

13—— Boles and Garbin "The Strip Club" ; Boles and Garbin "Stripping for a Living" ; Enck and Preston "Counterfeit Intimacy" ; Forsyth and

Deshotels, "The Occupational Milieu" ; Ronai and Ellis "Turn-ons for Money" ; Ronai, "The Reflective Self: " ; Thompson and Harred, "Topess Dancers."

14—— Boles and Garbin "Stripping for a Living" ; Prus and Irini, *Hookers, Rounders.*

15—— Boles and Garbin, "Stripping for a Living," p. 328.

16—— Ronai and Ellis, "Turn-ons for Money" ; Ronai "The Reflexive Self."

17—— Ronai, "The Reflexive Self," P. 117.

18—— Ronai and Ellis, "Turn-ons for Money," p. 291.

19—— Ronai and Ellis, "Turn-ons for Money" ; Ronai "The Reflexive Self."

20—— Ronai and Ellis, "Turn-ons for Money," p. 292.

21—— 本調査の重要な情報源には, ストリップ・クラブで働いた経験のある数人の大学生（シューター・ガール, バーテン, ドアマンなど）や, 有給で調査のためにその他の参加者を採用していたダンサーの知り合いが一人含まれていた.

22—— プロジェクト開始後まもなくラップ・ダンスが禁止され, このようなダンスは, 我々が接近できないような, クラブのよりプライベートな区域で行われるようになったので, ダンサーの発言を裏づける観察によるデータは, 入手できなかった.

23—— R v. Mara(1994), O. J. No. 264 (QL).

24—— Section 167(1) of the Criminal Code of Canada, R. S. C. , 1985, c. C-46. は以下のように規定している.「賃借人, マネージャー, エージェントまたは劇場責任者が, 劇場に於いて不道徳, 卑猥または猥褻な演技, 娯楽または表現を提示, 提供する, または提示, 提供することを認めた場合には, 違法行為と見なす」.

25—— R v. Mara (1994).

26—— R v. Butler (1992)1 S. C. R. 452. で定められたとおり, 共同体の基準検査は, 地域共同体が許容するものに基づいている.

27—— この判決を下すにあたって, ハックボーン判事は, Tremblay裁判(1993年)及びHawkins裁判(1993年)の二つの判決を参照した. ハックボーン判事によれば, Maraにおける行いは, 以下の理由でわいせつではなかった.

> 本件において苦情の対象となっている行いは, カナダ最高裁判所 [Tremblay裁判] やオンタリオ州控訴裁判所 [Hawkins裁判]によって取り扱った行為と比較して不快感を与えない. こ

のような判例がなければ，テーブル・ダンサーの動きは卑猥であると判断するのにほとんど問題はなかっただろう．(R v. Mara [1994年])

しかしながら，オンタリオ控訴裁判所は，ハックボーンは，Tremblay判決(1993年)やHawkins判決(1993年)をMara裁判（1994, 1996年）に当てはめ解釈するという間違いを犯したと判断した．オンタリオ州控訴裁判所によれば，これらの裁判は，区別をつけられないことは明らかである．Tremblay 裁判(1993年)には，エロチックな演技が伴い，演技中に客は服を脱ぎ，自慰するように仕向けられるが，問題の演技中には，肉体的接触はなく，この演技は「プライベート」な場所で行われ，害を与える危険はなかった．一方，Hawkins裁判（1993年）では，生のセックス行為ではなく，ビデオテープが配布されていたので，オンタリオ控訴裁判所は，本件とは区別できると判断した．

28 —— Mike Funston. 1995. "Missisauga Bans Lap Dancing?But Clubs, Dancers Protest." *Toronto Star*, September 14, P. A6.

29—— 詳細についてはミソシーガ市条例，Bylaw No. 351-95, *A by-law to amend By-law 572-79*(1995), Municipality of Metropolitan Toronto, Bylaw No. 123-96, *A by-law to amend Schedule 36 to By-law No. 20-85*(1996), Municipality of Metropolitan Tronto, By-law No. 129-95, *A by-law to amend Schedule 36to By-law No. 20-85*(1995). 参照.

30 —— Dale Brazao. 1995. "Lap Dancing Crosses Line from Striptease to Sleaze." *Toronto Star*, August 5, p. A16; Dale Brazao. 1995. "Lap Dancers Charged Under No-touching Law." *Toronto Star*, September 14, p. A7; Funston "Mississauga Bans," A6; Lisa Queen. 1995. "York Outlaws Dirty Dancing." *The Liberal*, September 17, P3; Peter Small and Gail Swainson. 1995. "City Attracts Lap Dance Sleaze." *Toronto Star*, August 16, p. A3.

31—— R v. Mara (1997), 115 C. C. C. (3d)539.

32—— Butler(1992), 1 S. C. R. 452. では，カナダ最高裁判所は，猥褻／卑猥の基準は，「不当な性的搾取」を伴うか否かに基づくと判断した．

1. 暴力を伴う露骨なセックス：これはたいていの場合，不当な性的搾取に相当する．
2. 暴力を伴わない，屈辱的かつ非人間的な，露骨なセックス：危害を加えられるリスクが大きい場合には，不当な性的搾取になる可能性がある．

3. 暴力を伴わない，屈辱的でも，非人間的でもない露骨なセックス：一般的にこれは子供を使用していないかぎり，不当な性的搾取にはあたらない．

Mara判決(1997年)においては，ラップ・ダンスは二番目のカテゴリーに分類されると判断された．

33—— *Mara* (1997).

34—— *Mara* (1997).

35 —— John I. Kitsuse and Martin Spector. 1973. "Toward a Sociology of Social Problems: Social Conditions, Value-Judgements, and Social Problems." *Social Problems* 20: 407-419.

36 —— Kitsuse and Spector "Toward a Sociology," p. 415; Joel Best. 1989. *Images of Issues: Typifying Contemporary Social Problems*. New York; Aldine De Gruyter pp. 1-3, 75-76.

37 —— Funston, "Mississauga Bans," p. A6; Small and Swainson, "City Attacks," p. A3; Gail Swainson. 1995. "Metro Bans Lap Dancing." *Toronto Star*, August 18, p. A16; James Wallace. 1995. "Ontario to Probe Lap-Dance Beefs." *Toronto Sun*, August 14, p. 7. トロントは，都市として最初にラップ・ダンス禁止法を制定した．このような法律を定める市の権限に対して異議が申し立てられ，Ontario Adult Entertainment Bar Association v. Metropolitan Toronto (Municipality), (1997), 118 C. C. C. (3d)481. にて支持された．

38—— Ian Harvey. 1995. "Teetotallers Tear Into Lap Dancing." *Toronto Sun*, July 5, p. 20.

39—— Funston, "Mississauga Bnas," p. A6.

40 —— Gail Swainson, August 1, 1995. "Metro May Ban Lap Dancing." *Toronto Star*, p. A16; Brazao, "Lap Dancing Crosses," p. A16.

41—— バーレスク・エンターテーナー協会は，主にハックボーン判決に対応して結成された．同協会のプレスリリース（1995年5月11日）によれば，ストリップ・クラブでラップ・ダンスを禁止することは優先課題であった．

42 —— Association of Burlesque Entertainers. 1995. *Information Pack: Why Lap Dancing Is a Health Danger and Must be Banned - Exotic Dancers (and Others) Speaking Out*. Toronto: Association of Burlesque Entertainers.

43—— Eleanor Maticka-Tyndale, Jacqueline Lewis, Jocalyn P. Clark, Jennifer Zubick, Shelly Young. 1999. "Social and Cultural Vulnerability to

Sexually Transmitted Infection: The Work of Exotic Dancers." *Canadian Journal of Public Health*. 90: 19-20.

44—— 影響に関する詳細な議論については, Lewis "Lap Dancing," を参照.

45—— Boles and Garbin, "The Strip Club." を参照.

46—— トンプソンやハレッドの研究結果と同じように, 調査対象となった女性の中で, 売春を行っていることを認めた人はほとんどいなかったが, 売春しているストリッパーを知っていると全員が示唆した. 売春に伴う不名誉のおかげで, この件に関する自己申告の信憑性には疑問があるかもしれない.

47—— McCaghy and Skipper "Stripping Anatomy."

48—— Boles and Gabin "The Strip Club," p. 139.

49—— この調査に参加した女性で, ラップ・ダンス禁止を支持していなかった人はわずかであったが, 1995〜1998年に発行された新聞記事によれば, この見解はもっと広まっているようだった.

50—— Rosie DiManno. 1995. "How the Media Made Table Dancers Paragons of Virtue." Toronto Star, August 21, p. A7.

51—— Funston, "Mississauga Bans," p. A6.

52—— Swainson, "Metro May Ban," p. A16.

53 —— Don Wanagas. 1995. "Lap Dancing 'Valid Trade': Councilor." *Toront Sun*, August 16, p. 16.

54——Wanagas, "Lap Dancing 'Valid Trade' ," p. 16.

55——DiManno, "How the Media," p. A7.

56——Colin Leslie. 1996. "Lap Dancing Crisis Overdown? " *Xtra*, January 18, p. 10.

57 —— Timothy Appleby and Sara Jean Green. 1998. "Arrests Total 115 in Prostitution-Related Raids." *The Globe and Mail*, September 12, p. A12; Michael Hanlon. 1998. "Lap Dancing Still Hot Issue." *Toronto Star*, August 10, p. B5; Brad Honywill. 1997. "Lap Dancers Throw in the Towel." *Toronto Sun*, August 23, p. 32.

58—— Dale Brazao. 1995. "Lap Dancing Ban Kills Cash Flow," *Toronto Star*, September 18, p. A6; Honeywill. "Lap Dancers Throw," p. 32.参照.

59—— Brazao, "Lap Dancing Crosses," p. A16. 参照.

60 —— Lenore Manderson. 1992. "Public Sex Performances in Patpong and Explorations of the Edges of Imagination." *Journal of Sex Research* 29: 451-475; Thanh-Dam Truong. 1990. *Sex, Money and Morality: Prostitution and Tourism in South-East Asia*. London: Zed Books. 参照.

61 —— Appleby and Green "Arrests Total 115," p. A12; Hanlon "Still Hot Issue," p. B5.

62—— 他の裁判によって，何が公共の場やプライベートの場にあたるかを定義する問題を取り上げれらた場合には，この状況は変わるかもしれない.

63—— Criminal Code of Canada, R. S. C. 1985, c. C-46の210項は，共有の売春宿を持つこと，暮らすこと，滞在することを違法と定めている.

64—— Gotell, "Shaping Butler," p. 70.

65—— Cossman, "Feminist Fashion," Gotell "Shaping *Butler*," 参照.

66—— Cossman, "Feminist Fashion," p. 107.

67—— Gotell, "Shaping *Butler*," p. 70.

68—— Gotell, "Shaping *Butler*," p. 70.

69—— Lewis, "Lap Dancing."

70—— オンタリオの多くの自治体には，すべてのストリッパーに認可申請を義務付ける細則がある.

71—— Brazao, "Lap Dancers Charged," p. A7; Lewis "Lap Dancing."参照.

72—— *Mara*(1994) : *Mara* (1997).

73—— Lewis, "Lap Dancing."

74—— Wendy Chapkis. 1997. *Live Sex Acts: Women Performing Erotic Labor*. New York Routledge; Gotell "Shaping Butler" ; and Cossman and Bell "Introduction." も参照.

第13章

コメントを寄せてくれたロナルド・ワイツァーと，調査を手伝ってくれたシェリル・ラデロフに感謝する. 本論文をネバダの売春産業においてインタビューしたすべてのセックス・ワーカー，所有者，規制当局者に捧げる. 彼らの知恵，正直さ，洞察力は我々に色々な知識と刺激を与えてくれた.

1 —— William Reibsame. (ed). 1997 Atlas of the New West: Portrait of a Changing Region New York: Norton. Hal Rothman. 1998. *Devil's Bargain: Tourism in the Twentieth Century West*. Lawrence: University Press of Kansas.

2 —— 例　外　に　は，John Galliher and John Cross. 1983. *Morals Legislation Without Morals: The case of Nevada*. New Brunswick, NJ: Rutgers University Press; Ellen Pillard. 1983. "Legal Prostitution: Is it Just?"

Nevada Public Affairs Review No. 2: 43-47; Helen Reynolds. 1986. *The Economics of Prostitution*, Springfield, IL: Charles Thomas; Guy Rocha. 1975. *Brothel Prostitution in Nevada: A Unique American Cultural Phenomenon*. Masters' thesis, San Diego State Universityなどがある.

3 —— Rocha, *Brothel Prostitution*; Richard Symanski. 1974. "Prostitution in Nevada." *Annals of the Association of American Geographers* 65: 357-377; Reynolds, *The Economics of Prostitution*.

4—— Galliher and Cross, *Morals Legislation*.

5 —— Guy Rocha. 1997. "Nevada's Most Peculiar Industry: Brothel Prostitution, Its Land Use Implications and Its Relationship to the Community," unpublished paper, Nevada State Archives.

6—— Rocha "Nevada's Most Peculiar Industry."

7—— Symanski, "Prostitution in Nevada," p. 355.

8 —— Wells Emergency Ordinance No. 24, Symanski "Prostitution in Nevada."

9—— Symanski, "Prostitution in Nevada," p. 363, 355.

10—— Gabriel Vogliotti. 1975. *The Girls of Nevada*, Secaucus, N. J. : Citadel Press: Rocha, *Brothel Prostitution*; Symanski "Prostitution in Nevada" ; Doug McMillan. 1986. "Nevada's Sex-for-Sale Dilemma." *Reno Gazette-Journal*, November 9.

11—— Mike Sion. 1995. "Conforte Changed the Face of Nevada Bordelow." *Reno Gazette-Journal*, January 20.

12 —— Sion "Conforte" ; Interview with George Flint, Reno, Nevada, December12, 1997; Vogliotti, *Girls of Nevada*.

13—— Sion "Conforte" ; Pillard "Legal Prostitution ; Is It Just?" ; Ellen Pillard. 1991. "Rethinking Prostitution: A Case for Uniform Regulation." *Nevada Public Affairs Review* no. 1: 45-49.

14 —— Center for Business Economic Research; University of Nevada, Las Vegas, Nevada State Demographer. 1997. ; US Census Bureau. 1991年7月1日郡人口概算.

15—— 1997年12月12日, Flintとのインタビュー.

16 —— Rich Thurlow. 1998. "Regulatory Ability Target of Likely Brothel Lawsuit." Pahrump Valley Times, April 10, p. B3.

17—— Reibsame, *Atlas of the New West*, p. 108.

18—— Reibsame, *Atlas of the New West*, p. 102.

19—— Larry Henry. 1997. "Brothel Tour Off." *Las Vegas Sun*, April 17.

20—— Henry "Brothel Tour Off."

21—— ネバダ州のどこの売春宿でも男娼はいない．しかしながら，これらの三つの郡以外ならば，売春宿のバーテン，マネージャーとして男性が雇われている場合もある．

22—— Pillard, "Legal Prostitution," p. 45.

23—— 1997年12月12日，Flintとのインタビュー．

第14章

1 —— Catherine Benson and Roger Matthews. 1996. "Report of the Parliamentary Group on Prostitution." London: House of Commons.

2—— Robert Golding. 1991. "Policing Prostitution." *Policing* 8: 60-72.

3 —— Roger Matthews. 1990. "Developing More Effective Strategies for Curbing Prostitution." *Security Journal* 1: 182-187.

4 —— Metropolitan Police Service. 1994. "Submission to the House of Commons All Parliamentary Group on Prostitution." TO9 (Crime and Divisional Policing Policy) Branch (Restricted), p. 4.

5—— Catherine Benson. 1998. *Violence Against Female Prostitute: Experiments of Violence, Safety Strategies, and the Role of Agencies*: Loughborough, UK: Loughborough University.

6 —— Roger Matthews. 1993. *Kerb Crawling, Prostitution, and Multi-Agency Policing.* Police Research Group: Crime Prevention Unit Series, Paper 43 London: Home Office.

7—— Golding, "Policing Prostitution."

8 —— Golding, "Policing Prostitution" ; M. Reading, I. Waters, and A. Maidment. 1992. "Kerb Crawlers, 'Cruisers', and the Community." London: Police Requirement Support Unit, Science and Technology Group.

9 —— Catherine Benson and Robert Matthews. 1995. "Street Prostitution: Ten Facts in Search of a Policy." *International Journal of the Sociology of Law* 23: 395-415.

ジュディス・ポーター

ブライアン・モウアー・カレッジ社会学教授．主な研究テーマは，AIDSと注射による薬物使用．精神保健研究所よりラテン社会におけるAIDSリスク行動の研究に関してシャノン賞を授与される．国立薬害研究所からは，援助提供戦略の一環として注射針交換プログラム調査の為の補助金を受けた．アウトリーチ・ワーカー兼AIDS啓蒙活動家として，Congreso di Latinos Unidos及びPrevention Point Philadelphia注射針交換プログラムの支援活動を行っている．

グラント・ジュエル・リッチ

元アンティオキア・カレッジ心理学助教授，シカゴ大学博士過程在学．青少年のキャリア開発，音楽における認知心理学，仕事場の民族誌などについて研究を行った．"Antioch Review"，"Keyboard"，"Massage"，"Massage Therapy Journal"，"Psychology Today" などに寄稿している．ソーシャル・ワーカーの資格を持ち，いくつかの社会福祉関係機関や機関誌編集部等での勤務経験がある．

ジョー・A・トーマス

ペンシルヴァニアのクラリオン大学美術学部助教授兼教授．近現代美術の専門家である．ポップアートからイタリアルネッサンス肖像画に至るまで多岐にわたるテーマで著作活動を行っている．現在，"Pop Sex: Eroticism, Pop Art, and American Culture"「ポップ・セックス：エロチシズム，ポップ・アート，アメリカ文化（仮訳）」の執筆中であり，また，その他にもセクシャリティや表現などをテーマとした執筆も行っている．

ロナルド・ワイツァー

ジョージ・ワシントン大学社会学助教授．1995年カリフォルニア大学バークレー校にて博士号を取得．著作に "Transforming Settler States: Communal Conflict and Internal Security in Northern Ireland and Zimbabwe"「植民地国家の変遷：北アイルランドおよびジンバブエにおける住民の対立と治安（仮訳）」，"Policing Under Fire: Ethnic Conflict and Police-Community Relations in Northern Ireland"「批判にさらされる警察活動―北アイルランドにおける民族対立と警察と共同体の関係（仮訳）」がある．現在の研究テーマは，米国やオランダにおける売春政策，米国における市民と警察の関係などであり，ワシントンD.C.におけるアフリカ系アメリカ人と警察との関係をテーマに著作を執筆中である．

執筆者プロフィール

キャスリン・ハウスベック

ネバダ大学ラスベガス校社会学助教授．ニューヨーク大学バッファロー校にて1997年に博士号を取得．ジェンダー，文化の分析を専門とする社会理論主義者で，UNLVにてSABIRプロジェクトを共同で創設した．ネバダACLU理事．

ジャネット・レバー

カリフォルニア大学ロサンゼルス校社会学助教授およびRAND社顧問．セクシャリティの社会的側面について20年以上にわたって研究を続けている．博士課程終了後に奨学金を受け，1987年RAND/UCLA健康政策調査センターに移って以来，性的な健康と社会生活を専門として活動している．学術的研究に加えてレバー氏は，全国的な雑誌調査で3回上級アナリストを務め，グラマー誌にコラム「セックスと健康」を1991〜1998年まで連載していた．

ジャクリーン・ルイス

カナダ，ウィンザー大学社会学，犯罪学助教授．トロント大学で博士号を取得．現在，エスコートや公共政策がセックス・ワーカーの生活に与える影響について調査を実施中．

ロジャー・マシューズ

イギリス，エセックス大学社会学教授．イギリスにおける売春の広範な調査を行うと共に，議会の売春グループの顧問でもある．“Rethinking Criminology and Confronting Crime”（「犯罪との取組みと犯罪学再考」）の編集を行った（ジョック・ヤングとの共著）．

マーティン・A・モント

ポートランド大学社会学助教授．1992年にUCLAにて博士号取得．関心分野は，社会心理学，ジェンダー，社会的倫理からの逸脱などである．出産，青少年の性犯罪者と非犯罪者との比較などに関する研究を行っている．現在，売春婦の客になろうとして逮捕された男性を対象としたオレゴン州ポートランド，カリフォルニア州サンフランシスコで開催されているプログラムの参加者に関するデータを収集中．

マギー・オニール

英国ストークス・オン・トレントにあるスタフォードシャー大学社会学の上級講師．1995年にスタフォードシャー大学にて博士号を取得．英国ノッティンガム大学ノッティンガム・トレントの元上級講師．フェミニスト理論と調査，売春，女性に対する暴力，文化社会学の分野の研究を行い，著作の発表をしている．

ウェンディ・チャプキス

南メイン大学の社会学，女性研究助教授．著作は“Beauty Secrets: Women and Politics of Appearance”「美の秘密：女性と外見の政治（仮訳）」，“Live Sex Acts: Women Performing Erotic Labor”「生セックスショー：エロチックな労働を演じる女性たち（仮訳）」．これは“the Organization for the Study of Communication, Language, and Gender”（コミュニケーション，言語，ジェンダー研究団体）から1998年の優秀書籍賞を授与された．

ナネット・J・デーヴィス

ウェスタン・ワシントン大学の社会学客員教授兼ポートランド州立大学名誉教授．1973年にミシガン大学にて社会学博士号を取得．売春やその他のトピックに関する多くの論文の他にも，以下の著作，共著作がある．“Prostitution: An International Handbook on Trends, Problems, and Policies”「売春：その傾向および問題，政策に関する国際ハンドブック（仮訳）」，“From Crime to Choice: The Transformation of Abortion in America”「犯罪から選択へ：米国における中絶の変遷（仮訳）」，“Social Control: The Production of Deviance in the Modern State, Women and Deviance, Sociological Constructions of Deviance”「社会的抑制：現代社会における社会的逸脱の製造，女性及び社会的逸脱，逸脱的社会の構造（仮訳）」，“Youth Crisis: Growing UP in a High Risk Society”「青少年の危機：ハイリスク社会で育つ（仮訳）」．また，2000年に（Gil Geisと共に）“Encyclopedia of Criminology and Deviant Behavior, vol.3: Sexual Deviance”「犯罪学と社会的逸脱行動百科事典第三巻：性的逸脱（仮訳）」を刊行予定．

ディーン・ドルニック

カリフォルニア州立大学ノースリッジ校にて修士号を取得．AIDSや売春に関する“Los Angeles Women' s Health Risk Study”（ロサンジェルス女性健康リスク調査）当時RAND社に勤務しており，インタビュアーおよび研究者として調査に参加した．

キャスリーン・グイドロス

ジョージ・ワシントン大学博士課程在学．研究テーマは，女性の雇用，セックス産業，セクシャリティなど．ジェンダー・リレーションやセクシャリティに関する講義を受持つ．ルイジアナ州立大学にて行政学の修士号を取得．

執筆者プロフィール

シャロン·A·アボット

インディアナ大学社会学博士課程在学．現在，the Social Science Research Council（社会科学研究評議会）のSexuality Research Fellowship Program（セクシャリティ研究特別研究員プログラム）から補助金を受け，学位論文“Career of Actors and Actresses in the Pornography Industry”「ポルノ業界における男優，女優たちのキャリア（仮訳)」を執筆中．現在，オハイオ州ウィッテンバーグ大学社会学の客員講師．

ローズマリー·バルブレ

スペインのセヴィル大学のthe Andalusian Institute of Criminology（アンダルシア犯罪学研究所）の犯罪学客員教授．1994年にメリーランド大学で，刑事司法及び犯罪学で博士号を受けた．もともとは，スペイン，アルベセタのカスティラ·ラ・マンチャ大学犯罪学助教授だった．殺人率，少年非行，ドメスティック・バイオレンス，女性服役者のニーズなどについて研究を行っている．

キャサリン·ベンソン

犯罪学修士．英国ラフバラ大学にて博士課程在学．現在，スコットランド，グラスゴー大学the Center or Drug Misuses Research（薬物乱用センター）の研究員として，売春婦に対する客の暴力に関する研究を行っている．著作“Violence Against Prostitutes”「売春婦に対する暴力（仮訳)」がある．

ルイス·ボニーラ

フィラデルフィアのthe Consortium Latino Health（ラテン系住民協会）事務局長．ロックフェラー財団からウォレン・ウィーバー奨学金を受け，現在はケロッグ財団の特別研究員．AIDSや注射による薬物使用，ラテン社会におけるAIDSなどに関する論文を多数発表している．

バーバラ·G·ブレント

ネバダ大学ラスベガス校社会学助教授．1987年にミズーリ大学で博士号を取得．研究テーマは，福祉国家における政治および企業の組織化．最近では，ネバダ大学ラスベガス校においてSABIRプロジェクト（“Sex and Body Industry Research Project”「セックス産業研究プロジェクト」）を共同で設立した．同プロジェクトはセックス·ワークや成人向け娯楽産業に関する調査に資金を提供している．“the Nevada American Civil Liberties Union”「米国自由人権協会ネバダ州支部」の会長も務める．

翻訳者●

岸田美貴(きしだ・みき)

1961年生まれ．上智大学外国語学部英語学科卒．電機メーカー広報室を経て，フリーの翻訳者．欧米に通算約10年在住．法律，ビジネス一般，マーケティング，ノンフィクションを専門とする．

翻訳協力●

野々口美也子

監修者●

松沢呉一(まつさわ・くれいち)

1958年生まれ．かつては音楽関係，放送関係の仕事に携わったり，宣伝企画の仕事をやったりもしていたが，ここ10数年は性にまつわるさまざまを得意分野とするライターをやっている．とりわけこの5年は風俗の体験取材をやるようになって，すっかり風俗ライターとなった．そのため思い切りツブシがきかなくなり，連載しているのはほぼすべてがエロ雑誌．現在,「アサヒ芸能」「実話ナックルズ」「S&Mスナイパー」「お尻倶楽部」などで連載．著書に『エロ街道をゆく』(ちくま文庫),『魔羅の肖像』(新潮OH!文庫),『大エロ捜査網』(青弓社)，編著に『売る売らないはワタシが決める』(ポット出版) などがある．最新刊は『60分ロマンス　風俗ゼミナール体験編』(ポット出版，2004年7月).

書名————セックス・フォー・セール

副題————売春・ポルノ・法規制・支援団体のフィールドワーク

編者————ロナルド・ワイツァー

訳者————岸田美貴

監修————松沢呉一

編集————岡田圭介／沢辺均

デザイン ——山田信也／沢辺均

発行————2004年8月5日［第一版第一刷］

定価————3,200円＋税

発行所———ポット出版

150-0001 東京都渋谷区神宮前2-33-18#303

電話　03-3478-1774

ファックス　03-3402-5558

www.pot.co.jp/

books@pot.co.jp

郵便振替口座　00110-7-21168

印刷・製本　株式会社シナノ

SBN4-939015-68-8　C0095

Sex for sale
:prostitution,pornography,and,the sex industry
edited by:Ronald Weitzer
translation:KISHIDA Miki
a supervisor:MATSUZAWA Kureichi
Editor:OKADA Keisuke,SAWABE Kin
Designer:YAMADA Shinya,SAWABE Kin

First published in Tokyo Japan, August 5,2004
by Pot Pub.Co.ltd
#303 2-33-18 Jingumae Shibuya-ku
Tokyo,150-0001 JAPAN
www.pot.co.jp/
books@pot.co.jp
Postal transfer:00110-7-21168

ISBN4-939015-68-8　C0095

書籍DB●刊行情報
1 データ区分——1
2 ISBN——4-939015-68-8
3 分類コード——0095
4 書名——セックス・フォー・セール
5 書名ヨミ——セックス・フォー・セール
7 副題——売春・ポルノ・法規制・支援団体のフィールドワーク
8 副題ヨミ——バイシュン・ポルノ・ホウキセイ・シエンダンタイノフィールドワーク
13 著者名1——ロナルド・ワイツァー
14 種類1——編
15 著者名1ヨミ——ロナルド・ワイツァー
16 著者名2——岸田　美貴
17 種類2——訳
18 著者名2ヨミ——キシダ　ミキ
16 著者名3——松沢　呉一
17 種類3——監修
18 著者名3ヨミ——マツザワ　クレイチ
22 出版年月——200408
23 書店発売日——20040805
24 判型——四六判
25 ページ数——440
27 本体価格——3200
33 出版社——ポット出版
39 取引コード——3795

本文●ラフクリーム琥珀・四六判Y・62kg（0.112）／スミ（マットインク）
見返し●パミス・セピア・四六判Y・100kg　表紙●パミス・紺・四六判Y・100kg／TOYO CF 0519
カバー・オビ●Mr.B・ホワイト・四六判Y・110kg／TOYO CF 1021＋TOYO CF 0519／グロスPP
はなぎれ●21番（伊藤信男商店見本帳）　スピン●62番／64番／66番（伊藤信男商店見本帳）
使用書体●ヒラギノ明朝／游築五号仮名／イワタ明朝体オールド／游築見出し明朝／游築初号ゴシックかな／ゴシックMB101 B／太ゴ B101 B／PFrutiger／Goudy　2004-0101-1.5

売る売らないはワタシが決める

売春肯定宣言

編●松沢呉一＋スタジオ・ポット

上野千鶴子・中山千夏・兼松左知子・立岩真也・角田由紀子・松井やよりらの売買春否定論を徹底論破。松沢呉一・宮台真司・南智子・佐藤悟志らの座談「性風俗と売買春」掲載。

2000.01発行／定価●1,900円＋税／ISBN4-939015-24-6 C0036／四六判／352頁／並製

ワタシが決めた

編●松沢呉一

セックスワーカーによるセックスワーカーについてのエッセイ集。日頃思っていること、過去の体験など、仕事にまつわることを書いてもらいました。イメクラ・売り専・街娼・ソープ・ヘルス・ホテトルなど職種はさまざま。

2000.10発行／定価●1,800円＋税／ISBN4-939015-28-9 C0036／四六変形判／224頁／上製

ワタシが決めた②

編●松沢呉一

「ワタシが決めた」シリーズ待望の第2弾。風俗嬢・ソープ嬢・AV嬢・SM嬢・ストリッパー・売り専・ニューハーフヘルス嬢たちが日頃思っていること、過去の体験など、仕事にまつわることを書きました。

2003.03発行／定価●2,200円＋税／ISBN4-939015-49-1 C0036／四六変形判／320頁／上製

風俗ゼミナール体験編

60分ロマンス

著●松沢呉一

風俗ゼミナールの第5弾。今回は松沢呉一の風俗「冒険譚」！　腕をつかんでブリッジ状態にして延長を迫る暴力街娼の話…などなど、突拍子もないキャラ満載の、「今までで一番面白い」（松沢呉一・談）風俗ゼミナール。

2004.07発行／定価●1,700円＋税／ISBN4-939015-67-X C0095／四六判／244頁／並製